현상학과 상호문화성

현 상 학 과

상 호 문 화 성

박인철 지음

아카넷

이 저서는 2010년 정부(교육부)의 재원으로 한국연구재단의 지원을 받아 수행된 연구임 (NRF-2010-812-A00069).

This work was supported by the National Research Foundation of Korea Grant funded by the Korean Government(NRF-2010–812–A00069).

은사이신 고 한전숙 선생님께 이 책을 드립니다.

차 례

　1990년대 이후 유럽을 중심으로 '상호문화성(interculturality, Interkultur-alität)'이 새로운 철학적 주제로 부각되었다. 다양성과 차이를 강조하는 포스트모더니즘의 여파에 전반적인 세계화 경향에 대한 반발 등이 이 주제에 대한 새로운 철학적 관심을 불러일으킨 것으로 보인다. 상호문화성은 여러 시각에서 접근할 수 있다. 아마도 이 주제에 대해 가장 민감하고 나름의 체계적인 연구 성과를 갖고 있는 학문분야는 인류학일 것이다. 그 외에 이와 밀접하게 연관된 사회학, 정치학 등의 사회과학 분야도 상호문화성에 대한 남다른 관심을 갖고 있을 것이다. 역사학 또한 불가피하게 상호문화성의 문제를 비켜갈 수 없을 것이다. 이런 점에서 상호문화성은 분명 학제적인 주제임에 틀림없다. 그렇다면, 철학이 이 문제에 관심을 갖는다고 할 때, 그 밖의 다른 학문적 방법론과 차별화한다면 특별히 어떤 관점에서 접근해야 할까?

　여기서 우리는 철학의 본래적 의미로 되돌아가게 된다. 고대 그리스에서 철학이 처음 탄생했을 당시, 철학은 이른바 모든 개별학문을 포괄하는 보편학의 의미를 지니고 있었다. 말하자면, 세계 전체의 의미와 근거를 포괄적으로 탐구하고자 하는 것이 본래적 의미였다. 우리는 현재의 철학이 많은 학문적 분화를 겪고, 매우 제한된 영역에서 철학의 임무를 수행하고 있다고 할지라도 여전히 과거 철학이 지녔던 세계의 총체적 탐구라는 보편학으로서의 의미는 간직하고 있다고 본다. 이런 맥락에서 철학이 상호문화성의 문제에 각별히 관심을 갖는 것은 어쩌면 전혀 놀랄 일이 아니다. 상호문화성이라는 주제는 바로 철학이 전통적으로 추구했던 '보편학'의 이념과 나름대로 부합하는 측면이 있기 때문이다. 상호문화성은 이 속에 인간과 자연 그리고 문화라는 세 가지 요소가 포함된, 모든 개별세계를 포괄하는 하나의 보편적 세계를 지향한다는 의미를 함축하고 있다. 이는 그 핵심에서 전통적인 철학적 주제로서 모든 것을 포괄하는 보편적 세계에 대한 탐구와 일맥상통한다.

물론 현재의 철학은 여러 전문영역으로 나뉘어 분화되어 있으며, 각 철학 영역 또한 나름의 방법론을 가지고 상호문화성의 문제에 접근할 수 있을 것이다. 그러나 총체적 세계에 대한 탐구라는 본래적인 철학의 의미에 충실하면서 포괄적이면서도 역동적인 상호문화성의 문제에 보다 구체적으로 접근하기 위해서는 현상학이 하나의 적절한 대안이 되어야 한다는 것이 필자의 생각이다. 현상학은 후설에 의해 처음 창시될 때부터 보편학으로서의 이념을 간직하면서 고대 그리스철학의 이념을 구현할 의도를 지니고 있었다.[1] 그 뒤를 이은 하이데거, 메를로-퐁티 등도 이 틀을 크

---

1 『위기』, 115, 338-339, 347-348, K. Held, "Husserls These von der Europäisierung der Menschheit", *Phänomenologie im Widerstreit*, Frankfurt a. M., 1989, 13-28, 졸저, *Die Wissenschaft von der Lebenswelt. Zur Methodik von Husserls später Phänomenologie*, Amsterdam/New York, 2001, 15-34 참조.

게 벗어나지는 않았다. 오히려 이러한 후설의 의도를 더 심화시켜 구체화한 것 같다. 이런 점에서 현상학의 장점은 인식론, 존재론, 윤리학, 정치철학, 사회철학, 역사철학, 예술철학 등 철학의 전체 영역을 관통해, 이를 모두 포괄하면서 세계에 대한 탐구를 수행한다는 점에 있다. 이것이 가능한 결정적인 이유는, 현상학이 처음부터 어떤 특정한 이론에 근거를 둔 가설적인 체계를 지향하기보다는 사태 중심적으로 사태를 있는 그대로 생생하게 드러내고자 하는 개방적인 태도를 취하기 때문이다. 그러나 사태를 드러낸다고 할 때, 이를 고립된 상태로서 추상적으로 고찰하는 것이 아니라 이의 배경까지 고려하면서 총체적, 관계적으로 다루고자 하는 것이 현상학의 특징이다. 바로 이러한 연관성 속에서 세계를 고찰하고자 하는 현상학의 방법론적 성격이 포괄적이고 복합적인 상호문화적인 문제 영역의 탐구에 적합하다고 할 수 있다. 상호문화성의 문제영역은 매우 넓다. 상호문화성의 개념이 철학적으로 아직 체계적으로 정리되지 못한 점은 있지만, 상호문화성은 타 문화의 이해라는 이론적, 인식론적인 측면뿐만 아니라 타 문화의 포용이라는 윤리적, 정치적인 측면까지 포괄하는 광범위한 주제영역을 그 속에 담고 있다. 바로 이런 점에서 더더욱 다면적이고 역동성을 지닌 현상학이 상호문화성의 문제를 다루어야 할 필요성이 높아진다.

여기서 특히 주목할 것은 상호문화성이 지닌 윤리적인 측면이다. 이제까지의 상호문화성에 대한 철학적 탐구에서—윤리적, 실천적 측면과 이론적 측면이 혼재해서 다루어진 관계로—상호문화성의 윤리적 의미는 제대로 부각되지 못한 감이 있다. 상호문화성은 하나의 역사적인 현상이기도 하지만 우리가 추구하고 실현해야 할 하나의 당위이기도 하다. 이런 맥락에서 본 저서는 특히 상호문화성의 윤리적, 실천적 측면에 주목한다.

그런데 이제까지의 현상학에 대한 이해는, 대체로 현상학은 실천적이기보다는 이론적, 분석적이라는 것이 일반적 생각이었다. 특히 이는 후설의 현상학에 대한 해석에서 두드러진다. 그런 점에서 현상학을 하나의 방법론적 토대로 상호문화성을 실천적, 윤리적인 관점에서 해석하고자 하는 필자의 시도에 대해 의아하게 생각하는 독자도 당연히 있을 것이다. 그러나 이미 후설의 후기철학을 특징짓는 '생활세계(Lebenswelt)' 개념이 잘 보여주듯이, 현상학적 세계 개념은 이론적 탐구의 대상임과 동시에 한편으로 실천적인 함의를 함축한다. 후설에서 생활세계는 주어진 세계이기도 하지만, 이념적인 과학적 세계에 의해 잊혀진 세계로서 발굴하고 찾아야 할 당위적인 세계이기도 하다. 생활세계는 곧 자연과학에 의해 지배되는 현대기술문명에 대한 비판적 메시지를 지니고 있다는 점에서 기본적으로 윤리적, 실천적 함축을 지닌다. 이는 하버마스가 의사소통적 생활세계와 체계를 비교하면서 생활세계의 실천적 정당성을 강조하는 점에서 좀 더 분명하게 나타난다. 이처럼 생활세계 개념에서 보듯이, 현상학은 모든 주제를 하나의 실천적인 관점에서 다룰 준비가 되어 있다. 이러한 정신은 하이데거, 메를로-퐁티, 레비나스, 아렌트, 셸러, 슈츠 등 그의 계승자에게 그대로 이어지고 있다. 상호문화성을 현상학적으로 해석하고자 하는 필자의 시도에는 이처럼 상호문화성을 실천적인 관점에서 이해하고자 하는 필자의 의도가 강하게 반영되고 있다. 물론 현상학의 실천적 성격은 후설에서 두드러지듯이, 치밀한 이론적 분석을 토대로 하고 있다. 이런 맥락에서 본 저서는 현상학의 특징인 이론과 실천의 통합적 성격을 기본 바탕으로 해, 상호문화성의 문제에 접근한다. 그리고 바로 이러한 점이 상호문화성에 대한 현상학적 해석을 정당화할 수 있을 것으로 보인다. 이러한 관점에서 본 저서는 크게 3부로 나누어 논의가 이루어진다.

제1부는 상호문화성의 현상학적 토대를 밝히는 데 초점이 있다. 여기서는 현상학적 방법론의 주된 특징이 논의되면서, 이것이 상호문화성의 해명에 어떻게 적용될 수 있는지에 대해 해명이 이루어진다. 이를 위해 우선 상호문화성의 개념에 대한 나름대로의 분석과 규정이 이루어지며, 상호문화성의 개념 속에는 인간의 태도가 결정적인 역할을 함이 주장된다. 현상학적 방법이 인간적 주체성과 세계의 관계 해명에 초점을 두는 한, 이 점이 상호문화성의 철학적 규명에 중요한 실마리 역할을 한다는 것이 여기서의 주된 주장이다.

제1부에서 특히 주목할 점은, 상호문화성의 토대로서 타자경험이 갖는 현상학적 의미에 대한 해석이다. 상호문화성을 현상학적으로 해명하기 위해서는 타자경험에 대한 성격규명이 선행되어야 한다는 것은 주지의 사실이다. 실제로 많은 현상학 연구자들―특히 발덴휄스―이 타자경험의 이론을 기반으로 상호문화성의 의미를 규정하려고 하고 있다. 그런데 현상학적 타자경험과 관련해서, 현재는 후설적인 입장과 레비나스적인 입장이 서로 대립하면서 대체로 전자를 비판하고 후자를 지지하는 쪽으로 논의가 기울어지고 있다. 상대적으로 후설의 타자경험이론에 대해서는 그 불철저성과 주관주의적 관념론적인 성격으로 많은 비판이 가해지고 있음은 잘 알려진 사실이다. 그러나 필자는 이러한 후설 비판이 일리가 있음을 인정하면서도, 한편으로 후설의 타자이론이 상호문화성에 대해 가질 수 있는 긍정적인 의미는 충분하다고 본다.

여기서 필자가 주목하는 것은 후설의 타자이론이 갖는 동질성에 대한 추구와 이에 따른 휴머니즘적 성격이다. 필자는, 상호문화성이 레비나스식의 타자성과 이질성의 추구라는 측면과 더불어 친숙성과 동질성의 추구라는 양면성을 지니고 있음을 주장하면서, 후설의 타자이론이 상호문화성에 대해 가질 수 있는 의미를 드러내고자 한다. 이를 통해 현상학적인 의미에서 상호문화성은 주관과 객관, 자연과 문화, 다양성과 보편성, 이질성과 동질성의 긴장관계 내지 중간영역에 놓여 있으며 양면적이고 복합적인 성격을 지니고 있음이 밝혀진다. 특히 후설의 타자경험이 지니는 주객합일의 성격을 강조함으로써 현상학적 상호문화성이 이에 기반해 어떤 식으로 정립될 수 있는지에 대해서도 중점적으로 살펴본다.

이러한 논의를 기반으로 제1부의 마지막 장에서는 현상학적 방법론이 상호문화성의 해명에 적절한 방법론적 토대가 될 수 있음을 크게 5가지 측면으로 나누어 정리한다. 즉, 현상학의 핵심적 방법론을 '에포케적 측면', '발생적 분석', '관계적 고찰', '윤리적 함축', '휴머니즘적 관점' 등으로 요약해, 이것이 각각 어떤 맥락에서 상호문화성과 접목되는지를 간략히 언급한다.

제2부에서는 제1부의 논의를 토대로 상호문화성이 구체적으로 어떻게 현상학적으로 정립되고 해명될 수 있는지를 심화해서 다룬다. 제1부의 논의가 대체적으로 이론적인 측면에 치우쳐 있다면, 여기서는 이미 예고한 대로, 현상학의 실천적인 성격이 크게 부각된다. 이러한 맥락에서 탐구 영역을 크게 **'몸'**, **'감정'**, **'윤리'**, **'정치'**, **'공동체'**, **'역사'**의 6가지 영역으로 나누어 논의를 진행한다. 이러한 영역구분은 필자 나름의 새로운 시도로서, 그만치 상호문화성이 여러 단계와 차원에서 성립할 수 있음을 의미하기도 하지만, 다른 한편으로 상호문화성이 단순한 타자경험과 같은 인식론적 차원만이 아니라 정치, 역사성과 같은 지극히 실천적이고 현실적인 성격 또한 지니고 있음을 부각하기 위한 것이기도 하다.

우선 몸의 단계에서는, 문화가 지닌 자연연관적 성격을 강조하면서 자연적 존재로서의 몸이 지닌 상호문화적 성격을 드러내는 데 중점이 있다. 여기서는 후설과 메를로-퐁티의 현상학적 몸 개념이 주된 토대역할을 한다. 몸은 자연적, 보편적 성격과 문화를 통해 형성된 습관 등이 잘 조화를 이루고 있음으로써 자연과 문화, 나아가 문화와 문화 간을 매개하는 근원적 바탕으로서의 역할을 한다. 이를 토대로 몸이 상호문화적인 관계를 형성하는 데 어떻게 기여할 수 있는지가 현상학적으로 규명된다. 이때 주객미분리성을 특징으로 하는 메를로-퐁티의 '살' 개념이 중요한 실마리가 된다.

두 번째 감정의 단계는, 앞의 몸의 단계에서처럼 자연적인 성격을 지니고는 있지만, 좀 더 문화적인 요소를 함축하고 있다는 점에서 상호문화성에 대한 논의에서 보다 진전된 모습을 보여준다. 특히 여기서 주목하는 것은, 일반적으로 타 문화와 접촉할 때, 우리는 기본적으로 감정적인 태도를 취한다는 점이다. 이때 초점은, 개별문화에 의해 영향을 받는 감정이 문화적인 편견을 지니고 있다는 점을 고려할 때, 이러한 편견을 어떻게 넘어서서 좀 더 개방적인 상호문화적인 태도로 진입할 수 있는가에 있다. 여기서 강한 충격을 동반하는 수동적 감정이 이러한 문화적인 편견을 극복할 수 있는 하나의 계기로 등장하며, 대표적으로 숭고의 감정이 이에 대한 실례로 제시된다. 따라서 이 숭고의 감정에 대한 세밀한 분석을 시도한 버크의 이론에 대한 고찰을 토대로 숭고와 같은 감정이 어떻게 상호문화성을 가능케 하는지에 대해 현상학적으로 해명하고자 한다. 이때 숭고의 감정을 이질감과 친근감을 매개하고 포괄하는 복합적인 감정으로 파악하면서, 상호문화성은 바로 이 두 감정의 사이에서 성립한다는 해명이 이루어진다. 이와 더불어 타인을 이해하는 데 중요한 역할을 하는 공감의 감정이 어떻게 상호문화성에 기여할 수 있는지도 셸러의 이론을 중심으로 고찰된다.

다른 한편으로 상호문화성의 문제영역에서 가장 핵심적인 주제의 하나가 윤리성이다. 상호문화성은 기본적으로 타 문화에 대한 존중을 바탕으로 하기 때문이다. 이런 맥락에서 상호문화성 논의의 세 번째 단계는 윤리의 문제이다. 현상학적 관점에서 윤리의 문제는 직접적 체험에 바탕을 두어야 하기 때문에, 앞서의 감정과 밀접한 연관이 있다. 따라서 감정에서 어떻게 윤리적 체험이 도출되는가가 일차적 관심사가 된다. 여기서 본 글은 상호문화성 이론의 직접적 토대가 되는 후설의 타자경험이론, 즉 감정이입이론을 집중적으로 분석하면서 이를 윤리적으로 재해석하는 데 집중한다. 이를 통해 감정이입을 정서적으로 해석함과 동시에, 감정이입 작용이 지니는 윤리적 성격(포용과 인정)을 부각시킴으로써 이것이 상호문화성의 형성에 기여하는 점을 밝힌다. 이러한 토대에서 후설의 타자경험이론을 레비나스의 타자이론과 비교해 가면서 양자가 지니는 윤리적 함축이 어떤 점에서 차이를 보이는지를 상호문화성과 연관해 고찰해본다. 여기서 레비나스의 타자이론은 그 선명성에도 불구하고, 지나친 타자성에의 집착으로 상호문화성의 계기가 되기에는 부족함이 지적된다. 여기에 근거해, 상호문화성이 인간의 보편적인 감정에 기반을 두는 한, 하나의 보편윤리를 지향하고 함축함이 주장된다.

윤리의 문제는 필연적으로 타인과의 관계와 사회성을 전제로 한다. 이러한 관계가 단지 이론적인 차원이 아니라 실제적인 역동적인 상호작용 속에서 이루어진다고 할 때, 불가피하게 정치성을 논의하지 않을 수 없다. 다양한 인간관계에서 정의로운 공동체를 향한 인간의 노력은 곧 정치적 행위를 필요로 한다. 현상학적인 관점에서 이러한 정치성에 대한 체계적인 해명은 아렌트에 의해 이루어졌다. 따라서 아렌트의 현상학적 정치이론을 토대로 다양성과 보편성의 긴장관계에서 어떻게 상호문화성을 향한 인간의 노력이 이루어질 수 있는지 현상학적 정치철학적 관점에서 살펴보고자 하는 것이 정치 단계에서의 상호문화성 논의이다. 그러나 아렌트는 자유는 크게 부각시켰지만, 정치에서 또 다른 중요한 개념인 권력의 문제는 제대로 다루고 있지 않다. 따라서 이 장에서는 현상학적인 맥락에서 권력의 문제는 어떻게 이해해야 될지를 한병철의 권력관을 중심으로 살펴보면서, 자유와 권력이라는 두 축이 정치성의 핵심임을 현상학적으로 밝힌다. 나아가 자유와 권력이 어떻게 상호문화성에 적용될지 현상학적으로 심층적으로 고찰해본다. 이러한 논의에 이어 최근에 관심을 불러일으키는 범세계적인 '문화권력'이라는 현상을 상호문화성과 관련해 어떻게 이해해야 될지에 대해서도 살펴본다.

정치의 문제는 자연스럽게 이상적 공동체의 논의로 이어진다. 따라서 다섯 번째 단계는 공동체의 단계이다. 상호문화성은 필연적으로 문화적 공동체성을 전제로 하므로 개별적 문화적 공동체가 어떻게 다른 문화공동체를 만나면서 융합이 이루어지는가가 상호문화성의 핵심적 문제일 수밖에 없다. 그러나 이러한 논의에 앞서 우선 문화적 공동체가 무엇인지 그 실체와 본질을 분명하게 밝혀야 한다. 따라서 이 장에서는 문화적 공동체의 성격에 대한 현상학적 분석이 수행된 후에, 어떻게 상호문화적 공동체가 가능한지 그 근거에 대해서 상세히 해명해본다. 여기서 상호문화적 공동체의 근원적 원리이자 근거가 개개인의 정서적 의지에 있음이 밝혀진다. 그러나 이 상호문화적 공동체는 어떤 목적성과 이념을 내포하는 것이 아닌 열린 공동체라는 점에서, 비록 정서적 의지에 바탕을 두고 있지만 뚜렷한 목적성을 함축하는 후설의 사랑의 공동체와는 구분된다고 주장한다. 이에 근거해, 상호문화적 공동체가 이상적으로 추구하는 보편문화 내지 보편적 인류공동체라는 것이 과연 가능한지에 대해서 살펴보면서, 상호문화적 공동체에 속하는 구성원들은 그렇다면 어떤 소속감을 지니는지에 대해서도 간략히 고찰해본다.

이제까지의 상호문화성 논의에서 가장 간과되어온 부분이 역사의 문제이다. 현상학적으로 역사는 외적인 사실의 집합이라기보다는 주관의 역사의식의 의미에서 이해된다. 여기서 역사의식은 개개 문화가 지니는 뿌리 깊은 문화적 전통에 지배되고 있음은 주지의 사실이다. 이러한 역사의식의 뿌리를 후설은 신화에 대한 공동의 기억에서 찾는다. 참된 의미의 상호문화성이 형성되기 위해서는 이러한 신화에 뿌리를 둔 역사의식이 어떻게 보편성에 접목될 수 있는가를 밝혀야 한다. 따라서 이에 대한 실마리를 어디서 찾느냐가 바로 이 단계에서 이루어져야 할 논의의 핵심이 된다. 여기서 우리는 기본적으로 역사의식은 유한성을 특징으로 하되, 인간은 본성상 이 유한성을 넘어서려는, 곧 유한성을 초월해 자유를 추구하려는 본성적 경향을 지니고 있다고 보고, 이를 완전함과 무한성을 추구하는 인간의 보편적 성향에서 찾고자 한다. 이러한 초인간적인 완전함으로의 추구는 곧 이성화로의 경향과 일맥상통하며, 바로 여기서 이성의 목적론에 대한 논의가 이루어진다. 이 이성화적 경향은 개별성을 넘어서서 보편성을 추구하는 것으로 구체화되며, 바로 여기에 역사적 제약의 유한성을 넘어서서 보편성을 추구하려는 인간의 특성이 나타난다. 이러한 역사적인 제약과 이를 넘어서려는 인간의 본성적 의지와의 긴장관계 속에서 상호문화성을 향한 인간의 움직임 또한 이루어진다는 것이 이 장에서 내린 결론이다. 곧 상호문화성은 역사적 유한성을 함축하면서 보편성을 추구하는 인간의 의지의 역동적인 구현이다.

앞서 제2부의 논의는 사실상 본 저서의 핵심부분을 차지하며, 현상학적 관점에서 상호문화성이 어떻게 실천적으로 해석될 수 있는지가 그 초점을 이룬다. 제2부의 논의를 통해서 현상학적 의미에서의 상호문화성은 개별성과 보편성, 다양성과 통일성의 긴장관계 속에서 변증법적 발전과정에 놓여 있는 역동적인 것임이 밝혀진다. 따라서 여기서 상호문화성이 궁극적으로 하나의 보편문화로 수렴될 가능성이 있는지에 대해 집중적으로 고찰할 필요가 생긴다. 이를 위해 제3부에서는 제2부의 논의를 토대로 현상학적으로 이해된 상호문화성이 구체적인 개별적 사례에 어떻게 현실적으로 적용될 수 있는지를 살펴보면서, 모든 문화를 포괄하는 보편문화로서의 상호문화성의 가능성과 그 의미를 현상학적으로 파헤치게 된다.

물론 여기서의 보편문화는 개별적인 문화의 차이를 무시하고 획일적으로 통일화한다는 의미가 아니라, 모든 개별, 특수 문화에 적용되면서 하나의 세계를 지향하는, 이른바 차이를 포용하는 포용적 의미로 이해되어야 할 것이다. 그러나 이러한 보편성의 획득은 이론적으로는 쉬워도 현실적으로는 매우 어려우며, 바로 이 점이 실제적인 의미에서 보편문화의 가능성을 저해하고 있는 것이 사실이다. 이런 맥락에서 제3부에서는 현실적으로 보이는 많은 문화적 갈등과 대립의 상황(자연환경, 종교, 민족, 정치적 이념, 경제적 계층의 차이에 따른)을 하나하나 유형별로 파헤치면서, 이것이 어떻게 극복될 수 있는지를 앞선 논의를 바탕으로 고찰한다. 이와 더불어 흔히 상호문화성과 많은 혼동을 불러일으키는 다문화성은 상호문화성과 근본적 차이가 있음을 강조하면서, 이것이 타 문화에 대한 방관과 무관심을 함축하는 한, 결코 참된 의미의 상호문화성에 이르는 것이 아님을 구체적 사례를 들어 밝히고자 한다. 이를 통해 참된 의미의 상호문화성은 근본적으로 윤리적, 정치적 차원의 적극적 포용성을 전제로 해야 함이 주장된다. 무엇보다도 그 근본에서 상호문화성은 인류의 발전과 행복을 도모하는 인간주의적이라는 성격을 지니고 있음으로써 비인간적이고 반인간적인 문화적 형태를 지양하고 극복하도록 하는 실천적 계기로 작용한다는 점이 강조된다. 이를 통해 상호문화성은 인류에게 희망의 메시지를 안겨다주는 긍정적인 것임이 밝혀진다.

이러한 논의를 바탕으로 결론에서 상호문화성은 일시적으로 그때그때 사람들의 기호에 따라 형성되고 그치는 단발적인 현상이 아니라, 인류에게 주어진 하나의 숙명적 과제이자 근본적 의무임이 주장된다.

이러한 광범위한 상호문화성에 대한 고찰에는 필자가 오랜 기간에 걸쳐 일군 연구 성과가 총집약되어 있다. 특히 본 저서의 주제와 방법론이 상호문화성에 대한 현상학적 고찰이므로, 필자 나름의 고유한 현상학관이 여기에 반영될 수밖에 없다. 그러므로 현상학의 일반적 방법론과 관련한 고찰에는 필자가 1986년 석사과정에 들어간 이후부터 지금에 이르기까지 30여 년 간 지녀온 현상학에 대한 나름의 고민과 결론이 고스란히 담겨 있다. 물론 이와 관련해서는 당연히 다른 학자들로부터 중요한 통찰을 얻은 부분이 많고, 은사이신 고 한전숙 교수와 클라우스 헬트 교수의 이론에는 결정적인 영향을 받았다.

그러나 현상학 일반에 대한 논의를 떠나서 상호문화성이라는 특별한 문제와 관련해서는 대체로 필자 자신의 기존 연구와 사고에 의존하는 바가 큰 것이 사실이다. 특히 상호문화성의 문제를 중점적으로 다룬 최근의 필자의 연구 성과들은 이 저서에 직접적으로 반영해 논문 일부를 그대로 전재하기도 했다. 그 외에도 필자의 다른 선행 연구의 내용들에 의존해 여기서의 성찰을 상호문화성과 접목시켜 재해석하고, 또 필요시 선행 연구논문에서 인용된 원문의 중요 구절들을 재인용하기도 했다. 이렇게 필자가 이 저서에서 주로 참고하고 반영한 필자의 선행 연구논문들의 목록을 밝히면 아래와 같다.

「현상학의 학문성과 지평성-후설 후기철학을 중심으로-」, 『철학연구』 제53집, 철학연구회, 2001.

「후설의 의사소통이론 -역사적 제약과 선험적 보편성-」, 『철학과 현상학 연구』 제17집, 한국현상학회, 2001.

「포용과 책임: 사랑의 공동체에 대한 현상학적 고찰」, 『철학과 현상학 연구』 제18집, 한국현상학회, 2002.

「현상학적 사회이론 -개인과 사회의 관계에 대한 후설의 논의를 중심으로-」, 『철학연구』 제59집, 철학연구회, 2002.

「생활세계적 아프리오리와 문화의 현상학」, 『철학연구』 제57집, 철학연구회, 2002.

「사회생물학과 현상학」, 『철학과 현상학 연구』 제21집, 한국현상학회, 2003.

「기술시대와 현상학. -생활세계와 기술과의 관계를 중심으로-」, 『철학』 제75집, 한국철학회, 2003.

「기술시대와 사랑의 윤리학-후설, 하이데거, 프롬의 사랑론을 중심으로-」, 『철학연구』 제66집, 철학연구회, 2004.

「정치철학으로서의 현상학의 가능성-아렌트의 눈으로 본 후설-」, 『철학과 현상학 연구』 제23집: 한국현상학회, 2004.

「타자성과 친숙성:-레비나스와 후설의 타자이론 비교-」, 『철학과 현상학 연구』 제24집, 한국현상학회, 2005.

「자유의 현상학적 이념: 아렌트와 레비나스의 자유개념 비교를 중심으로」, 『철학연구』 제71집, 철학연구회, 2005.

「생활세계와 의사소통: 후설과 하버마스의 비교를 중심으로」, 『철학과 현상학 연구』 제31집, 한국현상학회, 2006.

「현상학과 평화: 평화의 현상학적 철학적 정초」, 『철학』 제95집, 한국철학회, 2008.

「숭고의 현상학과 현상학적 예술론: 하이데거와 메를로-퐁티의 비교를 중심으로」, 『철학연구』 제85집, 철학연구회, 2009.

「현상학과 문화-자연과 문화의 관계를 중심으로-」, 『철학』 제101집, 한국철학회, 2009.

「상호문화성과 윤리-후설 현상학을 중심으로-」, 『철학』 제103집, 한국철학회, 2010.

「이질감과 친근감-상호문화성의 양면성에 대한 현상학적 고찰-」, 『철학과 현상학 연구』 제50집, 한국현상학회, 2011.

「공감의 현상학-공감의 윤리적 성격에 대한 후설과 셸러의 논의를 중심으로-」, 『철학연구』 제99집, 철학연구회, 2012.

「현상학과 신비주의: 후설 현상학을 중심으로」, 『철학연구』 제103집, 철학연구회, 2013.

위 논문에서 「**현상학과 문화 ―자연과 문화의 관계를 중심으로―**」, 44-52쪽(제2부 1장 4, 5절), 「**이질감과 친근감 ―상호문화성의 양면성에 대한 현상학적 고찰―**」, 74-79, 88-96, 97-101쪽(제2부 2장 2, 3, 5절), 「**상호문화성과 윤리 ―후설 현상학을 중심으로―**」, 133-151쪽(제2부 3장 1, 2절) 등은 내용의 일부를 부분적으로 수정하여 이 저서에 그대로 옮겨 실었다. 자세한 전재사항은 본문에서 밝혔다.

이 저서는 이처럼 필자의 오랜 고민과 생각이 담겨 있는 것이기도 하지만, 한편으로 상호문화성이라는 주제 자체가 비교적 최근에 형성된 것이기 때문에 논의의 틀과 방법을 설정하는 데 다소 어려움이 있었다. 특히 어려운 점은, 이 저서의 의도가 상호문화성만을 주제화하는 것이 아니라 이를 현상학적으로 재해석하는 것이어서 반드시 현상학자들의 주장을 반영해야 하는데, 후설을 제외하고는 이 주제와 관련해 직접적인 언급을 한 학자가 거의 없어서 다른 학자들의 주장은 필자가 나름대로 선별해 비판적으로 재구성해야만 했다는 점이다. 후설 이외에 거론된 대표적인 현상학자들은 하이데거, 메를로-퐁티, 셸러, 레비나스, 아렌트, 헬트, 발덴휄스 등이다. 철학 이외의 영역―특히 정치학, 사회학―의 학자들의 주장도 상당수 반영했다. 감정과 관련된 논의에서는 아일랜드의 정치가이자 문필가 버크의 주장을 특별히 별도로 소개했다.

그러나 여러 학자들의 이론을 그들의 주장을 중심으로 체계적으로 구분해 소개하기보다는, 본 저서의 개별 주제에 부합한다고 여겨지는 학자들의 주장들 가운데 필자 나름대로 필요한 부분을 선별해 혼합적으로 제시했다. 이런 의미에서 이 저서의 초점은 여러 학자들의 상호문화성에 대한 생각을 일목요연하게 소개하는 데 있는 것이 아니라, 상호문화성이라는 주제를 여러 측면에서 현상학적으로 고찰하는 데 있다. 즉, 이 저서는 현상학자들의 이론에 대한 분석 내지 해석이 아니라, **상호문화성이라는 현상에 대한 필자 나름의 해석**이다. 그런 이유에서 본의 아니게 이제까지의 선행연구에서는 찾아보기 힘든, 필자의 독자적인 주장이 강하게 개입될 수밖에 없었다. 특히 이러한 경향은 제2부에서 두드러진다. 이는 다소 독단적이라는 비판을 받을 소지도 있다고 본다. 그러나 상호문화성이라는 주제는 계속 연구되어야 할 주제로서 아직도 이에 대한 적절한 방법론이 개발 중임을 고려할 때, 이러한 독자성은 하나의 실험적인 시도라는 이유로 정당화될 수도 있을 것이다. 이 점에 대해서는 독자들의 진솔한 비판을 기대해본다.

끝으로 본 저서가 나오는 데 결정적인 지원을 해준 한국연구재단에 깊이 감사를 드리며, 아울러 출판을 허락해준 아카넷 출판사, 그리고 무엇보다도 글을 쓰는 데 큰 힘이 되어준 아내 혜서와 내 딸 지우에게도 따뜻한 감사의 마음을 전한다.

2015년 6월 모락산 자락에서
박인철

『성찰』: *Cartesianische Meditationen und Pariser Vorträge*, Den Haag, 1963.

『이념들 I』: *Ideen zu einer reinen Phänomenologie und phänomenologischen Philosophie. Erstes Buch*, Den Haag, 1950.

『이념들 II』: *Ideen zu einer reinen Phänomenologie und phänomenologischen Philosophie. Zweites Buch*, Den Haag, 1952.

『수동적 종합』: *Analysen zur passiven Synthesis*, Den Haag, 1966.

『위기』: *Die Krisis der europäischen Wissenschaften und die transzendetale Phänomenologie*, Den Haag, 1976.

『심리학』: *Phänomenologische Psychologie*, Den Haag, 1962.

『상호주관성 I』: *Zur Phänomenologie der Intersubjektivität. Erster Teil*, Den Haag, 1973.

『상호주관성 II』: *Zur Phänomenologie der Intersubjektivität. Zweiter Teil*, *Den Haag*, 1973.

『상호주관성 III』: *Zur Phänomenologie der Intersubjektivität. Dritter Teil*, *Den Haag*, 1973.

『강연 II』: *Aufsätze und Vorträge (1922-1937)*, Dordrecht, 1989.

『위기보충』: *Die Krisis der europäischen Wissenschaften und die transzendentale Phänomenologie. Ergänzungsband*, Dordrecht, 1993.

『윤리학』: *Einleitung in die Ethik. Vorlesungen Sommersemester 1920 und 1924*, Dordrecht, 2004.

『생활세계』: *Die Lebenswelt*, Dordrecht, 2008.

1

상호문화성의 현상학적 토대

1장
상호문화성의 의미와 철학적 배경

1 문화의 의미

1.1 전통적인 문화 개념

상호문화성의 의미를 이해하기 위해서는 우선 문화의 의미를 규정할 필요가 있다. 그러나 주지하다시피 문화의 의미는 매우 광범위하고, 시대적, 역사적으로 그 의미 또한 일정하지 않고 많은 변화를 겪어왔다. 서양에서 문화(culture)는 전통적으로—특히 고대 그리스의 경우—참된 인간성을 위한 교육의 의미에서 이해되어왔고, 따라서 문화는 자연적이고 본능적 상태의 조야함을 벗어나 세련되고 교양 있는 인간됨을 추구하거나 상징하는 것으로 여겨졌다.[1] 이에 따르면, 문화는 곧 "최상의 기준에 대한

---

1   이러한 교육(파이데이아)으로서의 문화의 전통적인 의미에 대한 설명은 강영안, 「문화개

지식을 통해 사람을 사람되게 하는 활동"[2]이다. 그러므로 철학, 예술, 종교 등과 같은 "고차원적인 인간 정신 활동의 표현"[3]을 문화로 이해하거나, 칸트에서 잘 나타나듯이, '도덕성'을 문화의 목적으로 여기기도 한다.[4]

이러한 전통적인 문화이해는 기본적으로 문화의 본질과 주체를 인간의 이성 속에서 찾는다. 곧 인간의 이성이 계발되면서 문화가 싹텄고, 문화는 인간이성의 발현이자 결과물이라고 보는 것이다. 이 입장에 서게 되면, 이성과 합리성이 문화의 척도가 되며, 문화의 질은 이러한 이성과 합리성이 얼마나 잘 구현되고 있는가에 따라 차등화된다. 이러한 생각은 19세기 후반, 문화에 대한 최초의 현대적인 규정을 시도한 타일러에서도 여전히 남아 있다. 타일러는 문화를 "문화 또는 문명이란 민속학적 의미에서 넓게 이해할 때, 지식, 신앙, 예술, 법률, 도덕, 풍속 등 사회의 일원으로서의 인간이 획득한 능력과 습관의 총체"[5]라고 규정함으로써 이전과 비교해 비교적 개방되고 확장된 문화개념을 채택하고 있다. 그럼에도 불구하고 여전히 문화를 진화론적으로 이해해 "문화는 낮은 문화에서 높은 문화로 진화, 발전하는 것으로 보되, 이 진화발전을 인류 전체의 보편적인 역사과정에서 일어나는 단일한 과정"[6]이라고 파악한다. 이때 기준이 되는 것은 서구의 합리적 문화이고, 따라서 "문화는 곧 이성을 통한 계몽, 합리화"[7]를 의미한다. 이러한 서구 중심적, 이성 중심적 문화관에 따

념의 철학적 배경」, 「문화철학」, 철학과 현실사, 1995, 193-199 참조.
2   같은 논문, 198.
3   C. A. van Peursen, *Culture in stroomversnelling*, 강영안 역, 「급변하는 흐름 속의 문화」, 서광사, 1994, 20.
4   이한구 편역, 「칸트의 역사철학」, 서광사, 2005, 37 참조.
5   E. B. Tylor, *Primitive Culture*, New York, 1871, 1, 강영안, 앞의 논문, 210 재인용.
6   강영안, 앞의 논문, 212.

를 때, 서구인의 관점에서 문명화가 덜 된 원시적 부족의 '문화'는 미개하고 야만적인 것으로 여겨지고, 문화의 발전은 곧 이러한 비합리성에서 합리적인 체계로 전이해가는 데 있는 것으로 간주된다. 이른바 문화의 질적 차이를 인정하는 것이다.

1.2 문화 개념의 변화와 확장

그러나 이러한 경직된 서구중심적인 이성적, 위계적 문화관은 문화인류학의 발전에 따라 20세기에 들어와서는 사실상 사라지게 되고, 이후 개개문화에 나름의 가치와 고유성을 부여하는 문화상대주의가 지배적인 의견으로 자리 잡게 된다.[8] 이에 따라 문화의 의미 또한 유연해지고, 그 외연 또한 극도로 확장된다. 곧 특정 집단의 모든 삶의 양식 일체를 문화라는 개념으로 포괄하게 된 것이다. 이러한 문화개념을 반 퍼슨은 다음과 같이 표현한다.

인간은 자연환경에 끊임없이 개입하고 있고, 이것이 다름 아니라 문화이다. 그러므로 '미개인'(자연 상태의 인간)은 존재하지 않는다. 삶과 죽음과 성애(性愛)에 관한 의식(儀式)과 체험, 식량 생산 방식과 식탁 예법, 농경과 사냥, 그릇, 도구, 의복의 제작, 주택 장식과 화장 등 인간의 여러 활동이 문화에 속한다. 예술, 종교, 과학과 마찬가지로 이러한 일상적인 활동이 문

7 　같은 논문, 212.
8 　현대 인류학자인 보아스를 위시해 그 제자인 베네딕트, 허스코비츠 등의 문화상대주의적 관점에 대한 상세한 설명은 같은 논문, 210–220 참조.

화이다.[9]

　이러한 문화 개념의 변화와 확장은 크게 두 가지 점에서 의미가 있다. 우선 전통적인 의미의 문화 개념은 기본적으로 자연과 문화를 대립적으로 서로 다른 차원에 있는 것으로 보는 데 그 핵심이 있다. 그러므로 자연을 극복하고 넘어서는 데 가장 중요한 수단으로 오직 인간의 이성을 꼽고 있기에, 문화는 정신적, 이성적 산물로 여겨지게 된다. 그러나 현대적인 문화 개념은 이러한 자연과 문화의 이분법적 대립을 넘어서서 자연과 문화의 공존과 관계성을 중요하게 여긴다. 그렇기 때문에, 자연에 좀 더 밀착된 원초적인 원시인의 삶도 문화의 하나로 간주할 수 있는 것이다. 곧 **자연과 문화의 상관성**을 고려하고 있다는 것이 현대적 문화 개념의 주된 특징이다.[10] 둘째는, 문화의 주체와 원동력을 오직 인간의 능동적 의지와 정신에서 찾은 전통적인 문화 개념과는 달리, 현대적인 문화 개념은 문화의 주체를 인간의 능동적 의식에 한정하지 않고 인간의 삶 자체 속에서 찾는다. 여기서 인간의 삶은 물론 정신적 삶에 한정된 것이 아니라 인간의 자기보존을 위한 모든 활동을 포괄하는 매우 광범위한 의미의 삶이다. 그렇기 때문에, 새로운 문화개념에 따르면, 인간의 능동적 의지에 의해 창출된 의식적인 산물만이 아니라 수동적인 삶의 계기도 문화를 규정하는 중요한 요소로 바라보게 된다. 그러나 그럼으로써 문화에서의 인간의 자발성보다는 인간의 문화에 대한 종속성과 수동성을 오히려 강조하기도 한다. 인간 스스로 자신이 만든 문화에 의해 자신도 모르게 이끌리고 지

9　C. A. van Peursen, 강영안 역, 앞의 책, 21.
10　강영안, 앞의 논문, 218 참조.

배되고 있다는 것이다.[11]

그러나 이처럼 자연적이고 수동적인 계기들조차 문화 개념 속으로 편입됨으로써 문화의 본질적인 의미가 모호해지고, 그 경계가 불분명해지는 것이 사실이다. 사실 확장된 문화 개념에 따르면, 인간의 행동에서 문화적이지 않은 것을 찾기가 어려워 보인다. 가령, 잠자고 먹는 것도 사실상 인간의 삶의 양식이라는 점에서 문화의 의미에 포함된다. 강영안은, 현대적인 문화개념에 따르면, "사람이 의식적으로 하는 일은 모두 문화"[12]라고 주장한다. 그렇다면, 인간이 아닌 동물들의 행동도 문화적이라 할 수 있는가? 본래 문화라는 말이 인간을 동물성으로부터 구별하는 데서 출발하지 않았는가? 그러면 여기서 도대체 문화의 본질은 어디에 있는지, 우리는 다시 되묻게 된다.

1.3 문화 개념의 본질적 특징

먼저 우리는 확장된 문화 개념에 따를 때, 전통적인 문화의 핵심적 의미는 상실되고 완전히 새로운 개념으로 대체되는 것이 아님에 주목해야 한다. 문화 개념의 전이는 본질적 변화 내지 기본 개념의 폐기라기보다는 발전적 확장으로 이해해야 한다. 말하자면, 전통적인 문화 개념이 지니는 기본 틀에 본래 문화와 배타적인 관계에 있다고 여겨온 자연적인 것을 편입시킨 것이다. 현대적 문화 개념은 자연과의 상관성, 구체적으로는 '문

---

11 강영안은 문화상대주의는 문화의 지나친 강조와 자율성 부여로 인해 불가피하게 이러한 인간의 문화에 대한 종속성과 문화결정론을 동반한다고 해석하면서 이를 다소 비판적으로 바라본다. 같은 논문, 215–216 참조.

12 같은 논문, 191.

화적 자연'을 고려하는 것이다. 그러므로 확장된 문화 개념에는 정신뿐만 아니라 몸, 본능, 감정 등이 문화의 한 요소로서 파악되는 것이다. 그러나 이러한 확장이 본래 문화가 지니고 있던 기본적인 정신 내지 방향성까지 흐리게 하지는 않는다. 문화는 가장 원초적이고 본능적인 단계에서 고차적인 정신적인 단계에까지 이르는 광범위한 양상을 띠게 되지만, 최소한의 조건과 경향은 변함없이 지니고 있다. 그것은 바로 문화는 혼자서가 아니라 일군의 인간의 집단에서 형성된다는 것이고, 이 인간집단의 복리와 행복을 최대한 증진시키는 방향으로 움직인다는 것이다. 한마디로, 문화는 사회적, 공동체적이고, 이 공동체의 안정적 지속과 발전을 위해 그 존재의미를 갖는다는 것이다.[13] 물론 동물들도 사회적일 수 있고, 나름대로 자신이 속해 있는 집단의 지속을 본능적으로 추구한다. 그러나 인간은 동물과는 달리 문화를 공동체의 발전을 위한 하나의 수단으로 개발하고, 또 이를 타인과 같이 공유, 전달하면서 역사적으로 전승시킨다. "인간은 문화를 만들고 보존할 수 있는 능력이 있다는 점에서 다른 동물과 구별된다."[14] 곧 인간은 문화에 대한 상호주관적, 역사적 의식을 지니고 있는 것이다. 동물들은 주어진 환경을 토대로 한 문화의 개발이라는 의식도 없거니와, 결정적으로 바로 이러한 문화의 역사성과 상호주관성에 대한 의식이 결여되어 있다.[15]

---

13 이러한 문화의 사회성에 대해서는 같은 논문, 219, 진교훈, 「철학적 인간학에서 본 문화이념」, 『문화철학』, 철학과 현실사, 1995, 257–258 참조.

14 강영안, 앞의 논문, 217.

15 최한빈은 "인간의 모든 삶의 표현이 문화일 수는 없다. 문화는 인간의 의식적인 행동에서만 규정될 수 있기 때문이다. 이때 의식적 행동이란 어떤 의도를 가진 행동을 의미한다. 본능적 차원에서 이루어지는 인간의 행동은 문화라 할 수 없다."(최한빈, 「문화의 역사」, 『문화와 철학』, 동녘, 1999, 54)고 말한다.

그런데 문화의 역사성과 상호주관성을 가능케 하는 근본적인 토대는 다름 아닌 윤리성이다. 문화는 인간의 삶을 기능적이고 효율적으로 유지시킬 뿐만 아니라 한 집단 내에서 타인과의 관계를 우호적이고 조화롭게 유지하게 하는 하나의 당위적 틀로서도 작용한다. 이 후자의 측면이 한 사회의 질서를 유지시키고 인간의 행동을 그 사회의 발전을 위해 바람직한 방향으로 이끄는 윤리이다. 이런 점에서 문화의 가장 근원적 토대는 윤리성이다. 어떤 문화도 이러한 윤리성에 반하거나 연관을 배제하는 경우는 없다. 그리고 바로 이러한 문화의 윤리성이 문화를 다름 아닌 인간만의 고유한 것으로 규정짓는 근거이기도 하다. 이런 맥락에서 반 퍼슨은 다음과 같이 말한다.

인간이 스스로 자신을 가르칠 수 있다는 데에 문화의 본질이 있다고 칸트가 이미 1세기 반 전에 지적한 적이 있다. 문화는 말하자면 인간의 학습장이다. 인간은 문화를 접할 때 무엇이 '어떻게 존재하는가' 하는 질문뿐만 아니라 '어떻게 존재해야 하는가' 하는 질문을 던진다.[16] 문화의 규칙은 물리적 법칙처럼 철통 같은 필연성을 따르지 않는다. 그것은 완전히 무시될 수도 있다. 그러나 문화의 규칙은 반드시 따라야만 하는 것이다. 이것은 도덕적 필연성(당위)이다.[17]

결국 문화의 양상이 어떠하건, 모든 문화는 근본적으로 **상호주관성, 역사성**, 그리고 **윤리성**의 세 가지 특성을 그 기본바탕으로 하고 있으며, 그

---

16 C. A. van Peursen, 강영안 역, 앞의 책, 25.
17 같은 책, 26.

런 한에서 '인간에게만 고유한 문화'라는 특성을 지닐 수 있는 것이다.

2 문화발전의 동인과 주체

2.1 문화발전에 대한 상이한 입장들

문화는 정적으로 고정되어 있지 않고 변하고 발전한다. 경우에 따라, 사라지기도 한다. 그러므로 문화의 또 다른 특징은 **역동성**이다. 이런 의미에서 반 퍼슨은 "문화는 아직 다 하지 못한 이야기이고, 따라서 그것은 계속 이야기되어야 한다. 이렇게 볼 때, 현재 문화는 인간 발전사의 한 단계로서 계속 이어져야 할 이야기의 한 부분으로 그려져야만 한다."[18]고 말한다. 이러한 하나의 역동적 흐름으로서의 문화의 특성을 고려할 때 생길 수 있는 의문은, 문화는 과연 어떤 특정한 방향성을 지니고 발전하는가 하는 점이다.[19]

사실 이에 대한 답을 어떻게 생각하느냐에 따라 문화와 역사를 보는 시각이 달라진다. 앞서 문화의 질적 차이를 전제하면서 모든 문화를 하나의 단일한 보편적 문화로 수렴, 발전되는 과정으로 이해하는 문화보편주의의 관점에서는, 당연히 문화는 점진적으로 합리적인 방향으로 발전해 가는 것이 순리이다. 그러나 개별 문화의 고유성과 특수성을 인정하고자 하는 문화상대주의의 입장에서는, 어떤 특정한 방향으로의 문화의 발전은

---

18 같은 책, 23.
19 이 문제는 뒤에서 다시 상론된다.

존재하지 않는다. 문화는 개개 문화권 내에서의 고유한 틀과 맥락 속에서만 이해되어야 한다는 것이 이들의 생각이다. 그러므로 문화의 발전방향 또한 예측하기 어렵다.

문화에 대해 서로 상반된 입장을 주장하는 이러한 문화상대주의와 문화보편주의 중 어느 쪽이 일방적으로 옳다고 판단하기는 쉽지 않다. 그러나 분명한 것은 역사적으로 인류의 문화는 어떤 식으로든 발전해왔고, 그 실체가 무엇인지 불분명해도 어떤 경향성을 띠고 있다는 점이다. 물론 문화와 문명을 구분해 전자를 정신적인 것으로, 후자를 물질적인 것으로 규정해 문화가 아니라 문명만이 특정한 방향으로 발전해왔다고 주장할 수도 있다.[20] 그러나 필자의 생각으로는, 그것이 모두 인간의 의지적 산물인한, 문화와 문명의 엄밀한 구분은 사실 무의미하다고 보며, 넓은 의미의 문화라는 개념 속에 문명이 포괄된다고 본다. 이렇게 볼 때, 문화의 발전은 비록 그것이 모두 획일적인 패턴으로 이루어진다고 할 수는 없다 하더라도 최소한 어떤 동인에 의해 움직인다고 할 수는 있다. 여기서 우리는 바로 문화를 움직이는 이 동인이 무엇인가를 묻고자 한다.

2.2 문화에 대한 사회생물학적 해석 비판

이성을 강조하는 전통적 입장에서는 문화의 동인을 물론 인간의 이성에서 찾을 것이다. 그리고 실제로 인류문화의 발전과정을 보면, 이렇게

---

20 문화와 문명을 구별해 문화를 역사발전의 긍정적 계기로 보는 데 비해 문명은 물질적인 것으로서 인간에 대해 부정적으로 평가하는 대표적인 철학자가 바로 니체이다.

볼 여지가 있기는 하다.[21] 그러나 문화 개념의 다양성과 확장가능성을 고려할 때, 인간의 이성이 분명 중요한 역할을 하기는 하지만, 오직 이것에 의해서만 문화가 생성되고 움직인다고 보는 것은 현대적인 시각에서는 설득력이 없다.

한편으로 이의 대척점에서 문화의 동인을 인간의 자연적, 생물학적 본능에서 찾는 시각도 가능하다. 바로 사회생물학의 관점이다. 사회생물학은 인간의 모든 사회적 행동과 문화적 산물의 궁극적 원인을 인간의 자연적, 유전적 요소에서 찾으려고 한다. 고차원적인 문화라는 것도 사실은 인간의 생물학적인 자기보존을 향한 움직임에 불과하며, 따라서 "문화란 아주 넓은 의미에서는 생명 발생적 토대 위에서 생성 발전되는 것"[22]이라는 것이다. 사회생물학의 대표자인 윌슨은 이런 맥락에서 다음과 같이 말한다.

숭고한 도덕 가치들의 문화적 진화가 스스로 방향을 설정하고 자체 추진력을 획득하여 유전적 진화를 대체할 수 있을 것인가? 나는 그렇게 생각하지 않는다. 유전자는 문화를 가죽끈으로 묶어 놓고 있다. 끈은 상당히 길지만, 가치들은 자신들이 인간의 유전자 풀(gene pool)에 미치는 결과에 따라서 불가피하게 속박될 것이다.[23] 문화는 자체 동력으로 진화하는 초유기체가 아니다. 오히려 문화적 변화는 사회적 존재가 되기 위해 최선을 다하는

---

21 이성의 목적론이라는 관점에서 인류역사와 문화발전을 설명하려는 시도는 이 책의 제2부 6장 3절 참조.

22 F. M. Wuketis, *Gene, Kultur und Moral*, 김영철 역, 『유전자인가 문화인가. 사회생물학 논쟁』, 사이언스북스, 2002, 124.

23 E. O. Wilson, *On Human Nature*, 이한음 역, 『인간본성에 대하여』, 사이언스북스, 2000, 233.

무수한 인간들이 전개하는 독립적인 움직임들의 통계적 산물이다.[24]

사회생물학은 문화현상을 자연적, 생물학적으로 환원시켜 설명함으로써 인간의 자유의지 또한 부정하거나 약화시켜 이해하려는 경향을 보인다. 이에 따라 문화발전에서의 인간의 능동적인 역할은 대폭 축소되고, 인간의 자연적 성향이 문화의 방향을 결정하는 주된 요인이다. 곧 문화의 발전과 변화를 이끄는 것은 자연이고, 이 또한 이미 자연의 내재적인 움직임 속에 결정되어 있다. 그러나 이러한 사회생물학적 해석은, 인간은 자연적, 생물학적인 경향성이나 본능을 넘어서서 어떤 의무감에서 도덕적 행동을 추구하려는 윤리적 의지를 지니고 있다는 점, 그리고 반대로 여타의 동물들에서 볼 수 없는 극도의 잔인성이나 생존을 위해 전혀 불필요한 쾌락적 행동 등이 유독 인간에서만 나타난다는 점을 제대로 설명할 수 없다.[25] 이는 인간이 유전적, 생물학적으로 프로그램화되어 결정론적으로만 산다는 것이 아님을 보여준다. 무엇보다도 인간은 문화적 존재로서 문화적인 요인에 의해 인간의 삶이 상당부분 규정된다는 점을 사회생물학은 약화시켜서 보고 있다. 자연과 문화의 관계를 사회생물학은 근본적으로 자연에서 문화로의 일방적인 규정으로 이해하고 있지만, 그 반대 방향도 가능하다는 점을 제대로 주목하고 있지 않다. 말하자면, **문화의 복잡성과 다양성**을 간과하고 문화를 지나치게 단순화해서 보고 있다는 것이다.[26] 그렇기 때문에 문화적 삶을 살고 있는 인간에 대한 이해도 소박할 수밖에 없다.

---

24 같은 책, 120.
25 현상학적 관점에서 사회생물학의 입장에 대한 상세한 비판은 졸고, 「사회생물학과 현상학」, 『철학과 현상학 연구』 제21집, 한국현상학회, 2003, 396-399 참조.
26 같은 논문, 397-398 참조.

2.3 문화결정론 비판

문화의 동인을 보는 시각은 사회생물학과 정반대의 입장이지만, 한편으로 문화발전에서 인간의 능동성과 자발성을 가능한 인정치 않는다는 점에서는 동일한 입장을 취하는 것이 바로 문화결정론이다. 문화결정론은, 문화는 인간의 의지에 의해서가 아니라 문화 자체의 동력에 의해서 움직이고, 오히려 이 문화가 인간을 지배한다는 입장을 취한다. 사회생물학과 마찬가지로 인간의 자율성과 의지는 부정된다. 대표적 문화결정론자인 화이트는 다음과 같이 말한다.

이 문화 또는 저 문화는 우리가 그것을 인식하는 방식이 아무리 다양할지라도 인간의 구조나 본성에 호소하여 설명할 수는 없다. 문화는 그 자체로 생명과 그 자체의 법칙들을 가진 그 자체로 굴러가는 것으로 간주해도 좋겠다.[27]

그러므로 화이트는 문화발전에서 드러난 인간의 능동적 역할을 극소화하면서 "문화는 스스로 만들어진다."[28]라는 극단적인 주장을 펴고 있다. 그의 문화결정론은 인간의 자유의지를 최소화한다는 점에서는 사회생물학과 공동의 입장을 취하지만, 이보다 한 발짝 더 나아가 철저한 반인간

---

27 L. A. White, *The Science of Culture*, 이문웅 역,『문화과학: 인간과 문명의 연구』, 아카넷, 2002, 159. 졸고,「현상학과 문화 ―자연과 문화의 관계를 중심으로―」,『철학』제101집, 한국철학회, 2009, 33 재인용. 여기서 화이트의 이론에 대한 소개 및 인용은 이 글에 의존해 있다.
28 같은 책, 435. 졸고, 앞의 논문, 34 재인용.

중심주의적 태도를 지니고 있다는 점에서 차이를 보인다. 그러므로 인간의 생물학적, 자연적 요소 또한 문화발전을 위해서는 하등의 변수가 되지 않는다. "문화의 변화와 성장의 과정과 관련해서는 인간의 생물학적 요인들은 상수로 취급될 수 있으며, 따라서 문화과정의 설명과는 무관"[29]하다는 것이 그의 입장이다.

화이트의 문화결정론은 문화 자체 속에서 문화발전의 원동력을 찾음으로써 문화발전의 요인을 명료하게 설명할 수 있는 장점은 있다. 그러나 문화의 핵심적인 기제를 인간을 배제하고 설명하기는 사실 쉽지 않은 일이다. 문화는 매우 다양한 양상을 띠기 때문이다. 그러나 화이트는 여기서 문화의 핵심적 토대를 기술에서 찾는다. "기술적 체계는 그 중요도에서 일차적이고 근본적인 것으로서, 모든 인간 생명체와 문화는 이 기술체계에 의존하고 있다."[30] 기술이 문화의 근본적 동인이라는 주장은 이미 광범위한 지지를 얻고 있는 기술자율론자 내지 결정론자의 주장과 일맥상통하는 것으로서, 하이데거 또한 근대 이후의 기술론과 관련해 일정 부분 이러한 기술결정론의 입장에 서 있다.[31] 하이데거에 따르면, 근대의 기술체계에서는 인간이 기술을 조정하는 것이 아니라, 오히려 인간이 기술에 예속되고 종속되어 있으며, 다만 문제는 인간이 이 사실을 모른 채 마치 자신이 기술의 주인인 양 착각하는 것이다. 바로 여기에 기술시대의 위험이 있다는 것이 그의 지적이다.[32] 그만치 현대의 기술체계가 갖는 견고성

---

29 같은 책, 212. 졸고, 같은 논문, 33 재인용.
30 같은 책, 467.
31 이와 관련해서는 졸고, 「현상학과 문화 −자연과 문화의 관계를 중심으로−」, 『철학』 제101집, 한국철학회, 2009, 35 참조.
32 이에 대한 논의는 졸고, 「기술시대와 현상학, −생활세계와 기술과의 관계를 중심으로−」,

과 흡인력이 크다는 것을 암시하는 것이다. 이처럼 문화발전의 동력을 기술로 보는 한, 문화가 기술체계에 의해 움직인다는 화이트의 주장은 나름대로 설득력은 있는 것 같다.

그러나 문제는 과연 문화의 핵심적인 토대를 기술체계로 단순화할 수 있느냐 하는 것이다.[33] 기술은 인간에 의해 창출된 것이고, 그런 한에서 인공적이다. 문화가 인간의 모든 산물을 포함한다면, 기술을 문화의 일부로 간주하는 것은 아무 문제가 없다. 그러나 기술이 문화의 기준이자 시금석이 될 경우는 상황이 다르다. 기술의 개념 또한 물론 광범위하고 모호하기는 하지만, 기본적으로 기술이 자연을 극복하고 이에 대응하기 위한 인간의 방식이라고 볼 때, 보이지 않게 기술 중심적 문화관은 자연과 기술, 나아가 자연과 문화를 구분해 대립적으로 보는 관점을 취하고 있다.[34] 그러나 현대의 일반화된 문화 개념에 따를 때, 문화 속에는 자연적인 인간의 삶도 포함된다. 화이트는 가능한 자연적, 생물학적 요소는 문화의 요소로 인정치 않고, 이것이 문화에 큰 영향을 미치지 않는다고 해석하려 하지만,[35] 우리의 실제적 삶과 확장된 문화 개념 속에서 자연적 요소가 차지하는 비중은 의외로 크다.[36] 우리는 뒤에서 몸, 감정과 같은 인간의 자연

『철학』 제75집, 한국철학회, 2003, 140-141 참조.

33 화이트의 문화결정론에 대한 비판은 졸고, 「현상학과 문화 ─자연과 문화의 관계를 중심으로─」, 『철학』 제101집, 한국철학회, 2009, 35-37 참조.

34 같은 논문, 35 참조.

35 화이트는 "사회문화과정이 개인적 차원에서 설명될 수 있다는 주장은 마찬가지 전제, 즉 생물학적 요인들이 문화과정들을 해석하는 것과 연관되어 있음을 가정하고 있다. …… . 하나의 개인 유기체는 개인의 집합과정으로서의 문화과정을 해석하는 데는 적합하지 않다."(L. A. White, 이문웅 역, 앞의 책, 210. 졸고, 같은 논문, 36 재인용)고 말한다.

36 졸고, 같은 논문, 35 참조.

적인 요소가 문화에 얼마나 큰 영향을 미치는지를 보게 될 것이다.

그러나 결정적으로 화이트의 문화이론이 지니는 한계는, 인간의 자율성과 문화에서의 인간의 역할에 대한 고려가 없다는 것이다. 문화가 아무리 기술에 의해 뒷받침된다 하더라도 이 기술 또한 인간의 자발적인 선택과 의지로 생겨난 것이다. 기술 없이 인간은 동물처럼 자연에 순응하며 살 수도 있었다. 그러나 그렇게 하지 않은 것은, 인간은 자연적 상태를 초월하려는 욕구와 의지가 있었기 때문이다. 이 의지 자체도 물론 생존을 위한 본능적인 것이 아니냐고 볼 수도 있겠지만, 최소한 여기에는 인간의 선택과 자유가 있었다는 점은 분명하다. 문화는 이런 점에서 주어진 것이 아니라 인간의 자율적 의지에 의해 형성된 것이고, 문화라는 형태로 오랜 기간 지속할 수 있는 것 또한 인간이 이 문화를 **의지적으로 선택하고 지지하기 때문이다.** 우리는 뒤에서 문화를 형성하고 유지하는 인간의 기본요소로서 인간의 자기보존을 위한 의지, 나아가 정서적 의지가 큰 역할을 함을 보게 될 것이다.

화이트의 이론이 지니는 이러한 문제점은 근본적으로 그가 자신의 문화결정론을 전개하면서 문화의 자율적 영역을 지나치게 확고히 하고, 자연과는 구분되는 이념적인 순수 문화가 존재한다고 굳게 믿었기 때문이다. 그러나 이러한 사고는 문화를 실체적으로만 보고 어떤 관계성 속에서 보려 하지 않은 것으로서 문화에 대한 편협한 이해라고 보인다. **문화는 인간과 자연, 주관과 객관의 상관성 속에서 성립하는 것**으로서 어느 한쪽에 치우쳐서 파악될 단순한 것이 아니다. 뒤에서 자세히 살펴보겠지만, 우리가 상관성을 중시하는 현상학을 상호문화성의 해명을 위한 적합한 대안으로 생각한 것도 바로 문화가 지니는 이러한 관계적, 복합적 성격 때문이다. 이렇게 보면, 화이트의 주장은 사회생물학적 입장과 유사하게 문화를 지나치게 단순하게 파악한 데에 그 근원적인 문제가 있다고 할 수 있다.

이상의 논의를 종합하면, 문화발전은 인간과 자연의 불가분의 관계 속에서 인간의 능동적, 수동적 의지가 개입되고 반영됨으로써 이루어진다고 보는 것이 적합하다. 즉, **인간의 욕구와 의지**가 문화발전에서 결정적인 역할을 한다는 것이 필자의 판단이다. 이 욕구와 의지는 물론 단순히 생물학적 의미의 본능적 욕망을 의미하는 것이 아니라 일종의 **'문화적 욕망'**으로 이해되어야 한다. 그런 점에서 여기에는 인간의 자율적 의지가 항상 개입되어 있다. 바로 이 점이 문화를 단순한 생물학적 자기보존의 현상과 구별하는 것이기도 하다. 곧 문화 발전의 동인은 단순히 생물학적 또는 문화적 어느 한쪽의 측면에서 설명될 수 있는 것이 아니라, 양자의 중간 지점에서, 그것도 **주체적 존재로서의 인간**을 반드시 고려해 찾아야 할 것이다. 이런 의미에서 문현병은 "문학과 예술을 포함한 모든 문화는 본질상 자유의 추구이다. 이 자유가 문화창조의 밑거름이 된다. 자유의 다른 표현이 자율이다. 요컨대 문화 활동의 생명은 각 개인이 문화의 주체로 일어서는 것이다."[37]라고 함으로써 문화의 주체로서의 인간의 자율적 의지를 강조하고 있다.

2.4 반 퍼슨의 문화발전이론

이러한 맥락에서 주목할 것은 반 퍼슨의 문화발전이론이다. 반 퍼슨은 문화형성에서의 인간의 주체적 의지와 자율성을 인정하고, 문화를 인간과 자연의 상호관계 속에서 파악한다는 점에서 우리의 입장과 유사성을

---

37 문현병, 「현대문화와 문화산업」, 『문화와 철학』, 동녘, 1999, 145.

보인다. 특히 그의 주장의 특징은 인류의 문화를 역사성 속에서 파악해 하나의 역동적인 발전과정으로 본다는 점이다. 반 퍼슨은 인류문화의 발전과정을 대략 세 단계로 나누어, 각 단계의 문화를 지배하는 사고체계를 각각 '신화적 사고', '존재론적 사고', '기능적 사고'로 규정해 설명하고 있다. 인류문화는 시대적으로 신화론적 사고에서 존재론적 사고를 거쳐 기능적 사고로 전이해왔다는 것이 그의 해석이다. 그에 따르면, 문화는 근본적으로 "인간을 에워싼 힘과 인간의 서로 주고받음이고, 내재와 초월의 긴장이며, 이 주고받음과 긴장을 조절하는 전략이다."[38] 그러므로 문화는 인간과 인간을 둘러싼 환경 내지 세계와의 상호작용을 통해서 생겨난 것이고, 이 인간과 세계(자연)의 관계가 어떠했느냐에 따라 문화를 지배하는 사고체계와 기본 양식이 다르다. "인간과 인간을 에워싼 힘의 관계는 긴 역사를 통해 늘 새로운 전략으로 조정되기 때문이다."[39]

우선 신화적 사고의 단계에서는 인간을 둘러싼 자연환경 내지 힘에 의해 인간이 압도당하고, 인간이 이를 숭배하는 경향을 띤다. 곧 "정체를 알 수 없는 존재의 압도적인 힘에 대한 체험은 신화적 삶의 태도의 핵심을 이룬다."[40] 신화적 사고는 인간을 압도하는 힘에 대해 저항할 수도 피할 수도 없기에, 이를 초월적인 것으로 신격화하거나, 주술적인 방식으로 소통 내지 완화시키려는 경향을 띤다. 중요한 것은, 이러한 외적인 힘을 인간과 대립해 완전히 분리된 것으로 보기보다는 인간을 관통하고 인간과 혼연일체가 되는 것으로 생각한다는 것이다. 곧 인간과 세계의 불가분적

---

38   C. A. van Peursen, 강영안 역, 앞의 책, 35.
39   같은 곳.
40   같은 책, 55.

결합이 이러한 사고의 특징이며, 따라서 "내면세계와 바깥세계를 엄밀하게 구별하는 일도 신화적 세계에서는 거의 찾아볼 수 없다."[41]

신화적 사고의 이러한 특징은 근본적으로 인간을 압도하는 외적 힘의 실체에 대해 잘 모르기 때문이다. 그러므로 이 무지로 인해 "신화적 사고는 생명과 우주가 보여주는 원시적 힘에 대한 두려움이 그 특징이다."[42] 그러나 이 힘에 대해 인간 나름대로 합리적으로 분석하고 탐구하여 이의 본질과 실체에 대해 알게 됨으로써 이 힘에 대한 경외심과 두려움은 점차로 사라지게 된다. 이것이 바로 신화적 단계에서 존재론적 사고로 전이하는 계기가 된다. 존재론적 사고는 과학과 철학의 등장으로 인한 합리적 사고의 형성과 그 궤를 같이한다.

존재론적 사고는 인간과 세계를 통일성 속에서 보려는 신화적 사고와는 달리 "주변 세계에 거리를 두고 관찰"[43]한다는 데 그 특징이 있다. 곧 인간을 둘러싼 자연의 힘에 대해 제3자의 입장에서 객관적, 합리적으로 규정함으로써 자연의 실체에 대한 보편적 지식을 얻고자 한다. "신화적 태도가 자연과 인간에 침투하는 '힘'에 참여하는 것이라면 존재론적 태도는 인간을 에워싼 모든 것에 거리를 둔다. 그리하여 지식을 통해 초월적인 힘의 존재를 증명해줄 수 있다고 생각한다."[44] 우리는 이러한 존재론적 사고의 전형을 신화적 태도에서 벗어나 최초로 합리적인 사고를 시도한 고대 그리스철학에서 찾아볼 수 있다. 그리고 이를 발판으로 비약적으로 발전한 자연과학, 특히 근대 자연과학이 이러한 존재론적 태도의 정점이

---

41 같은 책, 57.
42 같은 책, 71.
43 같은 책, 74.
44 같은 책, 77.

라고 할 수 있다. 이 존재론적 사고의 문화적 의의는, 이제 더 이상 인간은 자신을 둘러싼 자연환경과 알 수 없는 힘에 두려움을 갖지 않게 되었다는 점이다.[45] 또 그렇기 때문에 자연에 대해 거리를 두고 여유 있게 관찰할 수 있는 것이기도 하다. 이러한 변화에 대해 반 퍼슨은 다음과 같이 말한다.

주변 세계로부터 거리를 둔 것은 단지 이론적 관심이나 합리적인 설명을 위한 것이 아니다. 여기에도 역시 전략적 관심이 들어 있다. 세계로부터 거리를 둠으로써 신들과 주술적 힘으로부터 해방을 보장하는 것이다. 심지어 신화적 사고 자체를 벗어나고자 하는 의도도 있다. 왜냐하면 이성적 인식이야말로 세계와 인간, 삶과 죽음의 힘과 대결할 수 있는 알맞은 태도로 인도하기 때문이다.[46]

존재론적 사고는 이처럼 신화적 사고를 벗어나 인간에게 새로운 문화의 지평을 열어주었다는 점에서 분명 의의가 있지만, 다른 한편으로 인간과 세계의 관계를 대립적이고 단절적으로, 어떤 의미에서는 지나치게 인간중심적으로 본다는 점에서 문제점을 노출한다. 즉, 신화적 사고에서 나타난 인간과 세계와의 긴밀한 결합관계는 해체되어버린다. 이는 지나치게 자연과 세계에 거리를 두고 객관적으로 관찰, 규정하려고만 한 데에서 나타나는 것으로 철학과 과학일반이 지니는 개념화, 추상화의 경향이 이

---

45 "신화적 체험이 도무지 무엇인지 알 수 없는 원초적 힘에 대한 공포, 즉 어떤 것이 있다는 사실에 대한 체험이었다면, 존재론적 태도는 우리의 존재와 자연 세계의 힘을 인정하면서도 어디까지나 올바른 이해를 통해 사물의 그 '무엇'을 인정하는 것이다."(같은 책, 84)
46 같은 책, 79-80.

의 대표적인 부산물이다. 그러나 개념화, 추상화의 방법은 어떤 것의 의미를 다른 것과의 연관성은 배제한 채 오직 그 자체만 고립해서 파악하게끔 한다. 이를 반 퍼슨은 '**실체주의**'라고 표현한다. "실체주의는 사물들이 모두 각각 독립해서 존재하는 것으로 보고 상호간의 의존 관계를 인정하지 않는 태도를 일컫는다. 이렇게 되면, 결국 사물들은 모든 관계를 상실하는 결과가 생기게 된다. 실체주의는 모든 사물들을 고립시키고 분리시킨다."[47] "완벽한 실체화는 완벽한 고립을 뜻한다."[48]

이러한 실체주의적 경향은 이론적 차원에서뿐 아니라 일상생활에까지 심각한 영향을 끼친다는 것이 반 퍼슨의 해석이다. 즉, 개인주의가 팽배하고 연대감이 적어지며, 따라서 인간의 공동체성보다는 개체성이 좀 더 강조된다. 나아가 실체주의는 지나치게 형식적, 교조적으로 타인과 사회를 바라보게 함으로써 경직되고 독단적인 틀 속에 인간을 가두어버린다. "실체주의는 모든 것을 경직되게 만든다. ······ 인간과 세계는 당시 수준의 과학에서 빌려온 공식에 의해 고정되어버린다. 그리하여 더 이상 어떤 대안도 생각할 수 없을 정도로 사고와 행동이 굳어져버린다. ······ 사람들은 한 번 발견된 진리에 마치 노예처럼 복종한다. ······ 자기 테두리 밖으로 또는 위로 향해 몸부림치는 일은 이제 찾아볼 수 없다."[49]

존재론적 사고의 의의는 인간을 둘러싼 힘에 대해 합리적으로 이해한다는 점에 있다. 그러나 이로 인한 부정적인 부산물은 주어진 상황을 지나치게 개념화해 파악함으로써 오히려 비현실적이고(추상적이고) 비인간

---

47 같은 책, 94.
48 같은 책, 95.
49 같은 책, 102.

적인 판단에 이를 수 있다는 것이다. 이의 결정적인 폐해는 바로 인간과 세계, 인간과 인간 간의 단절적, 분리적 이해이다.

> 존재론적 태도는 신화적 태도와 마찬가지로 인간과 인간을 에워싼 힘의 관계를 제대로 뜻있게 조정하기 위한 노력이다. …… 자신을 에워싼 것에 대해 거리를 둠으로써 인간은 그를 초월한 것에 대해 인정하고 그것을 존경하게 된다. 하지만 바로 여기에 스스로 그 힘을 장악해 보려는 노력이 침투한다. …… 거리는 이제 단절이 되고 인간 사회는 그것이 봉건제 사회든, 자본주의 사회든 또는 한 당이 지배하는 사회든 간에 하나의 폐쇄된 체계가 되어버린다.[50]

존재론적 사고로의 전이는 분명 인간의 자연에 대한 관계에서 자신감을 갖게 되었다는 점에서 문화의 발전을 의미한다. 그러나 한편으로 관계의 단절이라는 현상은 존재론적 사고가 지니는 치명적인 취약점이다. 이는 어떤 면에서 문화의 질적 저하와 황폐화를 야기시킬 수 있다는 점에서 문화의 퇴보를 함축한다. 이처럼 존재론적 사고는 문화의 발전과 후퇴라는 양면성을 지닌다. 그러나 인류는 끊임없이 스스로에게 적합한 문화의 창출을 지향하고 주어진 환경에 이상적으로 대응하고자 하기 때문에, 가장 최선의 문화적 환경을 추구하게 된다. 곧 어떤 식으로든 존재론적 사고의 단점을 극복하는 방향으로 나아가게 된다는 것이 반 퍼슨의 해석이다. 그에 따르면, 여기서 존재론적 사고의 한계를 극복하는 하나의 대안으로 등장한 것이 바로 기능적 사고이다. 기능적 사고는 20세기 이후 현

---

50 같은 곳.

대문화의 경향을 나타내고 있는데, 현대문화가 근대와는 달리 근대가 지니는 경직성과 인간중심주의를 넘어서서 자연환경에 대한 배려와 관계성 그리고 책임을 느끼는 방향으로 나아가고 있다는 점을 고려할 때, 어느 정도 설득력이 있는 주장이다.

앞서 규정한 바와 같이, 반 퍼슨은 문화를 인간과 환경의 상호작용으로 이해한다. "문화 발전 단계의 세 모형은 인간이 어떻게 주변의 힘과 바른 관계를 가지고자 애써왔는가 하는 것"[51]을 보여주는 것이다. 기능적 사고 또한 마찬가지로 주변의 힘에 대한 나름의 이상적인 대응방식인데, 이는 어떤 면에서 변증법적 발전의 모습을 보여준다. 왜냐하면 신화적 사고에서의 관계의 측면을 존재론적 틀을 유지하면서 복구하고 있기 때문이다. 기능적 사고의 핵심은 곧 **관계성**이다. "기능적 사고는 자신과 자신을 에워싼 것 사이에 직접적인 관계가 있음을 보임으로써 그 힘을 드러내 보일 수 있다."[52] 이러한 관계는 곧 나에게 어떤 것이 갖는 의미, 즉 이것이 내게 주어지는 방식을 통해서 드러난다. "기능적 사고를 통해 사물이나 사건, 혹은 인간 공동체의 존재나 본질('무엇')이 드러나는 것이 아니라 그것이 지닌 의미, 그리고 그것을 의미 있게 다룰 수 있는 방식이 드러난다."[53] 여기서 "방식이란 어떤 것이 우리에게 현상하는 방식, 우리가 그것과 관계하는 방식, 그것이 가진 기능을 말하는 것이다."[54] 따라서 기능적 사고에서 중요한 것은 개개 주관의 체험이다. 어떤 것의 절대적 본질보다는 체험 속에서 주어지는 의미가 좀 더 중요한 가치를 지닌다. 기능적 사

---

51 같은 책, 117.
52 같은 곳.
53 같은 곳.
54 같은 책, 125.

고는 "존재론적 사고 태도처럼 보편적인 규칙에서 시작하기보다 개별적인 것에서 시작한다. 사람들은 이제 '클로즈 업'에서 시작한다. 좀 더 간단히 말해서 작은 것, 구체적인 것에서부터 시작하여 보편적인 것을 파악하고 이해해보려는 것이다."[55] 그러므로 기능적인 사고에서는 각 개인과 세계 간의 고유한, 특수한 내적 관계가 그 출발점이 된다. 곧 "주체에 의해 지각되는 한에서의 대상만이 분석될 수 있을 뿐이다."[56] 이는 결과적으로 존재론적 사고보다 어떤 점에서 **인간의 자율성과 독자성이 더 강화**되는 모습을 보인다. 교조적이고 획일화된 형식과 체계는 기능적 사고에서는 더이상 설득력이 없다. 각 주관이 세계에 대해 어떻게 의미부여를 하고 또 관계를 맺고 있느냐가 진리의 토대를 이루기 때문이다.

기능적 사고로의 전이는 근대의 경직된 획일주의적 보편주의적 사고에서 관계적, 탈중심적 사고로의 전이를 함축한다는 점에서 분명 현대의 탈근대적 문화의 경향을 잘 반영하고 있다. 물론 이러한 전이가 절대적인 의미에서 일종의 문화적 진보라고 단정 짓기는 어렵다. 그러나 이제까지의 앞선 문화적 틀을 토대로 한 인간의 환경에 대한 최선의 대응방식이라고 볼 수 있는 근거는 충분하다. 신화적 사고와 존재론적 사고가 지니는 난점을 극복하면서 진일보한 모습을 보이기 때문이다.

신화적 세계 속에서 인간은 아직 완결된 인격체로 인정받지 못하였다. 존재론적 세계에서는 주체와 대상, 인간과 세계가 서로 마주 서 있다. 여기서 인간은 자신의 고유한 테두리 안에서 인격으로서의 자기정체성을 확보

---

55 같은 책, 115.
56 같은 책, 128.

한다. 기능적 접근은 거리를 두기보다 관계를 더 중시 여기기 때문에, 주체와 대상은 서로를 향해 열려 있고 상대방을 서로 지칭한다. 이것은 어렵게 얻은 개인의 정체성이 또다시 상실되었다는 뜻이 아니다. 이 정체성은 따로 동떨어져 있는 것이 아니라, 다른 것과의 관계를 통해 있을 수 있는 정체성으로 이해된다.[57]

기능적 사고가 물론 완벽한 문화적 형태를 구현할 수 있는 것은 아니다. 그러나 분명한 것은 문화의 발전단계 중 바로 여기서 인간과 환경의 관계가 가장 균형 잡힌 형태를 유지하고 있다는 것이다. 기능적 사고로 전이하면서 인간의 힘과 자율성만이 증대되는 것이 아니라, 인간의 자기의식과 책임 또한 커지고 있다는 점은 주목할 만한 사실이다. 신화적 사고와 존재론적 사고에서는 진리의 근거가 주로 초월적인 것에 있었다면, 기능적 사고에서는 이것이 인간의 내재성과의 연관 속에서 이해되기 때문이다. 그러므로 인간의 책임의식이 커질 수밖에 없다. 반 퍼슨은 이런 의미에서 "현재 우리 가운데는 역사의식, 즉 우리가 스스로 영향을 주어야 할 역사가 진행되고 있다는 의식이 갈수록 깊어지고 있다."[58]고 말한다.

반 퍼슨의 이러한 문화발전론은 우리의 논의를 위해 시사하는 바가 크다. 문화가 임의적, 우연적으로 형성되고, 특정한 방향성 없이 나아가는 것이 아니라 일정한 패턴과 방향성을 지니고 있음을 구체적인 역사적 근거를 가지고 설명하고 있기 때문이다. 그의 설명에서 특히 주목할 것은, **문화를 관계적으로 이해**하려는 것이다. 근대의 존재론적인 사고의 단계에

---

57 같은 곳.
58 같은 책, 136.

서는 이 관계성이 희석되기는 했지만, 신화적 사고의 단계나 현대의 기능적 사고의 단계에서는 **관계성이 문화의 주된 동력**이다. 특히 후자에서는 전자에 비해 관계성의 정도에서 질적인 발전이 두드러진다. 즉, 문화를 인간과 세계의 관계로 설명하되, 이 관계가 역사적으로 변증법적 발전의 과정을 거친다는 것이다. 이를 통해 인간의 **자기의식과 책임의식이 점차 증대**되는 방향으로 나아간다는 것이 그의 문화발전론의 주된 주장이다. 이는 인간의 자율적 개입을 최대한 배제한 채 문화발전을 설명하려는 사회생물학과 문화결정론의 입장, 그리고 인간과 자연의 관계를 도외시하려는 문화결정론의 입장에 대한 주요한 반론이 된다. 필자는 반 퍼슨의 다소 도식적인 문화발전이론에 전적으로 동의하지는 않는다. 그러나 이처럼 문화를 관계적으로 이해하면서, 문화의 발전을 이 관계성이 점차 회복되고 심화, 발전해가는 역동적인 과정으로 파악한다는 점, 그리고 이 속에서 인간의 자기의식과 자율성이 점점 커진다고 본 점에는 전적으로 동의한다. 문화는 능동적이건 수동적이건, 인간의 **자기의지의 발현**이자, 이것이 타자성(타 문화)과 결부하여 점차 확대되는 경향을 지니고 있다는 것이 필자의 기본 생각이다. 그리고 바로 여기에 문화가 폐쇄되고 고립된 것이 아닌 이른바 상호문화성으로 진입하는 실마리가 있다고 본다.

3 문화의 결합적 경향과 상호문화성

앞 절에서 우리는 문화가 부단한 흐름 속에 있는 역동적인 것으로 파악했다. 그러나 이 역동적 흐름은 혼란과 무질서 속에 있다기보다는 일정한 방향성을 지니고 있다고 보았다. 이러한 방향성은 특히 개별문화에서 보다는 다른 문화와의 접촉과 충돌 속에서 보다 선명하게 나타난다. 모든 개별적 문화는 한편으로 자신의 고유성과 정체성을 유지하려는 보수성과 폐쇄성을 지니지만, 한편으로 다른 문화에 대해 개방적이고 매우 쉽게 영향을 받는다. 역사적으로 우리는 타 문화와의 문화적 교류와 접촉을 통해 복합적이고 상호융합적인 문화가 새로이 탄생하는 경우를 자주 본다. 이렇게 보면, 어떤 문화도 타 문화와 완전히 차별화되는 자신만의 독특성과 고유성을 지닌다고 보기 어렵고, 다른 문화와의 중첩과 연관을 통해 그 구분과 경계가 모호하다고 볼 수 있다.

사실 문화가 근본적으로 인간에 의존하고 인간연관적이라고 볼 때, 인간 일반이 지니는 생물학적인, 자연적인 동질성으로 인해, 모든 문화가 일정 정도 보편적이고 동질적인 면을 지닐 수밖에 없다. 인간의 탄생과 죽음 등과 관련된 원초적인 문화양식이 모든 문화권에서 대체로 유사성을 보이는 것이 이의 대표적인 증거이다. 그러나 다른 한편으로 상이한 자연환경이나 역사적 문화적 환경의 차이, 언어의 상이성 등의 영향으로 문화적 차이가 심하게 드러나기도 한다. 개개 문화권에서 주변 환경에 대한 인간들의 대응방식이 각기 다르기 때문에, 이러한 문화적 차이는 사실 불가피하다. 그런데 문화적 차이는 다른 문화권과 대비되고 비교했을 때 나타나는 것이고, 한 문화권 내의 사람들에게는 사실 문화는 공유되고, 동질적이며 또 보편적이다. 문화의 기본 속성은 이처럼 문화를 접하는 사람들에게 광범위하게 퍼지고 전파되는 경향을 지니며, 또 그럼으로써 제한적, 상대적이기는 하지만, 그 집단 내에서는 보편성을 띠게 되는 것이다.

이러한 문화가 지니는 보편적인 경향은 자신의 내부에서만이 아니라 다른 문화권과의 접촉과 만남을 통해서도 계속 유지된다. 물론 처음에는 어떤 충돌이나 반목 혹은 적대감이 앞설 수 있지만, 시간이 흐르면서 문화와 문화는 서로 침투하게 되고, 문화 간의 상호융합이 자연스럽게 이루어진다. 이러한 융합과정은 물론 평화적으로 이루어질 수 있지만 강제적으로 이루어질 수도 있다. 후자에서는, 어느 한쪽의 문화가 다른 문화를 강하게 압박하고 말살하려는 경향을 보일수도 있다. 그러나 대개는 어떤 식으로든 일방적인 제거보다는 양쪽의 합일을 통해 융합되는 경우가 많다. 가령, 스페인의 무력침략으로 남미에 가톨릭이 전파되었고, 토착종교는 사실상 사라지기는 했지만, 토착신앙과 적절히 결합된 남미 특유의 기독교 문화가 싹튼 것이 대표적인 예이다. 우리나라에 전파된 불교도 우리의 전통 토착신앙의 영향을 받아 구세기복적인 경향을 띠는 것도 하나의 사례이다. 이처럼 문화는 타 문화를 배척하고 자기문화만을 내세우는 경향을 지니기보다는 **상호결합적인 성격**을 지니며, 타 문화에 대해 **수용적인 자세**를 취하게 된다. 그렇기 때문에, 문화와 문화 간의 접촉과 교류는 궁극적으로 어떤 공유될 수 있는 지점으로 수렴하려는 경향을 지니고, 나아가 **보편화하려는 경향**을 지니게 되는 것이다. 아마도 문화 간의 접촉이 계속 진행되고 상호융합이 이루어지면 질수록, 이러한 보편적 문화로의 움직임은 더욱 가속화될 것이다.

이처럼 **문화와 문화 간의 접촉과 만남을 통해 이루어지는 개개 문화의 변화, 그리고 이에 수반되는 상호융합의 현상과 가능성**을 우리는 '상호문화성'이라고 칭할 수 있다. 상호문화성의 핵심은 **문화와 문화 간의 관계맺음**이며, 이 관계맺음의 방식과 본질이 무엇이냐를 탐구하고자 할 때, 우리는 철학적 탐구가 필요하게 된다. 문화 자체는 비록 무형의 추상적 존재이지만, 이 문화를 창출하고 또 문화적 관계를 매개하는 것은 바로 인간이다. 상호문화성은, 그 핵심을 놓고 보면, 사실상 **한 문화권의 인간과 다른 문화권의 인간과의 만남과 이해 그리고 상호결합** 이외에 다름 아니다.

그러므로 이러한 인간에 대한 탐구가 상호문화성의 해명을 위해 전제가 되는 한, 인간에 대한 철학적 성찰이 그 바탕에 놓여 있어야 된다는 것은 자명한 사실이다.

4 상호문화성에 대한 철학적 해명의 동기와 의미

4.1 상호문화성 개념의 등장배경

'상호문화성(interculturality, Interkulturalität)'이라는 용어가 철학적으로 주제화되어 각별한 관심을 끌게 된 것은 매우 최근으로 대략 1990년대 이후이다. 상호문화성이라는 주제가 이처럼 최근에야 주목을 받게 된 것은, 1990년대 이후, 교통과 인터넷 등의 통신 발달 그리고 경제적인 교류의 확장으로, 세계화, 국제화가 급격하게 진행됨에 따라 문화 간의 교류와 융합 또한 그 어느 때보다도 활발히 이루어지고 있기 때문이다. 그러므로 이제 문화들 간의 관계를 특징짓는 상호문화성이라는 현상은 현대사회를 이해하는 데 결코 빼놓을 수 없는 중요한 주제가 되었다. 그러나 상호문화성에 대한 학문적 해명의 역사가 짧기에, 아직 그 개념에 대한 학문적, 개념적인 정리가 덜 이루어진 것으로 보인다.[59]

그러나 철학과 학문은 그 이념상 상호문화성이라는 주제와 친숙할 수

---

59 서구에서 상호문화성 개념의 개념사에 대해서는 R. Elberfeld, "Forschungsperspektive 'Interkulturalität'. Transformation der Wissensordnungen in Europa", *Zeitschrift für Kulturphilosophie*, Bd. 2, Hamburg, 2008, 11-17 참조.

밖에 없는 운명을 처음부터 지니고 있었다. 고대 그리스에서 철학은 문화적 개별성과 특수성을 넘어서는 보편성을 추구하면서 시작되었다. 즉, 철학은 처음부터 문화적 다양성을 넘어서는 하나의 보편적 진리 내지 이념으로서의 상호문화성을 지향해왔다. 그러므로 상호문화성이 문화적 다양성을 관통하는 객관적, 보편적 진리성의 의미에서 이해되는 한, 이는 당연히 전형적인 철학적인 주제로 받아들여질 수밖에 없다.

하지만 최근에 논의되는 상호문화성은 그 양상이 조금 다르다. 우선 그 등장배경에 다양성과 차이 그리고 보편적, 이성적 주체성을 거부하고자 하는 포스트모더니즘적 사고가 놓여 있고, 이와 연관해 획일화를 내포하는 세계화 경향에 대한 강한 반발이 그 추동력으로 작용하고 있다. 따라서 최근의 상호문화성 논의는 전통적 가치에 대한 반작용으로 인해, 보편성보다는 문화적 다양성과 차이를 강조하는 경향이 있으며, 이에 상응해 보편성을 추구하는 전통적인 철학적 방법론을 상호문화성의 해명에 사용하기를 거부한다. 곧 현재의 대체적인 상호문화성 논의는 어떻게 문화적 차이와 다양성이 보존될 수 있느냐에 집중되어 있다. 이러한 경향은 과거의 철학 내지 과학이 보편성과 객관성에 지나치게 치중한 나머지, 차이와 개별성에 소홀히 한 데 대한 교정활동이라는 점에서 충분히 의미가 있다. 그러나 그럼으로써 상호문화성이라는 어의가 본래적으로 갖는 또 다른 측면, 즉 보편성 내지 동질성의 측면은 간과되거나 희석되는 것은 또 하나의 문제로 남는다.[60]

---

60 이러한 현재의 일반적인 경향과는 달리, 주로 보편성과 동질성의 측면에서 상호문화성의 문제에 접근하고 있는 글로는 M. Wälde, "Unerhörte Monologie? Philosophische Bemerkungen zur Interkulturalität", *Philosophische Grundlagen der Interkulturalität*, Amsterdam/Atlanta, 1993, 97-114 참조.

4.2 상호문화성의 두 계기: 동질성과 다양성

그러므로 필자가 보기에, 균형 잡힌 상호문화성에 대한 해명은 문화적 다양성과 차이를 수용하면서 문화적 보편성을 지향하는, 문화 간의 역동적인 상호작용에서 찾아야 한다. 이런 맥락에서 다음의 유네스코 헌장에 담겨 있는 상호문화성에 대한 규정은 주목할 만하다. 2007년에 제정 공표된 유네스코(UNESCO) '문화적 다양성 보호 헌장'의 4절 8조는 상호문화성을 다음과 같이 규정하고 있다. "상호문화성은 상이한 문화들의 현존과 이들 사이의 동등한 상호작용, 그리고 대화와 상호존중을 통해 공유 가능한(gemeinsam, shared) 문화적인 표현의 형식들을 창출할 가능성과 연관된다."[61]

비록 압축적이기는 하지만, 짧막한 이 한 문장 속에 상호문화성의 핵심적 의미가 모두 담겨 있다. 이 문장을 세밀히 분석해보면, 세 가지 중요한 계기가 우선 눈에 들어온다. 첫째는, **문화의 다양성의 인정**이다. 둘째는, 모든 문화에 대한 **동등한 가치의 인정**이다. 셋째는, 상호작용을 통한 **공동의 문화 및 문화적 공감대의 추구**이다. 바로 여기에 문화적 보편성의 추구라는 계기가 포함된다. 이로부터 상호문화성이라는 개념에는 문화적 다양성과 보편성의 양 계기가 모두 포괄되어 있음을 확인할 수 있다. 물론 이 모든 과정의 기본전제는 타 문화에 대한 존중심이 그 밑바탕이 되어야 하고, 문화적 융합은 대화와 같은 평화적인 방법으로 이루어져야 한다는 것이다.

---

61 R. Elberfeld, 앞의 논문, 25에서 재인용. 아울러 이와 관련해서는 졸고, 「상호문화성과 윤리 −후설 현상학을 중심으로−」, 『철학』 제103집, 한국철학회, 2010, 133 참조.

그러나 비교적 단순하게 요약되기는 했으나, 이 세 가지 조건을 현실적으로 적용해보면, 그렇게 간단한 문제가 아님을 알 수 있다. 우선 첫째 조건부터 검토해보자. 개개 문화의 다양성에 대한 논의는 이미 인류 문화가 싹튼 이래로 계속 이루어져왔고, 이 점에 대해서는 사실 큰 이의가 없을 것이다. 개개 문화의 고유성이라는 이름 아래 문화의 상이성은 모든 철학적, 학문적 논의의 출발점을 이룬다. 그러나 여기서 문제는 문화적 상이성을 얼마만큼 인정할 수 있느냐 하는 것이다. 이는 바로 뒤의 둘째조건과도 맞물려 있지만, 이제까지의 인류역사는 문화적 상이성의 이면에 놓인 문화적 동일성 내지는 보편성을 전제로 하면서 이를 추구하려는 경향이 두드러졌음을 부인할 수 없다. 최근의 인류학적인 성과에 힘입어 문화상대주의의 입장이 학문적으로도 큰 힘을 얻고 있기는 하지만, 이 또한 여러 측면에서 비판을 받고 있음은 잘 알려진 사실이다. 곧 문화적 다양성의 인정은 문화상대주의와 맞물리면서 또 다른 문제를 일으키기 때문에, 학문적으로는 문화적 다양성을 인정하기가 쉽지 않다.

물론 우리는 일상적으로는 문화의 다름을 쉽게 용인할 수 있는 것처럼 보인다. 그러나 일상적으로도 우리는 문화의 다름에 대해 대개는 강한 거부감을 지니며, 가능한 한 타 문화를 자신의 문화와 결부시켜 동질화해 이해하려고 한다. 그러므로 문화적 다양성의 인정은 사실 자연스러운 것은 아니다. 이렇게 보면, 상호문화성 논의의 출발점을 이루는 문화적 상이성의 인정은 일반적인 통념과는 달리, 우리의 일반적인 정서에 반하는 것으로 여겨진다. 학문적으로도 일상적으로도 그러하다면, 문화적 다양성의 인정은 사실 본질적이고 근본적이라기보다는 제한적인 차원에서 잠정적이라고 인정한 데 불과하다.

두 번째 전제조건인 동등한 문화적 가치의 인정은 더 어렵고 힘든 과제를 안겨준다. 상호문화성에 대한 유네스코의 규정에서 상이한 문화 간의 동등한 상호작용이라는 표현은 너무나 상식적이고 당연한 조건처럼 보이지만, 우리의 일상적 태도를 고려할 때, 이는 이미 매우 넘기 힘든 어떤 벽을 염두에 둔 표현이다. 우리는 일상적으로 우리의 문화적 전통에 깊은 영향을 받으며 살아왔고, 이 틀을 떠나서 다른 문화세계를 보기가 어렵다. 말하자면, 보이지 않게 자신의 문화에 뿌리를 둔 강한 문화적 편견이 타 문화의 접촉에서 드러나게 된다. 그러나 이러한 문화적 편견은 부정적이라기보다는 지극히 당연한 것이어서, 어쩌면 하나의 보편적인 현상이라고 봐야 할 것이다. 문제는 이 문화적 편견으로 인해 무의식적으로 우리의 문화만이 옳고 정상적이며, 타 문화는 그렇지 않게 본다는 점에 있다. 이 경향이 지속되면, 자민족중심주의 내지 우월주의(ethnocentrism)로 자연스럽게 흐르게 된다. 물론 자신의 문화가 정상이고, 나아가 가장 우월하다는 의식은 무의식적으로 모든 개별 문화권의 사람들이 공유하고 있는 공통된 것일 수 있다. 바로 이러한 점이 다른 문화를 만날 때, 우리가 문화적 충격을 강하게 느끼게 되는 요인이기도 하다.

이러한 자기문화중심주의적 경향은 대개는 앞서 언급한 문화적 보편성을 은연중에 염두에 두면서 나타난다. 이때 문화적 보편성의 기준으로서 자기문화에 내재된 어떤 특정한 가치를 내세우는 경우가 많다. 가령, 서구적 관점에서 합리성과 이성을 문화의 핵심요건으로 생각한다면, 비합리적이고 신비적으로 여겨지는 비서구권문화는 문화적 위계질서에서 뒤처지는 것으로 여길 수도 있다. 이는 물론 반대의 경우도 가능하다. 결국 여기서 우리는 다시금 문화상대주의와 보편주의 간의 갈등이라는 어려운 문제에 봉착하게 된다. 문화적 보편주의를 지향하면서 타 문화를 자기문화중심주의적으로 바라볼 경우, 이는 필연적으로 문화 간의 위계질서를 전제로 하게 되고, 상호문화성을 위해 요구되는 동등한 문화적 가치의 인정으로부터는 멀어진다. 이렇게 보면, 동등한 문화적 가치의 인정을 위해서는 오직 문화상대주의적 태도를 기반으로 타 문화를 바라보는 수밖에 없다. 그러나 자기문화중심주의적인 편견이 존재하고 이를 바탕으로 타 문화를 향하는 한, 과연 이러한 문화상대주의적인 관점을 제대로 견지할 수 있는지는 의문이다.

이러한 두 조건이 함축하는 어려움을 통해 우리는 이미 상호문화성이 이상적으로 요구하는 전제조건이 얼마나 현실적으로 복잡하고 어려운 문제를 야기하는지를 잘 알 수 있다. 핵심은, 우리는 우리의 정서상 부지불식간에 ―우리 자신의 문화를 기준으로― 문화적 보편성 내지 보편적 기준의 존재에 대한 믿음을 갖고 타 문화를 바라봄으로써 상호문화성이 요구하는 문화상대주의적인 관점과 근본적으로 충돌할 수밖에 없다는 것이다. 특히 객관적이고 공정한 기준이 아닌, 자기문화중심주의적인 편견에 따라 이러한 문화적 보편성을 추구함으로써 상호문화성과는 더 거리가 먼 행태를 보이게 된다. 그러나 바로 이러한 우리의 기본 정서와 이상적인 상호문화성의 거리가 오히려 우리에게 상호문화성에 보다 많은 관심을 갖도록 한다.

이런 맥락에서 볼 때, 세 번째 조건인 상호 공유가능한 문화적 양식 내지 문화적 공감대의 추구는 오히려 앞의 두 조건에 비해 자연스럽다. 물론 이것이 앞의 두 조건을 전제로 해야 한다면 문제는 다르지만, 이것만을 놓고 보면, 역사적으로 쉽게 찾아볼 수 있는 현상이기도 하다. 가령, 그리스 문화를 바탕으로 이를 흡수 발전시켜 로마문화가 형성되고, 로마문화가 유럽 전역으로 퍼져나가면서 다양한 형태의 새로운 문화가 형성됨과 동시에 유럽문화라는 독특한 형태의 공감대가 형성된 것이 대표적인 경우이다. 동서양 문화가 융합된 형태인 헬레니즘 문화도 그 중 하나이다. 비단 이것만이 아니라 평화적인 방식으로 이루어진 무수한 문화적 융합과 결합의 사례가 사실상 여기에 해당한다고 볼 수 있으며, 최근에 우리의 많은 관심의 대상이 되고 있는 한류현상도 이 범주에 속한다고 할 수 있다. 이러한 문화적 융합현상은, 앞에서 본 바와 같이, 문화의 일반적 기본속성으로 간주될 수 있으며, 우리는 일상적인 의미에서의 상호문화성을 바로 여기에서 찾는다. 이렇게 보면, 이러한 상호문화적 현상을 우리는 '좁은 의미의 상호문화성'으로 불러도 좋을 것이다.

여기서 우리의 질문은, 어쩌면 상호문화성의 핵심일 수도 있는 이 세 번째 조건과 앞의 두 조건이 서로 양립가능한지, 양립가능하다면, 어떠한 틀 속에서 가능한지 하는 점이다. 이미 언급한 바와 같이, 앞의 두 조건은 **문화상대주의적 관점**에 기반을 두고 있고, 세 번째 조건은 이를 넘어서서 **문화적 동질성 내지는 보편성을 추구**하려는 것으로 보인다. 따라서 겉으로만 본다면, 양측은 서로 조화를 이루기 어려운 것이 사실이다. 더구나 전자의 조건들이 이른바 당위성 내지 윤리성을 강조한다면, 후자의 조건은 사실적으로 존재하는 자연스러운 현상을 가리키는 것으로 보이기도 한다. 그렇다면, 양자는 서로 차원이 다른 것으로 동일한 틀 속에서는 양립 불가능한 것일까?

바로 이러한 이상과 현실, 당위와 존재, 이론과 실천, 다양성과 보편성, 차이와 동질성 등의 서로 대립적인 요소들 사이의 긴장관계가 현재 이루어지는 상호문화성 논의의 성격을 규정하고 있다. 그러나 필자가 보기에, 상호문화성 논의 자체가 상대적으로 역사가 짧아 아직 이러한 긴장관계가 제대로 부각되지 못하고 있으며, 그런 점에서 상호문화성을 이해하고 접근하는 방식이 연구자에 따라 조금 차이를 보이는 것이 사실이다. 그러나 앞에서 밝힌 바와 같이, 대체로 문화적 차이의 측면에서 접근하려는 경향이 강하다. 물론 이러한 한쪽의 편향적 강조 경향이 전적으로 잘못된 것은 아니다. 그러나 필자가 보기에, 상호문화성 논의가 함축하는 역설적인 긴장관계 내지 모순성은 부정적인 극복의 대상이라기보다는 바로 상호문화성 개념 자체의 불가피한 기본 속성이라 할 수 있다. 그런 점에서 양자의 긴장관계를 최대한 고려하면서 상호문화성에 접근할 때 상호문화성에 대한 올바른 이해가 비로소 가능하다는 것이 필자의 기본 생각이다.

4.3 상호문화성에 대한 철학적 해명의 필요성

위에서 살펴 본바와 같이, 상호문화성은 서로 대립적이고 조화를 이루기 어려워 보이는 요소들의 긴장관계 속에 있다. 이 긴장관계를 다시 정리해 살펴보면 다음과 같다.

첫째는, 이론과 실천의 통합적 관계이다. 그 어떤 다른 철학적 주제에서보다 이러한 양자 간의 복합적 관계가 분명히 요구되는 곳이 상호문화성이다.[62] 이미 본 바와 같이, 상호문화성은 문화적 차이와 동등성의 인정이라는 실천적인 요구를 기본전제로 한다. 바로 그렇기에 나름의 **윤리적인 태도가 상호문화성에는 필수적**이다. 그러나 한편으로 상호문화성은 다른 문화에 대한 이해라는 일종의 인식론적인 이론적인 태도를 하나의 출발점으로 한다. 곧 이론적 태도와 실천적 태도가 불가분적으로 결부되어

---

[62] G. Stenger, *Philosophie der Interkulturalität*, München, 2006, 21 참조. 여기서 슈텡어는 "상호문화적으로 동기지어진 사유는 부단히 이론과 실천의 긴장 영역 속에서 움직이게 될 것이 틀림없다. 따라서 어떤 경우에서라도 이론적인 구상의 구축물이나 원문에 대한 해석을 넘어서서 철학을 개방하지 않을 수 없을 것이다."(같은 곳)라고 말한다.

있는 것이 상호문화성의 기본 특징이다.

둘째는, **차이와 동질성** 간의 관계이다. 상호문화성은 한편으로 차이를 전제로 하면서도 동시에 보편성 내지는 동질성을 추구하는 양면성을 지닌다. 이 양자 사이의 미묘한 긴장관계 속에 상호문화성의 핵심적 의미가 있다고 해도 과언이 아니다. 즉, 서로 모순되어 보이는 양자의 측면을 모두 포괄해야 하는 것이 상호문화성의 본질적 속성이다.

그렇다면, 이러한 역설적인 성격을 지닌 상호문화성을 해명한다는 것은 어떤 의미를 지니고 있으며, 또 어떤 식으로 가능할까? 이러한 복합적인 상호문화성의 현상을 그 전체성과 포괄성 속에서 다루기 위해서는, 철학이 가장 적합하다는 점에서는 의문의 여지가 없다. 다른 개별학문, 가령 인류학과 같은 경우, 하나의 문화현상으로서 상호문화성을 이해하는 데는 훨씬 구체적이고 객관적일 수 있어도 윤리적 측면에서 상호문화성을 다루지 못한다는 점에서 결정적인 한계를 보인다. 여타의 개별학문은 상호문화성을 오직 하나의 사실로서만 다룰 수 있을 뿐이다. 이런 점에서 윤리적 당위의 측면을 특별히 고려할 수 있는 철학이 상호문화성을 총체적으로 규명하는 데 유일한 대안으로 부각된다.

상호문화성이라는 주제를 철학적으로 다루어야 할 또 다른 중요한 이유는, 앞서 상호문화성에 대한 세 가지 조건에서도 암시된 바이지만, 상호문화성은 기본적으로 인간의 타 문화에 대한 태도를 그 출발점으로 한다는 데에 있다. 가령, 이는 앞서 살펴본 상호문화성의 첫째, 둘째 조건 모두 인간적 주체의 '인정'을 전제하고 있다는 것에서 분명히 나타난다. 인정은 근본적으로 인간의 태도 문제이다. 따라서 상호문화성에서는 인간의 문화에 대한 태도, 좀 더 정확히 말하자면, **인간의 세계에 대한 태도**가 핵심 주제가 될 수밖에 없다. 그런데 이러한 인간주관과 세계의 관계를 해명하는 것이 바로 철학의 몫이다. 주관과 객관의 상관관계 속에서 상호문화성을 해명하는 것은, 주관보다는 대상에 초점을 두고 오직 객관적 사실성만을 중시 여기는 일반 개별학문에서는 원칙적으로 가능하지 않기 때문이다.

이런 맥락에서 상호문화성의 철학적 해명은 하나의 선택이라기보다는 반드시 수행해야 할 하나의 당위와 같은 것으로 받아들여진다. 그러나 상호문화성이라는 주제가 매우 광범위한 만치, 이를 철학적으로 해명한다는 것 또한 아직은 막연하게 느껴진다. 구체적으로 어떠한 철학적 방법론이 상호문화성의 해명에 가장 적절한가? 상호문화성이라는 주제가 최근에 이르러 부각된 현대철학적인 주제인 만치, 현대철학의 방법론을 적용해야 하지 않을까? 이 방법론은 상호문화성이라는 역동적인 주제를 그 생동성에서 포착할 수 있어야 할 것이다. 여기에서 이에 대한 가장 유력한 대안으로 제시될 수 있는 것이 바로 20세기에 등장해 현대철학의 유력한 방법론으로 자리 잡고 있는 '현상학(phenomenology, Phänomenologie)'이다.

5. 상호문화성에 대한 현상학적 접근과 기존 연구의 한계

현상학의 장점은 구체적 체험을 중시하고 상관관계를 고려한다는 점에 있다. 이는 상호문화성의 역동적인 성격에 잘 맞을 수 있다. 윤리적이건 이론적이건, 상호문화성의 특징은 다른 문화에 대한 인간의 직접적 체험에 기반한다는 점과, 다른 한편으로 복잡하게 얽힌 역사적, 정치적 배경을 전제로 한다는 점이다. 바로 이 점이 상호문화성을 대상화해 일의적으로 쉽게 정의내리기가 힘든 이유이기도 하다. 너무나 많은 다양한, 또 복합적인 상호문화적인 경험이 존재하기 때문이다. 그러나 어떠한 현상이건, 구체적이고 생동적인 체험을 방법론적 출발점으로 삼아 사태를 주어진 그대로 최대한 그 배경과 더불어 기술하고자 하는 것이 바로 현상학이다. 즉, 현상학의 강점은 인간의 체험을 주관과 객관의 상관성과 이를 둘러싼 세계와의 긴밀한 배경적 관계에서 이해하고자 한다는 점이다.[63] 바로 그렇기에 현상학은 인간의 직접적, 구체적 체험으로부터 보다 고차적이고 윤리적인 계기까지 포괄적으로 포착해 이를 바탕으로 현상을 설명하려고 한다. 아울러 고차적인 문화적 현상을 그 근원적 밑바탕에까지 발생론적으로 파헤치면서 존재의 보편성을 드러내고자 하는 것 또한 현상학의 특성이다. 이러한 점은 앞서 언급한 상호문화성의 역설적이고 복합적인 성격을 해명할 수 있는 중요한 방법론적 토대가 된다.

그렇기 때문에, 상호문화성이라는 주제가 철학적으로 새로이 조명받기 시작했을 때, 그 선두에 선 철학자들 중 상당수가 현상학 연구자들이라는 것은 결코 우연이 아니다. 독일 현상학자인 헬트, 발덴휄스, 오르트, 슈텡어 등이 그 대표자들이다. 국내에서는 최재식, 윤병렬 등이 상호문화성의 문제에 현상학적인 방법으로 접근한 대표적인 학자이다. 필자 또한 최근에 이 흐름에 합류했다.[64] 상호문화성을 현상학적으로 해명한다고 할 때,

---

63 이런 점에서 앞서 언급한 반 퍼슨의 기능적 사고는 관계성을 중시한다는 점에서 현상학적 시각과 매우 유사한 면모를 보인다.
64 현상학적 관점에서 상호문화성을 탐구하고 있는 국내의 대표적인 선행연구로는 윤병렬, 「문화의 위기 및 상호 문화성과 반-상호문화성-그 위협에 관한 현상학적 고찰-」, 『철학과 현상학 연구』 제13집, 한국현상학회, 1999. 최재식, 「상호문화성의 현상학-문화중심주의를 넘어 상호문화성으로-」, 『철학과 현상학 연구』 제30집, 한국현상학회, 2006. 졸고, 「상호문화성과 윤리-후설 현상학을 중심으로-」, 『철학』 제103집, 한국철학회, 2010. 「이질감과 친근감-상호문화성의 양면성에 대한 현상학적 고찰-」, 『철학과 현상학 연구』 제50집, 한국현상학회, 2011 참조.

현상학적 방법론의 특성상, 크게 두 가지 측면에서 논의가 이루어진다. 하나는 직접적 체험 내지 경험에 초점을 두고 상호문화성을 해명하는 것이고, 다른 하나는 관계성, 즉 인간과 세계, 나와 타자 간의 관계에서 상호문화성을 고찰하는 것이다. 대부분의 현상학적 선행연구는 양 측면을 모두 고려하면서 논의를 진행하고는 있으나, 그래도 어느 한쪽에 강조점이 두어져 있다. 상호문화적인 체험에 초점을 두고 연구를 진행한 대표적인 경우가 상호문화성의 현상학에 대한 방대한 저술을 남긴 슈텡어이고, 관계에 초점을 두고 상호문화성의 문제를 분석하고 있는 대표적인 현상학자는 헬트와 발덴휄스이다. 후자의 경우, 이를 더 세분하면, 헬트는 주로 인간과 세계와의 관계, 특히 세계성의 측면에서 상호문화성을 이해한다면, 발덴휄스는 대체로 나와 타자 간의 관계, 즉 타자성의 측면에서 상호문화성을 현상학적으로 해석하고 있다. 국내의 최재식 또한 후자의 입장을 취한다.

그러나 이제까지의 현상학적인 선행연구에서 아쉬운 점은, 이론적인 측면에서의 분석은 상당한 성과를 이루었다고 보이나, 윤리적이고 실천적인 측면에서의 상호문화성 논의는 아직 미진하다는 점이다. 상호문화성에 관심을 갖는 모든 연구자들이 상호문화성이 윤리적인 계기를 함축하고 있다는 것을 전제로 논의를 전개하고 있기는 하지만, 정작 이 윤리성의 의미와 근거가 무엇인지에 대해서는 체계적으로 설명하지 않고 있다. 다만, 타 문화를 존중하고 인정해야 한다는 원칙적이고 당위적인 주장만을 내세우는 경우가 많다. 또한 대부분의 연구에서 상호문화성을 하나의 자연스러운 현상으로 보는 것인지, 당위와 의무로 보는 것인지도 사실 불분명한 경우가 많다. 그러므로 상호문화성의 체계적인 논의를 위해서는, 기본적으로 상호문화성이 왜 윤리적이어야 하는지, 또 어떤 철학적 바탕 위에서 윤리적인 행동으로 나아갈 수 있는가 하는 데 대한 세밀한 분석과 정당화가 필요하다. 이러한 윤리 문제에 대한 해명의 부족은, 상호문화성의 중요한 문제인 정치, 역사, 공동체 등의 문제와 유기적으로 연결되지 못함으로써 상호문화성 전체에 대한 종합적인 조망을 어렵게 하고 있다.

이와 결부해 이제까지의 논의에서 또 하나 지적될 수 있는 것은, 상호문화성을 감정과 결부지어 체계적으로 논의하려고 하는 노력이 부족했다는 점이다. 물론 헬트와 발덴휄스 등이 상호문화성에서 감정과 정서가 갖는 의미와 중요성 등에 대해 나름대로 암시를 하고 있다.[65] 특히 발덴휄스는 타자경험에서 발생하는 인간의 감정에 대해 세밀하게 분석하고 있기는 하나, 아쉽게도 이를 상호문화성의 문제와 관련해 체계적으로 논의하는 데까지는 이르지 못하고 있다. 매우 세밀하게 상호문화성을 탐구하고 있는 슈텡어의 경우도 이 감정의 문제는 거의 다루고 있지 않다. 그러나 상호문화성이 근본적으로 인간의 체험에 바탕을 두고 있고, 또 이 체험의 주된 양상이 정서적이라면, 감정 문제가 상호문화성의 현상학적 해명을 위해 결정적인 토대를 제공할 것이라는 점은 자명하다. 현상학 분야에서 대부분의 1세대 현상학자들이 모두 감정에 관심을 갖고 있다는 것은 그만치 감정이 일종의 직접적 체험으로서 현상학적 가치를 지니고 있기 때문이다. 그런 점에서 현상학적으로 상호문화성을 해명한다고 할 때, 가장 관심을 기울여야 할 부분은 사실 감정이라고 본다. 이 감정을 토대로 윤리, 정치, 공동체, 역사 등의 모든 상위의 상호문화성의 문제 등을 해명할 수 있다고 보기 때문이다. 특히 감정은 상호문화성에서 핵심적이라고

---

65 이에 대해서는 뒤의 제2부 2장 2절 참조.

볼 수 있는 윤리적 태도의 기반을 이룰 뿐더러, 본 책에서 상호문화성 논의의 출발점이 되는 몸의 문제와 직접적으로 연관되어 있다는 점에서 중요한 의미를 지닌다.

이러한 배경에서 필자는 이제까지의 선행연구에서 미진했던 윤리와 감정의 문제를 바탕으로 상호문화성의 문제를 현상학적인 시야에서 다각도로 조망해볼 생각이다. 이에 앞서 우선 현상학은 그러면 어떠한 방법론적 특성이 있고, 또 이것이 어떤 식으로 상호문화성의 철학적 해명에 기여할 수 있는지, 현상학의 방법론에 집중한 후설의 논의를 중심으로 살펴보기로 한다.

2장
현상학적 방법론의 특성

1 현상에의 주목

후설에 의해 현상학이 창시된 이래 현상학의 가장 기본적인 특성은 그 어의 그대로 '현상(Phänomen, Erscheinung)'에 주목한다는 것이다. 우리는 전통 서구철학에서 현상과 대비되는 것으로 본질 혹은 실체 개념이 주된 주제로 탐구되어온 반면, 현상은 철학적 가치가 떨어지는 것으로 등한시되어왔다는 것을 잘 알고 있다. 불변성과 영원성을 진리의 근원으로 삼고자 하는 플라톤적 전통에 따라 가변적이고 우연적으로 여겨지는 '현상'은 이른바 독사(doxa)로서 그 가치를 인정받지 못했다. 현상의 주된 특징은 주관적이라는 것이다. 즉, 개개 주관에 따라 주어진 현상들은 상이하게 보이거나 느껴진다. 바로 이러한 '주관적 다양성'이 현상의 의미를 규정하면서 객관성을 중시하는 전통 철학 속에서 현상은 좀처럼 중심 주제로 받아들여질 수 없었다.

그러나 현상학은 그 출발부터 이렇게 평가절하되어온 현상에 주목하며 이를 중심주제로 삼는다. 하이데거가 현상학의 구호로서 '사태 자체로'라고 표현할 때 이는 사태의 본질이나 실체의 의미에서가 아니라 바로 '현상으로서의 사태'로 귀환하자는 의미를 함축한다. 하이데거에서 현상은 '주어져 있는 그대로 그 자체로서 드러나는 것'을 가리킨다.[1] 현상학은 어떤 편견이나 이론적 전제 없이 있는 그대로 생생하게 드러나는 사태를 기술하고자 하며, 이때 이러한 사태에 가장 근접한 것으로서 '현상'을 지목한다. 현상학적으로 현상은 매개되지 않고 직접적인 체험 속에서 주어짐 혹은 주어지는 것을 의미하기 때문이다.

그 어의상, 현상은 이중적 의미를 지닌다.[2] 현상은 한편으로 주관적 체험의 측면에서 어떤 것이 주관에 주어짐 혹은 나타남이라는 의미를 지니며, 다른 한편으로 대상적인 측면에서 나타나고 보이는 어떤 것이라는 의미를 아울러 지닌다. 흔히 우리는 일상적으로 현상을 후자의 측면에서 이해한다. 그러나 현상학은 양자를 모두 포괄하면서 양자의 연관관계 속에서 현상을 총체적으로 이해하고자 한다. 즉, "현상(현출)함 속에서의 현상(현출)하는 것"[3]이 현상학의 탐구대상이다. 주관적 체험과 이 속에서 주어지는 대상 양자를 하나의 통일체에서 파악하고자 하는 것이 바로 현상학의 의도이다. 따라서 종래 주객분리 속에서 파악되던 세계가 현상학적으

---

1 하이데거는 현상학의 초점이 "자기 자신으로부터 스스로 나타나는 바와 같이 나타나는 것을 자기 자신으로부터 보게끔 하는 것"(M. Heidegger, *Sein und Zeit*, Tübingen, 1993, 34)에 놓여 있다고 봄으로써 현상의 의미를 '있는 그대로 스스로를 드러내는 것'이라고 규정한다.

2 K. Held, "Husserls Rückgang auf das phainómenon und die geschichtliche Stellung der Phänomenologie," *Phänomenologische Forschungen*, Bd. 10, 1980, 90 이하 참조.

3 같은 논문, 90.

로 주객미분리성 속에서 주관과의 긴밀한 결합관계 속에서 파악된다는 것이 현상학의 특징이다.

이런 의미에서 현상으로서의 세계 내지 대상은 하나의 주관적 현상이 되, 흔히 생각되는 것처럼 단지 주관적 체험의 의미만을 지니는 것은 아니다. 현상의 배후에 주관과 무관하게 존재하는 자기 동일적인 실체 내지 본질이 있고, 현상은 단지 이것의 피상적인 겉모습에 불과하다는 것이 전통적인 철학의 생각이었다. 이른바 서구 지성사를 지배한 객관주의적인 사고방식이다. 현상학은 이러한 객관주의에 대한 정면 비판이며, 객관주의로 인한 일면성을 교정하고자 하는 데 자신의 주된 과제가 있다.[4] 따라서 현상학은 새로운 현상 개념으로 현상의 배후에 어떤 형이상학적 실체가 있다는 생각을 거부하면서, 주관적 현상이 실재 그 자체임을 주장한다. 이를 통해 전통철학에서 소외되어온 "독사(Doxa)의 정당화"[5]를 꾀하는 것이 현상학의 목적이다.

이로써 우리는 현상학이 어떤 맥락에서 현상을 주시하고 이를 철학적으로 주제화하는지를 알게 되었다. 현상학의 현상에 대한 주목은 서구의 객관주의가 지나치게 대상에만 집중하고 주관성을 도외시한 데 대한 반발의 의미가 강하다. 그런 점에서 현상학은 현상이라는 개념을 끌어들이면서 새로운 차원에서 대상성의 의미를 규정한다는 측면도 있지만, 좀 더 강조점을 두는 것은 주관적 체험의 숨겨진, 간과된 의미를 드러내는 것이다. 객관주의적으로 체험은 단지 단편적인 주관적 체험일 뿐, 이것이 적

4 　졸고, 「현상학의 학문성과 지평성 ─후설 후기철학을 중심으로─」, 『철학연구』 제53집, 철학연구회, 2001, 231─232 참조.
5 　『경험과 판단』, 44, 『위기』, 465 참조.

극적으로 대상성을 규정한다고는 생각하지 못했다. 그러나 현상학에서 체험은 단지 주관적 체험의 의미를 넘어서서 대상을 규정하는 역할을 하며, 이런 점에서 결코 대상에 종속된 부수적인 의미를 갖지 않는다. 이는 특히 후설에서 두드러진다. 따라서 현상학에서 철학의 초점은 이제 주관적 체험을 향한다. 이런 의미에서 현상학에서 어떤 대상이 주어지는 '현상(현출)방식(Erscheinungsweise)' 혹은 '소여방식(Gegebenheitsweise)'이 무엇보다도 각별한 의미를 갖게 되며, 후설의 표현을 빌자면 이 "소여방식의 여하에 따른 세계"[6]가 현상학의 중심주제가 된다. 이런 의미에서 앙리는 다음과 같이 말한다.

드러나다 se montrer라는 의미를 가진 그리스어 동사 'phainesthai'로부터 유래한 현상 phénomène은 '자기 자신을 보여주는 그것, 자기를 보여주는 것, 드러내는 것 das, was sich zeigt, das Sichzeigende, das Offenbare'을 의미한다. 그런데 이 동사에서 명사로의 아주 예시로운 이행 안에는 현상학을 결정하는 숨겨진 대체가 존재한다. 이 감춰진 것을 고려할 때에만 우리는 현상학의 진정한 대상에 이를 수 있다. 고려해야 할 것은 현상, 즉 나타나는 것이 아니라 나타남의 행위이다. 이 현상학의 고유한 대상이 현상학을 즉각적으로 다른 학으로부터 구별한다.[7]

이러한 현상, 혹은 현상방식이 현상학의 중심주제가 되고, 또 이에 따

---

6 『위기』, 163.

7 M. Henry, *Incarnation une philosophie de la chair*, 박영옥 역, 『육화, 살의 철학』, 자음과 모음, 2012, 52.

라 세계의 의미가 규정됨으로써 이제 현상학적으로 세계는 어떤 추상화된 개념으로서가 아니라 철저히 주관적 체험의 역동성과 다양성 속에서 드러나는 생동적인 구조로서 이해된다. 그러므로 뒤에서 자세히 살펴보겠지만, 현상학적인 세계는 자연과학적인 의미에서 등질적인 대상들의 총체로서의 세계가 아닌 주관적 경험에 의해 의미 부여된 관계적 세계로서, 이른바 '지평(Horizont)'으로서 파악된다. 그리고 현상학의 구체성과 생동성은 바로 여기에서 그 근원적 자양분을 얻는다.

2 현상학의 원리로서의 지향성

앞서 현상이 현상학의 중심주제로 정립될 수 있도록 철학적인 뒷받침을 해주는 것이 바로 지향성(Intentionalität) 개념이다. 사실 현상학의 중심적 개념으로 현상 개념보다 더 널리 알려진 것이 지향성이다. 여기에는 현상학의 창립자인 후설이 자신의 현상학의 방법론적 바탕으로서 지향성을 선택한 것이 결정적인 이유이다. 잘 알려져 있다시피, 후설은 자신의 스승인 브렌타노의 지향성 개념을 받아들여 이를 현상학적으로 발전시켰다. 브렌타노의 지향성 개념을 심리학적이라고 비판하면서 이를 이른바 철학적, 초월론적 틀로 재해석한 것이다.[8]

후설의 지향성 개념은 한마디로 의식의 본성을 특징짓는 것으로서 의

---

8 이와 관련해서는 한전숙, 『현상학』, 민음사, 1996, 91-93. 이남인, 『현상학』, 서울대학교 출판부, 2004, 106-126 참조.

식은 '항상 어떤 것에 대한 의식'이라는 것이다.[9] 이를 통해 후설은 우리의 의식체험은 항상 지향적 관계 속에서 어떤 대상성과 연관을 맺고 있으며, 따라서 의식과 대상(세계)은 불가분리의 관계를 맺는다고 주장한다. 앞서 언급한 현상 개념 속에서의 주객통일성은 바로 이러한 지향성 개념을 통해 철학적 정당화를 얻게 된다. 그리고 후설의 현상학적 사고를 평생 그 밑바닥에서부터 지배한 것은 이 의식과 대상과의 상관관계라는 지향적 사고였다. 다음의 유명한 후설의 자기고백이 이를 잘 보여준다.

경험적 대상과 (이것이 의식에 주어지는—필자의 삽입) 소여방식 간의 이 보편적 상관관계 아프리오리(Korrelationsapriori)가 처음으로 밝혀졌을 때, (대략 1898년경, 나의 『논리연구』를 마무리하고 있을 동안) 이는 내게 매우 깊은 감명을 주었다. 따라서 그 이후 나의 삶의 전 연구는 이 상관관계 아프리오리를 체계적으로 해명하고자 하는 과제에 의해 이끌렸다.[10]

지향성 개념은 현상학이 서구의 뿌리 깊은 객관주의를 넘어서면서 주관 연관적인 대상 개념을 정립하는 데 결정적인 기여를 한다. 앞서 현상 개념에서도 본 바이지만, 현상학에서는 어떤 대상도 주관과 무관하게 존재하는 것은 없다. 의식주관이 지닌 지향적인 성격 때문이다. 모든 대상은 하나의 '지향적 대상'으로서 파악된다. 이 지향성의 범주를 벗어나 그 자체적으로 존재하는 대상은 현상학적으로 무의미하다. 따라서 현상학에

---

9 후설의 지향성 개념에 대한 상세한 설명은 한전숙, 앞의 책, 91-101 참조.
10 『위기』, 169. 졸저, 『에드문트 후설. 엄밀한 학문성에 의한 철학의 개혁』, 살림출판사, 2013, 25 재인용.

서는 이 지향적 대상을 어떻게 규정하고 이해하느냐가 초미의 관심사가된다. 그러나 후설은 잘 알려져 있다시피, 이 지향적 대상의 성격을 규정하면서―어쩌면 불가피한 면도 있지만― 이 대상성을 형성하는 지향적체험과 의식에 상대적으로 과도한 의미를 부여한다. 즉, 주관과 대상 사이의 관계에서 후설은 이 주관 쪽에 좀 더 강조점을 두면서, 의식주관이대상을 지향적으로 구성한다는 현상학적 구성이론을 전개한다. 이러한그의 구성이론의 타당성 여부를 놓고 주관적 관념론 혹은 유아론이 아니냐는 많은 논란이 있지만, 분명한 것은 이러한 지향성 개념을 통해 이제의식주관과 이와 상관적인 대상 사이의 결합관계는 현상학적으로는 의심할 바 없는 확실한 출발점으로 자리 잡게 되었다는 점이다.

물론 지향성 개념 자체가 지닌 근본적인 속성이자 한계는, 지향적 의식체험은 항상 대상성과 연관을 맺는다는 점이다. "대상화는 따라서 항상자아의 능동적 활동이다."[11] 바로 이 점이 현상학적 지향성 개념의 장점이기도 하지만, 한편으로 그 대상성이 불분명한 의식체험도 있다는 것이 결정적인 한계로 나타난다. 가령, 불안이나 두려움과 같은 막연한 수동적감정은 특정한 지향적 대상이 존재하지 않을 수도 있다. 바로 이런 점 때문에, 후기 후설은 자신의 대상 구성적인 지향성 개념에 다소의 수정을가하기도 하지만,[12] 원칙적으로 대상성으로부터 자유로운 지향성 개념은생각하기가 힘들다는 것이 연구자들의 대체적인 생각이다.

지향성 개념을 이렇게 현상학의 아킬레스건으로 만드는 결정적인 이유

---

11 『경험과 판단』, 64.
12 후기 후설의 지향성 개념의 변화와 비대상화적 지향성 개념에 대한 상세한 논의는 이남인, 「발생적 현상학과 지향성 개념의 변화」, 『철학과 현상학 연구』 제6집, 한국현상학회, 1992 참조.

를 헬트는 후설의 지향성 개념이 지니는 근본적인 **의지적인 성격**에서 찾는다.[13] 헬트는, 우리의 의식 자체가 기본적으로 지향적인 성격을 지닌다는 데에는 동의하지만, 우리의 일상적 의식이 지니는 의지적인 성격을 후설이 간과했다고 본다. 헬트는 지향성을 기본적으로 다양한 의식체험이 하나의 '텔로스(Telos)'로서 대상성을 향해가는 하나의 자연적인 의지적인 경향으로 이해한다. 그러므로 지향적 체험의 목적이 대상성의 형성이라고 본 점에서는 후설이 옳지만, 그럼으로써 후설은 비지향적인, 비대상화적 체험의 존재에 대해서 소홀히 하게 되는 결과를 낳게 되었다고 비판한다. 대상을 향한 의지적인 경향으로서의 지향성을 근거로 세계의 존재를 해명하려고 할 경우, 대상화될 수 없는 영역까지도 지향적으로 대상화하는 우를 범할 수 있다는 것이 헬트의 지적이다.

여기서 헬트가 우려하는 것은, 인간의 의식이 지니는 대상화로의 의지적인 경향이 결국은 객관주의적 태도로 이어진다는 것이다. 대상을 향한 지향적 의식은 무의식적으로 모든 것을 대상화하려는 경향을 지니면서, 이렇게 대상화된 것을 자신도 모르게, **주관과 무관하게 그 자체 존재**하는 것으로 착각하거나 믿는 경향을 지니게 된다. 그러나 이를 통해 현상학이 강하게 거부하고자 했던 주객분리가 다시 나타나게 된다.[14] 바로 이것이 헬트가 지적하는 우리의 일상적, 자연적 태도의 **객관주의적 경향**이다.[15]

---

13 K. Held, "Husserls Rückgang auf das phainómenon und die geschichtliche Stellung der Phänomenologie," *Phänomenologische Forschungen*, Bd. 10, 1980, 100–103 참조. 지향성이 지닌 의지적인 성격에 대한 아래의 논의는 헬트의 생각에 결정적으로 의존해 있다.

14 같은 논문, 102 참조.

15 K. Held, "Husserls neue Einführung in die Philosophie: der Begriff der Lebenswelt", *Lebenswelt und Wissenschaft*, Bonn, 1991, 96, 졸저, *Die Wissenschaft von der Lebenswelt. Zur Methodik von Husserls später Phänomenologie*, Amsterdam/New York,

우리의 일상적 태도는 지향적 태도에 근거해 있음으로써 한편으로 객관주의적인 경향을 띠게 되는 것이다. 이로써 지향성은 현상학의 철학적 성격을 드러내면서 동시에 이를 가로막는 장애로 나타난다.

헬트에 따를 때, 현상학적으로 지향적 시선을 떠나야만 제대로 드러날 수 있는 것이 바로 세계이다. 세계는 개별적인 대상과는 다른 차원에 놓여 있는 비대상적인 하나의 구조이다. 그러나 이러한 세계에 대한 탐구가 바로 철학과 현상학의 핵심주제라는 점을 고려할 때, 지향적인 틀과는 다른 차원에서 세계에 대해 탐구해야 할 필요성이 생긴다. 헬트는, 지향성이 인간의 의지에 바탕을 두는 한, 이를 제압하기 위해서는 인간의 의지에 기인한 것이 아닌, 이 의지를 순간적으로 무력화시키는 강한 **외부의 충격**이 필요하다고 주장한다. 이 충격을 통해 비로소 지향적인 의지의 시선으로부터 자유롭게, 세계에 대한 열린 시선을 가질 수 있다는 것이다. 바로 여기에 후설이 말하는 **현상학적 에포케(Epoché)**의 참된 의미가 놓여 있다는 것이 헬트의 해석이다.[16]

2001, 49-62. 『에드문트 후설. 엄밀한 학문성에 의한 철학의 개혁』, 살림출판사, 2013, 37-38 참조.
16 K. Held, "Husserls Rückgang auf das phainómenon und die geschichtliche Stellung der Phänomenologie," *Phänomenologische Forschungen*, Bd. 10, 1980, 92 이하. *Die phänomenologische Methode. Ausgewählte Texte I, (Einleitung)*, Stuttgart, 1985, 36. "Die Endlichkeit der Welt", *Philosophie der Lebenswelt*, Würzburg, 1992, 136-142. "Heidegger und das Prinzip der Phänomenologie", *Heidegger und praktische Philsophie*, Frankfurt a. M., 1988, 119 참조.

3 주관 연관적 세계의 현상학적 정립

3.1 현상학의 기본 주제로서의 세계

후설적인 현상학만을 놓고 볼 때, 앞서 논의한 지향적 의식의 성격이 워낙 강해, 현상학의 기본주제가 의식체험 내지 의식이라는 생각을 갖게 한다. 그러므로 사실 연구자에 따라 현상학의 핵심주제를 의식 내지 주관성으로 보는 경우도 자주 있다. 물론 이러한 해석이 완전히 잘못된 것은 아니며, 후설 현상학에 이렇게 이해할 요소가 다분히 있는 것도 사실이다. 그러나 넓게 현상학을 이해해, 현상학의 기본이념과 정신으로 되돌아가 생각해 볼 경우, 우리는 현상학, 나아가 후설 현상학의 기본주제는 의식이 아닌 **세계**라는 주장에 동의하게 된다.[17] 현상학은 비록 20세기 초반의 혼란스러운 철학의 정체성 위기 속에서 하나의 새로운 철학적 방법론으로 등장한 것이기는 하지만, 기본적으로 그 밑바탕에는 고대 그리스에서 기원하는 전통적 철학의 이념을 구현한다는 정신이 깔려 있다. 즉, 이미 서문에서 언급한 바와 같이, 존재자의 총체로서의 세계에 대한 '보편학'이라는 이념을 실현한다는 지극히 철학적인 정신을 갖고 출발한 것이다. 이런 맥락에서 후기 후설이 '생활세계'의 개념에 집중하는 것은 어쩌면 당연한지도 모른다. 그러므로 논란의 여지는 다소 있지만, 모든 현상학적 논의와 제 방법론들은 바로 전통 철학 주제인 세계의 의미를 새로운 시각에서 밝

---

17 E. Fink, *Studien zur Phänomenologie. 1930-1939*, Den Haag, 1966, 101−102. K. Held, "Heidegger und das Prinzip der Phänomenologie", *Heidegger und praktische Philsophie*, Frankfurt a. M., 1988, 118. "Die Endlichkeit der Welt", *Philosophie der Lebenswelt*, Würzburg, 1992, 130 참조.

히기 위한 하나의 과정 내지 노력으로 이해할 수 있다.

현상학의 주제가 세계라는 점은 후설보다는 하이데거나 메를로-퐁티 등에서 보다 분명히 나타난다. 비록 하이데거의 경우, 현존재나 존재 등이 철학의 우선순위로 보이지만, 이 또한 현상학적 세계 개념을 위한 하나의 방법론적 개념으로 이해할 수 있다.[18] 메를로-퐁티의 신체적 지각세계 개념, 아렌트의 현상학적인 정치적 공동체 개념 또한 현상학적 세계 개념의 한 측면으로 이해된다. 특히 하이데거에게 깊은 영향을 받은 아렌트는 정치성의 본질을 세계성에 두기도 한다. 나아가 레비나스의 타자 개념, 셸러의 사랑의 개념 또한 현상학적 세계 개념을 해명하기 위한 하나의 발판이라는 것이 필자의 생각이다.

그러나 비록 의식성의 지나친 강조로 제대로 부각되지는 않았지만, 현상학적 세계 개념을 가장 잘 표현하고 이를 체계화한 것은 역시 후설이다. 물론 후설의 전·중기 사상에서는 이러한 점이 잘 나타나지 않고 있지만, 후기로 갈수록 그의 현상학에 대한 본래적 생각이 제대로 드러나기 시작한다. 그의 생활세계 개념이 대표적인 예이다. 후설의 생활세계 개념만치 그 배경에 대해 많은 논란을 불러일으킨 개념도 없을 것이다. 그러나 분명한 것은 생활세계라는 개념을 통해 후설은 현상학적 세계 개념이 어떻게 규정되어야 할지 그 방향성을 적절히 제시해주고 있다는 점이다.

---

18 K. Held, "Heidegger und das Prinzip der Phänomenologie", *Heidegger und praktische Philsophie*, Frankfurt a. M., 1988, 120-123 참조.

3.2 생활세계 개념의 특징: 주관연관성과 선소여성

후설의 생활세계 개념은 다음 두 가지를 기본특성으로 한다. 첫째는, **주관연관성(Subjektrelativität)**이다. 앞서의 현상 개념이나 지향성 개념에서 잘 나타나듯이, 현상학적인 세계가 기본적으로 주관 연관적이라는 것은 어쩌면 너무나 당연한 귀결이다. 그러나 논리적으로는 매우 명료하게 보여도 이러한 주관연관적 세계는 우리의 일상적 세계관과는 다소 거리가 있다. 이미 앞서의 지향성 개념에서도 본 바이지만, 우리의 일상적 태도는 객관주의적인 경향을 지닌다. 말하자면, 대상 중심적으로 세계를 바라보게 됨으로써 세계의 주관연관성은 주목받지 못한다. 설령, 세계에 대해 의식한다 하더라도 하나의 거대한 대상으로서 의식할 뿐이다. 이러한 경향은 매우 뿌리 깊은 우리의 습관에 기반해 있기 때문에, 쉽게 교정이 될 수 없을 뿐더러 이렇다는 사실조차 의식하지 못한다. 이러한 몰 주관적인 대상화된 세계에 대한 확신 속에 무비판적으로 살아가는 우리의 일상적 태도를 가리켜 후설은 특별히 '자연적 태도' 혹은 '자연적 태도의 일반적 정립'이라고 부르면서, 이러한 태도에 대한 철학적 교정이 필요함을 역설한다. 자연적 태도에 대한 판단중지(에포케)를 통해 현상학적 태도로의 전이를 요구하는 것은 이러한 맥락에서이다.

이런 의미에서 생활세계의 주관연관성은 특별한 현상학적 방법을 통해서만 드러날 수 있는 것으로서, 일상적 태도에서 파악될 수 있는 것이 아니다. 후설이 현상학적 방법의 핵심을 주관으로 향하는 반성적 태도에 두는 것은 주관주의적이라는 비판을 받기도 하지만, 한편으로 이를 통해 세계의 주관적 의미를 밝힐 수 있다는 점에서 필요불가결한 단계라고 볼 수 있다. 생활세계가 주관연관적이라는 것은 말 그대로 주관과 결부되어 있

다는 의미이지, 철저히 주관주의적이라는 의미는 아니다.[19]

이러한 맥락에서 후설이 규정하는 생활세계 개념의 주된 요소로 주관연관성 외에 또 하나 간과해서는 안 될 점은 이의 **선소여성**(Vorgegebenheit)이다. 이제까지의 후설의 생활세계 개념 연구에서 이 생활세계의 선소여성은 제대로 주목받지 못했다. 그러나 후설은 생활세계 개념을 집중적으로 다루고 있는 자신의 저서 『위기』에서 생활세계의 주관연관성을 이 선소여성과 결부지어 언급하면서, "세계의 선소여성의 보편적 방식"[20]에 대한 해명을 생활세계이론의 핵심으로 간주하고 있다.

'선소여성'은 미리 주어져 있음을 의미한다. 그런데 여기서 문제는 '미리'라는 표현이다. 즉, 도대체 어떤 것에 앞서서 미리 주어져 있느냐 하는 것이다. 후설은 생활세계를 본래 자연과학적인 객관적, 이론적 세계와 대비되는 주관연관적인 세계로서, 직접적 경험 속에서 주어지는 지각세계의 의미로 사용하고자 했다. 이런 의미에서 그는 생활세계를 자연과학적 세계의 밑바탕에 놓인 세계, 혹은 자연과학적 사고에 물들지 않은 세계라는 의미에서 선과학적인 세계로 규정하고 있다. 이렇게 보면, 생활세계의 선소여성은 합리적 이론적 사고에 앞서, 직접적이고 순수하게 주어진다는 의미를 함축한다. 또한 이는 선소여성이 주관연관성과 불가분적으로 연결되어 있음을 가리킨다. 선소여성은 어쨌든 특정한 주관에 주어짐을

---

19 현상학, 특히 후설의 현상학에 가해지는 많은 비판의 하나가 이것이 주관적인 체험에 매몰되어, 객관적이고 상호주관적인 현상을 제대로 설명하지 못한다는 것이다. 이른바 객관에 대한 주관의 우위성이 그의 현상학을 특징짓는 핵심적 요소라는 데는 대체적인 합의가 이루어지고 있는 듯하다. 그러나 현상학자들 사이에서도 가장 주관주의적이고, 따라서 관념론적이라고 비판을 받는 후설의 현상학은 그의 생활세계 개념을 통해 이러한 오해 내지 편견에서 벗어날 수 있다.

20 『위기』, 149.

의미하는 것이기 때문이다. 이런 의미에서 후설은 특별히 "세계의 주관적 소여방식"[21]이라는 표현을 쓴다.

그런데 이 선소여성을 좀 더 깊이 파헤쳐보면, 주어진다는 사건적인 측면뿐만 아니라 대상적인 관점에서 '어떤 것이 주어져 있다'는 의미가 좀 더 강하게 다가옴을 느낄 수 있다. 사실 후설의 생활세계 개념이 보다 많은 관심과 의미를 갖게 된 것은 이 후자의 측면에서이다. 그러면 무엇이 미리 주어져 있다는 것인가? 정확히는, 그 무엇이 어떻게 주어져 있다는 것인가? 이 질문에 대한 답에 후설의 생활세계 개념의 초점이 있다.

이미 선소여성이라는 개념을 통해 생활세계는 단순히 주관에 의해 능동적으로 형성되거나 창출된 것이 아님이 드러난다. 선소여성은 분명 일종의 수동성을 함축하고 외부로부터의 주어짐을 전제로 하기 때문이다. 이는 후설의 현상학이 다분히 주관주의적이라는 편견을 벗기에 충분하다. 주관의 의지를 넘어서 주어지는 세계가 있다는 점을 후설은 그의 생활세계 개념을 통해 분명히 밝히고 있기 때문이다. 그러나 간과해서는 안 될 점은, 생활세계의 선소여성에도 불구하고 이는 반드시 '주관연관적(subjekt-relativ)'이어야 한다는 점이다. 주관연관성과 선소여성을 동시에 충족시킬 수 있는 것으로서 후설의 생활세계 개념을 구체화할 수 있는 개념은 무엇일까? 후설의 답은 명쾌하다. 바로 그가 후기에 집중적으로 발전시킨 '지평(Horizont)'으로서의 세계 개념이다. 이 지평 개념에 대해서는 다음 절에서 좀 더 상세히 살펴보도록 한다.

21 같은 책, 168.

4 지평의 현상학적 규정

4.1 지평의 의미와 역사성

대다수 후설 연구자들은 후설의 지평 개념을 생활세계 개념과 더불어 그의 후기에 나타난 가장 중요한 개념의 하나로 꼽으면서, 이것이 이후 현상학에 끼친 긍정적인 영향을 결코 과소평가하지 않는다. 지평 개념 자체는 물론 일상적인 개념이다. 지평은 일상적으로는 한계, 시야, 영역, 세계관 등의 의미로 쓰인다.[22] 일상적인 의미에서 지평은 주관과 무관한 대상자체의 속성으로 주로 이해된다. 가령, 역사적 지평, 삶의 지평, 예술적 지평 등의 의미에서이다. 그러나 후설은 이 지평을 철저히 주관연관적으로 해석하면서, 주관의 '경험 가능한 활동의 장' 혹은 '나의 경험의 가능성의 총체적 의미연관'으로 이해한다. 여기서 지평의 가장 큰 특징은 가변성이다. 지평은 비록 한계성이라는 기본적인 의미를 함축함에도 불구하고 부단히 그 한계가 확장될 수 있다는 특징을 지닌다. 그러나 후설에서 지평은 임의적으로 형성되거나 우연적으로 나타나는 것이 아니다. 지평은 일종의 "규칙구조(Regelstruktur)"[23]를 지니고 있으며 나름의 규칙성을 지닌 채 형성된다. 이 규칙성은 물론 단기간에 형성되는 것이 아니라 오랜 기간에 걸쳐 이루어진 것이며, 주관이 임의적으로 선택한 것이 아니다. 이런 점에서 지평성은 일종의 역사성을 함축한다.

---

22 후설의 지평 개념과 관련해서는『경험과 판단』, 23-36. K. Held, *Die phänomenologische Methode. Ausgewählte Texte I, (Einleitung)*, Stuttgart, 1985, 33, 이남인,『현상학과 해석학』, 서울대학교 출판부, 2004, 302-303 참조.

23 『성찰』, 90.

후설은 이 지평의 역사성에 대해 상세히 고찰하지는 않는다. 그러나 이 지평의 역사성을 고려하지 않고서는, 후설의 지평 개념이 지닌 고유성이 제대로 드러나지 못한다. 지평은, 이미 언급한 바와 같이, 개별적 주관의 임의적인 선택사항이 아니다. 말 그대로 이미 주어져 있는 것이다. 그럼에도 이 지평성은 주관의 삶 전체를 규정하면서 개개 주관으로 하여금 삶에 안정감과 친숙감을 부여한다. 말하자면, 지평의식은 우리의 삶에 신뢰와 질서를 가져다준다. 우리가 일상적으로 별다른 두려움과 긴장감 없이 삶을 영위할 수 있는 것도 바로 이러한 지평성 때문이다. 우리는 이 지평성에 따라 세계를 바라보고, 이해하고, 또 경험한다. 따라서 우리는 언제, 어떻게 이러한 지평 내지 지평의식이 형성되었느냐 하는 역사적인 질문을 던지지 않을 수 없다.

4.2 습관의 상관자로서의 지평

후설의 후기 현상학을 특징짓는 '발생적 현상학(genetische Phänomenologie)'의 분석에 따를 때, 우리의 의식은 기본적으로 역사성 속에 있다.[24] 따라서 의식의 상관자인 대상 또한 역사적인 성격을 지니며, 그 의미의 발생에 대해 캐물을 수 있다. 이에 따라 발생적 현상학의 기본 과제는 내게 주어진 모든 대상을 역사적으로 "그 근원을 좇아 해명하는 것"[25]이다. 발생적 현상학은 이 근원적 발생과 관련해 '능동적 발생(aktive Genesis)'과 '수동적 발생(passive Genesis)'의 두 측면으로 나누어 고찰한다.[26] 대부분

---

24 후설의 발생적 현상학에 대한 상세한 설명은 한전숙, 앞의 책, 207-220 참조.
25 『수동적 종합』, 339.

의 우리의 지식들은 사실 최초에 우리가 능동적으로 배워서 알게 된 것이다. 이런 점에서 우리는 지식 내지 의미의 능동적 발생에 대해 말할 수 있다. 능동적 발생은 주관의 의지적, 의식적인 활동을 통해 습득된 것이다. 가령, 가위의 의미에 대해 잘 모르던 어린아이가 어느 순간 가위의 용도와 쓰임새에 대해 깨달을 수 있다. 바로 이 시점을 지식의 능동적 발생이라고 부를 수 있을 것이다.

그러나 일단 능동적 발생을 통해 습득된 지식 내지 의미는 점차로 잊히는 것이 아니라, 나의 의식에 남아 지속적인 효력을 발휘한다. 이른바 수동적인 습관화의 과정을 거쳐 언제라도 되살릴 수 있는 형태로 나의 의식에 남게 된다. 곧 나의 습관이 되는 것이다.[27] 바로 이러한 과정이 지식의 수동적 발생을 특징짓는다. 능동적 발생을 통해 형성된 지식이 수동적 발생을 통해 이른바 습관화된 형태로 남아 나의 삶을 지배하게 됨으로써, 나의 삶은 위에서 본 바와 같은 규칙성을 갖게 된다. 물론 이 규칙성은 평상시에는 제대로 의식되지 않는다. 습관화되어 친숙하게 되었기 때문이다. 그러나 이러한 친숙함이 우리의 일상적 태도를 규정짓는다. 습관화된 지식은 나의 이후의 모든 경험과 행동의 방향성을 규정하면서 나름대로의 정형화되고 친숙한 세계를 구성하게 한다. 물론 이러한 세계는 나의 경험이 확장됨에 따라 부단히 넓혀질 수 있는 가변성을 지닌다. 그러나 항상 친숙성과 규칙성을 지닌다는 점에서, 이러한 변화는 내게 큰 의미로

---

26 이와 관련해서는 K. Held, *Phänomenologie der Lebenswelt. Ausgewählte Texte II*, Stuttgart, 1992, 38-42 참조.

27 이러한 지식의 습관화 과정에 대한 설명은 졸고, 「현상학의 학문성과 지평성 -후설 후기 철학을 중심으로-」, 『철학연구』 제53집, 철학연구회, 2001, 239-240 참조. 여기서의 지평과 습관에 대한 설명은 주로 이 글에 의존해 있다.

다가오지는 않는다. 이러한 능동적 발생과 수동적 발생의 과정을 거쳐 형성된 친숙한 세계가 '지평'이며, 이에 대한 의식이 곧 '지평의식'이다.

후설은 지평을 '내적 지평'과 '외적 지평'의 둘로 나눈다. 내적 지평은 어떤 대상에 속하는 내적인 규정들을 의미한다. 가령, 어떤 사과를 본다고 할 때, 사과 자체가 지니는 무수한 내적 속성들의 집합을 나름의 규칙성과 연관성을 가지고 파악할 수 있다. 우리가 사과의 앞면만을 보고도 그 뒷면까지 예견해, 사과라고 판단하는 것은 이러한 지평성 때문이다. 이 지평성에 근거해 우리는 사과가 함축하는 수많은 의미를 나름의 연관성 속에서 파악할 수 있으므로 사과의 본질에 대해서 쉽게 판단할 수 있는 것이다. 물론 우리의 지식이 확장됨에 따라, 이 내적 지평은 부단히 확장될 수 있다.

그러나 현상학적으로 보다 중시하는 것은 대상의 외적 지평이다. 외적 지평은 어떤 대상을 둘러싼, 그 배경을 이루는 의미의 총체적 연관체를 가리킨다. 흔히 우리가 지평이라고 할 때, 주로 이러한 외적 지평을 가리킨다. 가령, 도로를 지나는 어떤 자동차를 보면서, 우리는 비단 이 자동차뿐만 아니라 이 자동차가 달리는 도로, 이 도로를 둘러싼 거리, 마을, 도시 등 자동차와 의미 있게 연관된 외적 배경을 더불어 의식한다. 이 더불어 의식하는 배경이 곧 외적 지평이다. 물론 이 외적 지평을 이미 우리가 직접 경험해서 아는 것이 아니다. 단지 장차 경험가능하다는 전제로, 하나의 **경험의 가능성**으로서 미리 예견하는 것이다. 이는 이미 기존에 가진 습관화된 우리의 지식이 바탕이 되어 우리의 경험이 나름의 규칙성을 가지고 이루어진다는 데에 근거한다. 바로 그렇기에 지평은 "모든 현실적이고 가능한 실천의 보편적 장"[28]으로 이해된다. 후설에서 지평으로서의 세계는 이러한 잠재적 경험의 가능성으로서의 외적 지평을 가리키는 것이다.

그런데 지평성은 항상 어떤 경험의 대상이 있으면 성립되는 것이기에, 무수한 지평의 세계가 존재할 수 있다. 내가 속한 친숙한 공동체는 모두 나의 지평의 세계를 이룬다. 가령, 가족, 학교, 지역, 동호회, 민족, 국가 등의 특수한 개별세계들이 하나의 지평으로서 그때그때 내게 주어질 수 있다. 우리는 이를 후설의 표현을 빌려 '특수세계(Sonderwelt)'라고 부를 수 있다. 그러나 지평의 성격이 그러하듯이, 그 자체가 하나의 개별적 지평인 개개의 특수세계들은 서로 고립되어 분리되어 있는 것이 아니라 의미의 연관을 이루며, 사실상 하나의 총체성 속에서 내게 주어진다. 이렇게 모든 개별적인 특수지평들을 포괄하는 하나의 전 포괄적 지평, 하나의 총체적 세계가 의식될 수 있다. 즉, 모든 개별세계를 포괄하는 **보편적 지평**(Universalhorizont)으로서의 세계가 모든 개별경험의 궁극적 바탕으로 주어지게 된다. 바로 이 보편적 지평으로서의 세계가 전통철학의 주제이자 현상학이 추구하는 세계 개념이다.[29] 그러나 이 세계 개념이 전통적인 객관주의적 세계 개념, 특히 자연과학적 세계 개념과 결정적으로 다른 점은, 누차 강조한 바와 같이, '주관연관적'이라는 점과, 다양한 개별지평들을 자체 안에 함유함으로써 **구체적이면서 동시에 보편적**이라는 것이다.

4.3 지평의 상호주관적 성격

그러나 혹자는 여전히 후설의 지평으로서의 세계 개념이 주관연관적이

---

28 『위기』, 145.
29 K. Held, *Die phänomenologische Methode. Ausgewählte Texte I, (Einleitung)*, Stutt-gart, 1985, 33-34 참조.

라는 점을 근거로, 이른바 주관주의적인 세계 개념에서 자유롭지 못한 것이 아니냐고 반문할 수 있다. 사실 지평이라는 개념은 근본적으로 주관상대적인 것이다. 지평은 어떤 특정한 주체의 경험의 가능성과 연관되어 있기에, 이 주체의 역사성에 의존할 수밖에 없다. 그런 점에서 동일한 사태에 대한 경험에 대해 서로 다른 지평성이 형성될 수밖에 없다. 이를 놓고 지평은 주관상대성을 벗어나지 못한다고 주장하는 것은 나름 일리가 있다. 그러나 이는 지평의 형성과정이 지닌 역사성과 나름의 공동체성을 간과하고 있다는 점에서 일면적이다.

앞서 지평의식의 형성과정이 보여주는 바와 같이, 지평의식은 오랜 기간에 걸쳐 습관적으로 형성된다. 단적으로 말해, 지평은 **습관의 상관자**이다.[30] 물론 습관은 주관적이고 우연적인 측면이 있는 것이 사실이다. 또 여기에는 이른바 정상성과 비정상성이라는 복잡한 문제도 포함되어 있다. 그러나 현상학적으로 볼 때, 습관의 형성은 개인적인 사건이라기보다는 공동체적이고 사회적인 경향이 강하다. 이미 지평성의 근원인 지식의 능동적 발생의 경우를 보더라도, 이러한 앎은 개인적인 것이 아니라 사회적이고 문화적이다. 바로 한 개인이 속한 공동체의 전통과 문화적 틀 속에서 이러한 지식의 습득이 이루어지며, 그런 한 우리가 지니는 습관적 지식의 대부분은 사회적이고 공동체적이다.[31] 이런 의미에서 후설은 습관의 형성을 "개별적 자아와 그 자신의 입장들의 공동체와의 결합"[32]이라고

---

30 K. Held, "Horizont und Gewohnheit. Husserls Wissenschaft von der Lebenswelt", *Krise der Wissenschaften -Wissenschaft der Krisis?*, Frankfurt a. M. 1998, 14 이하 참조.

31 이에 대해서는 졸고, 「현상학의 학문성과 지평성—후설 후기철학을 중심으로—」, 『철학연구』 제53집, 철학연구회, 2001, 243 참조.

32 『상호주관성 II』, 230.

표현하면서, "나의 확장된 경험은 따라서 우리의 공통된 경험세계인 이 세계에 대해 지속적으로 타당하다."[33]고 말한다.

이런 점에서 지평성이 주관적인 것은 맞지만, 단순히 유아론적이고 자의적이라는 의미에서의 주관성은 아니다. 여기서의 주관적임은 최소한 상호주관적이라는 의미를 지닌 공동체성을 그 배경으로 하고 있기 때문이다. 그러므로 지평의식은 기본적으로 단순한 의미의 주관성을 넘어선다. 이는 개별 문화세계의 역사성과 전통을 그 안에 내재하고 있는 주관성이다. 물론 여기서 결국 지평은 문화상대주의의 틀을 못 벗어나지 않느냐고 반박할 수 있다. 그러나 지평이 지닌 개방성과 확장성은, 이미 본 바와 같이, 모든 사람에게 공통된 하나의 **보편적 세계**로 이어지며, 바로 이 점에서 지평으로서의 세계가 지닌 **보편성**이 드러난다. 이미 앞에서도 언급했지만, 개별문화의 특수성은 이미 보이지 않게 문화의 보편성을 함축하고 있으며, 어떤 식으로든 이와 연결되어 있다. 이런 맥락에서 우리는 지평성이 주관적이면서 이를 넘어서는 보편성을 동시에 갖고 있는, 양면적인 성격의 것임을 확인할 수 있다.

5 세계의 현상학적 주제화

5.1 세계의 비대상성

앞의 고찰을 통해 우리는 현상학이 개별성과 구체성을 무시하지 않으

---

33 『상호주관성 III』, 230.

면서 보편성을 추구하는 한, 지평으로서의 세계 개념은 이를 제대로 충족 시켜줄 수 있는 개념임을 알 수 있다. 그러나 방법론적으로 문제는, 이러 한 지평으로서의 세계가 어떻게 주제화될 수 있느냐 하는 것이다. 사실 후설이 『위기』에서 생활세계 개념을 하나의 지평으로 규정하면서, 이의 소여방식의 해명을 주요한 과제로 정하고 있는 데에서도 이 사안의 중요 성을 잘 알 수 있다. 지평으로서의 세계를 철학적으로 주제화하기 어려운 점은, 지평 자체가 근본적으로 대상화될 수 없는 **비대상적인 성격**을 지니 고 있다는 데에 있다.[34] 후설은 "모든 이 세계의 주어짐은 지평의 방식 하 에서의 주어짐이다."[35]라고 함으로써 세계의 주제화는 곧 지평의 주제화 임을 분명히 한다. 그러나 지평이 대상과는 다른 방식으로 주어진다고 할 때, 문제는 우리가 지평을 의식적으로 파악할 수 없다는 점이다. 대상화 는 사실 어떤 것의 일종의 개념적 파악이자 명료화이다. 엄밀히는 주제화 라는 말 자체가 이러한 대상화를 의미하기도 한다. 그러나 지평은 원칙적 으로 항상 어떤 것의 배경으로만 머무를 뿐, 그 자체가 명료하게 대상화 되어 인식될 수는 없다. 우리의 대상 경험은 사실 항상 대상에만 집중되 어 있지, 그 배경까지 시선이 가지는 않는다. 물론 일부 특수지평은 의 식이 될 수도 있다. 그러나 이 경우에도 대상과 같은 식으로 의식되는 것 은 아니다. 더구나 모든 개별적 지평의 지평인 보편적 지평으로서의 세계 는 더더욱 대상화를 통해 주어질 수는 없다. 만약 대상화될 경우, 이는 지 평이 아닌 이 지평에 속한 또 하나의 다른 대상일 뿐이다.[36] 지평은 항상

---

34 K. Held, "Husserl und die Griechen", *Phänomenologische Forschungen*, Bd. 22, 1989, 162 참조.

35 『위기』, 267.

36 이런 의미에서 란트그레베는 "세계는 다른 대상들 중의 한 대상이 아니라, 우리 경험의 모

뒤로 물러선다. 바로 이러한 비주제적, 비대상적인 성격을 지닌 지평적 세계의 주제화는 결국 다소 모순된 표현이기는 하지만, 세계를 '비주제적인 것으로 주제화'하는 것이어야 한다.[37] 이를 위한 최선의 방법은 지평을 우리의 의지적, 능동적 시선이 아닌 방식으로 간접적으로 주제화하는 것이다.

5.2 세계의 비대상적, 비의지적 주제화

그러나 후설이 안고 있는 문제는 앞서 살펴본 지향성의 틀을 가지고 이러한 지평의 주어짐을 해결하려고 한다는 점이다. 그러나 지향성은 기본적으로 대상을 향한 의지적 성격을 지니고 있기 때문에, 비록 그가 "지평지향성(Horizontintentionalität)"[38]이라는 표현을 쓰면서 비대상화적 지향성의 가능성을 열어두고 있기는 하지만, 지평의 근본성격과는 맞지 않다. 후설은 세계지평의 비주제적인 성격을 충분히 인지했음에도 불구하고 가능한 한 지향적 분석의 틀로 이를 해결하고자 시도하는 바람에, 지평적 세계의 참된 의미가 제대로 드러나지 못하고 있다. 오히려 지향성에 근거해, 세계의 초월론적 구성이라는 방식으로 지평적 세계를 하나의 구성된 통일체로 이해하려 함으로써 지평으로서의 세계를 대상화하는 결과를 낳

든 가능한 대상을 포괄하는 것이자, 모든 개별적 경험의 토대이다."(L. Landgrebe, *Der Weg der Phänomenologie*, Gütersloh, 1963, 54)라고 말한다.

37 K. Held, "Die Endlichkeit der Welt", *Philosophie der Lebenswelt*, Würzburg, 1992, 133. *Die phänomenologische Methode. Ausgewählte Texte I, (Einleitung)*, Stuttgart, 1985, 36 참조.

38 『성찰』, 83.

는다.[39]

이러한 지평으로서의 세계를 주제화함에 있어서 후설 현상학이 지니는 불철저성은 그의 제자인 하이데거에 의해 부분적으로 교정이 된다. 헬트의 해석에 따를 때, 하이데거 현상학의 기본주제 또한 후설 현상학의 연장선상에서 세계이다.[40] 그리고 하이데거는 후설이 제시한 지평으로서의 세계의 이념을 원칙적으로 받아들인다. 그러나 하이데거는 후설과 같이 인식론적으로 정향되어 의식주관의 지향적 활동을 근거로 세계 의미를 해명하려 하지 않고, 현상학의 기본정신에 좀 더 충실하여, 세계가 현출하는 방식과 하나의 현상으로서의 세계에 초점을 두고 세계 의미를 해명하려고 한다. 그러므로 하이데거에게 세계(세계현상)는 하나의 대상이라기보다는 하나의 '**사건**(Ereignis)'이며 그것도 우리의 의지와는 무관하게 주어지는(엄습하는) 것이다.[41]

지평으로서의 세계의 주된 특징은 친숙성이다. 우리에게 너무나 익숙하기 때문에, 오히려 이 지평성은 거의 의식되지 않는다. 사실 지평으로서의 세계의 의미를 온전히 드러내기 위해서는, 원칙적으로는 바로 이러한 친숙한 세계의 의미를 보전해야 한다. 그러나 친숙함은 한편으로 의식되지 않음을 함축하며, 이 세계가 친숙함에 머물고 있는 한 드러나지 않는다. 따라서 불가피하게 이 친숙한 세계가 드러나기 위해서는, 아이러니하게도 이 친숙성을 순간적으로나마 탈피해야 한다. 말하자면, 하나의 낯

---

39 K. Held, "Heidegger und das Prinzip der Phänomenologie", *Heidegger und praktische Philsophie*, Frankfurt a. M., 1988, 123 참조.

40 K. Held, "Die Endlichkeit der Welt", *Philosophie der Lebenswelt*, Würzburg, 1992, 130 참조.

41 같은 논문, 142-143 참조.

설음의 계기가 세계경험 속에 개입되어야 한다. 평소에 친숙한 세계가 갑자기 낯설게 느껴지거나 익숙한 삶의 질서가 교란될 때, 비로소 우리는 이 평소 의식하지 못했던 세계의 의미를 느끼게 되기 때문이다. 그러나 이때 인식론적으로 파악의 대상으로서 세계를 주시해서 바라보게 되면, 바로 객관주의적인 세계와 같이 대상화되면서 오히려 세계의 지평적 의미는 파괴되어버린다. 바로 여기서 하이데거는 인식론적인 차원이 아니라 정서적인 차원에서, 이른바 기분(Stimmung) 속에서 세계가 주제화되는 방식을 택한다.[42]

갑자기 불안이나 경악, 권태와 같은 기분이 엄습할 때, 우리는 평소의 친숙한 삶의 틀이 교란되면서, 이제껏 의식하지 못했던 세계성을 의식하게 된다. 현상학적으로는 세계가 드러난다(열린다)고 할 수 있으며, 하이데거는 이를 세계존재의 비은폐성(Unverborgenheit)으로 이해한다. 가령, 우리가 가깝게 지내는 가족이나 친구의 존재에 대해 평소 의식하지 못하다가, 현재 가까이 없거나 떠날 경우, 불현듯 그 존재의미를 느끼는 것과 같다. 세계의 열려짐은, 이미 언급한 바와 같이, 하나의 사건과 같은 것으로서 우리의 의지에 의해 능동적으로 만들어낼 수 있는 것이 아니다. 말하자면, 이는 하나의 수동적 충격 속에서 단지 우리에게 주어질 뿐이다. 따라서 하이데거가 합리적, 능동적으로가 아닌 수동적 기분에서 세계의 의미가 드러난다고 본 것은 현상학적으로 적절하다고 본다. 비주제적인 세계는 근본적으로 우리의 의지에 의해 재단되는 성질의 것이 아니기 때문이다. 자연적 태도에 대한 의지적인 에포케를 통해 세계의 의미를 드러내고자 한 후설의 시도는 비록 일상적인 태도에서 은폐된 세계의 존재의

---

42 같은 논문, 141 참조.

미를 밝히려고 한다는 점에서 의미가 있으나, 이것이 여전히 주관의 의지에 의존하는 한, 대상화의 시선으로부터 자유롭지 못하다. 하이데거가 비의지적인 수동적 기분 속에서 세계의 존재성을 규정하려고 한 점은 이러한 후설적인 한계를 현상학적으로 극복한다는 점에서 그 의미가 있다.

이러한 논의를 통해 우리는 지평적인 세계가 어떤 식으로 주어져야 그 현상학적 의미가 제대로 보전될 수 있는지를 본다. 주관적, 능동적 의지가 아닌 외부로부터의 강한 충격을 통해서 오히려 우리의 견고한 일상적인 의지와 습관이 흔들릴 때, 모든 개별대상에 대한 배경으로서의 세계는 마치 어둠속에서 나타나는 환한 빛과 같이 갑자기 그 모습을 드러내는 것이다. 바로 이러한 수동적 체험 속에서만 세계의 의미는 제대로 드러날 수 있다는 것이 현상학적 통찰에 기반한 세계 개념이다. 따라서 현상학적 세계는 분명 주관연관적이되, 칸트처럼 주관에 의해 규정받고 영향을 받는다는 의미에서가 아니라, 다만 주관에 수동적으로 (수동적인 체험을 통해) 주어진다는 의미로서 이해되어야 하는 것이다.

6 중간영역의 발굴

앞서의 현상학의 특징으로 거론된 현상에의 주목, 지향성, 세계성 등은 모두 공통되게 하나의 주제로 수렴된다. 바로 '중간영역'이다. 투겐트하트가 현상학의 탐구영역은 주관과 객관의 중간영역(Zwischenbereich)이어야 한다고 규정한 이후,[43] 헬트, 발덴휄스를 위시한 많은 현상학자들이 현상

---

[43] E. Tugendhat, *Der Wahrheitsbegriff bei Hussrel and Heidegger*, Berlin, 1970, 172,

학적 탐구주제로서 '중간성'의 중요성을 강조하고 있다.[44] 특히 발덴휄스의 경우, 우리의 주제인 상호문화성과 연관해 이 중간성의 의미를 현상학적으로 탐구하고 있다는 점에서 관심을 끈다.

중간영역이라는 표현은 어떤 특정한 두 대상 사이의 관계를 특징짓는 것이다. 그러므로 상관관계, 특히 주관과 객관 간의 상관성을 그 출발점으로 삼는 현상학에서는 이 용어가 각별히 중요할 수밖에 없다. 물론 어떤 대상들 간의 관계이냐에 따라 무수한 중간영역이 존재한다. 현상학에서는 당연히 주관과 객관 내지 세계와의 관계가 핵심적인 위치를 차지하겠지만, 그 외에도 현상학적으로 여러 중간영역에 대해 탐구할 수 있다. 가령, 상호문화성과 관련된 주제만 하더라도 나와 타자, 자연과 문화, 나의 문화세계와 타 문화세계, 차이와 동질성, 감성과 이성, 몸과 정신 등의 여러 영역 간의 중간영역에 대한 해명이 요청된다. 여기서 우선 우리의 질문은, 현상학은 주관과 객관의 중간성 이외에도 모든 주제에 대해 이처럼 중간성에 대한 탐구를 지향하는가 하는 점이다. 만약 그렇다면, 그 근거는 무엇인가 하는 점이다.

필자는 이 물음에 대해 긍정적으로 답하고자 한다. 현상학은 곧 모든 주제에 대해 중간성을 탐구하는 경향을 지니고, 또 그래야 한다. 앞서 지향성이 현상학적 방법론의 근본특징으로 대두된 것은, 이미 현상학이 중간영역에 대한 탐구임을 일찌감치 예고한 것이다. 물론 후설의 지향성 개

183-184 참조.

44 K. Held, "Heidegger und das Prinzip der Phanomenologie", *Heidegger und prak-tische Philosophie*, Frankfurt a. M., 1988, 117. B. Waldenfels, *Topographie des Fremden*, Frankfurt a. M., 1997, 67, 103. G. Stenger, *Philosophie der Interkulturalität*, Freiburg/München, 2006, 416-419 참조.

념은 나름대로의 한계가 있고, 또 지향성이 기본적으로 주관과 대상과의 상관성만을 나타낸다는 점에서 제한적이기는 하지만, 지향적 분석이 갖는 파급효과는 매우 크다. 지향성의 핵심은 의식적이건 무의식적이건, 모든 체험은 그 상관자를 그 자체 안에 함유하고 있다는 의미이다. 다소 주관주의적으로 보일 수도 있는 이 표현은, 다른 식으로 해석하면, '체험과 체험되는 것의 불가분리적 통일성'을 의미한다.[45] 사실 후설의 지향성 개념에서도 이러한 점은 충분히 암시되었다. 그러나 의식작용의 대상구성적인 측면만이 지나치게 부각된 관계로, 이러한 면은 희석이 되고 있을 뿐이다.[46] 그럼에도 후설의 지향성은 현상학적으로 중간성의 의미를 충분히 잘 드러내고 있다. 곧 중간영역이란 서로 분리된 주관과 객관의 일대일 대응관계를 가리키는 데 초점이 있는 것이 아니라, 양자 간의 불가분리적인 **결합성 내지 혼합성**에 그 본질적 의미가 있다.

이런 의미에서 자칫 기계적인 일대일 대응관계와 같이 오해를 불러일으킬 수 있는 지향성 개념보다는, 바로 앞 절에서 논의한 지평성이 이 중간영역의 의미를 설명하기에 더 적합하다. 앞서 본 바와 같이, 지평은 친숙한 의미의 연관체이다. 지평은 매우 견고하게 얽혀 서로 연관성을 이루는 그물과도 같다. 이런 점에서 현상학, 특히 후설의 현상학적 세계관은 모든 개체가 모여서 하나의 의미 있는 전체를 이루는 **전체론적, 유기체적 세계관**이다.[47] 이 속에서 모든 것은 서로 유의미하게 불가분리로 얽혀 있어서 전체를 고려하지 않고 개체만을 따로 떼어 고찰하는 것은 의미가 없

---

45 한전숙, 앞의 책, 93-94 참조.

46 K. Held, "Husserls Rückgang auf das phaínómenon und die geschichtliche Stellung der Phänomenologie", *Phänomenologische Forschungen*, Bd. 10, 1980, 100-103 참조.

47 이 점은 뒤의 3장 4절에서 후설의 모나드론을 논의하면서 구체적으로 밝혀진다.

다. 이러한 모든 존재의 얽혀 있음은 하이데거의 기분이나, 메를로-퐁티의 살 개념 등에서 잘 나타난다. 기분 속에서 우리는 주변 환경과 묘한 일체감을 이루며, 이는 단지 주관적인 느낌 이상의 의미를 지닌다. 오히려 주변 환경이 우리를 휘감고 있다는 의미가 강하다. 이러한 존재의 휘감김 내지 얽힘은 메를로-퐁티가 '살'로 표현할 때 그 극에 달한다.[48] 여기서의 살은 모든 세계 존재를 감싸 안고 관통해 있는 일종의 생동적인 원소와도 같다. 말하자면, 살을 매개로 모든 존재는 불가분리로 얽히게 되는 것이다. 따라서 단순한 주객 상관성의 의미를 넘어서서 모든 **존재의 '뒤엉킴'**이 현상학이 탐구해야 할 중간성의 의미이다. 세계를 이러한 중간성의 시선으로 바라볼 때, 비로소 서구를 지배해온 견고한 객관주의적 틀에서 자유로울 수 있다는 것이 현상학자들의 기본 생각이다.

---

48 메를로-퐁티의 살 개념에 대해서는 뒤의 제2부 1장 3절에서 상세히 언급될 것이다.

3장

현상학에서 타자경험이론과 상호문화성

앞 장에서의 고찰을 통해 우리는 현상학의 기본 이념과 방법론이 어떠한 성격을 지니는지를 구체적으로 알게 되었다. 현상학은 추상적, 개념적인 틀로서가 아니라 보다 존재와 사태에 밀착해, 이를 직접적 체험 속에서 드러내고자 하는 하나의 방법론적인 시도이다. 현상학의 이러한 성격은 상호문화성의 기본성격과 부합하는 바가 많다. 상호문화성 자체가 하나의 경험을 통해 드러나야 할 현상으로서 여러 복합적인 요소가 뒤얽혀 있는 구조와도 같기 때문이다. 이는 상호문화성이 의미연관체로서의 현상학적 세계 개념에 준해 파악되어야 함을 암시한다. 그러나 현상학적으로 상호문화성이 좀 더 각별한 의미로서 다가오는 것은 바로 이것이 현상학의 핵심 주제의 하나인 상호주관성, 즉 타자경험의 문제와 직접적으로 맞물려 있기 때문이다. 따라서 우리는 아래에서 현상학적 타자경험이론의 개요를 살펴본 다음, 이것이 어떻게 상호문화성의 문제와 현상학적으로 접목되어야 하는지, 앞 장에서의 방법론적 논의와 연관해 살펴보기로 한다.

1 현상학에서 타자경험이 문제시되는 배경

1.1 타자경험의 출발로서의 개별적 체험

현상학에서 타자경험의 문제는 세계의 문제와 마찬가지로 매우 중요한 위치를 차지한다. 타자는 넓은 의미로는 나 이외의 모든 것을 가리키는 것으로 타인을 포함해 나를 둘러싼 세계, 초월자 등등의 사실상 이 세계의 모든 존재영역을 가리킨다. 말하자면, 주관에 대응하는 객관으로서의 존재가 모두 여기에 해당한다. 그러나 좁은 의미로는 나와 같은 존재인 타인을 가리킨다. 현상학에서 특히 문제 삼는 것은 바로 이 타인의 존재에 대한 해명이다. 타인의 존재는 공동체와 나아가 우리의 일상적 세계의 성격을 규명하는 데에 결정적인 실마리 역할을 하므로, 이의 철학적 해명은 각별한 의미를 지닌다.

좁은 의미의 타자인 타인에 대한 성격규정은 비단 현상학에만 국한된 문제가 아니라, 사실 철학일반을 관통하는 매우 중요한 주제이다. 나와 타인과의 동질성이 전제되어야 하나의 철학적 보편성 내지 객관성 또한 확보될 수 있기 때문이다. 가령, 나의 이성적 판단이 올바르고 보편적이라는 근거는, 다른 사람 또한 그가 정상적인 한, 나와 같은 판단을 한다는 데에 있다. 물론 여기에는 판단의 주체인 인간의 이성은 보편적이라는 전제가 놓여 있다. 전통 서구철학은 이러한 인간 이성의 보편성에 근거해 이성적 판단의 타당성을 정당화했다. 그러므로 개별적인 인간존재보다는 보편적인 인간 이성이 우선시되고, 이로부터 인간존재를 규정하려고 했다는 것은 주지의 사실이다. 여기에서는 사실 상호주관성 내지 타자경험의 문제는 크게 부각될 수 없다. 모든 인간의 동질성이 전제되어 있는 데다. 칸트에서 잘 나타나듯이, 개별적인 인간주체보다는 형식적인 '의식일반'이 철학의 출발점을 이루기 때문이다. 그러나 인간의 개별성과 체험을 중시하는 현대철학에서는 양상이 달라진다. 특히 개인의 역사성을 고려하고 주관적 체험에 각별한 의미를 부여하려는 현상학의 경우는 특히 그렇다.

현상학은 기본적으로 개별적인 인간 주체를 출발점으로 한다. 현상학이 타당성의 기반으로 삼는 체험이 바로 구체적인 상황에 기반한 개별적인 체험이기 때문이다. 현상학은 서구철학에서 전통적으로 소외되어온 이 주관적 개별적 체험의 타당성을 정초하기 위해, 이 체험이 나름대로 진리성과 보편성을 지니고 있음을 입증하고자 한다. 현상학이 여기서 타당성의 기반으로 삼는 것은 **'사태에의 근접성'**이다. 현상학은 엄밀한 객관성보다는 사태에의 근접성이 사태 자체의 의미를 보다 잘 드러낸다고 보고, 개별적인 인간의 체험, 정확히는 이론에 물들지 않은 사태에 대한 순수한 체험을 매개로 사태 자체로 귀환해 들어간다.[1] 그러나 이러한 개별적 체험의 강조는 경험의 생동성과 구체성을 부각시킨다는 장점은 있지만, 한편으로 인간 경험의 우연성과 상대성을 부각시키는 결과를 낳는다. 그럼에도 현상학은 이러한 상대성을 감수하면서라도 인간 경험에 의존하고자 하며, 그것은 경험의 구체성이 바로 현상학의 핵심적 가치를 규정한다고 보기 때문이다. 그렇다 하더라도 하나의 철학적 방법론으로서의 현상학은 보편성에 대한 추구를 포기하지 않는다. 현상학은 인간의 개별적 체험 또

---

1 한전숙, 『현상학』, 민음사, 1996, 62–71. 이남인, 『현상학과 해석학』, 서울대학교 출판부, 2004, 38–40. 졸저, 『에드문트 후설. 엄밀한 학문성에 의한 철학의 개혁』, 살림출판사, 2013, 6 참조.

한 궁극적으로는 보편적인 성격을 띤다는 믿음을 갖고 있기 때문이다.

1.2 후설 현상학에서 타자경험이론의 동기와 전제

이러한 현상학적 믿음을 정당화하기 위한 노력이 사실상 모든 현상학자의 연구 과정이자 결과이며, 특히 이에 집중한 철학자가 후설이다. 후설 현상학의 출발점은 현상학의 창시자답게 개별적 체험이다. 정확히는 의식체험이다. 후설은 이 체험의 생동성을 높이기 위해 **시간성** 내지 **역사성**을 부여하며, 그럼으로써 이 체험은 시간의 흐름 속에 놓여 있는 '**체험류**'라는 의미를 지닌다. 즉, 시간적, 역사적 흐름 속에 있는 의식체험이 탐구의 출발점이 된다. 그러나 그럼으로써 후설이 봉착하게 된 문제는, 이 개별적 의식 체험류를 진리 내지 인식의 기반으로서 어떻게 정당화해야 하는 것이다.

후설은 지향성을 토대로 해서 의식이 대상성을 규정한다고 주장한다. 사실 이러한 주장은 칸트와 동일선상에 있는 관념론적 주장이므로 그렇게 새로울 것은 없다. 그러나 후설의 출발점은 칸트와는 달리, 보편적인 의식주관이 아니라 개별적인 체험류이다. 따라서 개별적 주관의 인식활동이 어떻게 객관성과 보편성을 지니는지를 별도로 증명해야 할 부담을 안게 된다. 여기서 후설은 나의 의식에 의해 인식된 것이 타인에 의해 인식된 것과 사실상 **동일하다는 것**을 밝힘으로써 의식체험의 객관성과 보편성을 정당화하려고 한다. 또 이렇게 할 수밖에 없는 것이, 후설 스스로 개개 의식에 **절대성**을 부여해 인식과 진리의 근거지로서의 확고한 위치를 인정했기 때문이다.[2] 그러므로 당연히 후설에게는 타자경험과 상호주관성의 문제가 각별한 관심으로 다가오게 된다. 그리고 이 점이 후설로 하여금 사실상 그가 현상학에 입문한 이래 줄곧 상호주관성의 문제에 골몰하게 만든 이유이기도 하다.

후설 현상학이 처음부터 주관상대성에 만족하고 상대주의를 표방했다면, 굳이 이 상호주관성의 문제에 집중할 필요가 없다. 그러나 철학의 정통적 계승자임을 자부하면서 등장한 현상학은 철학의 기본전제인 보편성의 차원을 배제할 수가 없었다. 그러나 하이데거나 메를로-퐁티 등과 같은 후설 이후 현상학자들처럼 인식론적으로보다는 존재론적으로 세계의 문제의 접근할 경우, 상호주관성은 문제가 덜 되거나 처음부터 쉽게 해명될 수 있을 것이다. 가령, 아렌트와 같이 현상학적 세계의 기본성격을 처음부터 다양성과 특수성에 근거할 경우, 타인과의 합치 내지 동질성의 확인으로서의 상호주관성의 문제는 굳이 거론될 필요는 없다. 또한 레비나스와 같이 아예 동질성의 차원을 거부하고 나와 타인과의 근본적 비대칭성으로부터 철학을 시작할 경우, 후설이 고민하는 상호주관성의 문제는 전혀 다른 차원으로 전이되며, 그것도 너무나 단순하게 해결될 수도 있다.

이렇게 보면, 현상학에서 타인의 문제 내지 상호주관성이 굳이 논란이 된다면, 이는 후설에 한정된 특수한 문제인 것처럼 보인다. 그러므로 후설 현상학이 지니는 주관주의적 특성을 가능한 거부하려는 여타의 다른 현상학자들은 이 문제에서 자유로울 수 있다는 것이 일반적인 연구자들의 생각이다. 그러나 광범위하게 공유되는 이러한 생각과는 달리, 후설이 문제 삼은 상호주관성 내지 타자의 문제는 현상학의 근본문제이며, 다만

---

2   후설에서 의식의 절대성에 대해서는 한전숙, 앞의 책, 184-187. 졸저, 『에드문트 후설. 엄밀한 학문성에 의한 철학의 개혁』, 살림출판사, 2013, 61-66. 졸고, 「현상학과 신비주의: 후설 현상학을 중심으로」, 『철학연구』 제103집, 철학연구회, 2013, 95-99 참조.

다른 현상학자들은 이의 난점을 잘 알기에, 처음부터 이를 피하거나 깊이 문제 삼지 않았다는 것이 필자의 개인적인 판단이다. 앞서 강조한 바와 같이, 현상학이 개인의 **개별적인 체험**에 근거하고, 또 이 개인이 **역사적인 존재**로 간주되는 한, 그의 체험이 지닌 타당성과 보편성의 문제는 타인과의 관계 내지 상호주관성을 통하지 않고서는 제대로 해명될 수 없다. 이는 현상학이 어떤 형이상학적 전제나 이론을 전제하지 않고 순수한 직접적 경험 내지 감성에 호소할 수밖에 없기 때문에, 발생하는 불가피한 것이다. 이런 맥락에서 후설이 비록 인식론적으로 많이 정향되기는 했지만, 타자경험 내지 상호주관성의 문제를 해명하고자 오랜 기간 고민한 것은 현상학적으로 당연하고 정당하다. 물론 그 방식이 과연 적절한가의 문제는 별개이다. 따라서 우리는 다음에서 보다 구체적으로 후설의 타자경험 내지 상호주관성의 해명방식을 살펴보면서 현상학적인 의미에서 타자경험은 어떻게 이해되어야 옳은지에 대해 열린 시선으로 바라보도록 한다. 여기서 열린 시선이라고 강조한 것은, 그만치 후설의 타자경험이론에 대해서는 그 불철저성을 이유로 동의보다는 비판 내지 부정적인 시선이 압도적이기 때문이다.

2 후설의 타자경험이론

2.1 문화적 의미의 추상화와 고유영역으로의 환원

후설의 타자경험이론 내지 상호주관성 이론에 대한 논의는 이제껏 많은 연구자들에 의해 이루어져 왔고, 아마도 계속 이루어질 것으로 보인다. 그만치 논란이 많다는 것을 방증한다. 그러나 잘 알려져 있다시피, 후설의 상호주관성 이론에 대해서는 긍정보다는 부정적인 시각이 대세이며, 이렇게 된 데에는 일정 부분 후설 자신에게도 책임이 있다. 여기서 필자는 후설의 상호주관성 이론에 대한 최근의 논란에 적극적으로 참여해서, 후설을 비판 혹은 옹호할 생각은 없다. 다만, 이남인이 적절히 지적하는 바대로, 후설의 상호주관성 이론을 여러 층으로 나누어 고찰해야 한다는 데에는 동의한다.[3] 그렇게 볼 경우, 비로소 이제껏 간과된 후설의 타자경험 내지 상호주관성 이론의 긍정적인 측면이 드러날 수 있다는 것이 필자의 기본입장이다. 그러나 여기서 필자의 관심은 후설의 상호주관성 이론에 대한 엄밀한 해석이 아니라, 현상학적 맥락에서 상호주관성 이론이 어떻게 상호문화성과 연결되는가를 밝히는 데에 있는 만큼, 후설의 이론에 대한 분석은 그 핵심적인 측면에서 최소한으로만 행하도록 한다.

후설이 상호주관성의 문제에 접근하는 목적은 개별적 주관에 의해 산출된 의미의 객관성을 확보하기 위해서임을 이미 보았다. 따라서 후설은 타 주관도 나와 같은 성격의 주관성임을 밝히는 데 일차적 주안점을 둔다. 이를 위해 후설이 방법론적으로 우선 시도하는 것은 **나와 타자와의 구별**이다. 즉, 타자와 구별되는 나만의 고유한 영역이 무엇인가를 먼저 확정지으려고 한다. 이를 후설은 "나의 고유영역(Eigenheitssphäre)으로의 …… 환원"[4]으로 표현한다. 상당수 연구자들이 굳이 이렇게 인위적으로 나의 고유영역을 찾아 환원할 필요가 있느냐고 비판의 목소리를 내기도 하지만, 나와 타자성을 엄격히 구분함으로써 **타자성의 고유한 의미를 인정**

---

3   이남인, 『후설의 현상학과 현대철학』, 풀빛미디어, 2006, 63 이하 참조.
4   『성찰』, 124.

한다는 점에서 오히려 긍정적으로 평가할 여지도 있다.[5]

그러나 이렇게 나의 고유영역으로 환원하는 방법적 절차에서 후설은 다소 무리수를 둔다. 여기서 후설은 모든 타자와 공유하는 의미를 배제한 다는 극단적인 방법을 택하기 때문이다. 다른 사람과 같이 공유하는 대표 적인 것이 바로 문화적 의미이다. 따라서 후설은 모든 문화적 의미를 배 제(추상화)하고 남은 것으로서, 이른바 단순한 지각의 세계인, **'순수한 자연'**을 찾아낸다.

추상화의 결과, 즉, 우리에게 이 추상화를 통해 남게 되는 것이 무엇인 지를 좀 더 세밀히 고찰해보자. 객관적 의미를 지니고 나타나는 세계의 현 상에서 하나의 토대층으로서 '자연'이 분리된다. 이 자연은 아마도 단순한 단적인 자연, 곧 자연연구자들의 주제가 될 그러한 (자연과학적인: 필자의 삽 입) 자연과는 구분되어야만 한다.[6]

바로 이 자연의 영역이 타자성이 배제된 나만의 고유한 영역이라는 것 이 후설의 생각이다. 그러나 이 자연이라는 것이 과연 후설의 생각대로 타자성과 문화성이 배제된 그러한 순수 원초적 세계일 수 있는지, 그리고 단순히 이러한 사고의 전환만으로 이러한 세계에 도달될 수 있는지, 결정 적으로 이러한 나만의 세계의 설정 자체가 유아론적임을 스스로 인정하 는 것은 아닌지 여러 의문이 제기되기는 하지만, 후설의 사고실험을 일단

---

5   B. Waldenfels, "Homeworld and Alienworld", *Phenomenology of Interculturality and the Life-world*, München, 1998, 77−78 참조.
6   『성찰』, 127.

수용한다면, 그 다음 단계는 여기서부터 어떻게 타자성, 정확히는 타 주체가 구성(인식)되는가를 보여주는 것이다. 사실 후설의 상호주관성 이론에서 가장 논란이 되고 또 핵심적인 부분은 바로 이곳이다.

2.2 주체로서의 타인에 대한 현상학적 이해와 감정이입

후설은 나의 고유영역을 일종의 지각세계로서의 자연으로 규정하면서, 이 속에서 최초로 그리고 직접적으로 접하는 타인의 양태는 '몸(Körper)'이라고 본다. 곧 타인의 몸은 직접적으로 지각된다. 이 말은 나의 고유영역에 타인의 몸이 유일하게 직접 주어진다는 의미가 된다. 그러나 이는 한편으로 타인은 지각의 대상으로서 신체적 의미만을 지닌 채 인식된다는 것으로서, 이는 사실상 다른 사물과 별반 차이가 없이 인식된다는 의미도된다. 말하자면, 나와 같은 주체로서의 고유한 타인의 의미에는 아직 이르지 못한다는 것이다. 후설이 특별히 고심하고 또 명확히 해명하기 위해 노력한 지점은 바로 여기이다. 따라서 후설에게 타자경험이론을 이끄는 주도적인 질문은 "무엇이 (타인의: 필자의 삽입) 몸을 (나의: 필자의 삽입) 제2의 몸이 아니라 **타인의 몸**(진한 글씨는 필자의 강조)으로 만드는가?"[7]이다.

타인은 분명 직접적으로 주어진다. 그러나 그 겉모습만이 주어질 뿐, 이것만으로 하나의 정상적 주체인 타인이라고 규정할 수는 없다. 여기서 후설이 택한 길은 비교적 단순하다. 즉, 나와의 유사성을 근거로 **타자의 주체로서의 성격**을 입증하는 것이다. 말하자면, 유일하게 나에게 주어져 있는 타인의 몸을 단서로 해, 몸이 나의 정신 내지 내면과 연결되어 있다

---

7   같은 책, 143.

는 나의 경험을 근거로, 타인 또한 나와 같이 **세계에 대한 주체로서의 성격**을 지님을 간접적으로 인식하는 것이다. 이는 결국 나와 타인의 **동질성을 유비적으로 입증**하는 것 이외에 다름 아니다. 이를 위해 후설이 투입하는 방법이 바로 수많은 논란을 불러일으킨 '감정이입(Einfühlung)'의 방법이다.[8]

감정이입의 방법은 후설 당대에 이미 널리 퍼져 있던 일종의 심리적 공감의 방법으로, 후설은 립스의 감정이입이론을 나름대로 비판적으로 재해석해 받아들인 것으로 알려져 있다.[9] 그런데 후설의 의도를 위해서는 감정이입의 방법이 최선으로 보인다. 이것은 기본적으로 타인의 내면을 나와의 유사성에 근거해 유비적으로 경험 또는 유추하는 방법이기 때문이다. 그러나 여기서 후설이 강조하는 것은, 감정이입은 결코 유비적 추론과 같은 것이 아니라 일종의 '경험'이라는 점이다.[10] 물론 감성적인 외적 지각과 같은 것은 아니더라도[11] 사유나 추론과 같은 식으로 타자를 합리적으로 유추하는 것은 아니라는 것이다. "감정이입은, '타인이 자신의 육체에 심리물리적으로 의존해 있는 자로 경험될지도 모른다.'는 식의 간접적인 경험이 아니라, 타인에 대한 직접적 경험이다."[12]

---

8 타자경험이론의 토대로서 후설의 감정이입에 대한 상세한 논의는 졸고, 「공감의 현상학 – 공감의 윤리적 성격에 대한 후설과 셸러의 논의를 중심으로–」, 『철학연구』 제99집, 2012, 113–126 참조. 아울러 전적으로 윤리적인 관점에서 이를 해석한 글로는 졸고, 「상호문화성과 윤리 –후설 현상학을 중심으로–」, 『철학』 제103집, 2010 참조. 후자의 글은 이 책 제2부 3장에 일부 내용이 전재되어 반영되어 있다.

9 이에 대해서는 『상호주관성 I』, 70–76. 이남인, 『후설의 현상학과 현대철학』, 풀빛미디어, 45–46 참조.

10 『상호주관성 III』, 12, 14. 『성찰』, 141. 『이념들 II』, 375 참조.

11 후설은 감정이입이 원초적인 감성적인 경험과 대비해 원칙적으로 "이차적인 의미에서의 경험"(『상호주관성 III』, 434)이라는 점을 인정한다.

후설이 여기서 이러한 '**직접적 경험**'으로서의 감정이입의 특성을 강조하는 주된 근거로 제시하는 것이 바로 감정이입의 '**수동성**'이다.[13] 감정이입은 물론 "내가 만약 거기에 있다면"[14]하는 식으로 나를 상상을 통해 타인의 내면으로 옮기고자 하는 것이므로, 의지성이 개입될 수도 있다. 그러나 이는 그 핵심에서 전반적으로 수동적으로 이루어진다는 것이 후설의 생각이다. 즉, 후설에 따를 때, 감정이입 작용의 핵심은 연상(Assoziation)의 작용이다.[15] 주지하다시피 연상작용은 유사한 것끼리 불러일으키는 일종의 유추적 경험이다. 우리는 이것이 습관적이고 무의식적으로 이루어진다는 것을 잘 알고 있다. 이미 흄이 이 연상작용에 대해서는 잘 밝혀놓고 있지만, 후설은 앞서 살펴본 '수동적 발생'의 작용을 이 연상작용에 근거해 설명하기도 한다. 곧 연상은 일종의 습관에 근거한다. 그러므로 우리의 능동적 의지와 무관하게 거의 반사적으로 이루어지는 작용이다. 이런 의미에서 후설은 이를 가리켜 "짝지움(Paarung)"[16]의 작용이라고도 표현한다. 가령, 피를 보면 순간적으로 고통을 연상하고, 사진을 보면 원본을 떠올리게 되는 등이 이러한 작용의 대표적 사례이다.

---

12 『이념들 II』, 375 참조.

13 그러나 후설에서 감정이입이 반드시 수동적인 성격만 있는 것은 아니며, 의지적, 자발적인 면도 존재한다. 감정이입에 대한 이러한 해석은 뒤의 제2부 3장에서 이루어진다. 아울러 바로 뒤의 4절에서도 부분적으로 간략히 이에 대한 설명이 이루어질 것이다. 그러나 후설은 감정이입의 능동적 측면을 제대로 체계화해서 설명하고 있지는 않다.

14 『성찰』, 147.

15 같은 책, 141-143 참조.

16 같은 책, 141 이하 참조.

2.3 타인과 상호주관적 세계의 구성

이로부터 후설이 감정이입을 통해 입증하고자 하는 것이 무엇인지 분명해진다. 그의 주장에 따르면, 환원된 고유영역 속에서 지각된 타인의 몸을 보면서, 나는 순간적으로 나와의 유사성에 근거해 타인의 몸도 나와 같이 내면적으로 마음(Seele) 혹은 정신(Geist)과 연결되어 있음을 연상하게 된다. 물론 이는 어디까지나 상상작용이자 연상에 근거한 것으로서, 확증될 수 있는 것은 아니다. 그러나 후설은 이러한 경험이 일종의 수동적 경험이라면, 나름의 신뢰성을 지닌다고 보고, 최소한 내가 나의 과거를 회상하는 정도의 확실성을 갖는다고 주장한다.[17] 몸과 연결된 내적인 고차적인 정신세계가 바로 한 주체의 인격성과 세계에 대한 주체성의 성격을 지닌다는 전제하에, 후설은 이러한 감정이입 작용을 통해 타인이 나와 마찬가지로 단지 신체적인 의미를 넘어서서 정신적인 주체로서의 의미가 있음을 확인할 수 있다고 본다.

감정이입 속에서 나는 내게 외적으로 주어진 물리적 사물로서의 타인의 몸을 여타의 사물들처럼 물리적으로 지각하며, 우선은 (영혼과 정신이 깃든 주체로서의: 필자의 삽입) 몸으로서 지각하지는 않는다. 그러나 이 타인의 몸 속에서 자신의 몸인 이 동일한 사물을 경험하는 자로서, (내가 나의 몸을 경험하는 것과 같은 방식으로) 또 앞에서 기술된 것과 같은 방식으로, 자신의 몸과 일체를 이루는 한 자아주체가 표현된다. 즉, 이 주체는 자신의 몸속에

---

17 같은 책, 144-145, 『상호주관성 III』, 256-258 참조.

영속적인 기관을 지닌 기능하는 주체(fungierendes Subjekt)이다.[18] 표현의 간접성은 어떤 경험추론의 간접성이 아니다. 우리는 단지 타인의 몸을 보는 것이 아니라 타인을 '본다'. 그것도 우리에 대해 단지 신체적으로만이 아니라 '자신의 고유한 인격 속에서' 정신적으로 스스로 현전하는 자로서 타인을 보는 것이다.[19]

이에 근거해 후설은 타인의 세계에 대한 의미부여 작용 또한 나와 동일한 구조 속에 이루어짐이 밝혀지며, 이로써 나의 세계와 타인의 세계는 합치될 수 있다고 본다. 이런 점에서 나의 주관(정확히는 초월론적 주관성)에 의해 구성되거나 의미 부여된 세계는 객관적이고 상호주관적인 세계일 수 있음을 정당화하고자 한다.

따라서 타인의 몸은 최초의 상호주관적 몸이며, 더구나 (주체로서의: 필자의 삽입) 타인의 몸이다. (정신적 주체와 연관된) 몸으로서의 타인의 몸에 대한 최초의 이해는 객관화의 가장 일차적이고 원초적인 단계이며, 최초의, 물론 아직 '불완전한' 대상이자, 상이한 주관들의 경험들이 최초로 상호주관적으로 동일시되는 것을 구성한다. 이로부터 우선 물리적 환경세계의 최초의 객관화가 이끌어진다. 두 번째 객관적인 것은 (단순히 나의 것이 아닌, 바로 '우리의' 것으로서) 물리적 사물성이다.[20]

---

18 『상호주관성 II』, 60.
19 『이념들 II』, 375.
20 『상호주관성 II』, 110.

이상과 같은 것이 개략적으로 살펴본 후설의 타자경험이론 내지 상호주관성 이론의 요지이다. 후설의 이러한 상호주관성 이론에 대한 비판은 여러 측면에서 다양하게 이루어진다.[21] 필자는 이러한 후설에 대한 비판이 일정 부분 타당성이 있음을 인정하면서도, 후설을 부분적으로 변호하는 입장에서 후설 상호주관성 이론의 불가피성을 밝히고자 한다. 정확히 말한다면, 후설의 입장에서는 이렇게 할 수밖에 없는 불가피성이 있음을 주장하고자 하는 것이다. 이를 필자는 '후설의 딜레마'라고 표현하고 싶다. 그러나 이것이 후설의 이론이 전적으로 옳다고 주장하는 것은 아니다. 이에 대해 다음 절에서 살펴보기로 한다.

3 타자경험이론에서 후설의 딜레마

3.1 후설의 타자경험이론에서의 어려움

상호주관성 이론에서 후설이 직면한 딜레마는 근본적으로 주관의 성격 규정에서 파생된 딜레마이다. 주지하다시피 후설 현상학에서 개개 주관은 세계에 대한 우선성과 우위성을 지닌다. 이는 개개 주관이 지니는 **세계 구성적인 기능** 때문이다. 후설은 이러한 세계구성의 주체를 특별히 '초월론적 주관성(transzendnetale Subjektivität)'이라고 부르면서, 이를 세계의 가능근거로서 간주한다.[22] 비록 후기 발생적 현상학에서 이에 대립되는 내

---

21 이에 대해서는 이남인, 『후설의 현상학과 현대철학』, 풀빛미디어, 59–63 참조.
22 후설의 초월론적 주관성과 이의 구성작용에 대한 상세한 설명은 한전숙, 『현상학』, 민음사,

용이 나타나기도 하지만, 후설의 이러한 기본 생각에는 큰 변화가 없다. 그런데 이럴 경우 문제는, 개개 주관이 세계에 대한 주체이자 존재근거로서의 의미를 지닌다고 할 때, 이 세계에는 타 주관도 포함된다는 것이다. 결국 이렇게 되면, 타 주관은 그 스스로가 세계에 대한 주체인 초월론적 주관성이지만, 나에 의해서는 대상화되고 상대화된다. 이는 타 주관이 나를 바라보는 반대의 상황에서도 마찬가지이다. 이를 그대로 내버려두면, 무수한 각 주관에 의해 구성된 세계가 생성되지만, 모든 주관 각자는 고립된 채 자신이 구성한 세계에만 매몰되어 있다는 유아론으로 흐를 위험이 있다. 그러나 그럴 경우, 나의 초월론적 주관에 의해 구성된 세계는 그 보편적 타당성을 인정받을 길이 묘원해진다.

이러한 문제를 해소하기 위해 후설이 택할 수밖에 없는 것은, 결국 타 주관도 나와 같은 초월론적 주관성의 성격을 지니고 있음을 밝히면서 상호공존하고 있음을 입증하는 것이다. 후설의 상호주관성 이론이 궁극적으로는 모나드 공동체 이론으로 귀결되는 이유가 바로 여기에 있다.[23] 그러므로 후설은 처음부터 상호주관성 이론을 전개하면서, 타자가 나와 같은 성격의 존재임을 입증할 수밖에 없었고 또 그래야만 하는 운명에 처해 있다. 만약 타자가 나와 다른 존재이고 또 나름의 고유성을 지니고 있음을 입증하는 것이라면, 오히려 문제는 더 간단하고 쉽게 해결될 수 있다. 그러나 후설은 그의 현상학적인 기본성격을 유지한 채 인식론적으로 타자의 문제에 정통으로 접근하면서, 타자와의 이질성보다는 **동질성**을 인식하는 방향으로 논의를 전개한다. 그러나 그렇게 함으로써 후설은, 앞에서

1996, 149-159. 이남인, 『현상학과 해석학』, 서울대학교 출판부, 2004, 328-340 참조.
23 후설의 모나드 공동체 이론에 대해서는 뒤에서 상론하기로 한다.

본 바와 같이, 유사성을 정당화하는 대표적인 방법인 감정이입의 방법에 자연스럽게 의존하게 된다.

감정이입의 방법은 사실 현상학적 방법으로 활용하기에는 심리적인 성격으로 인해 적절치 않다. 그럼에도 이 방법을 고수하고자 하는 후설의 의도는, 어떤 형이상학적 가설이나 이론에 앞서, 일종의 경험을 기반으로 나와 타자와의 유사성 내지 동질성을 정당화하는 데 감정이입의 방법이 적합하기 때문이다. 그러나 감정이입의 방법은, 앞에서 본 것처럼, 기본적으로 연상작용이자 상상작용이므로, 이것이 타자의 존재의미를 그대로 보증해주지는 않는다. 곧 나의 타자, 나의 유사체로서의 타자의미를 인식론적으로 밝히는 데 최선일지는 몰라도, 이것이 타자성의 본래적 의미를 구현하는 것인지는 여전히 문제로 남는다. 단지 내게 그렇게 여겨진, 보인 바로서의 의미 이상을 얻기는 쉽지 않아 보이기 때문이다. 이런 의미에서 후설 또한 감정이입을 통해 경험된 타자를 "나 자신의 반영(Spiegelung)," "나 자신의 유사체(Analogon)"[24] 혹은 "나의 지향적 반복"[25]이라고 부르기도 한다. 여기서 후설의 딜레마는, 세계에 대한 의식주관의 절대적 의미를 확고히 하고 이의 상호주관성을 현상학적으로 입증하고자 할 때, 감정이입의 방법 이외에 특별한 대안이 없지만, 그러나 감정이입의 방법을 적용하고자 하면, 이 방법의 특성상, 오히려 상호주관성의 해명이라기보다는 주관주의적인 면이 더 강하게 부각된다는 점이다.[26]

---

24 『성찰』, 125.

25 『상호주관성 III』, 489.

26 이러한 딜레마를 벗어날 수 있는 길은, 개별적 의식 주관의 절대성을 약화시키면서 그 유한성을 보다 강조하는 방법이다. 말하자면, 주관의 세계 내지 타자에 대한 우위성의 자리를 버리는 것이다. 사실 후설 이후의 현상학자들은 대부분 이러한 길을 걸어감으로써 후

후설의 타자경험이론이 이러한 딜레마의 상황에 빠지게 된 데에는 후설이 근본적으로 타자의 문제를 **인식론적인** 틀에서 바라본다는 점도 일조를 한다. 물론 뒤에서 살펴보겠지만, 후기에 이르러, 후설은 이와는 다른 방식으로 타자 내지 상호주관성의 문제에 접근하는 경향을 보이기는 한다. 그러나 그의 주된 해명은 인식론적이고 그럴 수밖에 없는 불가피한 면이 있기는 하다. 이미 후설 현상학의 출발점 자체가 인식론적으로 정향이 되어왔고, 타자의 문제 또한 이러한 연장선상에서 이루어지고 있기 때문이다. 그러므로 나를 중심으로, 나의 관점에서 바라보고 이해된 타자라는 개념이 그의 타자이론의 중심을 차지하게 된다. 그러나 앞서 감정이입의 방법에서 보듯이, 감정이입을 통한 인식론적인 타자해명은 타자를 나의 유사체로 이른바 '**대상화**'하는 것이다. 나에 의해 대상화된 타자는 아무리 내가 여기에 주체로서의 의미를 부여한다고 하더라도 다른 여타의 대상과는 구분되는 하나의 참된 인격적 주체라는 성격을 입증하기가 어렵다. 최소한 인식론적으로는 그렇다. 이를 집중적으로 문제 삼고 비판하는 대표적인 학자가 발덴휄스이다.

3.2 후설의 타자경험이론에 대한 발덴휄스의 비판

발덴휄스는 기본적으로 타자라는 것이 인식론적으로 접근해 이를 대상화할 수 있는가에 대해 의문을 품는다. 그러므로 후설이 타자를 대상화해 이를 동질적으로 파악하는 것 자체가 문제가 있다고 본다. 발덴휄스는 후

설이 봉착한 문제를 벗어났다. 그러나 후설은 여전히 주관의 절대성에 대한 강한 신뢰를 바탕으로 문제를 쉽게 해소하는 길을 택하지 않는다.

설의 문제의식을 나름대로 정확히 파악한다. 즉, 후설이 타자가 직접적으로 주어진다는 것이 불가능함을 알면서도 타자가 어떤 식으로든 주어질 수 있다는 믿음을 갖고 있다는 것이다. 여기서 발덴휄스는 후설이 타자에 대해 "원본적으로 접근불가능한 것의 확증가능한 접근가능성(bewährbare Zugänglichkeit des original Unzugänglichen)"[27]이라고 표현한 것에 대해 주목한다. 그는 타자에 대한 기본규정은 전자, 즉 '원본적으로 접근불가능한 것'이라는 점에 중점을 두어야 한다고 본다. 그러나 후설의 잘못은 이보다는 후자, 곧 이의 접근가능성에 초점을 두고 논의를 펼친 데 있다고 주장한다. 그는 타자는 근본적으로 규정되거나 대상화될 수 있는 것이 아니라, 주관의 입장에서 규정가능하지 않음이 바로 타자의 본질적인 의미를 이룬다고 본다.

타자에 대한 후설 규정의 역설은 접근가능함이 접근불가능함의 가능함으로 입증된다는 데 있다. 경험에서의 타자의 장소는, 엄밀히 보면, 비장소(Nicht-Ort)이다. …… 비장소의 아님, 접근 불가능함, 또는 물러섬(Ent-zug)은 변양으로서 그에 상응하는 위치를 전제하는, 어떤 단적인 부정성에서 유래하는 것이 아니다. …… 타자는 우리가 아직 알지는 못하지만, 이에 대한 인식을 기대하고 그 자체 인식 가능한 모든 것과 같은, 어떤 결손(Defizit)은 아니다. 오히려 우리는 어떤 생동적인 부재(leibhaftige Abwesenheit)와 관계하는 것이다.[28]

---

27 『성찰』, 144, B. Waldenfels, *Topographie des Fremden*, Framkfurt a. M., 1997, 25 참조.
28 B. Waldenfels, 앞의 책, 26.

이런 의미에서 발덴휄스는 "타자는 따라서 원본적으로 접근 불가능하고 원본적으로 어디에 속하지 않는 것으로서 나타난다. 이는 동시에 물러남(Entzug)으로 특징지어지는 특별한 종류의 관계, …… 본래 어떠한 연관도 의미하지 않는 그러한 관계에서 나타난다."[29]고 말한다. 발덴휄스는 후설이 타자의 존재 자체에 대해 원칙적으로 접근 불가능하다고 본 점과, "내가 아니라 타인이 최초의 인간이다."[30]라고 함으로써 타자의 존재에 대한 존중감을 드러낸 점은 높이 평가한다. 그러나 후설은 여전히 자기중심적인 관점에서 나의 유사체 내지 변양으로서의 타자의 의미에 머무름으로써 본래 주어질 수 없다는 타자의 본래적 의미를 호도했다고 비판한다. 그러므로 발덴휄스는, 타자가 나로부터 이해되는 한, 후설에서 타자성의 해명은 결국 "타자성으로부터의 벗어남(Ent-fremdung)의 과정"[31]에 불과하다고 본다.

발덴휄스의 기본 입장은, 레비나스의 입장을 따라 타자를 절대시하면서, 타자는 결코 나의 관점에서 재단될 수 있는 성질의 것이 아니라고 주장하는 데 있다. 그의 주장은 물론 타자를 지나치게 신비화하는 경향은 있지만, 현상학적으로 타자경험에 충실해 타자를 이해하려고 할 경우, 분명 귀담아들을 면이 있다. 후설 또한 타자에 대한 지적인 이해보다는 타자에 대한 직접적 경험에서 출발해 타자에 이르려고 한다는 점에서는 발덴휄스와 같다. 그러나 후설은 자신의 현상학의 성격상, 타자에 대해 나와 유사한 존재라는 의미를 부여하고, 이를 인식론적으로 정당화하기 위

---

29 같은 책, 27.
30 『상호주관성 II』, 418. B. Waldenfels, 앞의 책, 89.
31 B. Waldenfels, "Erfahrung des Fremden in Husserls Phänomenologie", *Phänomenologische Forschungen*, Bd. 22, 1989, 51.

해 타자에 대한 대상화를 시도할 수밖에 없었다. 바로 이 지점에서 타자의 본래적 의미를 상실하게 된다는 것이 발덴휄스의 비판의 핵심이다.

그러나 후설의 타자경험은, 위에서 본 바와 같은 인식론적 측면에 한정해서 볼 경우, 문제점을 노출하지만, 다른 관점에서 바라보면, 오히려 타자경험의 지평을 확대하고 있다는 점에서 긍정적이다.[32] 타자경험은 인식론적으로보다는 원칙적으로 존재론적으로 접근해야 그 본래적 의미가 잘 드러난다. 타자경험 자체가 '타자의 존재'의 체험이기 때문이다. 인식론적으로 정향된 후설에서 이 존재론적인 측면은—특히 타자경험과 관련해서는—체계적으로 설명되고 있지는 않다. 그러나 후설은 자신의 후기철학에서 타자와 관련해 존재론적인 관점에서 접근하고자 한다. 대표적인 것이 그의 모나드 공동체 이론이다. 이와 연관해 특히 주목할 것은 감정이입과 별도로 타자와의 소통과 상호주관성의 여러 다른 가능성을 집중적으로 모색하고 있다는 점이다. 이러한 새로운 모색을 통해 후설이 추구하는 것은 타자와의 단순한 공존이 아닌 **상호결합**이다. 현상학이 앞서 본대로 중간영역을 추구한다면, 나와 타자 사이의 상호불가분리성을 나타내는 '중간성'을 탐구하는 것이 당연한 수순이다. 후설 현상학은 바로 이러한 현상학적 정신에 입각, 인식론과는 별개의 타자경험이론을 전개하고 있다. 그렇다면 후설에서 이러한 존재론적 차원의 타자경험이론은 어

---

32 후설의 상호주관성 이론을 인식론에 한정해봄으로써 일어나는 비판들에 대해서는 이남인, 『후설의 현상학과 현대철학』, 풀빛미디어, 2006, 59-63 참조. 아울러 후설 현상학에서 존재론적 관점과 인식론적 관점의 구별의 필요성에 대해서는 졸고, 「현상학적 사회이론-개인과 사회와의 관계에 대한 후설의 논의를 중심으로-」, 『철학연구』 제59집, 철학연구회, 2002, 172, 각주 7 참조. 여기서 후설의 타자경험이론을 비 인식론적으로 보았을 때, 상호문화성과 연관해 가장 의미가 있는 것은 윤리적인 측면이다. 이에 대한 상세한 논의는 이 책의 제2부 3장에서 이루어진다.

떠한 특성을 지니고 있는지 다음에서 구체적으로 살펴보기로 한다.

4 존재론적 차원의 타자경험이론

4.1 타자와의 상호관계

타자경험과 관련해 후설에서는 인식론적 논의와 존재론적, 윤리적 논의가 뒤섞여 있다. 그러나 존재론적 차원의 타자경험이론은 후설 현상학에서 간과할 수 없을 정도로 상당한 비중을 차지하고 있기에, 이에 대한 별도의 해명이 필요해 보인다.[33] 특히 유아론적이라는 비판을 받고 있는 후설의 타자경험이론에 대한 편견을 벗기기 위해서라도 그렇다. 중요한 것은, 후설의 타자경험이론이 앞서 본 바와 같은 감정이입이론이 전부가 아니라는 점이다. 필자가 여기서 밝히고자 하는 것은 바로 이 점이다. 비록 후설에서 감정이입의 방법이 타자이론의 주축을 이루는 것은 사실이나, 그 외에 다양한 방식으로 타자와의 관계, 곧 상호주관성을 현상학적으로 설명하려는 시도가 이루어진다. 후설의 존재론적 타자경험이론은 타자에 대한 이해나 인식이 초점이 아니라, **타자와의 상호관계 내지 결합**이 초점이 되기 때문에 별도의 방법이 요청되는 것이다. 특히 중요한 점

---

[33] 이러한 후설의 존재론적 차원의 타자경험이론에 대해서는 졸고, 「후설의 의사소통이론 - 역사적 제약과 선험적 보편성-」, 『철학과 현상학 연구』 제17집, 한국현상학회, 2001. 「현상학적 사회이론 - 개인과 사회와의 관계에 대한 후설의 논의를 중심으로-」, 『철학연구』 제59집, 철학연구회, 2002. 「생활세계와 의사소통: 후설과 하버마스의 비교를 중심으로」, 『철학과 현상학 연구』 제31집, 한국현상학회, 2006 참조.

은, 여기서는 나와 구분되는, 또 내가 좌지우지할 수 없는 타자 자체의 존재를 이미 전제로 하고 시작하기 때문에, 유아론적 혹은 주관주의적인 틀에 매몰되어 있다는 의혹에서 벗어날 수 있다는 것이다.

후설에서 존재론적 차원의 타자경험이론의 이론적 토대가 되는 것은 그의 모나드이론이다.[34] 후설의 모나드이론은 라이프니츠의 모나드론을 현상학적으로 수용해 발전시킨 것이다. 후설과 라이프니츠의 모나드 개념은 상당부분 유사성을 보이나, 후설의 모나드 개념은 라이프니츠에서 두드러지는 예정조화와 같은 형이상학적 요소는 많이 약화되어 있다. 후설에서 모나드 개념은 구체적이고 역사적인 맥락에서 주관성 내지 의식을 보다 역동적으로 설명하기 위해 도입되었다. 그에게서 모나드는 "완전한 구체성 속에서 파악된 자아"[35]로서 역사 속에서 발전해가는 자립적이고 개별적인 주관이다. 이렇게 자립적, 개별적 존재로 간주되는 모나드 개념이 후설의 타자경험이론에 결정적인 기여를 하는 부분은, 바로 모나드가 서로 고립된 채 분리되어 있는 것이 아니라, 이른바 모나드들의 공동체를 이루고 있다는 것이다. 이것이 후설의 모나드 이론에서 가장 핵심적이면

---

34 후설의 모나드이론에 대한 상세한 논의는, S. Strasser, "Das Gottes Problem in der Spät-philosophie *Edmund Husserls*", *Philosophisches Jahrbuch*, Bd. 67, 1958, "Monadol-ogie und Teleologie in der Philosophie *Edmund Husserls*", *Phänomenologische For-schungen*, Bd. 22. 한정선, 『생명에서 종교로』, 철학과 현실사, 2003, 122-134.졸고, 「후설의 의사소통이론 - 역사적 제약과 선험적 보편성-」, 『철학과 현상학 연구』 제17집, 한국현상학회, 2001, 188-196. 「포용과 책임: 사랑의 공동체에 대한 현상학적 고찰」, 『철학과 현상학 연구』 제18집, 한국현상학회, 2002, 79-82. 「현상학적 사회이론 - 개인과 사회와의 관계에 대한 후설의 논의를 중심으로-」, 『철학연구』 제59집, 철학연구회, 2002,170-173. 졸저, 『에드문트 후설: 엄밀한 학문성에 의한 철학의 개혁』, 살림출판사, 2013, 105-109 참조.

35 『성찰』, 102.

서도 독창적인 점이기도 하다.

후설에 따르면, 개개 모나드는 분명 그 자체로는 자립적인 성격을 지니지만, 이는 상대적인 자립성에 불과하며 따라서 불가피하게 타 모나드들에 의존하게 된다. 이 점은 모나드들 간의 상호작용을 전혀 인정치 않는 라이프니츠와 결정적인 차이를 보이는 부분이다. 후설에서는 "모나드들은 그 자신에게 나타나는 체험들에 대해 외적으로 부과된 규정을 지닌, 고립된 단일체들의 단순한 집합체가 아니다. 이들은 서로를 '향해' 있다."[36] 곧 모나드들은 "현실적이고 가능한 소통"[37] 속에 놓여 있으며, "나는 한 모나드를 다른 모나드로 그 자체적으로 연관짓는다."[38] 이런 의미에서 후설은 다음과 같이 말한다.

나에 대해 타자들은 서로 떨어진 채 있는 것이 아니라, 오히려 (……) 더불어 상호적으로 존재하는 것으로서 나 자신을 포함하는 자아–공동체가 구성되며, 최종적으로는 모나드 공동체, 곧 하나의 동일한 세계를 (모나드 공동체의 공동체적으로 구성하는 지향성 속에서) 구성하는 바로서의 모나드 공동체가 구성된다.[39] 모나드들은 (한 모나드가 마치 홀로 있는 것으로 보이고, 곧 그렇게 생각되는 것처럼) 단독으로 존재하고, 절대적으로 홀로 살아가는 모나드들인 것으로 생각될지도 모른다. 여하튼, 다수의 모나드들이 존재한다면, 어떤 모나드들도 완전한 의미에서 자립적이지 않다. 하나의 모나드는, 그것이 홀로 살아가는 것으로 생각된다고 할 때, 자립적일 수 있다. 그러나

36 『상호주관성 II』, 267.
37 같은 책, 265.
38 같은 곳.
39 『성찰』, 137.

이는 또한 비자립적일 수 있다. 만약 비자립적이라면, 독자성 속에서의 그
것의 고유한 내용은 필연적으로 다른 모나드적 존재를 요구하는 그러한 것
이다. …… 절대적으로 자립적인 것은 — 우리는 그렇게 규정하게 될 것이
다 — 모나드들의 총체(Monadenall)이다.[40]

따라서 개개 모나드들은 타 모나드들과 더불어 하나의 모나드 공동체
를 구성하게 되며, 오직 이 공동체 속에서만 의미를 지닌다. "마찬가지로
모든 자아, 모든 모나드는 구체적으로는 실체이지만, 단지 상대적인 구체
성을 지니며, 이는 본질적으로 오직 한 사회의 사회구성원으로서, 하나의
총체적 공동체의 공동체적 구성원으로서만 존재한다."[41]

이러한 그의 모나드론에서 주목할 것은, 단지 형이상학적으로 모나드
공동체가 미리 구성되어 있고, 모나드들이 기계적이거나 자동적으로 이
모나드 공동체에 편입되는 것은 아니라는 점이다. 모나드 공동체가 형성
되는 데에는 모나드 개개의 **자발적 의지**가 개입되어 있고, 나름의 — 비록
불가피하지만 — 선택이 전제되어 있다. 즉, 전지전능한 신에 의해 모나드
들 간의 결합이 주관되는 것이 아니라, 서로 다른 모나드들 간의 상호소
통과 의지를 통해 이들 간에 결합과 공동체의 구성이 이루어진다. 그 이
유는, 개개 모나드가 공동체를 요청하는 것은 곧 각자의 **필요와 욕구**에 의
해서이기 때문이다. 위의 인용문에서도 잘 나타난 것처럼, 개개 모나드는
자립적이지 못하고 불완전하며, 이 불완전성을 메우기 위해 타 모나드와
의 공존과 결합을 요구하게 된다. 곧 자기보존과 자기완성을 위해 타자를

40 『상호주관성 II』, 295.
41 『상호주관성 III』, 193.

요청하고 필요로 하는 것이다.[42] 이런 의미에서 후설은 "모나드들의 단계의 무한성" 및 "자아 발전과 세계 발전의 단계"[43]에 대해 언급하면서, 개개 모나드는 타 모나드와 더불어 모나드 공동체를 이루면서 "무한히 지속하는 상승 과정에"[44] 있다고 말한다.

4.2 타자와의 소통과 결합을 위한 계기들

그렇다면, 어떤 식으로 모나드는 타자와 소통을 하고 결합을 추구할 수 있는지 그 방법이 중요시된다. 일차적으로는 우리가 앞에서 살펴본 감정이입의 방법이 적용된다. 후설은 "따라서 한 모나드는 외부의 영향을 받아들이기 위해 창들을 갖는다. 이 창들은 감정이입의 창이다."[45]라고 말한다. 감정이입을 통한 타자이해에 대해서는 이미 앞에서 살펴보았다. 우리는 이에 대해 다소 비판적인 시각을 지닌 연구자의 입장을 반영하면서, 이 이론의 한계와 딜레마를 나름대로 지적해보았다. 그런데 후설 역시 이러한 한계를 나름대로 인지하고 있지 않았나 하는 흔적을 찾아볼 수 있다. 인식론적으로는 몰라도 최소한 존재론적으로는, 타자와의 실제적 소통과 결합과 관련해 감정이입이 지닌 한계를 그가 용인하는 부분을 엿볼 수 있다. 대표적으로 후설의 다음과 같은 글에서이다.

---

42 졸고, 「현상학적 사회이론 – 개인과 사회와의 관계에 대한 후설의 논의를 중심으로–」, 『철학연구』 제59집, 철학연구회, 2002, 171–172 참조.
43 『상호주관성 III』, 595.
44 같은 책, 610.
45 『상호주관성 II』, 295.

자아는 자아(너)와 합일될 수 있다. 자아는 접촉하면서 특유의 방식으로 상대방-자아(Gegen-Ich)와 합치된다. 한 자아의 행위와 또 다른 자아의 행위는 단순히 분리된 평행한 행위가 아니라, 동일한, 조화롭게 공동으로 일치를 이루면서 하나의 통일적인 조화로 합일될 수 있는 하나의 행위이다. 이 통일성은 그러나 매우 다양한 것일 수 있다. **감정이입된 타인은 나와의 통일 없이 나의 밖에 머물 수 있다.**(진한 글씨는 필자의 강조) 나는 그를 단순히 바라보고 추이해 할 뿐이다.[46]

이 인용문에서 후설은 나와 타자와의 통일적 결합을 추구함에 있어서, 감정이입 작용은 분명 한계가 있음을 인정하고 있다.[47] 앞서 지적한 바와

---

46 같은 책, 269.
47 물론 후설이 감정이입을 통한 타자와의 결합의 가능성을 전적으로 부정한 것은 아니다. 이런 맥락에서 주목할 것은 다음과 같은 후설의 언명이다. "감정이입을 통해 나는 타인과 그의 원초성(감성적으로 지각되는 부분: 필자의 주)을 존재타당성 속에서 지닌다. 그러나 동시에 이를 통해 공동체화(Vergemeinschaftung)가 이루어진다. 나의 원초성은 물론 나의 것이고, 그의 원초성은 그의 것으로 머무른다. 그리고 모든 자아는 자아이다."(『상호주관성 III』, 501) 여기서 보면, 후설은 감정이입을 통한 통일의 가능성을 인정하되, 다소 소극적으로 이를 용인하는 듯한 인상을 준다. 나의 자아 영역과 타 자아 영역을 굳이 구분하는 것으로 보아, 자아의 내적 합일에까지 이르지는 못했다고 보기 때문이다. 이는 단순한 수동적 연상작용에 기반한 좁은 의미의 감정이입 작용만으로는 후설이 원하는 합일에 이르는 데는 한계가 있음을 암시한다. 따라서 수동적 차원의 감정이입 작용 이외에 이를 넘어서는 별도의 작용, 가령 의지적 사랑과 같은 것이 이 감정이입 작용에 가미되어야 타자와의 참된 합일이 가능할 것이다. 이러한 의지적, 능동적 차원의 확장된 감정이입 작용에 대해서 후설은 부정하지는 않으며, 그의 생전에 미발간된 유고에서는 이러한 해석이 가능함을 보여준다. 이에 대해서는 뒤의 제2부 3장에서 상세히 언급할 것이다. (이러한 감정이입의 이원적 해석과 관련해서는 J. Noras, "Einfühlung", *Husserl-Lexicon*, hrsg. von H.-H. Gander, Darmstadt, 2010, 78. 졸고, 「상호문화성과 윤리 -후설 현상학을 중심으로-」, 『철학』 제103집, 2010, 138-144. 「공감의 현상학 -공감의 윤리적 성격에 대한 후설과 셀러의 논의를 중심으로-」, 『철학연구』 제99집, 2012, 113-126, 특히 123 참조) 홍

같이, 존재론적 차원의 타자경험이론은 그 초점이 타자와의 결합이다. 곧 나와 타자 간의 상호결합을 통한 중간영역의 확보가 목적이다. 후설이 위 인용문에서도 암시한 바와 같이, 이 통일성에 대해서는 다양한 가능성이 있다고 말하고 있다.[48] 그리고 실제로 비록 체계적이지는 않지만, 여러 가능성을 제시하고 있다. "우리는 따라서 모나드들의 자아주체 간의 결합을 통한 모나드들의 결합과 관련해 다양한 가능성과 방식을 갖고 있다."[49]

여기서 우선 고려될 수 있는 것이 수동적 충동과 본능을 통한 타자와의 결합이다.[50] 후설은, 모나드들은 "다른 한편으로 그들의 수동적 토대와 관련해 수동적 형식 속에서, 또 절대적이고 수동적인 인과성 속에서 그들의

성하는 이와 관련해 감정이입을 '본래적 감정이입'과 '비본래적 감정이입'으로 나누어, 전자는 능동적인 단계의 것으로, 후자는 수동적인 단계의 것으로 본다. 따라서 그는 "이처럼 본래적 감정이입은 수동적 연상에 의해 수행되지 않고 내가 타인의 행위나 느낌을 내적으로 체험하고 이해하는 능동적 경험이다."(홍성하, 「다문화 상담에서의 감정이입에 대한 현상학적 고찰」, 『철학』 제112집, 한국철학회, 2012, 215)라고 말한다. 이에 맞추어 후설 또한 "다양한 방식에서의 감정이입"(『상호주관성 II』, 200)이라는 표현을 쓰기도 한다. 그러나 넓은 의미의 감정이입은 좁은 의미의 감정이입과 대립되고 전혀 차원이 다르다기보다는 다만 전자가 후자를 포함하고, 후자는 전자의 토대가 되는 것으로서, 양자는 하나의 연속성상에 있다고 파악하는 것이 옳다고 본다. 다만 이 장에서는 우선 논의의 편의상, 후설의 출간된 저서인 『성찰』에 제시된 좁은 의미의 감정이입으로서, 수동적 연상작용에 기반한 감정이입만을 고려하기로 하고, 넓은 의미의 감정이입은 뒤에서 윤리와 상호문화성과의 관계를 논하면서 자세히 서술하기로 한다.

48 이에 대해서는 졸고, 「후설의 의사소통이론 – 역사적 제약과 선험적 보편성−」, 『철학과 현상학 연구』 제17집, 한국현상학회, 2001, 193-194. 「포용과 책임: 사랑의 공동체에 대한 현상학적 고찰」, 『철학과 현상학 연구』 제18집, 한국 현상학회, 2002, 76-78 참조. 여기서의 타자경험이론에 대한 논의는 주로 이 두 글의 입장을 반영하고 있다.

49 『상호주관성 II』, 270.

50 후설에서 본능과 상호주관성의 관계에 대한 보다 상세한 논의는 이남인, 「본능적 지향성과 상호주관적 생활세계의 구성」, 『현상학과 실천철학』, 철학과 현실사, 1993 참조. 아울러 졸고, 「후설의 의사소통이론 −역사적 제약과 선험적 보편성−」, 『철학과 현상학 연구』 제17집, 한국현상학회, 2001, 193-195 참조.

절대적 결합, 절대적 상호규정을 지닌다."[51]고 하면서, "그러나 이미 수동성, 본능적 충동의 삶은 상호주관적 연관을 산출할 수 있다. 따라서 가장 저층에서 성적인 본능적 삶을 통해 하나의 성 공동체가 형성되어 있다."[52]고 주장한다. 이리하여 "모든 모나드들이 그들의 개별적 삶 속에서 지속적으로 살면서, 따라서 침전된 삶, 동시에 '보편사(Universalhistorie)'를 함축하는 잠재된 역사를 지닌 채 근원적으로 본능적인 소통 속에서 모나드들의 총체적 통일"[53]이 가능하다고 주장한다. 그러나 후설은 이러한 수동적 차원의 모나드 결합과 관련해, "그러나 타인의 영혼으로 침투해 들어가는 바로서의 충동의 충족은 타인으로의 감정이입과 타인 삶의 지속적 경험은 아니다."[54]라고 함으로써 감정이입적 타자경험이론과는 차원이 다름을 분명히 한다.

이렇게 서로 다른 주체들 간의 통일적 결합이 가능한 근거는 비단 수동적 본능적 영역에서만 찾을 수 있는 것은 아니다. 후설에 따르면, 고차적인 정신적인 영역에서도 주관들 간의 통일이 이루어진다. 언어적 소통을 통해서도 후설은 이러한 결합성이 이루어진다고 보기 때문이다.[55]

모든 사회에는 (우선은 실제적으로 이루어지는 사회적 활동의 근원성 속에서) 의사전달공동체(Mitteilungsgemeinschaft)의 실제적인 연관, 말을 걸고 이 말

---

51 『상호주관성 II』, 270.
52 같은 책, 405.
53 『상호주관성 III』, 609.
54 같은 책, 596.
55 후설에서 언어적 소통을 통한 결합과 공동체화에 대한 상세한 논의는 졸고, 「후설의 의사소통이론 – 역사적 제약과 선험적 보편성–」, 『철학과 현상학 연구』 제17집, 한국현상학회, 2001, 171–188 참조.

을 받아들이는 단순한 공동체, 보다 분명히 말하면, 말을 걸음과 들음의 공동체가 그 토대로 놓여 있다. 이러한 언어적 결합이 소통적 일치 일반의 근원적 형식이자, 나와 타인 간에, 그리고 어떤 한 사람과 그 사람에 대한 타인 간의 특별한 합치(Deckung)의 원 형식이다.[56] 말을 걸고 이를 받아들임 속에서 나와 타 자아는 최초로 일치하게 된다. 나는 단지 나에 대해서만 있는 것이 아니며, 또 타인도 타인으로서 나와 대립해 있는 것이 아니라, 타인은 나의 너(Du)이다. 말하고, 듣고, 응답하면서, 우리는 이미 하나의 우리(Wir), 즉 특별한 방식으로 하나가 되고 공동체를 이룬 우리를 형성한다.[57]

이렇게 보면, 후설은 가장 저차원의 본능적 단계에서부터 고차원의 언어적, 이성적 단계에까지 나와 타자 간의 상호결합성에 근거를 두고 타자 문제를 바라보고 있음이 나타난다.

그러나 후설에서 나와 타자를 결합하는 가장 강력한 매개체로 간주되는 것은 '사랑'이다.[58] 후설은 "전적으로 질료적인 것(das totale Hyletische)이 완전히 같은 것으로서 타인에게 감정이입될 수 있을까? …… 타 자아, 다른 사람들의 구체적으로 흐르는 현재는 나의 것과 완전히 동일할 수 있을까?"[59]라고 스스로 반문하면서, 이에 대한 가능한 대안으로 "가장 진정으로 서로 하나가 되는 것, 타인과 사랑하면서 '융합함(Verschmelzen)'"[60]이

---

56 『상호주관성 III』, 475.
57 같은 책, 476.
58 후설의 사랑이론 및 사랑의 공동체에 대한 상세한 논의는 졸고, 「포용과 책임: 사랑의 공동체에 대한 현상학적 고찰」, 『철학과 현상학 연구』 제18집, 한국현상학회, 2002 참조. 이에 대해서는 제2부 5장 4절에서 다시 논의가 이루어진다.
59 『상호주관성 III』, 598.
60 같은 곳.

라는 답을 주고 있다. 이런 의미에서 후설은 "사랑은 실제로 마음에서 마음으로 관통해 들어간다."[61]고 말하고 있다. 이를 통해 이른바 모든 인격체들이 하나로 결합되어 모이게 될 '사랑의 공동체'가 가능하다고 보는 것이 후설의 생각이다.

이와 같이 사랑이론을 통해 그 정점에 이르는 후설 — 존재론적 차원 — 의 타자경험이론은, 나와 타자 간의 소통 및 결합관계를 한편으로는 그 현상의 측면에서, 다른 한편으로는 의지적 측면에서 해명함으로써 결국 타자이론의 핵심은 주객결합 내지 통일에 있어야 함을 강조한다. 이러한 후설 생각의 보다 깊은 배경에 대해서는 더 많은 논의가 필요하겠지만, 주객연관성 내지 중간성 속에서 사태를 바라보고자 하는 현상학의 기본정신에 충실한 것은 분명하다. 어찌되었든, 존재론적 차원의 타자경험이론은 나와 대등한 타자 자체의 존재에 대한 적극적인 긍정을 통해 앞서 인식론적 차원에서의 타자경험이론에서 지적된 주관주의적 한계를 넘어서고 있다는 점에서 큰 의미가 있다. 이로써 후설의 타자이론 내지 상호주관성 이론은 일반적으로 여겨지는 것보다 그 폭이 넓음이 확인된 셈이다.

4.3 타자경험에서 이질성과 동질성

그러나 여기서 우리가 눈여겨봐야 할 것은, 이질적인 타자에 대해 여전히 후설은 그 결합성만을 강조함으로써 이질성을 지나치게 약화시켜 본 것은 아닌가 하는 점이다. 후설은 이질성을 인정하면서, 이를 가능한 조화와 포용 속에서 바라보려는 경향을 보인다.[62] 이른바 친숙성과 조화의

---

61 『상호주관성 I』, 473.

관점에서 이질성 및 타자성을 이해하려고 하는 것이다. 그렇기에 타자경험에서 차이와 분리보다는 결합성을 강조한다. 결합은 이미 친숙화와 동화를 전제로 하기 때문이다. 이 점은 앞서 그의 감정이입이론이 나와 타자의 동질성을 확인하려는 데에 주안점이 있다는 것과 일맥상통한다. 물론 이러한 시각이 전적으로 잘못되었다고 볼 수는 없다. 이것을 공정하게 평가하기 위해, 여기서 이와 상반된 입장을 지닌 학자들의 주장을 비교해 다시 살펴보도록 하자.

레비나스나 발덴휄스의 입장은, 타자는 철저히 그 이질성과 차이의 측면에서 접근해야 한다는 것이다. 이들은 나와 타자 사이의 비대칭성과 부조화가 어쩌면 현상학적 타자이론의 근본바탕이어야 하며, 이런 점에서 나와 타자 사이의 근본적 구분이 반드시 전제되어야 한다는 것이 기본 생각이다. 후설의 타자경험이론을 비판하는 많은 연구자들은 바로 이러한 관점을 지지하는 경향을 보인다. 필자는 이러한 관점도 물론 전적으로 잘못되었다고 생각하지 않는다. 그러나 그렇다고 후설의 관점이 틀렸다고 볼 수도 없다. 분명 우리의 삶에서 타자와의 관계가 상당부분 후설이 바라보는 바대로 친숙성과 동질성의 측면에서 이루어지거나, 그렇게 지향되는 것은 분명하기 때문이다. 이에 대해서는 이미 앞에서도 강조해 밝힌 바가 있다.

그리고 실제로 이러한 결합을 통해서 타자성 내지 차이가 근본적으로 해소되지 않는다는 점도 매우 중요하다. 타자와 결합했다고 해서, 내가 완전히 타자와 동화되고 일치하는 것은 아니다.[63] 인간인 이상, 타자에 대

---

62 이는 뒤에서 보게 될 후설의 정상성 개념 및 사랑의 공동체 개념에서 분명히 나타난다.

63 이런 의미에서 후설은 사랑을 통한 결합과 관련해 "사랑은 사랑하면서 타인에게 빠지고,

한 이질적 감정은 여전히 남아 있다. 다만 관계가 진전되고 좀 더 친밀도가 높아졌을 뿐이다. 경우에 따라서는, 오히려 이 결합 속에서 이질성이 더 분명히 드러날 수도 있다. 결합의 개념을 '서로 다른 존재들의 관계 맺음'이라고 넓게 이해한다면, 타자에 대한 부정적이고 이질적인 감정을 가지고 또 이를 유지한 상태에서라도 충분히 나름의 결합관계는 가능하기 때문이다. 그러므로 타자와의 결합관계를 통해서도 양자 간의 이질감과 긴장감이 더 두드러져 나타날 수도 있는 것이다.

이렇게 보면, 타자이론을 철저히 이질성과 차이의 측면에서만 보거나, 혹은 그 반대로 친숙성과 동질성의 측면에서만 볼 경우, 일면적인 이해임이 드러난다. 타자와의 관계는 양면성을 지니고 있기 때문이다. 타자관계에서 이질성과 차이를 느끼면서도 동시에 동질성과 친숙성을 느끼는 경우가 많으며, 이질성의 감정에서 친숙성으로 전이하는 것 또한 일반적이다. 물론 그 반대의 경우도 있다. 즉, 타자경험에서 타자의 이질성에 대한 충격적 경험이 근원적인 토대를 이루고 있는 것은 사실이나, 꼭 여기에만 머물지 않는다는 것을 고려해야 한다. 타자관계는 한마디로 순수한 것이 아니라 복합적이다. 그러므로 **이질성에서 친숙성의 계기로 전이하는 과정**이 현상학적으로는 타자이론의 초점이 되어야 한다.[64] 이렇게 보면, 현상학적 타자이론에서 양 측면을 모두 고려해야만 제대로 타자성을 해명할

타인 속에서 살며, 타인과 하나가 되는 것이다."(『상호주관성 III』, 406)라고 하면서도, 한편으로 "사랑하는 자는 사랑에 빠지는 것이 아니라(사랑하면서 자기를 상실하는 것이 아니라: 필자의 주), 각별히 승화된 방식으로 그는 자기(Ich)로서 사랑하는 자 안에서 산다."(Ms. F I 24, 29a, K. Schuhmann, *Husserls Staatsphilosophie*, Freiburg/München, 1988, 79 재인용)라고 말한다.

64 이질감에서 친근감으로 전이하는 과정에 대한 상세한 현상학적 논의는 제2부의 2장에서 이루어진다.

수 있음이 드러난다.[65] 이러한 관점은 우리가 논의의 초점으로 삼는 상호
문화성을 해명하는 데 매우 중요하다. 상호문화성은 이러한 이질성과 친
숙성 양 계기를 모두 함축하면서 동시에 인식론적 계기와 윤리적 계기를
모두 필요로 하기 때문이다. 이런 맥락에서 후설의 타자경험 내지 상호주
관성 이론은 많은 비판에도 불구하고 상호문화성의 논의를 위해 중요한
현상학적 토대를 제공하고 있음을 알 수 있다.

5 고향세계와 이방세계

5.1 고향세계 개념의 상호문화적 의미

상호주관성과 관련해 후설의 이론이 아무리 문제점을 내포하고 있다고
하더라도 후설의 현상학이 상호문화성을 위해 결정적인 단서를 주고 있
다는 점에서는 강력한 비판자들도 이를 인정한다.[66] 이는 후설이 그의 생
활세계 개념과 더불어 이를 보다 구체화한 '고향세계(Heimwelt)'와 '이방
세계(Fremdwelt)'라는 개념을 사용하고 있기 때문이다. 후설은 물론 이 개
념을 생활세계이론의 넓은 틀 속에서 사용하고 있기는 하지만, 이 개념이
불러일으키는 파장은 매우 크다. 특히 상호문화성의 논의와 관련해서는

---

65 이에 대해서는 졸고, 「타자성과 친숙성: 레비나스와 후설의 타자이론 비교」, 『철학과 현상
    학 연구』 제24집, 한국현상학회, 2005, 22-30. 「현상학에서 낯설음의 문제」, 『철학과 현상
    학 연구』 제33집, 한국현상학회, 2007, 195-203 참조.
66   B. Waldenfels, *Topographie des Fremden*, Framkfurt a. M., 1997, 66. G. Stenger,
    Philosophie der Interkulturalität, Freiburg/München, 2006, 211 참조.

결정적인 역할을 한다. 사실 상호문화성의 현상학적 해명은 바로 이 고향세계와 이방세계 간의 관계의 해명 이외에 다름 아니기 때문이다. 우리는 뒤에서 이 개념을 여러 다양한 관점에서 심층적으로 다루게 될 것이다. 그러므로 여기서는 그 핵심적 측면에서 타자경험과 연관해 이 개념이 갖는 현상학적 의미만을 부각시키고자 한다.

많은 연구자들이 이 후설의 고향세계이론을 그의 기본적인 타자경험이론, 즉 감정이입이론의 확대판으로 간주한다. 즉, 고향세계를 중심축으로 이 관점에서 이방세계에 대해 ― 감정이입적으 ― 인식론적으로 접근하는 것으로 이해하는 것이다. 실제로 후설이 여기서도 감정이입의 방법을 활용하는 것을 볼 때, 이러한 주장은 일리가 있다. 상당수 연구자들은, 결국 후설이 상호주관성 이론에서와 마찬가지로 이방세계 또한 나의 고향세계와의 동질성 내지 유사성에 근거해 파악한다는 점에서, 이방세계의 이질성 내지 타자성을 제대로 고려하지 않는다고 비판한다.[67]

후설은 그의 고향세계이론을 궁극적으로 하나의 보편적 세계로 이르는 발판으로 사용하고 있다는 점에서, 후설 현상학에서는 개별적 세계의 고유성과 차이가 희석되는 경향이 있는 것은 사실이다. 즉, 후설은 차이보다는 결합성에 보다 강조점을 두고, 고향세계와 이방세계간의 종합을 통한 '하나의 보편적 세계'의 해명에 보다 관심이 있다. 그러나 앞서 존재론적 차원의 타자경험이론에서 보았듯이, 이러한 결합성이 반드시 타자경험을 위해 부정적인 것은 아니라는 것을 확인했다. 타자와의 결합은 타

---

67 B. Waldenfels, 앞의 책, 77-80. G. Stenger, 앞의 책, 199-200. R. Zhang, "Lifeworld and the Possibility of International Understanding", *Phenomenology of Interculturality and the Life-world*, München, 1998, 19. 최재식, 「상호문화성의 현상학 ―문화중심주의를 넘어 상호문화성으로―」, 『철학과 현상학 연구』 제30집, 한국현상학회, 2006, 17 참조.

자와의 관계에서 발전이나 변화와 같은 역동적인 계기를 설명할 수 있으며, 또 타자와의 결합을 통해 반드시 차이가 해소되는 것은 아니기 때문이다. 이러한 맥락에서 상호문화성에는 결합의 계기가 어떤 식으로든 필요하다는 것이 필자의 생각이다. 이렇게 볼 때, 후설의 고향세계이론 또한 긍정적으로 볼 여지가 있다.

5.2 고향세계의 본질적 특성

후설은 그의 타자경험이론과는 달리, 고향세계이론에 대해서는 어떤 체계적인 설명을 시도하지는 않고 있다. 그러나 고향세계에 대한 그의 핵심적 규정은 이것이 하나의 고유한 문화세계라는 것이다. 후설에 따르면, "인간의 고향세계는 그에게 객관 세계의 구조를 위한 근본요소이자 또는 항상 의미 있는 형태 속에서 보다 진전된 발전의 과정에 그러한 것이 될 수 있는 것이다. 이는 근본적, 본질적으로 언어에 의해 규정된다."[68] 우리는 언어가 갖는 역사적, 문화적 함의를 잘 알고 있다. 언어는 한 문화권의 고유한 문화를 가능케 하는 근본 토대로서 한 문화세계의 고유성과 정체성을 더욱 견고히 한다. 후설은 고향세계의 전통이 이른바 조상으로부터 말로 이어져 내려오는 "역사이야기"[69]에 의해 유지된다고 본다. 이 역사이야기 속에 각 문화권의 고유한 신화와 전통이 담겨 있고, 이러한 것은 사실 그 문화권에서 나고 자란 사람이 아니면 제대로 이해하기 힘들다. 여기에는 오랜 기간에 걸쳐 쌓인 그 문화만의 독특한 정서와 분위기가 곁들

---

68 『상호주관성 III』, 224-225.
69 같은 책, 145.

여 있기 때문이다. 이런 점에서 한편으로 언어는 타 문화의 심층적 이해를 가로막는 장애물로 등장하기도 한다.

물론 오직 언어만을 기준으로 모든 고향세계와 이방세계를 획일적으로 나눌 수 있는 것은 아니다. 가령, 같은 언어권 내에서도 고향세계와 이방세계는 또다시 나누어질 수 있다. 고향세계와 이방세계는 현상학적으로 주체의 관점에서 정서적으로 나누어지는 것이기 때문에, 아무리 같은 언어권의 문화라 하더라도 이것이 주체가 느끼기에 낯설다면, 이방세계가 될 수 있다. 이런 점에서 고향세계와 이방세계를 나누는 또 다른 기준은 **정서적인 친숙함**이다. 내게 친숙하고 편안함을 주면, 이는 고향세계로 간주될 수 있고, 그렇지 않고 낯설고 어색하면, 이방세계일 수 있다. 앞서 본 지평으로서의 세계가 주는 친숙함은 바로 이 고향세계의 주된 특징으로 작용한다. 이때 고향세계를 이루는 주된 요소로서 후설이 강조하는 것이 어울려 사는 같은 '**고향사람들**'이다.

동일한 고향의 영역에 나의 고향동료들이 살고 있으며, 이들은 신체적이고 구체적인 현존재로서 내가 (언제라도: 필자의 삽입) 접근할 수 있다. …… 내가 아는 바와 같이, 그리고 나의 삶의 지평, 즉 내가 편안하게 여기는 '세계'에 대한 해석을 통해 분명한 것처럼, 나는 고향의 사람들과 서로 직접적이고 간접적인 관계를 맺고 있으며, 공동의 활동을 통해 교류한다.[70]

사실 앞서 고향세계의 기준으로 제시된 언어도 이를 고향세계의 사람들과 교류하기 위한 수단이고, 고향세계의 문화라는 것도 이들 고향

---

70 같은 책, 629.

사람들과 더불어 향유할 때만 의미가 있다고 볼 때, 고향세계의 이웃들이야말로 내게 진정으로 고향세계를 고향세계로 느끼게 하는 실질적인 계기이다. 이런 의미에서 후설은 고향세계를 "모든 것이 접근 가능한 (All-Zugänglichkeit) 세계로서의 고향세계"[71]라고 표현하고 있는데, 여기에는 물질적인 의미가 아닌, 다분히 정서적인 의미가 포함되어 있다. 즉, 고향세계의 친근한 사람들과 더불어 이 속에서는 어떤 것도, 어떤 일도, 마치 내가 원하면 행하고 얻을 수 있는 것과 같은 — 물론 실제로 그렇게 될지는 별개의 문제이지만 — 심정적인 편안함을 느끼는 것이다. 이는 마치 어린아이가 부모를 통해 모든 것을 얻을 수 있다고 믿는 것과 같은 맥락이다.

5.3 고향세계와 이방세계의 종합

이렇게 심정적인 편안함과 친숙함의 바탕으로, 한편으로 고유한 역사적 전통과 관습이 강하게 지배하고 있는 고향세계는 이 안에 살고 있는 당사자의 입장에서는 편안한 세계이지만, 그 밖의 이방인의 입장에서는 매우 접근하기 어려운 세계이다. 이는 나의 입장에서도 마찬가지이다. 고향세계와는 달리 이방세계는 내가 접근하기 어렵다. 한마디로 이방세계는 낯설고, 이해하기 힘들며, 편안하지 않은 세계이다. 그런데 후설은 자신의 타자경험이론에서 지향한 바처럼, 이 낯선 이방세계를 고향세계와 결합시켜 하나의 공동세계를 지향하고자 한다. 바로 여기에 우리의 주된 관심사가 있다. 다름 아닌 이것이 상호문화성의 핵심적인 문제이기 때문

---

71 같은 곳.

이다.

후설이 고향세계와 이방세계 간의 결합관계를 설명하는 방식은 우선 자신의 감정이입이론에 기반한 타자경험이론의 틀에 의존해 있다. 물론 여기서의 감정이입은 단순히 타인에 대한 감정이입과는 차원이 다르다. 타 문화세계에 대한 감정이입이기 때문이다. 그러므로 단순히 타 문화의 외적인 물질적인 것에 대한 것이 아니라, 타 문화세계의 내적인 전통, 곧 역사성과 정신성에 대한 감정이입이 이루어져야 한다. 그러므로 후설은 이러한 감정이입을 특별히 "민족적 감정이입"[72] 혹은 "역사적 감정이입"[73] 이라고 부른다.[74] 그러나 이 특유한 감정이입은 앞서 우리가 살펴본 일반적인 감정이입과 그 구조는 동일하다. 즉, 나를 타 문화세계의 위치로 옮겨, "마치 그것이 (나의: 필자의 삽입) 고향인 것처럼"[75] 간접적으로 이해하는 것이다. 여기서 물론 전혀 낯선 문화세계의 경우, 이해자체가 불가능할 수 있기에, 일차적 준거는 나의 고향세계일 수밖에 없다. 즉, 나의 고향세계와의 유사성을 전제로 타 문화세계를 바라보는 것이다. 이때 후설은 문화의 바탕에 놓인 자연적인 요소는 보편성을 지닐 수 있으므로, 이것이 주된 실마리가 될 수 있다고 본다.[76] 이런 식으로 타 문화에 대한 이해

---

72 같은 책, 233.

73 같은 책, 436.

74 이러한 감정이입을 통한 이방세계의 이해와 고향세계와의 상호결합에 대한 상세한 논의는 K. Held, "Heimwelt, Fremdwelt, die eine Welt", *Phänomenologische Forschungen*, Bd. 24/25, 1991 참조. 아울러 이 책의 제2부 3장 2절에서 이러한 '역사적 감정이입'의 의미와 성격에 대한 상세한 고찰이 이루어질 예정이다.

75 『상호주관성 III』, 625.

76 같은 책, 433, K. Held, "Heimwelt, Fremdwelt, die eine Welt", *Phänomenologische Forschungen*, Bd. 24/25, 1991, 321-323 참조.

의 폭이 ─ 비록 나의 고향세계의 관점이기는 하지만 ─ 조금씩 넓어지고 타 문화에 대해 가까워지면서, 타 문화에 대한 감정이입이 가능해진다고 본다. 이른바 타 문화에 대한 수용과 공감의 단계에 이른다는 것이다. 이 것이 상호적으로 이루어질 경우, 이른바 서로 다른 고향세계 간의 문화적 종합, 즉 우리의 의미에서 '상호문화성'이 가능해진다는 것이 후설의 생각 이다. 이리하여 후설은 이것이 점진적으로 이루어질 경우, "보다 높은 단 계에서 현실적이고 가능한 고향세계들의 총체적 종합 속에서 산출되는 보 편적인 진리"[77]로서, 개별적 고향세계와 이방세계 간의 간격을 넘어서는, 이 모두를 포괄하는 보편적 지평으로서 하나의 공동의 세계, 말하자면, "포괄적인 일치"[78]에 기반한 보편적 세계에 이를 수 있다고 본다.

고향세계 간의 종합을 통한 보편적 세계의 구성이라는 이러한 후설의 구상에 대해서는 충분히 공감할 수 있어도, 이것을 어떻게 현상학적으로 정당화할 수 있느냐는 점에서 대해서는 다소의 고민이 필요함을 알 수 있 다. 이에 대한 해석에 대해서는 뒤의 제2부에서 자세히 살펴보기로 한다. 그러나 어떤 식으로 해석하건, 후설의 고향세계이론에서 분명한 것은, 나 의 고향세계에서 이방세계로 이르는 과정이 이른바 **'친숙화'**의 과정이라는 점이다. 즉, 처음에는 낯설 수밖에 없는 타 세계에 대해 이른바 감정이입 의 과정을 통해 친숙화하는 것이다. 그러기에 후설은 이방세계를 "고향화 한다(verheimatlichen)"[79]라고 표현하기도 한다. 물론 많은 연구자들은 이 를 두고서 이방세계의 고유성을 파괴하는 것이라고 비판한다.[80] 그러나 앞

---

77 『상호주관성 III』, 217.
78 같은 책, 234.
79 『상호주관성 III』, 217.
80 이 비판에 대해서는 뒤의 제2부 3장 '윤리와 상호문화성' 장에서 좀 더 구체적으로 살펴볼

서 지적한 바와 같이, 이러한 친숙화의 과정이 상호문화성을 형성하는 데 필요불가결하다는 점을 전제로 하면, 우리는 후설의 생각이 오히려 상호문화성을 위해 적절하다고 볼 수도 있다. 물론 여기서 이 친숙화의 계기를 윤리적 의지의 결과로 보느냐, 아니면 자연스러운 과정으로 — 가령 신체적 본능이나 감정의 — 보느냐에 따라 해명방식이 달라지기는 하겠지만, 이는 어쨌든 현상학적으로 매우 주목할 만한 현상이 아닐 수 없다. 우리는 뒤에서 이와 연관해, 두 측면 모두에서 이를 현상학적으로 해명하게 될 것이다.

이렇게 보면, 후설의 고향세계이론은 상당한 비판에도 불구하고 상호문화성과 연관해 중요한 실마리를 주고 있다는 점은 분명하다. 무엇보다도 중요한 것은, 상호문화성이 계속 진행 중인 하나의 역동적인 과정이라고 볼 때, 결국 후설의 고향세계이론이 암시하는 바와 같이, 하나의 보편적 세계로 향한 과정이 아니겠느냐는 것이다. 필자는, 이미 밝힌 바와 같이, 바로 이러한 생각을 전제로 논의를 펼치고 있으며, 이런 점에서 부분적으로 방법론상에서 차이를 보여도 상호문화성에 대한 후설의 기본 생각을 지지한다.

6 현상학적 타자경험과 상호문화성과의 관계

앞서의 논의에서 우리는 현상학, 특히 후설 현상학에서 타자경험은 어떤 식으로 설명되는지에 대해 비판적으로 살펴보았다. 후설의 경우로 현

것이다.

상학에서 타자경험은 인식론적으로 접근하면, 한계를 드러낸다는 것을 확인할 수 있었다. 이는 타자경험이 세계경험과 마찬가지로 대상화를 전제로 하는 경험이 아님을 의미한다. 이런 맥락에서 타자경험의 수동성을 강조하면서 이를 통한 이질성과 차이(분리성)의 체험을 강조하는 레비나스나 발덴휄스의 주장은 나름대로 일리가 있다. 그러나 타자경험을 통해서 우리는 타자에 대한 친숙성 내지 동질성 또한 경험한다는 점에서, 한편으로 타자와의 친밀한 결합관계에 대한 진지한 현상학적 고려도 필요하다. 현상학에서 타자경험은 이러한 이질성과 친숙성 양자 사이의 긴장 관계 속에서 이루어진다고 볼 수 있다.

이러한 현상학적 타자경험의 양면성은 바로 상호문화성의 기본 성격에 그대로 상응한다. 상호문화성 자체가 이미 타자경험 내지 상호주관성의 확대판이라는 성격을 지닌다는 점도 있지만, 상호문화성은 이미 우리가 앞에서 본 바와 같이, 문화의 다양성과 차이에 대한 체험을 그 출발점으로 한다는 점이 중요하다. 곧 상호문화적 경험은 기본적으로 문화적 이질성에 대한 체험이 바탕이 될 수밖에 없다. 그러나 상호문화적 경험은 여기에 그치는 것이 아니라 문화 간의 융합과 결합을 추구한다. 여기에는 불가피하게 문화적 친밀감과 동질감의 계기가 가미될 수밖에 없다. 상호문화성은 곧 문화적 차이를 바탕으로 동시에 보편성을 추구하며, 이질성의 체험과 더불어 친숙성, 동질성의 체험이 뒤섞인 복합적인 성격을 지닌다. 앞서 후설의 현상학적 타자이론은 이러한 경험의 양면성을 특징으로 하기에, 상호문화성을 철학적으로 해명하기에 매우 적합하다. 여기에 현상학적 타자경험과 상호문화성의 긴밀한 연관관계가 놓여 있다.

이제 다음에서 이러한 이제까지의 논의를 정리하면서, 우리는 어떻게 현상학적 방법론이 실질적으로 상호문화성의 철학적 해명에 기여할 수 있는지, 여러 관점에서 종합적으로, 그러나 그 핵심적인 면만을 중심으로 간략히 살펴보기로 한다.

4장

현상학적 방법론의 상호문화성 논의에 기여

1 에포케적 측면

현상학의 주된 방법론의 하나로서 은폐된 세계존재의 의미를 가장 잘 드러낼 수 있는 것으로 간주되는 것이 바로 에포케(Epoché)이다. 에포케 라는 표현은 물론 고대 그리스의 용어이지만, 후설이 이를 현상학적으로 재해석해서 받아들였음은 잘 알려진 사실이다. 본래 후설은 이 에포케를 주로 일상적인 자연적 태도에 대한 '판단중지'의 의미로 사용하고 있지만, 헬트의 해석에 따르면, 자연적 태도가 지향적 의지성에 기반을 두고 있는 한, 궁극적으로 이 지향적 의지적 태도에 대한 판단중지의 의미로도 해석 될 수 있음을 이미 앞에서 보았다. 이처럼 에포케의 의미를 두고 논란이 있을 수 있지만, 결국 에포케는 우리의 일상적으로 습관화된 믿음과 편견 을 유보하고 중립화하는 작업이다.

현상학에서 에포케가 중요한 것은 이를 통해 비로소 은폐되고 숨겨진 존재의 의미가 드러난다는 점이다. 이는 이러한 방법이 우리가 일상적인 제한된 시선 내지 집착을 벗어나 열린 마음으로 주어진 존재에 시선을 돌릴 수 있게 하기 때문이다. 후설은 이 에포케를 원칙적으로 의지적 결단에 의해 수행되는 작용으로 이해한다. 그러나 이럴 경우, 다시금 주관의 집착 내지 편견에 영향을 받을 수 있다. 따라서 현상학적으로 올바른 에포케는 인간의 의지에 의존하지 않고 수동적인 충격을 통해 자신도 모르게 열린 마음을 갖게 될 경우이다.[1] 철학의 근원적 동기로서 흔히 경이(타우마자인)를 거론할 때, 이러한 경이가 일종의 에포케 역할을 한다고 볼 수 있다.[2] 가능한 편견 없이, 있는 그대로의 사태에 주목하고자 하는 현상학이 이러한 에포케에 각별한 관심을 갖는 것은 당연하다.

그런데 상호문화성의 문제를 철학적으로 접근함에 있어서 가장 눈여겨봐야 할 현상의 하나가 바로 이 에포케적 측면이다. 상호문화성은 누차 언급한 바와 같이, 문화적 편견과 차이를 전제로 하면서도 이를 넘어서서 타 문화와의 공감대를 이룬다는 이중적 면모를 지닌다. 이것이 자연스러운 현상이건 아니면 당위적인 윤리적 의무이건 간에, 상호문화성의 개념이 함축하는 것은 **편견과 이를 넘어서는 보편성 간의 '긴장관계'**이다. 이는 한편으로 상호문화적 관계를 이루기 위해서는, 어떤 식으로든 문화적 편견의 벽을 넘어서야 한다는 의미를 지닌다. 그런데 문제는 어떤 식으로 넘어설 수 있느냐 하는 것이다. 이것이 후설 식으로 의지적이건 아니면 우리가 주장하는 바대로 수동적인 충격에 의해서건, 현상학적 에포케의

---

1   K. Held, "Die Endlichkeit der Welt", *Philosophie der Lebenswelt*, Würzburg, 1992, 138-142 참조.
2   같은 논문, 143 참조.

형태로 이루어져야 한다는 것은 분명하다. 이런 맥락에서 상호문화성의 해명에서 에포케, 특히 현상학적 에포케가 갖는 각별한 의미가 드러난다. 뒤에서 자세히 살펴보겠지만, 감성적, 감정적인 면에서는 이 에포케가 수동적으로 작동하고, 또 그런 한에서 의미가 있을 수 있지만, 윤리적 측면에서는 후설 식으로 의지적인 결단이 개입될 필요가 있다. 그러나 상호문화성에서 윤리적인 요소는 사실상 필수적인 것이고, 또 이것이 개입되기 위해서는 인간의 의지가 필요하므로, 여기에서 에포케가 주체의 자유를 통해 의지적으로 이루어진다고 해서 상호문화성에 결정적인 흠이 될 수는 없을 것이다. 이 문제에 대해서는 뒤에서 더 자세히 상론하기로 한다.

2 발생적 분석

앞서 우리는 지평으로서의 현상학적 세계 개념을 고찰하면서 이것이 습관과 연관관계를 지니고 있음을 보았다. 말하자면 일종의 역사성을 함축하고 있는 것이다. 이러한 역사성을 함축하는 의식에 대한 분석을 우리는 후설을 따라 '발생적(genetische) 분석'이라고 부를 수 있다. 발생적 분석의 특징은 발생의 근원을 찾아 시간적, 역사적으로 추적을 한다는 것이다. 이를 통해 존재의미가 지닌 역사성의 궤적을 확인할 수 있다. 후기 후설의 발생적 현상학은 이러한 특성을 지님으로써 초기의 정적 현상학과 비교해, 탐구 내용이 구체화되고 질적으로 심화되었다. 뒤를 이은 하이데거나 메를로-퐁티에서도 우리는 발생적 분석의 흔적을 발견할 수 있다. 발생적 분석의 장점은 역사성을 고려함으로써 총체적이고 다면적으로 주관과 세계의 상관성을 통찰할 수 있다는 점이다.

상호문화성의 해명은 기본적으로 문화에 대한 해석이자 접근이며, 문화가 역사성을 함축하는 한, 역사성에 대한 고려는 필수적이다. 가령, 내가 타 문화에 대해 이질감 또는 친숙감을 느낄 때, 이는 내가 속한 문화의 오랜 역사적 전통과 습관에서 비롯한 편견에 기인하므로, 이를 적절히 해명하기 위해서는, 반드시 역사성에 대한 발생적 분석이 요구된다. 상호문화성에서 사실 가장 문제가 되는 것의 하나는 타 문화의 고유한 역사성에 대한 이해인데, 이는 타 문화가 지닌 비합리적인 신화성과 이와 연관된 독특한 정서까지 고려해야 할 만큼 매우 깊은 차원의 것이므로, 단순한 공시적인 접근만으로는 이를 해명하기가 어렵다. 따라서 현상학이 간직하고 있는 발생적 분석은 상호문화적 접촉에서 나타나는 역사적 이해 내지 충돌 상황을 보다 심층적으로 분석할 수 있다는 점에서 의미가 있다.

3 관계적 분석

현상학적 방법론의 한 가지 주된 특징이 관계적 분석이라는 점은 이미 앞서 현상학의 방법론적 특징에서 언급한 모든 요소에서 나타난다. 그런 점에서 이러한 관계적 분석의 측면은 어떤 면에서는 현상학의 가장 근본적인 특징이라고 볼 수도 있다. 현상학은 어느 사태도 고립된 상태로 고찰하지 않고, 항상 주변의 배경 내지 대상과의 상호관계에서 고찰하려는 경향이 있다. 이는 세계를 지평으로서, 하나의 의미 연관체로 이해하려는 데에서 가장 잘 드러난다. 이러한 관계적 고찰은 한편으로 어느 것도 절대적이지 않고 상대적이라는 의미를 함축하는데, 가령 그 상관자가 무엇이고 어떤 맥락 속에 있느냐에 따라 주체의 태도와 접근방식이 달라지는 것이다. 현상학이 특별히 소여방식 내지 현출방식을 중시하는 이유도 바로 여기에 있다. 어떤 맥락, 어떤 상황에서 주어지느냐에 따라 동일한 사태라도 다르게 주어지고 다른 의미로 받아들여진다. 즉, 모든 관계를 획일화된 하나의 관점에서 파악하려는 자연과학적 방법론과는 달리, 현상학은 상황의 우연성과 특수성 그리고 개별성을 다양한 상관관계 속에서 충분히 고찰하고자 한다.

이러한 관계적 분석은 바로 상호문화성의 해명에 그대로 적용된다. 상호문화적 관계야말로 양자 사이의 특수성과 다양한 관계성을 고려해야 하는 만큼 일반화시켜 논의하기에는 한계가 있다. 가령, 내가 중국문화를 접할 때와 미국문화를 접할 때 전혀 느낌이 다르다. 이러한 다양한 반응은 바로 상관관계의 가변성과 특수성에 기인하는 것이니만큼, 이러한 관계성에 대한 각별한 고려가 필요하다. 그러므로 현상학의 관계적 분석이 상호문화적 현상을 해명하기에 매우 유용함은 자명한 사실이다.

필자는, 현상학이 상호문화성을 해명하기에 적합한 가장 큰 이유는 사실 현상학이 **관계성을 각별히 고려**하기 때문이라고 본다. 슈텡어는 현상학의 중심적 특성으로서 이것이 경험(체험의) 학이라는 점을 강조하면서, 현상학이 구체적 경험을 토대로 하고 있다는 점이 바로 상호문화성을 해명하기에 적합한 핵심적 이유로 본다.[3] 물론 이러한 관점이 결코 틀린 것은 아니다. 그러나 필자는 상호문화성에 관한 한, 이러한 경험중시적 현상학의 측면보다는 관계성을 고려하는 현상학의 측면이 좀 더 강조가 되어야 한다고 본다. 이미 그 어의 자체에서부터 드러나는 바이지만, 상호문화성은 무수하게 복합적으로 얽힌 관계들을 바탕으로 하고 있어서 이

---

3 G. Stenger, 앞의 책, 52, 63 참조.

를 단순히 인간의 원초적 경험으로 환원해서 설명하기에는 한계가 있기 때문이다. 현상학의 장점은 경험적 사실을 바탕으로 하되, 이를 둘러싼 의미의 연관성을 더불어 고찰한다는 점에 있다. 그리고 바로 이 점이 현상학이 상호문화성의 해명에 적합한 우선적인 이유가 될 수 있다.

뒤의 제2부에서 논하게 될 상호문화성의 여러 다양한 층들은 모두 그 핵심에서 여러 종류의 존재들 간의 상관관계를 축으로 하고 있으며, 이 상관성을 도외시하고는 그 의미자체가 성립되지 않는다. 특히 이는 '정치', '공동체' 등의 고차적 단계로 갈수록 좀 더 분명해진다. 어떤 면에서 상호문화성은 여러 관계들의 총체적 집합이라고 보아도 과언이 아니다. 따라서 현상학이 이러한 상관성에 대한 고려를 자신의 방법론의 핵심적 요소로 삼고 있다는 점은 어쩌면 상호문화성이라는 주제의 철학적 해명을 위해서는 행운이 아닐 수 없다.

4 윤리적 고찰

현상학의 윤리적 성격은 현상학이 타자와 세계를 주체의 태도를 근거로 바라보려고 하는 한, 불가피하게 나타난다. 앞서 언급한 바와 같이, 전형적인 현상학적 세계개념인 '생활세계' 개념은 단지 이론적인 개념의 의미만을 지니는 것이 아니라 일종의 윤리적, 실천적 함축을 지닌다. 즉, 객관주의적 세계 개념에 대한 비판의 의미와 더불어 우리가 이런 세계를 자각하고 살아가야 한다는 윤리적 메시지가 담겨 있는 것이다. 하이데거가 실존적 태도와 연관지어 이러한 세계를 언급할 때에도 이 점이 잘 암시가 된다.

이러한 현상학의 윤리적 함축은 현상학이 주관과 객관의 상관성 내지 결합성을 고려하면서 논의를 진행하는 데에서도 아울러 나타난다. 이러한 결합성 자체가 타자경험 내지 상호주관성의 영역에서는 하나의 윤리적인 주제로 나타난다. 따라서 이의 정당성 내지 가능성에 대한 해명 또한 윤리적인 차원의 해명으로 이해된다. 나와 타자 간의 결합 내지 합입을 지향하는 것은 곧 하나의 조화로운 윤리적 공동체를 추구하는 것과 연관되기 때문이다.

이러한 현상학의 윤리적 함축이 상호문화성의 해명을 위해 적절하리라는 것은 쉽게 알 수 있다. 상호문화성은 타 문화에 대한 존중 내지 인정을 내포하는 한, 기본적으로 윤리적인 성격을 지닐 수밖에 없다. 그러므로 상호문화성의 윤리적 함축과 관련해, 현상학은 앞서 관계적 분석과 더불어 적절한 해명을 할 수 있을 것이다. 즉, 모든 상황에 무차별적으로 적용되는 윤리성보다는 차별적이고 구체적인 윤리성이 상호문화성에 요구된다고 할 때, 현상학은 이의 해명에 적합해 보이기 때문이다. 특히 현상학의 특성상, 구체적 경험을 기반으로 윤리성을 도출해야 하므로, 감정 윤리학에 의존하는 경향이 강하다. 그런데 상호문화적 관계에서도 형식적인, 칸트적인 도덕적 의무감보다는 공감이나 친근감 등의 일상적 감정에 기반해 윤리적 관계를 맺을 가능성이 높기 때문에, 현상학과의 긴밀성이 더욱 높아진다.

5 휴머니즘적 고찰

현상학이 휴머니즘적이냐 아니냐 하는 것은 다소 논란이 있을 수 있다.

또 여기서 말하는 휴머니즘이 무엇인가도 문제가 될 수 있다. 그런데 휴머니즘을 단순히 인간중심적, 인간주의적이라고 이해할 때, 존재의 문제에 집중하는 하이데거나 메를로-퐁티는 여기에서 다소 벗어난 것이 아니냐고 이의를 제기할 수 있다. 그러나 필자는, 현상학이 인간적 주체의 태도를 전제로 하는 한, 어떤 식으로든 휴머니즘이 그 바탕이 되고 있으며, 또 그런 한에서 현상학이라고 불릴 수 있다고 본다. 현상학적 휴머니즘의 대표 개념이 바로 후설의 생활세계 개념이며, 이것이 지평으로 이해될 경우는 더욱 그러하다. 이미 현상학이 탐구의 출발점으로 삼는 것이 우리 인간에게 주어진 '현상'이라는 점에서 현상학의 휴머니즘적 성격은 운명지어져 있다. 특히 하이데거, 메를로-퐁티, 레비나스, 아렌트 등에서 두드러지듯이, 모두 인간의 유한성과 우연성을 강조하고 있다는 점 또한 이러한 점을 더욱 뒷받침한다.

그런데 상호문화성 논의에서 이 휴머니즘이 반드시 전제되어야 하는 것이, 상호문화성은 기본적으로 문화에 대한 논의를 출발로 한다는 점이다. 문화는 인간적인 주체에 의한 의미부여의 산물로서 전적으로 인간적인 현상이다. 그러므로 상호문화성 또한 인간적인 관점에서 바라보아야 한다는 것이 본 저서의 기본입장이다. 그런데 이미 앞에서 상술했다시피, 이른바 '문화결정론'은 문화가 자체의 독자적인 구조를 지닌 채, 인간의 통제를 벗어나 스스로 진화하거나 발전한다고 주장한다. 물론 나름 근거가 있는 논리이기는 하다. 최소한 현재 이루어지는 급속한 문화발전 내지 확산 양상을 보면 그렇다. 그런데 이러한 관점을 상호문화성에 적용하면, 상호문화성은 인간적 주체를 배제한 채 그 자체적으로 결합 내지 융합됨으로서 성립하는 것으로 간주된다. 그러나 이러한 결론은, 상호문화성이 인간적 주체의 태도에 바탕을 두고 성립해야 한다는 본 저서의 기본입장과 상충된다. 본 글은 휴머니즘적 관점에 서 있는 반면, 문화결정론은 반 휴머니즘적 사고에 기반을 두고 있는 것이다.

여기서 이러한 문화결정론적 사고를 비판하고 이를 휴머니즘적으로 해 석하는 데 적합한 방법론이 바로 현상학이다. 특히 후설의 현상학은 문화 결정론에 대한 강력한 반론이 될 수 있다. 후설은 일관되게 철저히 인간 적 주체의 자율성과 책임에 기반해 현상학적 방법론을 전개해나가며, 인 간의 자율적 의지가 그의 전 현상학적 사고를 지배하고 있다. 이는 문화 결정론이 주장하는 자율적인 문화적 세계에 대한 하나의 반대입론이 되 기에 충분하다. 후설에서 모든 공동체는 원칙적으로 인간의 의지에 ─ 그 것이 수동적이건 능동적이건 ─ 의해서만 성립이 가능하기 때문이다. 또 한 상호문화성이 공감과 같은 인간의 감정적 차원을 필수적으로 전제한 다고 할 때에도 이를 입증하기에 현상학은 효과적이다. 곧 현상학의 휴머 니즘적, 인간중심적 사고가 상호문화성의 휴머니즘을 드러내는 데 결정 적으로 기여할 수 있다. 현상학은 문화가 하나의 추상적, 고립적 실체가 아니라 인간에 의한 의미의 총체적 연관이라는 사실을 그 무엇보다도 잘 드러내고 있기 때문이다.

2

상호문화성의 현상학적 정립

제1부에서의 논의는 상호문화성의 의미와 이것이 어떻게 현상학적으로 해명될 수 있는지, 주로 그 가능근거를 밝히는 데 초점이 맞추어져 있다. 이를 통해 상호문화성이라는 주제는 현상학적 방법론과 친화적인 성격을 지니고 있음이 드러났다. 이제 제2부에서는 좀 더 구체적으로 현상학적 방법론을 통해 상호문화성이 어떻게 해명되고 또 정립될 수 있는지 살펴보도록 한다. 앞의 논의가 총론적인 것이었다면, 여기서는 이제 각론적으로 논의를 해서, 상호문화성을 여러 층과 단계로 나누어 이를 현상학적 관점에서 종합적으로 고찰해보도록 한다.

상호문화성은 가장 저차원적 본능과 몸의 단계에서부터 고차원적인 종교, 예술, 사상 등의 단계에 이르기까지 다양한 측면과 층에서 고찰이 가능하다. 여기서는 예고한 대로, 이러한 상호문화성의 영역을 몸, 감정, 윤리, 정치, 공동체, 역사의 여섯 영역으로 나누어 현상학적으로 세밀하게 고찰해보도록 한다.

1장
몸과 상호문화성

1 현상학적 몸 개념

몸이 하나의 철학적 주제로 등장하게 된 것은 비교적 최근의 일이다. 인간의 구체성과 실존성을 강조하는 현대철학의 경향 속에서 추상적이고 보편적인, 전통적인 '자아'나 '정신'이라는 개념 대신에 '몸'의 개념은 인간의 유한성과 개별성을 드러낼 수 있다는 점에서 크게 주목을 받게 된다. 무엇보다도 현상학은 이 몸과 정신의 관계에 관심을 가지면서 몸이 지닌 철학적 의미를 부각시키는 데 노력한다. 정화열은 이를 다음과 같이 표현한다.

현상학의 발견 가운데 논란의 여지가 없는 최초의 두 가지는 생활세계 (life-world)와 삶을 살아가는 육체(lived body)이다. 그것들은 서로 밀접하게 연관되어 있다. 왜냐하면 모든 것을 다 포함하는 사회문화적 현실 지평으로서의 생활세계는 체현된 주체에 서식했고, 서식하고 있으며, 앞으로도 서식할 것이기 때문이다. 무엇보다도 삶을 살아가는 육체는 사회성의 기본적인 문법이다. …… 우리가 우리의 육체로 살아가는 것처럼 우리는 우리의 육체이다. 삶을 살아가는 육체가 없다면 인간은 영원히 수동적인 방관자, 인체 해부용 모형으로 남아 있을 것이다.[1]

몸이 현상학적으로 주제화되는 데에는 여러 이유가 있겠지만, 근본적으로는 전통철학과는 달리, 몸을 하나의 주체로 보게 된 것이 결정적이다.[2] 그리고 바로 이 점이 몸과 상호문화성을 연관시켜 볼 수 있는 중요한 단서가 된다. 이러한 관점에서 몸에 대한 철학적 의미를 우선 몸의 주체적 성격을 중심으로 살펴보기로 하자.

1.1 주체로서의 몸

여기서 논의하고자 하는 몸은 물론 인간의 몸을 말한다. 현상학은 일반 동물의 몸과 인간의 몸을 명확히 구분해, 인간의 몸이 가진 기본적인 특성을 **주체성**에서 찾는다. 여기서 주체성이란 몸이 하나의 피동적인 대상으로서가 아니라 그 자체가 하나의 **자율적이고 자발적인 주체의 역할**을 한

---

1 Hwa Yol Jung, *Body Politics, Art and Ecology*, 이동수 외 역, 『몸의 정치와 예술, 그리고 생태학』, 아카넷, 2005, 111.
2 이외에도 현상학적으로 몸이 주목받는 주된 이유는 몸이 지닌 직접성이다. 몸은 의식이나 자아와 같은 추상적인 주체와는 달리 직접적, 개별적으로 세계와 접촉한다. "몸은 직접적으로 다른 사람의 몸과 관계한다. 그러나 마음은 단지 하나의 몸에만 관계한다. 그것은 세계, 다른 몸 또는 다른 마음과 직접 관계하지 않는다."(같은 책, 91)

다는 것을 뜻한다. 전통철학에서는 대체로 인간의 신체를 정신(영혼)에 딸린 부속물 정도로 이해해, 정신에는 나름의 주체성을 부여하되 신체에는 그 독자적인 주체적인 의미를 부여하지 않았다. 신체는 정신에 의해 조정되거나 오히려 정신을 방해하는 외적 대상과 같이 여겼다. 주지하다시피 데카르트는 인간의 정신과 신체를 본질적으로 서로 다른 영역에 있는 실체로 간주했다. 정신이 사유의 주체라면, 신체는 말하자면 하나의 물질적 존재에 불과하다는 것이다. 근대 과학 또한 이러한 이분법적 사고에서 크게 진전하지 못했다. 이러한 비주체적 물질적 존재로서의 신체관은 인간의 몸과 동물의 몸 사이에 어떤 본질적 차이가 있는지 제대로 드러내지 못한다.

몸을 하나의 주체적 존재로 파악한다는 것은, 우선 몸이 스스로를 의식하는 존재로 간주한다는 의미이다. 가령, 후설은 촉각을 예로 들면서, 우리의 손은 무엇인가를 만지면서 만져지는 대상을 느끼기도 하지만, 동시에 만지는 손 자신을 느끼기도 한다고 말한다. 이는 내가 나의 몸을 만질 때는 더욱 분명해진다. 즉, 한편으로는 몸은 대상적인 측면을 지니지만, 스스로 느끼고 인식하는 주체적인 측면을 지니고 있는 것이다. 그러므로 후설은 "경험하는 주체신체들(Subjektleibe)"[3]이라는 표현을 쓴다. 또한 우리는 몸으로 세계를 경험하고 지각한다. 몸은 곧 "모든 지각의 수단"으로서 "모든 지각에 반드시 동반한다."[4] 이때 몸은 우연적이거나 수동적으로 움직인다기보다는 나름대로의 습관적 틀에 따라 어떤 방향성을 지니고 움직인다. 어떤 면에서는 자발성이 개입되어 있는 것이다. 이러한 신체적

3   『이념들 II』, 55.
4   같은 책, 56.

인 자발적인 지각을 후설은 '운동감각'이라고 부른다. 운동감각은 최선의 이상적인 지각을 향한 신체적인 움직임이다. 가령, 우리는 무언가를 보기 위해 몸을 움직이며, 이때 잘 보이지 않으면, 더 잘 보기 위해서 가까이 간다든지 하는 식으로 노력을 한다. 우리의 일상적 지각행동은 이런 식으로 최선의 인식을 위한 노력으로 이루어진다. 이때 신체적 움직임은 어떤 지성적 판단에 따라 이루어진다기보다는 사실상 습관적으로 이루어진다. 말하자면, 우리의 몸 자체가 사실상 주체역할을 하는 것이다.

이런 맥락에서 후설은 몸을 이 세계에서의 행위와 인식의 중심으로서 "방위영점(Orientierungspunkte Null)"[5]으로 규정하며, 또한 몸에 의해 도구가 사용될 경우, 이를 "감각하는 몸의 확장일 뿐만 아니라, 의지기관으로서의 몸의 확장"[6]으로 이해한다. 그러나 후설에서는 몸을 하나의 독립적인 주체로 인정하는 데는 다소 철저하지 못한 모습을 보인다. 여전히 그는 정신 내지 인격을 몸에 대해 우위에 놓는 주지주의적인 사고를 지니고 있기 때문이다. 후설이 "몸은 일반적으로 하나의 사물일 뿐만 아니라, 정신의 표현이다. 이는 동시에 정신의 기관이다."[7]라고 말할 때, 이를 엿볼 수 있다. 이런 맥락에서 몸의 주체적이고 근원적인 성격을 보다 분명하게 표현한 사람은 바로 후설의 뒤를 이어 몸의 현상학을 전개한 메를로-퐁티이다.

그에 따르면, 세계와의 만남 속에서 주도적이고 주체적인 역할을 하는 것은 정신에 의한 사유와 인식이 아니라 오히려 몸에 의한 지각이다. 우

---

5 같은 곳.
6 『이념들 III』, 7.
7 같은 책, 96.

리는 근본적으로 이미 몸에 의해 세계를 체험하고 이를 바탕으로 세계에 대한 어떤 표상과 관념을 갖게 된다. 가령, 어떤 급박한 상황에서 머리로 판단하고 이해하는 것과 몸이 느끼고 반응하는 것이 차이를 보일 수 있는데, 이때 몸의 대응방식이 보다 현실적이고 사태에 부합하는 경우를 우리는 종종 경험한다. 이 경우, 몸의 주체는 분명 정신이 아닌 몸 자신으로 보아야 할 것이다. 이를 가리켜 조광제는 "현상학에서 말하는 현상은 상당히 복잡한데, 메를로-퐁티의 경우 현상을 이미 주체와 대상이 하나로 작동해서 일구어지는 것으로 이해하되 몸을 주체로 보는 것"[8]이라고 설명한다. 이런 의미에서 강미라는 메를로-퐁티의 신체적 지각개념을 가리켜 "지각은 단지 감관과 외재적 대상들이 접촉한 결과가 아니라, 지성적, 감성적, 실천적 활동이자 세계에 참여하는 것이다. 그러므로 이러한 주체는 몸으로 보고 만지고 듣는 육화된 주체이다. 우리가 극장에서 자막이 나오는 외국 영화를 관람할 때, 대사, 그림, 소리, 음악을 종합하는 것은 나의 지성이 아니라 나의 몸이다. 다양한 감각이 소통되고 통일되는 것은 순수 지성의 작용이 아니라, 고유한 몸의 종합이며 지각적 종합이다."[9]라고 설명한다. 그러므로 이러한 의미의 몸 주체는 전통적인 의식개념과는 구분되는 선의식적, 선인격적 주체라고도 할 수 있다. 곧 메를로-퐁티에서 몸은 '나의 몸'이라고 해서 나와 몸을 분리시키는 것이 아니라, '몸-나'로서 나와 몸이 하나인 형태이다.

나는 내 몸의 부분들을 하나하나 차례로 모으지 않는다. 그러한 전이와

---

8 조광제, 『몸의 세계, 세계의 몸』, 이학사, 2004, 367.
9 강미라, 『몸, 주체, 권력: 메를로퐁티와 푸코의 몸개념』, 이학사, 2011, 63.

결집은 오히려 내 속에서 이미 항상 단적으로 수행되어 있다. 내 몸의 부분들은 바로 몸 자체이다. …… 그러나 몸은—아직 외적인 대상에 대한 어떤 것도 말하지 않는다면—우리를 결코 어떤 하나의 법칙 아래에 포섭되는 방식은 아닌, 눈앞의 통일성의 방식으로 이끈다. …… 그럼에도 나의 몸은 내 앞에 있는 것이 아니라, 내가 나의 몸 안에 있다고 할 수 있으며, 또는 오히려 나는 나의 몸이다.[10]

이러한 통일적인 주체로서의 몸은 물론 명료한 자기의식을 토대로 한 반성적 주체로서의 '나'는 아닐지라도 분명 이 세계 속에서 생동적으로 살아가는 익명적인 나를 가리키는 것임에는 분명하다. 그리고 메를로-퐁티는 오히려 후자를 본래적이고 근원적인 '나'로 보아야 한다고 주장하는 것이다. 이를 조광제는 "의식적이고 반성적이고 의지적인 자아 밑에 …… 몸적인 자아가 매설되어 있다는 것이고, 그것이 더 근본적이라는 것"[11]이라고 해석한다.

1.2 유기체로서의 몸

이와 같이 현상학에서 몸을 주체로 파악하는 주된 근거의 하나는 몸을 기계적인 대상으로서가 아니라 하나의 살아 있는 유기체로 본다는 데 있다. 후설은 "몸은 '유기적인 개체(organische Individualität)'이며, 단순히 물

---

10 M. Merleau-Ponty, *Phénoménologie de la Perception*, tr. by R. Boehm, *Phänomenologie der Wahrnehmung*, Berlin, 1966, 180.
11 조광제, 앞의 책, 111.

질적-물리학적 개체가 아니다. 즉, 자연에 대한 보편적인 물리학적 규칙만이 유일한 것은 아니다. 자연에는 또한 생물학의 규칙이 지배하고 있다."[12]고 말하고 있다. 메를로-퐁티도 같은 맥락에서 "생동적인 몸"[13]이라는 표현을 쓰면서, "나의 유기체는 나의 인격적인 실존의 밑바탕에서 선천적인 복합체라는 역할을 한다."[14]고 주장한다.

유기체는 기본적으로 자율적이고 독립적이다. 따라서 유기체로서의 몸은 하나의 독립적인 존재로서 스스로 자신의 삶을 책임져야 하는 존재이기 때문에, 주체적이고 능동적일 수밖에 없다. 몸을 유기체로 이해하는 것은 사실 하나의 상식이다. 그럼에도 불구하고 서구의 전통철학에서는 대체로 몸을 수동적인 대상으로 여길 뿐, 하나의 자율적인 유기체적인 존재로서 보고 이를 주제화하는 경우는 드물었다. 그러나 메를로-퐁티는 철저하게 몸을 유기체이자 독자적인 주체로 해석함으로써 몸에 대한 새로운 철학적 이해의 지평을 열었다는 점에서 그 의의가 있다.

유기체의 특징은 살아 움직인다는 것이다. 그러나 단순히 살아 있는 것이 아니라 어떤 목적성을 지니고 적극적으로 살아가는 것이 모든 유기체의 본성이다. 즉, 유기체는 생존을 위한 자기보존을 꾀하면서 부단히 자기의 발전을 위해 노력한다. 그러나 유기체의 자기보존을 위한 노력은 자기 내부에서 이루어지는 내적인 활동이 아니라 자기를 둘러싼 외부와의 끊임없는 투쟁과 상호작용으로 점철되어 있다. 이 몸을 둘러싼 외부를 메를로-퐁티는 **'세계'**로 표현한다. 유기체로서의 몸이 자기보존을 꾀하는

---

12 『상호주관성 II』, 67

13 M. Merleau-Ponty, *Phénoménologie de la Perception*, tr. by R. Boehm, *Phänomenologie der Wahrnehmung*, Berlin, 1966, 99.

14 같은 책, 108-109.

한, 몸과 세계는 불가분의 관계를 맺을 수밖에 없다. 그러므로 그는 몸을 가리켜 '**세계로 향한 존재(Zur-Welt-sein)**'[15]라고 표현한다. "몸은 세계로 향한 존재를 이끄는 운반체이다. 그리고 살아 있는 존재에게는 몸을 갖는다는 것은 특정한 주변 환경과 같이 어우러진다는 것이다."[16]

1.3 몸의 문화적 의미

이처럼 다른 현상학자들과 마찬가지로 메를로-퐁티에서도 주체로서의 몸과 세계는 밀접한 관계에 있으며, 양자 간의 관계 해명이 사실상 그의 철학의 핵심적인 주제라고 볼 수 있다. 그러나 현상학적으로 이해된 몸은 세계 속의 한 대상이라기보다는 세계의 주체로서 세계에 대해 의미를 부여하고 상호작용하는 적극적인 존재이다. "몸은 자신의 고유한 부분들을 세계의 일반적인 상징으로서 사용하고, 이에 의해 우리가 세계와 만나고, 이해하며 또한 여기에 의미를 부여할 수 있는 보기 드문 존재이다."[17] 이런 의미에서 메를로-퐁티는 "몸은 세계에 대한 우리의 뿌리박음이다."[18]라고 표현한다.

그런데 이러한 세계와의 밀접한 연관성은 몸이 단순히 순수 자연의 원초적 세계만을 마주친다는 것이 아니라, 이에 근거해 이른바 문화세계의 영역까지 포괄하고 접촉한다는 것을 의미한다. 현상학적 의미에서 자연과 문화는 서로 밀접한 상관성을 지니고 있으며, 양자는 바로 몸에 의

---

15 같은 책, 249.
16 같은 책, 106.
17 같은 책, 276-277.
18 같은 책, 174.

해 매개가 된다. 몸은 자연적이면서 동시에 문화적이라는 이중적인 속성을 지니고 있는 관계로, 물질적이면서 동시에 정신적이라는 이중성을 아울러 지니고 있다. 말하자면, 세계(자연)로서의 측면과 인간적 주체로서의 측면을 모두 지니고 있는 중간적인 존재자이다. "몸은 단순히 영혼의 실존을 위한 물질적 조건이 아니라, 말하자면 그것을 통해 우리 영혼의 내적 조건을 엿볼 수 있는 창문이다."[19] 그러므로 메를로-퐁티의 입장에서 "자연세계는 항상 문화세계와 결합되어 존재"[20]하며, "정신적인 혹은 문화적인 삶은 근본적으로 자연적인 삶에 그 뿌리를 내리고 있는 것"[21]으로 해석할 수 있다.

자연이 나의 개인적인 삶을 그 핵심까지 꿰뚫고 들어가고 이것과 불가분리로 결합되어 있는 것처럼, 나의 행동은 다시금 자연으로 내려와, 이 속에 하나의 문화세계의 형태로 흔적을 남긴다. 나는 단지 물리적인 세계만을 지니고 있는 것이 아니고, 또 단순히 땅, 공기, 물, 내 주변의 길, 숲, 마을, 공기, 거리, 교회, 도구, 초인종, 숟가락, 파이프 등으로 둘러싸인 주위세계 속에서만 사는 것이 아니다. 이 모든 대상은 그 자체가 이에 의해 촉발되는 인간적인 행위에 의해 특징지을 수 있다. 이 모든 것은 인간적인 분위기에 의해 채색되어 있다.[22]

---

19 Hwa Yol Jung, 이동수 외 역, 앞의 책, 90.

20 조광제, 앞의 책, 371.

21 같은 책, 258.

22 M. Merleau-Ponty, *Phénoménologie de la Perception*, tr. by R. Boehm, *Phänomenologie der Wahrnehmung*, Berlin, 1966, 398-399.

그런데 이러한 자연적 몸과 문화세계의 결부는 바로 몸이 일종의 **시간적, 역사적인 존재**라는 데 근거한다. "자연적 시간이 나의 역사의 중심부에 놓여 있기 때문에, 나는 내가 이 시간에 의해 둘러싸여 있음을 본다. …… 나의 역사에 선행하고 언젠가 이 역사를 끝내게 될 무정형의 실존에 대해 무언가를 추측하기 위해서, 나는 단지 내 자신 속에서 스스로 진행해가는 저 시간에 주목하기만 하면 된다. 이 시간을 바로 나의 개인적 삶이 완전히 가리지 않은 채 사용하는 것이다. 내가 구성하지는 못하는 이 시간에 의해 지지되는 나의 개인적 실존 속에서, 모든 지각은 자연을 배경으로 내게 그 윤곽을 드러낸다."[23]

몸의 이러한 시간성과 역사성은 이것이 하나의 유기체로서 자기보존 및 완성을 위해 어떤 목적성을 지니고 살아간다는 것에 이미 함축되어 있다. 그러나 무엇보다도 몸의 역사성을 가장 잘 드러내는 것은 몸이 **습관**을 지니고 있다는 것이다. 그리고 바로 이 점이 몸을 하나의 실존적이면서 동시에 상호문화적인 주체로 파악하게 하는 주된 근거가 된다. 그러면 이러한 몸의 습관은 어떤 의미에서 상호문화성과 연관이 있고, 또 상호문화성을 해명하는 데 어떻게 기여할 수 있는가에 대해 다음 절에서 좀 더 자세히 살펴보기로 하자.

---

23 같은 책, 398.

2 몸과 습관

2.1 몸의 습관화

메를로-퐁티에 따를 때, '세계로 향한 존재'로서 몸이 지니는 기초적인 능력은 몸의 습관성 덕분이다. "습관은 세계로의 우리의 존재를 확장하거나 새로운 도구들을 우리의 실존(삶: 필자 주)으로 편입시킴으로써 우리의 실존을 변화시키는 우리 능력의 표현이다."[24] 곧 메를로-퐁티에서 습관은, 세계와의 상호작용을 통해 세계에 의미를 부여하고 이 의미를 익힘으로써 형성된다. 그런데 그에게서 습관의 주체는 몸이므로, 습관의 형성과정은 정신적, 의식적이라기보다는 신체적이고 역동적이다.[25] "습관의 획득은 의미를 파악하는 것이다. 그러나 (몸을 통한: 필자의 삽입) 운동적 의미의 운동적 파악이다."[26] 따라서 메를로-퐁티는 전통적인 지성주의적 습관 개념을 넘어서서 '몸의 습관'에 대한 새로운 개념 틀이 필요함을 주장한다. "바로 습관의 현상은 우리에게 몸에 대한 우리의 개념뿐만 아니라 '이해'의 개념에 대해서도 수정하게끔 한다. 이해한다는 것은 지향과 실행, 우리가 의도하는 것과 주어진 것 사이에서 일치(조화)를 경험함을 뜻한다."[27]

몸의 습관성은 인간에게만 해당되는 것이 아니라, 일반 동물들도 반복

---

24 같은 책, 173.
25 조광제, 앞의 책, 136-137, 201 참조.
26 M. Merleau-Ponty, *Phénoménologie de la Perception*, tr. by R. Boehm, *Phänomenologie der Wahrnehmung*, Berlin, 1966, 172.
27 같은 책, 174.

된 훈련을 통해 몸의 습관성을 지닐 수 있다. 그러나 인간에게만 두드러진 것은, 인간은 도구를 다루는 것을 체화해서 몸의 습관으로 만든다는 것이다.[28] 가령, 자전거를 타거나 운전 등의 능력은 신체적인 도식과 문화적인 도식이 잘 어울려져 습관화된 형태이다. 악기를 다루는 것도 마찬가지이다. 한 번 익힌 이러한 습관은 설령 중간에 사용하지 않더라도 금방 되살아난다. 굳이 도구를 사용하지 않는 습관이라도 인간은 반복된 교육과 훈련을 통해 저차적인 것에서 매우 고차적인 것에 이르기까지 몸을 개개로 한 무수한 습관을 익힐 수 있다. 어쩌면 모든 인간의 습관은 몸을 배제하고는 불가능할지도 모른다. 고도의 수학적 사고나 추리력도 넓게 보면 몸의 습관에 바탕을 둔 것이다. 중요한 것은, 인간이 지닌 몸의 습관은 제한되어 있는 것이 아니라 원칙적으로 계속 확장할 수 있으며, 배움을 통해 언제라도 익힐 수 있다는 것이다. 곧 이 습관은 일반 동물들과 같이 자연적인 프로그램에 따라 결정된 본능적이고 제한적인 것이 아니라 그 야말로 인위적으로 형성된 **인공적**이라는 것이다.[29] 바로 그렇기에 우리는 이 습관을 '**문화적**'이라고 부를 수 있다.

　몸의 습관은 물론 개별적이지만, 이는 발생적으로 볼 때, 사회적, 문화적으로 형성된 것이라는 점에서 한편으로 공동체적이라는 성격을 지닌다. 대개 타인에 의한 교육이나 훈련 등을 통해 각 개인의 습관이 이루어

28　같은 책, 172-173 참조. 아울러 이러한 도구와 몸의 연관에 대한 문화적 해석은 강미라, 앞의 책, 196 참조.

29　이미 영아기의 단계에서 인간의 몸은 문화화 되어 있다는 주장은 강미라, 앞의 책, 102, 한정선, 「습관과 습관적 앎에 대하여」, 『철학과 현상학 연구』, 제29집, 한국현상학회, 2006, 5 참조. "아기가 자라면 자랄수록, 몸은 더 생물학적, 문화적 몸이 된다. 인간은 환경에 단순하게 적응하는 것이 아니라 물질문화의 구성을 통해 환경을 자신에 적응시킨다."(강미라, 앞의 책, 102)

진다면, 원칙적으로 습관은 상호주관적일 수밖에 없다.[30] 물론 몸의 습관은 좀 더 고차적인 습관과 비교해 주관적, 개별적인 성향이 다소 강하기는 하지만, 그렇다고 이것이 사회적인 성향을 지니지 않는다고 볼 수는 없다. 잠이 많다거나 특정 음식을 편식하는 것, 또 담배나 술을 좋아하는 것 등도 사실 개인적이라기보다는 사회적인 영향에서 이루어지는 것이다. 정확히는, 문화적인 배경이 개개인의 습관형성에 영향을 끼치는 것이다. "자연적인 몸은 태어난 후부터는 행동을 위해 '몸 스케마'를 갖추어야만 하고, 그것은 사회적, 문화적 맥락을 벗어나서는 형성되지 않는다."[31]

물론 몸이 지닌 순수 자연적, 선천적인 부분도 있다. 인간 신체의 메커니즘을 생물학적, 물리적으로만 본다면, 그런 면이 대부분일 것이다. 그러나 우리의 일상사는 대부분 문화적인 틀에 따라 환경에 적응된 '문화화된 몸'을 기반으로 이루어진다. 우리가 무의식적으로 행하는 대부분의 행동 또한 이러한 문화화된 몸을 통해 이루어진다. 그러나 문화화된 몸은 본래 문화의 영향을 받지 않은 순수한 몸의 상태로 온전히 되돌아갈 수는 없다. 몸과 문화는 이제 불가분리로 결합되어 있어서, 양자를 분리하기란 현실적으로 불가능하기 때문이다. 이는 마치 정신과 신체를 분리하려는 시도와도 같다.

2.2 상호문화성의 토대로서 습관화된 몸

그렇다면 이러한 문화화된 몸이 지니는 상호문화적인 의미는 무엇인

---

30 강미라, 앞의 책, 147-148, 197-198, 이 책의 제1부 2장 4절 참조.
31 같은 책, 148.

가? 정확히 말하자면, 이 몸이 상호문화성과 어떤 연관성을 지닐 수 있는 가 하는 점이다. 여기서 우선 고려해야 할 것은, 몸은 앞서 언급한 습관화를 통해 부단히 변화, 발전해간다는 것이다. 곧 몸은 역사적이다. 이러한 몸의 역사성은 한편으로 외부의 요인에 대해 개방적이고 민감하게 반응한다는 점과, 다른 한편으로 동시에 자신이 속한 문화의 내용들을 지속적으로 간직하고자 한다는 서로 대립적인 두 측면을 지닌다.

몸은 환경에 적응하기 위해 몸의 습관화를 계속해서 시도하게 되며, 이때 환경의 범위는 확정적으로 경계가 지어져 있기보다는 부단히 확장할 수 있다. 그러므로 비단 자신이 속한 문화권 안에서 폐쇄적, 고립적으로 변화, 발전하기보다는 이질적인 타 문화권에도 개방적으로 반응해서 몸의 습관화를 위한 과정을 지속할 의지를 보이게 된다. 곧 몸의 습관화는, 인간의 자기보존이라는 욕구를 극대화하는 방향에 부합하는 한, 특정 문화권에만 제한되지 않고 이를 넘어서서 부단한 초월을 시도하게끔 한다. 바로 그렇기에 타 문화권의 문화에도 대부분의 인간은 정서적으로 공감하고, 또 어떤 식으로든 반응을 보이면서 문화적인 융합을 가능케 하는 것이다.

그러나 다른 한편으로 몸의 습관은 이것이 습관인 한, 이를 계속 지속하려는 경향이 있다. "몸적인 자아는 아직도 자신에게 친숙했던 실천의 장을 계속 유지"[32]하려는 경향을 보이는 것이 정상이다. 곧 몸의 습관은 본래 이것이 생성된 문화적 요소를 유지하고 반영하고자 한다. 이처럼 개방성과 보수성의 두 요소 간의 갈등과 긴장관계가 몸의 습관성을 특징짓는다. 그러나 이 긴장관계가 몸의 상호문화적인 의미를 드러낸다.

---

32 조광제, 앞의 책, 111.

여기서 문화화된 몸이 지닌 개방성은, 물론 무조건적이고 모든 것에 대한 수용의 의미를 지니지 않는다. 자신의 친숙한 문화적 삶에 적응한 몸이 타 문화에도 긍정적으로 반응하기 위해서는 기본적인 공감대가 필요하다. 이는 몸이 지닌 보편적이고 동질적인 속성에 의존할 수밖에 없으며, 궁극적으로 몸의 자연적 성격에 크게 영향을 받게 된다. 가령, 고통을 회피하고 즐거움을 추구한다든지, 슬픔을 느낄 때 눈물을 흘린다든지, 기쁠 때 웃는다든지, 화를 내면 표정이 변한다든지 하는 인간 몸의 기본적이면서도 보편적인 습관은 어떤 문화권에서든지 공통된 양상을 띤다. 그러므로 이러한 기본적인 공통된 속성에 근거해, 우리 몸은 타 문화에 대해 개방적인 경향을 띠게 된다. 이는 몸의 자연적, 보편적 요소에 가까운 부분일수록, 타 문화에 대한 친밀성의 정도는 높아진다는 의미도 된다. 이러한 몸의 원초적 부분이 무엇인가 하는 점은 여기서 길게 상론하지 않기로 한다. 다만 이러한 자연적, 보편적 요소와 거리가 멀면 멀수록, 개방성의 정도는 떨어진다는 점은 분명하다. 가령, 어떤 문화권에서는 장례를 치르면서 크게 우는 것이 예의라면, 또 다른 문화권에서는 가능하면 울음을 참는 것이 예의라고 보기도 한다. 여기서 무엇이 인간의 자연적 본성에 가까운지는 판가름하기 어렵지만, 분명한 것은 여기서는 어느 쪽이건, 이미 몸의 자연적, 원초적 부분을 상당히 넘어서 있다는 점이다. 이런 경우, 우리 몸은 타 문화권에 대해 일단은 개방성보다는 그 이질성으로 인해 배타적이고 폐쇄적인 경향을 드러낼 것이다.

그러나 여기서 주의할 점은 몸의 자연적인 요소가 반드시 생물학적 의미에서 자연성을 의미하지는 않는다는 점이다. 우리가 정신적이고 고차적이라고 간주하는 것도 보편적인 자연적 본성으로 간주할 수 있다. 가령, 셸러는, 오히려 신체적 고통은 개인적, 주관적이지만, 예수가 인간에 대해 지녔던 슬픔은 모든 인류가 공감하고 공유할 수 있는 보편적인 정서라고 말한다.[33] 즉, 우리의 몸은 이러한 고차적인 정서에도 반응하고 또이의 토대가 될 수 있다. 그러므로 생물학적인 기준에 따라 이러한 몸의자연성과 보편성을 나눌 것이 아니라 얼마나 같이 공유하고 나눌 수 있느냐를 그 기준으로 삼아야 할 것이다. 이 기준은 물론 확고히 결정된 사항이 아니라 부단한 환경에의 적응과 타 문화와의 만남을 통해 확인되고 찾아야 할 것이다. 몸의 습관성은 끊임없는 변화와 발전과정에 있으며, 이러한 확장과정 속에서 인간의 몸이 지닌 자연적, 보편적 속성은 새롭게발견될 수도 있기 때문이다. 가령, 전혀 이질적인 문화권에서 기대하지못했던 유사한 신체적인 습관을 발견할 수 있으며, 또 반대로 유사할 것이라고 기대했던 습관이 타 문화권에서는 전혀 통용되지 않는 경우를 우리는 종종 목격한다. 전자는 대체로 결혼과 관련된 관습에서, 후자는 대개 양육과 관련된 부분에서 두드러진다.

그러나 우리 몸의 습관성을 위해 결정적으로 영향을 주는 것은 기후와같은 자연환경일 것이다. 사실 이 자연환경에 따라 몸의 습관은 매우 다양한 양상을 띠게 된다. 즉, 에스키모인들은 아프리카에 사는 원주민들과 신체적인 습관을 비롯해 여러 면에서 다를 수밖에 없다. 그러나 어떤사람이건 공기가 맑고 햇빛이 많은 곳을 좋아한다든지, 먹을 것이 풍부한곳을 선호한다든지, 부드럽고 온난한 기후를 선호하고 지나치게 건조하거나 추운 것을 회피한다든지 하는 기본적인 경향은 공통되게 지닌다. 말하자면, 생존을 위한 인간의 최소한의 자연적, 생물학적 요건, 가령, 태양빛, 공기, 영양섭취, 수면 등은 여러 자연환경에 따라 정도의 차이는 있더

---

33 M. Scheller, *Wesen und Formrn der Sympathie*, Bern, 1973, 60 참조.

라도 공통된 필수적인 요소를 이룬다. 이는 분명 인간이 보편적으로 지닌 생물학적 경향이기도 하고, 또 이것이 몸의 습관과 관련해서는 기본적인 토대를 이루기도 한다. 다만 이러한 보편성을 지향하고 전제하면서도 어쩔 수 없이 주어진 자연환경에 최대한 적응하는 과정에서 문화적 차이가 불가피하게 나타난다. 그러므로 여기서 이러한 문화적 보편성(동질성)과 차이의 매개역할을 하면서 양자를 조율할 수 있는 것은 바로 몸이다.

문화의 보편적 요소에 대한 개방적 태도와는 달리, 타 문화에 저항해 기존의 몸이 지닌 습관을 최대한 유지하려고 하는 배타성과 폐쇄성은 몸이 자연스럽게 **저항감**을 느낄 때 나타난다. 그런데 이러한 저항감은 대체로 몸이 자신이 기존에 지녔던 습관과 맞지 않는 영역에서 나타날 수밖에 없다. 이는 앞서 논의한 자연환경의 차이에 물론 영향을 받기는 하겠지만, 이와 절대적으로 일치하는 것은 아니다. 앞서 말한 바와 같이, 인간의 신체적 본성상 인간이 보편적으로 선호하는 기후와 환경이 분명히 있는 것이 사실이다. 이 점은 인간의 몸은 자연환경과 관련해, 오히려 어떤 보편적인 경향을 띤다는 점을 암시한다. 이런 맥락에서 몸이 저항감을 극명하게 느끼는 것은 사실 다른 자연환경보다는 이 환경에 적응하기 위해 이루어진 인간의 '문화'에서이다.

추운 지방에 살던 사람이 더운 지방에 가서도 시간이 지나면 잘 적응할 수 있으며, 그 반대의 경우도 마찬가지이다. 몸은 기후와 같은 자연적인 요소에는 어느 정도 쉽게 적응을 한다. 오히려 뿌리 깊게 거부감을 느끼게 하는 것은 대개 종교와 같은 고차적인 문화적 형태에서이며, 정치체제나 제도와 연관된 부분들이다. 물론 이러한 문화적 형태도 그 기원을 따라가면 자연환경과 연관을 맺고 있음이 드러나겠지만, 몸의 저항감은 일단 자연적인 요소보다는 이러한 좁은 의미의 전형적인 '문화적' 영역에서 강하게 나타난다. 그리고 이는 우리의 몸이 더 이상 자연스럽게 받아들이기 힘든 한계지점으로서 드러난다. 가령, 채식주의를 지지하는 불교문화권, 돼지고기를 금하는 이슬람문화권, 그리고 쇠고기를 금하는 힌두문화권 등에 대해 그렇지 않은 다른 문화권의 사람들이 느끼는 거부감 내지 저항감은 (물론 그 반대의 경우에서도 마찬가지로) 이성적이라기보다 신체적이며, 정확히는 신체적인 습관에서 유래한다. 이를 수용하기 위해서는 신체성을 넘어서는 고도의 의지적 결단이 필요한 것이다.

이렇게 몸이 습관적으로 쉽게 받아들일 수 있는 부분과 그렇지 않은 부분이 서로 상충, 갈등을 일으키면서 사실상 문화 간의 접촉과 변동은 시작된다. 그러나 인간의 몸은 폐쇄성보다는 개방성이 훨씬 강한 면모를 보이며, 몸이 받아들이기 어려운 한계지점은 사실 수용할 수 있는 부분과 비교해, 매우 적다. 그리고 이것 또한 전혀 극복하지 못할 것은 아니다. 왜냐하면 모든 인간의 몸은 주어진 환경에 최대한 적응하려는 본능적 경향을 띠고, (대개의 문화가 그 자연환경에서 최적의 상태를 유지하려는 이러한 인간 몸의 노력의 산물이라는 점을 고려할 때) 따라서 몸의 습관은 아무리 이질적인 배경에서 형성되었다 하더라도 궁극적으로는 서로 중첩되고 수렴되는 방향으로 나아간다고 보아야 하기 때문이다. 다른 문화권에 오랜 기간 머물면 머물수록, 그 문화권의 삶에 몸이 그만큼 깊이 적응할 수 있다는 것은 이를 뒷받침하는 중요한 근거가 된다. 이렇게 보면, 문화적 융합의 첨병역할을 하는 것은 사실상 인간의 몸이며, 인간의 몸이 지닌 습관화 경향은 결국 이러한 문화적 융합과 조응하는 방향으로 나아가게 된다고 볼 수 있다. 인간의 몸이 지닌 상호문화적 의미는 바로 여기에서 찾을 수 있다. 몸은 곧 문화와 문화를 연결하는 중요한 매개체로서 상호문화적 의미를 지닐 수 있는 것이다.

3 살과 상호문화성

3.1 주객미분리성에 대한 인간의 근원적 추구

인간의 몸은 앞서 언급한 바와 같이, 문화적이며 동시에 상호문화적이다. 이러한 몸의 문화적 성격은 몸이 폐쇄적이고 고립적인 경향을 지니는 것이 아니라 부단히 타자와 연관을 맺고 결합하려는 경향을 지니기 때문이다. 몸은 그만치 주변 환경과 세계의 내부로 깊이 침투해 있으며 주변 세계와 합일되려는 경향이 강하다. 이는 궁극에서는 **주객미분리의 상태**를 지향한다고 이해될 수 있다.

주관과 객관이 분화되기 이전의 원초적 상태는 사실 현상학이 추구하는 바이기도 하지만, 인간의 근원적인 본성이 지향하는 바이기도 하다. 고대에서부터 많은 종교의식이 신과의 합일이라는 명목으로 몰아의 지경에 이르는 것을 제의의 목표로 삼곤 했다. 고대 그리스의 디오니소스 제전이 대표적이다. 이 제전에서는 집단적으로 광란적인 춤과 노래 등으로 일상적 자신을 떠나 극도의 희열을 통해 이른바 근원적인 존재와 하나가 되는 체험을 시도한다. 피타고라스학파가 추종던 오르페우스교도 유사한 형태를 취한다. 즉, 영혼의 정화를 목적으로 몰아적인 상태에 이르도록 광란적인 행동을 통해 개별적인 자기를 초월하고자 한다. 이러한 종교의식은 겉으로는 종교성을 띠고 신성시되고 있지만, 사실상 자신을 잊고 무언가에 빠진다는 점에서 일종의 도취상태라고 볼 수 있다. 우리가 아름다운 자연에 넋을 잃고 빠져 있는 것도 유사한 체험이라고 볼 수 있다. 흔히 우리가 무아의 지경이라고 부르는 것이 바로 이러한 것이다. 여기서 몰아, 무아 등과 같이 이 모든 체험이 강조하는 것은 나를 잊거나 넘어서는 것이다. 말하자면, 자아정체성이 이루어지기 이전의 주관과 객관이 미분리된 상태를 지향한다. 주객미분리 상태에 도달하기 위해서는 이처럼 자기의식을 버려야 한다. 자기의식 자체가 이미 주관과 객관의 분리를 전제로 하기 때문이다.

그런데 이러한 주객미분리 상태는 원칙적으로 어떤 개별적 자아나 정신을 전제로 하기보다는 이러한 분화 이전의 원초적 상태를 의미한다. 그러나 이 상태는 사실상 '몸'의 상태를 가리키는 것 이외에 다름 아니다. 여기서의 몸은 물론 그 자체가 하나의 자아로 기능할 수 있지만, 근대적인 의미의 명료한 자기의식과 실체를 상징하는 '자아'와 같은 것이 아니라 세계와 혼연일체가 되어 그 경계조차 불분명한, 그러한 포괄적이고 모호한 의미의 자아이다. 몸은 분명 우리가 명료하게 반성을 통해 의식하고 사유하기 이전에, 이미 이 세계 속에 뿌리를 박고 있으며, 그런 점에서 이 세계와 불가분리의 관계를 맺고 있다. 현상학이 추구하는 이러한 긴밀한 상관성은 사실 뿌리 깊은 서양의 지성주의적 편견으로 인해 제대로 파악되기가 어려웠다. 이는 몸의 차원에까지 깊이 내려갈 경우에만 제대로 이해할 수 있기 때문이다. 그러므로 현상학에서조차 이러한 주관과 객관의 긴밀한 상관성은 종종 간과되곤 했다. 대표적으로 후기 후설은 이러한 중간 영역에 대해 분명 충분히 감지하고 있으면서도 그의 뿌리 깊은 데카르트주의적 성향 때문에 이를 충분히 드러내지 못했다. 그러나 그 뒤를 이은 하이데거나 메를로-퐁티는 현상학의 기본정신에 충실해, '기분'이나 '살' 등의 개념을 통해 이러한 주객일체의 상태를 표현하고자 노력한다. 그러나 몸을 기반으로 좀 더 철저하게 이러한 주객미분리성을 추구한 사람은 바로 메를로-퐁티이다.

메를로-퐁티는 그의 후기에 이르러, 이러한 주객미분리 상태에 대한 현상학적 탐구를 더 철저하게 진행해, 이의 가능근거가 무엇인지를 해명한다. 전통적인 철학적 도식에 따르면, 어떤 인식주체가 있고 이 주체가 세계를 인식하거나, 최소한 이 주체를 중심으로 세계와의 관계가 설정되는 것이 일반적이다. 이 주체가 합리주의자들이 말하는 정신 혹은 영혼이건, 또 유물론자 내지 경험론자들이 말하는 신체이건 간에, 인간과 세계의 관계는 항상 주체와 대상 간의 관계로 이해된다. 이때 대상은, 이것이 철학적으로 이해되는 한, 주체가 있음으로써 그 의미를 부여받는다. 설령, 현상학에서처럼 주체와 대상 간의 긴밀한 연관성을 강조한다 하더라도 이러한 구조 자체는 변함이 없다. 가령, 내가 어떤 것을 본다고 할 때, 여기서 중요한 것은 나의 봄이고, 또 내가 봄으로써 보이는 대상은 그 의미를 갖는다고 보는 것이 — 철학적이건 일상적이건 — 일반적인 생각이다.

그러나 메를로-퐁티는 이 생각을 뒤집어엎는다. 말하자면, 나와 대상 간의 상호교호성과 상호작용을 인정하면서, 내가 일방적으로 어떤 것을 보는 것이 아니라, 오히려 보이는 것이 나에게 직접 영향을 끼치면서 나를 본다고까지 주장한다. "우리의 몸은 우리에 대해 있는 보이는 것을 지배한다. 그러나 우리 몸은 보이는 것을 설명하거나 해명하지 못한다. 몸은 단지 흩어진 가시성의 신비에 집중할 뿐이다."[34] "보는 자는 그가 보는 것에 의해 잡혀 있기 때문에, 그가 보는 것은 여전히 그 자신이다. ⋯⋯ 그리하여 동일한 이유로, 많은 화가들이 말해왔듯이, '사물들에 의해 나 자신이 보이는 것을 느낀다. 나의 능동성은 똑같이 수동성이다.'라고 할 정도로 보는 자가 행하는 봄을 그 또한 사물들로부터 겪고 있는 것

---

34 M.. Merleau-Ponty, *Le Visible et l'invisible*, tr. by A. Lingis, *The Visible and the Invisible*, Evanston, 1968, 136.

이다."[35] 이에 따라 보는 자가 주체이고 능동적이며, 보이는 것은 항상 대상이자 수동적이어야 한다는 일반적 통념도 깨진다.

보는 자는 그 자신이 그가 보고 있는 세계에 대해 이질적이어서는 안 된다. 내가 보자마자 봄은 (세계의 이중적인 의미에 의해 잘 가리켜지는 바와 같이) 보조적인 봄 내지 다른 봄과 중첩되는 것이 필수적이다. 즉, 다른 자가 나를 보는 것과 같이 외부로부터 보여지고, 보이는 것 사이에 놓여지고, 이 보이는 것을 어떤 특정한 지점에서 고려하는 데 집중하는 나 자신에 대한 봄이 그것이다. 당장 우리는, 만약 우리가 이에 대한 완전한 경험을 갖고 있거나 혹은 부족한 어떤 것이 있다 할지라도, 어느 정도로 보는 자와 보이는 것의 동일성이 가능한지, 그리고 그것이 무엇인지에 대해서 탐구하지는 않을 것이다. 지금 당장 우리는, 보는 자는 그가 보는 것에 의해 소유되지 (possessed) 않고서는, 그리고 이 보이는 것과 같은 것이지 않는 한, 보이는 것을 소유할 수(볼 수: 필자 주) 없다는 것을 주목하는 것으로 충분하다.[36]

이 단락을 통해 볼 때, 보는 주체와 대상 간의 엄밀한 경계와 구분은 이제 무의미하며, 양자는 사실상 불가분리로 결합되어 있는 정도를 넘어서서 **동질적**이라고까지 주장된다. 따라서 메를로-퐁티는 "우리는 몸을 세계 안에, 그리고 보는 자를 몸 안에 놓거나, 또는 반대로 세계와 몸을 상자 속에 넣듯이 보는 자 안에 놓으려는 오래된 가정을 거부해야만 한

---

35 같은 책, 139.
36 같은 책, 134-135.

다."[37]고 주장한다. 그런데 이러한 보는 나와 보이는 대상 간의 상호교호성과 동질성을 주장하는 근거는 무엇인가? 메를로-퐁티는 이를 바로 그의 독특한 개념인 '살(la chair, flesh)'로 설명한다.

3.2 세계의 근본원리로서의 살

메를로-퐁티는 보는 자와 보이는 것 사이에 어떤 거리와 간격이 있다는 것을 인정하면서도 이것이 비어 있는 것이 아니라 무언가로 채워져 있다고 본다. 그래서 어떤 의미에서는 양자 사이에는 틈이 없다고도 볼 수 있다. 김형효는 이를 다음과 같이 설명한다. "내가 세계 속에 존재하는 사물을 바라볼 때, 나는 아무 빈틈이나 어두운 곳도 없는 총체적인 존재의 모든 모습을 보는 것이 아니다. 나의 비전은 존재를 보되 빈 곳과 無의 틈과 어둠의 그늘에 가려진 안 보이는 것과 함께 어떤 곳을 바라보게 됨을 말한다. 보이는 것은 언제나 안 보이는 것을 자신의 변증법적 계기로서 동반하고 있다. …… 보는 나는 보이는 것을 애무하고, 또 보이는 것은 보는 나에게 주의를 끌게 하고, 또 보이는 것은 안 보이는 것과 함께 나에게 출현하기에, 우리가 살고 있는 세계는 이미 사이 세계의 교류요, 교역과 같다."[38] 이 보는 자와 보이는 것, 또 보이는 것과 보이지 않는 것 사이를 채우면서 양자를 매개하는 근원적인 요소를 메를로-퐁티는 '살'이라고 규정한다.

---

37 같은 책, 138.
38 김형효, 『메를로-뽕띠와 애매성의 철학』, 철학과 현실사, 1996, 325.

보는 자와 보이는 것은 서로 주고받는다. 그리고 우리는 더 이상 어느 것이 보는 것이고, 어느 것이 보이는 것인지 모른다. 우리가 전에 살이라고 불러왔던 것이 바로 이러한 가시성의 본질이자, 감각되는 것 자체의 보편성이요, 나 자신에게 선천적인 익명성을 의미한다. 그리고 전통철학에서는 이를 지칭할 만한 어떤 이름도 없다는 것을 우리는 안다.[39]

이 살은 물질적이라고도 정신적이라고도 할 수 없으며, 또 어떤 특정한 형태를 지닌 실체적인 것도 사물적인 것도 아니다. 그럼에도 불구하고 이 세계의 모든 존재자를 휘감으면서 영향을 미친다. 굳이 말한다면, 고대 그리스철학에서 말하는 세계의 근본원리로서의 원소(element)에 비유할 수 있을 것이다.

살은 존재자를 형성하기 위해 서로 합해지거나 지속하는 미립자와 같은 존재의 의미에서 물질이 아니다. 보이는 것 또한 (나 자신의 몸뿐만 아니라 사물들은) 사실적으로 현존하고 나의 실제적 몸에 작용하는 사물들에 의해 존재성을 지니게 될 ― 신만이 어떻게 그런지 알 수 있는 ― 어떤 심적인 재료가 아니다. 일반적으로 살은 물질적이거나 정신적인 의미에서 사실이거나 사실들의 총합이 아니다. 이는 또한 마음에 대한 어떤 표상도 아니다. 마음은 그 자신의 표상에 의해 사로잡힐 수 없다. 살은 보는 자에게 필요불가결한, 이 보이는 것으로의 삽입을 거부할 수도 있다. 살은 물질도 아니고, 정신도 아니며, 실체도 아니다. 이를 지칭하기 위해, 우리는 (고대 그리스에

---

39 M. Merleau-Ponty, *Le Visible et l'invisible*, tr. by A. Lingis, *The Visible and Invisible*, Evanston, 1968, 139.

서: 필자의 삽입) 물, 공기, 흙, 불 등을 말하기 위해 사용된 의미에서, 오래된 용어인 '원소'라는 표현을 쓸 필요가 있다. 즉, 보편적 사물이자 시공간적 개별자와 이념 간의 중간자로서, 그리고 어디든 존재자의 파편이 있는 곳에서 존재의 양식을 가져다주는 일종의 육화된 원리의 의미에서 말이다. 살은 이러한 의미에서 존재의 '원소(element of Being)'이다.[40]

살은 이처럼 존재의 근본원리로서 세계 어디에나 퍼져 있다. 그러나 물질적이지 않기에, 눈에 보이는 것은 아니다. 그럼에도 실제로는 생동적으로 움직이고 있다. 살의 중요한 역할은 **존재자를 서로 연결시키는 것**이다. 우리의 눈으로는 전혀 연관 없이 떨어져 있다고 보이는 것도 살의 매개로 우리에게 다가오고, 또 영향력을 행사할 수 있으며, 나아가 양자는 결합될 수 있다. 이런 의미에서 메를로-퐁티는 "보는 자와 사물 사이의 살의 두께는, 사물에게 있어서는 이를 보이게끔 하는 데에, 또 보는 자에 있어서는 그의 신체성을 이루는 본질적인 구성요소이다. 이는 양자 사이의 장애물이라기보다는 서로 간의 소통수단이다."[41]라고 말하면서 살을 통한 양자의 결합을 가리켜 "보는 자와 보이는 것 간의 기묘한 유착"[42]이라고 표현한다.

살을 통한 이러한 존재자 간의 유착이 가능한 결정적인 이유는, 우리 몸을 포함해 이 세계 전체가 살로 이루어져 있고, 또 그런 점에서 존재자들이 살이라는 동질적인 요소를 지니고 있기 때문이다. "사물들은 몸의

---

40 같은 책, 139.
41 같은 책, 135.
42 같은 책, 139.

살에 깊이 각인되어 있고, 세계가 또한 바로 몸의 소재(살: 필자의 주)로 이루어져 있는 것처럼 몸에 대한 완전한 정의의 한 부분을 이룬다."[43] 곧 살을 통해 이 세계의 모든 존재는 서로 얽혀 있다. 이는 곧 현상학이 추구하는 주객이 미분화된 상태를 드러내는 것이라고 볼 수 있다. 여기서는 나와 너, 능동과 수동, 주관과 객관 내지 세계의 구분과 경계가 모호한 채 모든 것이 하나로 뒤엉켜 있는 것이다. 그런 의미에서 차이와 동일성의 엄격한 구분도 여기서는 사실상 무의미하다.[44] 이에 대해 앙리는 다음과 같이 해석한다. "나의 살 안에서 나는 나의 유기적인 신체의 삶이며, 또한 세계의 살이다. 이 본래적인 의미에서 세계는 삶의 세계(Lebenswelt)이다."[45]

3.3 살과 상호주관성

이러한 살을 토대로 한 유기적으로 연관된 세계에 대한 해석에서 주목할 것은 타자경험, 곧 상호주관성의 문제이다. 살을 매개로 원칙적으로 모든 존재자가 서로 연관성을 지니고 있다고 할 때, 나와 타자 간에도 분리와 차이보다는 유기적 연관성이 더 강조될 수밖에 없다. 그러므로 살의 세계에서는 타자에 대한 접근과 이해를 제한함으로써 일어나는 상호주관성의 문제는 제기되지 않는다. 나만의 사적인, 유아론적 세계는 여기서

---

43 M. Merleau-Ponty, "L'Œil et l'esprit", tr. by H. W. Arndt, "Das Auge und der Geist", *Das Auge und der Geist*, Hamburg, 2003, 280. 아울러 졸고, 「숭고의 현상학과 현상학적 예술론: 하이데거와 메를로-퐁티의 비교를 중심으로」, 『철학연구』, 철학연구회, 2009, 185-186 참조.
44 김형효, 앞의 책, 378-379 참조.
45 M. Henry, 박영옥 역, 앞의 책, 284.

는 더 이상 존재할 수 없기 때문이다. 살은 나에게 "나 자신의 봄과는 다른 봄에 열려 있게" 함으로써 "유아론적 가상을 폭로한다."[46] "각각의 작은 사적인 세계는 모든 다른 사람들의 세계와 나란히 병치되는 것이 아니라, 이에 의해 둘러싸이고, 이로부터 징발되며, 따라서 양자 모두는 함께 하나의 감각되는 것 일반 앞에 놓여 있는 하나의 감각하는 것 일반이라는 의미를 지닌다."[47] 살을 매개로 이제 나의 몸은 타자의 몸의 겉면뿐 아니라 내면까지 관통해 들어가고, 또 반대로 타자 또한 그러함으로써 양자 간에는 단지 피상적인 만남이 아닌 열려진 내적인 만남과 상호주관성이 가능해진다. 개별적인 주체의 닫힌 감각이 아닌 공통된 감각이 가능하기 때문이다.

이때, 그의 몸과 나 자신의 몸의 일치된 작용을 통해 내가 보는 것이 그를 관통해 지나가고, 내 눈 아래에 있는 이 목초지의 개별적인 녹색은 나 자신의 것임을 중지함이 없이 그의 봄 안에 침투해 들어가며, 나는 내가 본 녹색 속에서 그가 본 녹색을 인지한다. …… 여기서는 타 자아의 문제는 없다, 왜냐하면 보는 것은 나나 그가 아니고, 봄 일반으로서 익명적인 가시성이 우리 둘 모두에게 거주해 있기 때문이다.[48]

이리하여 나의 지각과 타자의 지각은 살을 매개로 하는 한, 서로 일치하고 상호보완적이 됨으로써 지각의 신뢰성과 타당성은 높아진다. "다른

---

46 M. Merleau-Ponty, *Le Visible et l'invisible*, tr. by A. Lingis, *The Visible and Invisible*, Evanston, 1968, 143.
47 같은 책, 142.
48 같은 책, 142.

사람의 눈을 통해 우리는 우리 자신에 대해 완전히 보이게 된다."[49]

(세계 혹은 나의) 살은 우연이나 혼돈이 아니라 그 자체로 되돌아오고 그 자체에 적합한 일종의 직물이다. 나는 나 자신의 눈의 망막을 결코 볼 수 없다. 그러나 어떤 것이 내게 확실하다면, 이는 누군가 나의 안구의 근저에서 저 무디고 은밀한 얇은 막을 발견하기 때문일 것이다. 그리고 최종적으로 나는 이를 믿는다. ― 나는 내가 인간의 감각을 지니고 있고, 인간의 몸을 지니고 있음을 믿는다. ― 왜냐하면 우리가 직접 대면해 판단해보면, 다른 사람들의 것과 크게 다르지 않은, 내가 본 세계의 광경은 다른 사람들과 함께 하는 바로서의 나뿐만 아니라, 명백히 가시성의 전형적인 차원이자 궁극적으로 봄의 실질적인 핵심인, 어떤 탐지자(detector)를 또한 전형적으로 가리키기 때문이다. 이리하여 불투명한 몸과 불투명한 세계 사이의 접합점(살: 필자의 주)에 보편성과 빛의 광선이 있다."[50]

살이 있음으로써 나의 몸에 의한 지각과 타자의 지각 사이의 경계가 불분명하기도 하지만, 이는 한편으로 나의 지각에 타자의 지각이 공동으로 참여한다는 의미도 지님으로써 그만큼 주관적이라고만 여겨온 개별적 지각의 한계를 넘어서 보편성을 지닐 수 있게 하는 긍정적인 계기를 마련해준다. 살은 이처럼 서로 다른 "몸들 간의 관계를 읽어서 짜 맞추는"[51] 역할을 함으로써 상호주관성의 현상학적 해명 및 정당화를 위해 중요한 토대

---

49 같은 책, 143. "다른 사람의 몸을 통해 나는 세계의 살과 몸의 어울림 속에서 몸이 그것이 받아들이는 것 이상으로 기여를 하는 것을 본다."(같은 책, 144)

50 같은 책, 146.

51 같은 책, 144.

역할을 한다.

3.4 살의 현상학적 의미

그런데 여기서 살이 이처럼 보편적인 존재의 원리로서 이 세계 전체를
주재한다고 할 때, 주목할 점은 살이 지니는 '탈인간적' 성격이다. 살의 세
계는 물론 앞서 논의한 몸의 원초적, 자연적 영역과 겹치기는 하지만, 몸
을 인간적 주체의 몸으로 본다면, 분명 이보다는 훨씬 더 근원적인 어떤
존재의 상태를 나타낸다고 할 수 있다. 그런 점에서 살의 논의는 선인간
적 혹은 탈인간적 상태를 가리키는 것이라고 해석할 수도 있다. 김형효는
이러한 살의 철학이 지니는 탈인간중심주의적 성격을 다음과 같이 해명한
다. "그러므로 '존재=살'이라는 그의 후기철학의 결론은 '존재=인간의 살'
이라는 그런 인간중심주의를 결코 의미하지 않는다. …… 즉 살은 얼룩말
의 무늬와 바탕처럼 판별하기가 어렵고, 서로 상반된 것끼리 가까이 가기
위하여 서로 좀 구부린 그런 스타일을 갖고 있다. 인간도 그런 상반된 구
부린 존재의 스타일 속에 사는 요소이기에 자연도 세계도 살이고, 인간도
살이며, 로고스도 살이다. 그러나 그 살은 인간의 살만을 결코 뜻하지 않
는다."[52] 조광제도 유사한 의미에서 메를로-퐁티의 살의 세계를 선인간적
인 것으로 해석한다. "한 가지 덧붙이자면, 메를로-퐁티가 말하는 세계는
궁극적으로 하이데거가 말하는 세계와 그 차원이 전혀 다르다는 것이다.
앞에서 말한 것처럼 하이데거가 말하는 세계는 인간 현존재의 존재 내지
는 삶을 벗어나서는 도무지 성립할 수 없지만, 메를로-퐁티가 말하는 세

---

[52] 김형효, 앞의 책, 378-379.

계는 오히려 '인간적인 가면'의 밑바탕에 있는 감각 덩어리로서의 세계이다."[53]

메를로-퐁티의 살의 철학이 지니는 이러한 탈인간주의적 측면은 분명 철학적으로는 의미가 있다.[54] 그러나 여기서 문제는 크게 두 가지이다. 첫째는, 살의 철학을 이렇게 탈인간주의적으로 해석할 때, 과연 이를 현상학적이라고 볼 수 있느냐 하는 것이다. 우리는 앞서 현상학의 핵심적 성격을 인간중심적인 데서 찾았고, 또한 주체로서의 인간의 역할이 현상학에서 중요한 것으로 파악했다. 둘째는, 이렇게 살을 선인간적인 현상으로 볼 때, 마찬가지로 인간적인 것으로 이해한 문화, 특히 상호문화성과 어떻게 연관을 지닐 수 있는가 하는 점이다. 우선 첫 번째 문제부터 살펴보자.

현상학이 무엇이냐 하는 것은 여전히 논란의 여지가 있지만, 우리에게 주어지는 '현상'을 바탕으로 한다는 데에는 이론의 여지가 없다. 그러나 여기서 이 현상을 어떻게 이해하고, 또 어디에 초점을 두느냐에 따라 해명방식이 달라진다. 앞서 우리는 현상 개념이 지닌 두 측면을 지적하면서, 현상은 주관적 체험의 측면과 이 체험을 야기시키는 존재 자체의 측면으로 나누어 볼 수 있다고 했다. 대체로 현상학의 초점은 전자에 맞추어져 있으나, 후자에 관심을 두고, 현출을 통한 주어짐의 방식보다는 현출함 자체에 집중적인 관심을 쏟는 학자도 있다. 본래의 현상학적 의미에서는 물론 전자가 적절한 현상학적 탐구영역이기는 하나, 현상개념을 확

---

53 조광제, 「충동으로서의 봄에 대한 고찰」, 『철학과 현상학 연구』, 제40집, 한국현상학회, 2009, 51.

54 하이데거와 비교해 메를로-퐁티 철학에 내재된 탈인간주의적 경향의 긍정적 의미에 대해서는 졸고, 「숭고의 현상학과 현상학적 예술론: 하이데거와 메를로-퐁티의 비교를 중심으로」, 『철학연구』, 철학연구회, 2009, 180-189 참조.

대해서 후자까지 현상학의 범주에 포함시킬 수는 있다. 그러나 이것이 인식론적이라기보다는 존재론적이라는 점에서 후자를 현상학이 아닌 이른바 존재론적 탐구라고 구분해 해석하기도 한다. 바로 하이데거의 존재론이 대표적인 사례이다. 현상학 연구자들 사이에서는 후설 현상학이 대체로 인식론적으로 정향된 것을 이유로, 하이데거의 이러한 존재론적 탐구를 현상학과 구분하려는 경향이 강하다. 그러나 후설이나 하이데거 모두 인간적 주체를 중심으로 논의를 전개하고 있다는 점에서는 여전히 인간중심주의의 틀 속에 있고, 그런 점에서 넓은 의미의 현상학에 모두 포괄된다고 볼 수는 있다. 그러나 메를로-퐁티의 살의 철학은 인간 이전의, 좀 더 근원적인 존재의 차원으로 흘러갔기에, 더더욱 이것이 현상학적일 것이냐가 논란이 된다. 현상학의 최소한의 조건은 현상을 받아들일 어떤 인간적 주관성의 존재를 전제로 해야 하기 때문이다.

　그러나 조광제는 메를로-퐁티가 비록 인간중심주의를 넘어섰다고 하더라도 여전히 현상학의 지반에 놓여 있다고 해석한다. 조광제는 후설과 하이데거가 모두 인간중심적으로 세계를 이해하고 또 이 틀 속에 현상학의 탐구영역을 제한했지만, 과연 인간적인 현상만이 현상학의 주제인가에 대해 이의를 제기한다. 그는 "인간을 넘어선, 탈인간적인, 심지어 오히려 인간을 포섭하면서 인간을 인간이게끔 하는 데 근원적으로 작동하고 있는 영역"[55] 또한 현상학의 탐구주제여야 하며, 따라서 "현상학이 지향성을 근본원리로 해서 성립한다고 해서, 지향적인 관계를 벗어나버린 탈인간적인 영역을 끌어들이면 곧바로 현상학적 분석이 되지 않는 것은 아니다. 탈지

55　조광제, 「충동으로서의 봄에 대한 고찰」, 『철학과 현상학 연구』, 제40집, 한국현상학회, 2009, 42.

향적인 영역을 발견하게 되는 것은 지향성 원리를 염두에 두지 않고서는, 불가능하지는 않다 하더라도 그 존재론적인 의미를 가질 수 없기 때문이다."[56]라고 말한다. 곧 메를로-퐁티의 살의 이론이 분명 탈인간적인 논의이기는 하지만, 상관성을 강조하는 현상학의 지향성의 이념과 간접적인 연관을 지니는 한, 여전히 현상학적이라고 보는 것이다. 그러므로 그는 "우리는 메를로-퐁티의 살 존재론이 현상학적이라고 말할 수밖에 없다. 현상학을 바탕으로 하지 않고서는 이러한 봄과 보임의 신비를 있는 그대로 본다는 것이 불가능하기 때문이다. 그의 살 존재론이 지향성의 원리를 바탕으로 하지 않는다는 것은 확실하다. 그런데도 그의 살 존재론을 현상학적이라고 말하는 것은 한편으로 그가 현상학의 개념을 한껏 넓혀 '인간을 넘어선 현상학'을 구축하고 있다는 것을 말하는 셈이다."[57]

김형효도 이와 유사한 맥락에서 메를로-퐁티의 살이론이 비록 본래의 현상학적 성격에서는 다소 벗어나기는 했지만, 여전히 현상학적이라고 본다. "(메를로-퐁티의: 필자의 삽입) 후기철학은 현상학적이라기보다는 존재론적이고, 체험의 현상학으로 존재를 해명하기보다는 비전의 양가성이나 교차배어적 문법으로 존재를 구조화하려는 경향을 더 강하게 보이고 있다. 그러나 그가 자기의 교차배어법적 존재론을 살의 존재론, 살의 '족내 존재론'으로 부르고 있음에 비추어, 그가 초기의 현상학, 몸의 주체성을 겨냥하는 현상학을 결코 포기한 것이 아님을 알아야 한다. 단지 그는 반성 이전의 현상학을 비전이라는 반성의 차원으로 끌어올려 현상학을 존재론으로 재해석한 것이다. …… 그러므로 살은 현상학적으로 '내 몸'이

---

56 같은 논문, 46.
57 같은 논문, 51.

면서 동시에 존재론적인 '사이 세계'와 다르지 않다."[58]

이러한 두 연구자의 입장을 정리하면, 메를로-퐁티의 살의 이론은 현상학의 기본 틀을 완전히 벗어난 것이라기보다는 현상학의 영역을 확장한 것이라고 할 수 있다. 단지 살의 개념은 현상학이 추구해온 **주객미분리성을 보다 구체화하는 개념**으로 보아야 할 것이다. 그런 의미에서 메를로-퐁티의 살의 철학은 근본적으로 현상학적이라는 것이 또한 필자의 생각이다.

3.5 살의 상호문화적 의미

이제 살이 어떻게 문화적일 수 있는가에 대한 두 번째 문제를 생각해보자. 살이 지니는 복합성과 얽혀 있음을 고려할 때, 살은 꼭 순수하고 단일한 성격을 지니고 있지 않다. "현상학적인 세계는 순수 존재가 아니다."[59] 살은 다양한 층을 그 안에 포괄하고 있으며, 또 그에 따라 다양한 측면을 내보이기도 하는 복합적인 모습이다. 살이 오직 자연적이라면, 우리의 몸은 자연적이고 감각적인 부분과만 결합관계를 맺을 수 있다. 그러나 "접합점으로서의 살의 존재는 결코 감각적인 것과 감각적인 것만을 차이 속의 접목처럼 이어주는 것만은 아니다."[60] 그러므로 살은 자연적인 요소만이 아닌, 이른바 정신적, 문화적인 요소 또한 그 자체 안에 포괄하고 있다. 살 속에서, 정확히는 살을 매개로 자연과 문화는 사실상 하나로 통합

---

58 김형효, 앞의 책, 347.

59 M. Merleau-Ponty, *Phenomenologie de la perception*, tr. by R. Boehm, *Phänomenologie der Wahrnehmung*, Berlin, 1996, 17.

60 같은 책, 349.

되어 있다. 이런 의미에서 메를로-퐁티는 "표현으로서의 살의 등장이 침묵의 세계에 말과 사유를 삽입하는 출발점이다."[61]라고 하면서, "우리는 어떤 식으로든 사유하기 위해 보고 느껴야 하며", "모든 우리에게 알려진 사유는 살로서 나타난다."[62]고 말하고 있다.[63]

이제까지의 논의를 정리하면, 살은 존재의 근원적인 요소로 표현되고 또 몸 이전의 근원적인 층을 가리키는 것으로 묘사되고 있지만, 사실 이는 몸의 근본적 특성을 가리키는 것이기도 하다. 즉, 몸이 지닌 세계와의 불가분리적 결합성을 메를로-퐁티는 살이라는 개념으로 설명하고 있는 것이다. 몸과 세계는 살이라는 공통된 매질을 통해 하나가 될 수 있고, 자연과 문화 또한 그러하다. 곧 살은 나의 몸과 자연, 문화 그리고 세계가 하나로 연관되어 있음을 설명하는 하나의 방법론적 개념이다. 그렇다면, 좀 더 논의를 확장해 살과 상호문화성은 어떤 연관이 있을까?

살이 지니는 전 포괄적, 포섭적인 성격을 고려할 때, 이것이 상호문화성과 연관되어 있다는 것은 쉽게 파악될 수 있다. 문화와 문화 간의 연관성을 이루는 근원적 토대로서 우리는 이미 몸이 중요한 역할을 함을 앞서

---

61 M. Merleau-Ponty, *Le Visible et l'invisible*, tr. by A. Lingis, *The Visible and Invisible*, Evanston, 1968, 145.

62 같은 책, 146.

63 이런 맥락에서 김형효는 살과 문화, 자연과 문화의 상관성을 다음과 같이 설명한다. "이처럼 문화와 자연도 존재의 천을 짜나가는 두 가지 실이란 요소에 불과하다. 의식의 철학은 문화와 자연을 이원적으로 대립시킨다. 왜냐하면 세계의 존재는 의식을 가지고 있지 않기 때문이다. 그러나 메를로-퐁티의 존재론의 입장에서 인간이 스스로 생각하는 문화도 존재의 이중적 구조 안에서 생각하는 것에 불과하고, 또 그가 생각하는 역사와 문화도 그의 몸을 통하여 자연과의 살아 있는 교섭과 교역을 통하여 익힌 역사와 문화이기 때문에, 존재의 세계는 역사적인 것(문화적인 것)과 자연적인 것(야생적인 것)의 사이에 연결마디로서의 매듭을 짓게 하는 '사이 세계'요, 뒤섞인 잡종의 애매성을 지니지 않을 수 없다."(김형효, 앞의 책, 374)

확인했다. 몸은 타 문화의 접촉에서 호감 내지 거부감을 표현하면서, 보이지 않게 타 문화의 중심부로 진입해 적응하려고 한다. 이처럼 몸은 기본적으로 상호문화적인 경향을 띤다는 것이 앞서의 우리의 입장이었다. 그런데 여기서 몸이 왜 이렇게 타 문화에 가까이 가려고 하고, 또 이로부터 영향을 받는가 하는 점에 대해서는 앞서 명확히 해명할 수 없었다. 그런데 이제 살의 개념을 통해 우리는 어느 정도 실마리를 찾을 수 있다. 살이 메를로-퐁티의 주장대로 모든 **존재를 감싸고 이어주는 역할**을 한다면, 즉 전 세계에 퍼져 모든 존재를 하나로 끌어들이는 역할을 한다면, 이는 우리의 몸이 왜 타 문화권(혹은 이 속에서의 타인)에 대해 민감하게 반응하고, 또 이에 이끌리는지에 대한 하나의 설명이 될 수 있다. 물론 혹자는 이러한 설명 방식이 지나치게 신비스럽고 비합리적이어서, 하나의 합리적인 철학적 해명은 될 수 없다고 주장할 수도 있다. 그러나 이미 본 바와 같이, 몸은 우리 인간의 가장 근원적인 토대를 이루면서 문화의 밑바닥을 형성하고 있다. 그리고 이러한 층은 어떤 점에서는 합리적으로 드러나거나 해명되기가 어려운, 모호한 부분이기도 하다. 메를로-퐁티는 오히려 참된 현상학적 해명은 존재를 개념적으로 명료하게 분석하는 것이 아니라 애매성 속에 있는 존재의 모습을 불명료한 그대로 드러내는 것이라고 보았다. "따라서 감각적인 존재와 인간들에 대한 우리의 경험 전체는 바로 세계 그 자체로서 궁극적인 것이자 해명 불가능한 것으로 생각해야만 한다."[64]

이러한 논의를 토대로 우리는 어떻게 몸이 상호문화적인 경향을 띠는

---

64 M. Merleau-Ponty, *Le Visible et l'invisible*, tr. by A. Lingis, *The Visible and Invisible*, Evanston, 1968, 256,

지에 대해 살의 개념을 근거로 좀 더 명료하게 이해할 수 있게 된다. 살의 개념은 특히 몸과 세계(문화세계)가 어떻게 불가분리적으로 결합되어 있는지에 대해서도 좀 더 분명한 이해를 주고 있다.

4 자연과 문화

4.1 자연과 문화의 분리 경향

앞서의 논의를 통해 자연과 문화는 밀접한 연관을 맺고 있음을 보았다. 보다 구체적으로 말한다면, 자연과 문화의 경계는 불분명하며, 인간이 바라보는 자연은 사실상 "문화적 자연"[65]의 의미를 지닐 수밖에 없다. 물론 자연과 문화는 개념상 구분되며, 좁은 의미에서 볼 때는 대체로 자연적인 영역과 문화적인 영역을 나눌 수 있다. 흔히 우리가 '자연으로 돌아가자'고 할 때, 여기서의 자연을 우리는 문화적인 요소가 가능한 배제되고 이에 의해 영향을 받지 않은, 그러한 순수한 자연으로 생각한다. 그러나 현상학적인 관점에서 보았을 때, 그러한 완전히 순수한 자연은 현실적으로 존재하지 않는다. 아니 정확히 말하면, 그러한 자연을 분리해 추출해낼 수가 없다. 인간의 시선으로 바라본 자연은 어쨌든 인간에 의해 의미 부여된 자연이며, 그런 한 문화적인 의미를 함축하게 된다. 물론 앞서 본, 살을 토대로 하는 탈인간적인 순수자연이 존재하지 않느냐고 반문할 수도 있다. 그러나 그 이념상, 살이 탈인간적인 면모와 현상을 가리킨다 하

---

[65] 『상호주관성 III』, 439.

더라도, 이미 본 바와 같이, 삶의 세계는 여러 복합적인 요소들이 뒤엉켜 있다. 비록 여기에 탈인간적, 탈문화적 요소가 있다고 하더라도 이는 인간적인 요소와 섞여 있기 때문에, 이를 순수하게 분리한다는 것은 현실적으로 불가능하고 의미도 없다. 사실 메를로-퐁티의 삶을 통해 바라본 세계의 궁극적인 의도도 여기에 있을 것이다.

그러나 현상학적으로 이러한 자연과 문화의 밀접한 연관성이 강조되고, 또 모든 자연현상을 하나의 문화적 현상으로 이해하려는 노력이 의미가 있다고 하더라도 우리가 일상적으로 항상 이를 의식하고 살고 있는 것은 아니다. 오히려 일상적인 인간은 현상학적인 시선과는 달리 자연적 태도의 소박성 속에 머물러 있으며, 그런 한 주관과 무관하게 그 자체로 객관적으로 존재하는 세계의 실재성을 믿으면서 살아간다. 말하자면, 객관주의적인 편견을 지닌 채 일상생활을 영위해간다. 이러한 일상성에 스며들어 있는 객관주의적인 편견은 매우 뿌리가 깊고, 또 자연적 태도 일반이 지니는 근본속성이기도 하기에, 우리는 이를 당연하게 여기며 살아간다.[66] 즉, 주관과 세계의 대립을 당연시 함과 동시에 보이지 않게 자연과 문화의 구분과 대립 또한 당연하게 받아들인다. 사실 전자를 추구하다보면, 후자는 자연스럽게 뒤따라오게 된다. 대개 자연은 객관적이고 실제적으로, 문화는 주관적, 인간적, 관념적인 것으로 받아들이기 때문이다. 그러나 자연과 문화가 반드시 이러한 속성을 지니는 것이 아님을 이제까지의 논의를 통해 우리는 분명히 확인했다.

그럼에도 일상적으로 광범위하게 퍼져 있는 자연과 문화의 분리 경향은 의외로 우리의 일상사를 견고하게 지배하고 있다. 이는 특히 현대사회

---

66 이와 관련해서는 이 책의 제1부 2장 2절 참조.

에 오면서 두드러진다. 주지하다시피 현대사회는 이른바 정보화 사회로서, 눈에 보이는 구체적이고 물질적인 것보다는 보이지 않는 정보시스템과 정보들로 가득 차 있다. 그래서 우리는 자연이 물질적이고 구체적이면서 우리 삶의 하부토대를 형성하고 있다면, 이러한 정보시스템과 구조는 일종의 상층부를 형성하는 일종의 문화로서 추상적이고 이념적인 것으로 바라본다. 여기서 자연스럽게 자연과 문화의 대립과 구분 경향은 더욱 견고해진다.

4.2 탈자연적 이념적 문화의 문제점

그런데 문제는 정보화사회를 이끄는 이른바 컴퓨터 문화, 즉 사이버 문화가 현대문화의 주류로 자리 잡으면서, 자연과 문화의 연관성은 이제 거의 고려되지 않은 채, 사이버 문화는 자연과는 무관한 이념의 세계에서만 존재하는 것으로 간주되고 있다는 것이다. 사이버 문화는 종종 인간으로 하여금 문화가 근본적으로 자연적인 요소와 결부되어 생성되었다는 사실 자체를 망각하게 한다. 그러므로 사이버 문화는 이제 마치 인간을 지배하면서 인간을 자신만의 고립된 영역으로 끌어들여 도무지 빠져나가지도 못하게 하는 것으로 보인다. 그럼으로써 사이버 문화 자신이 인간을 매개로 자기영역을 극도로 확장해가는 것이다. 이는 앞서 살펴본 문화결정론의 주장에 손을 들어주는 결과가 된다. 그렇다면, 자연과 문화의 결합을 일관되게 주장해온 현상학의 입장에서 이러한 사이버 문화는 어떻게 이해해야 하며, 또 이를 현상학적으로 어떻게 극복할 것인가? 이러한 사이버 문화에 대한 현상학적 극복 및 대안은 후설의 근대 자연과학 비판과

이를 극복하기 위한 생활세계론에서 어느 정도 실마리를 찾을 수 있다.[67]

후설에 따르면, 문화는 가장 낮은 단계의 신체적, 본능적 단계에서 고차의 학문적, 정신적 단계에 이르는 다양한 층을 갖고 있다. 그런데 후설은 문화가 나름의 위계질서와 '목적론적' 경향이 있다고 본다. 여기서 후설의 기본 입장은, 비합리성에서 합리성에 이르는 발전과정이 인류문화의 발전과정이라는 것이다. 이는 문화가 진전되고 나아갈수록, 문화는 구체적인 것에서 추상적인 단계로 진행됨을 의미한다. 근대 자연과학의 이념화(Idealisierung)는 바로 이의 전형적인 예이다. 이념화는 '유한한 현실'을 초월해 무한성 속에 존재하는 '이념적 극한체'로서의 존재를 정립하는 것이다.[68] 그러나 그럼으로써 이념화는 구체적인 세계에 대한 직접적 경험적 접촉의 상실이라는 대가를 치른다. 이념적 대상은 현실 속에도 심지어 인간의 상상 속에서도 존재하는 것이 아니다. 즉, 이념적 세계는 현실과는 유리된 별도의 세계를 형성한다. 물론 모든 문화가 이러한 이념화를 토대로 형성된 것은 아니다. 근대자연과학은 사실 근, 현대문화에서 나타나는 한 특정 형태일 수 있다. 그러나 중요한 점은, 인간의 문화는 보이지 않게 궁극적으로 이처럼 이념화하는 경향이 있다는 것이다. 그러면 이러한 추상화, 이념화하는 경향은 무엇 때문인가? 앞서 살펴본 화이트에 따르면, 문화자체의 원리에 따라 저절로 그렇게 된다고 볼 수 있겠으나, 후설에서는 해석이 조금 다를 수 있다. 후설은 철저히 인간을 매개로 해석

---

67 아래의 사이버 문화에 대한 현상학적 해석과 비판은 ("후설에 따르면, ……"부터 다음 5절 전체) 졸고, 「현상학과 문화 – 자연과 문화의 관계를 중심으로 –」, 『철학』 제101집, 한국철학회, 2009, 44-52의 내용을 본 책의 형식과 흐름에 맞게 일부 수정한 것을 제외하고는 사실상 그대로 옮겨온 것임을 밝혀둔다.

68 『위기』, 359-360 참조. 이념화에 대한 보다 상세한 설명은 또한 같은 책, 24-25 참조.

을 시도하므로, 그 원인도 인간의 본성에서 도출된다.

인간은 여타의 다른 고등동물들과 같이 욕구를 지닌 존재이다. 그런데 인간만의 고유한 특징은 이 욕구가 무한하다는 것이다. 욕구가 충족되었다 하더라도 더 큰 욕구를 위해 계속 나아가는 것이 인간의 특성이다. 여기서 이러한 인간의 욕구가 궁극적으로 지향하는 것은 무엇인가? 그것은 바로 '완전함'이다. 인간은 유한한 존재이기에 자신의 유한함을 넘어서고자 부단히 노력한다. 그러나 원칙적으로 이러한 유한성은 완전히 극복될 수 없기에, 인간은 헛된 줄 알면서도 끊임없이 완전함에 집착한다. 이러한 완전함의 모델은 서구에서는 전통적으로 신이었다. 곧 신에 근접하고 신과 같은 존재가 되고자 하는 인간의 욕구가 바로 완전함에 대한 집착으로 표출되는 것이다.[69] 그런데 근대 자연과학은 이러한 인간의 욕구를 충족시켜줄 좋은 수단이 된다. 바로 수학을 토대로 세계를 이념화한 것이다.[70]

수학적 이념화는 "완전성의 실천"[71]이라는 주도적 관심 속에서 인간이 염원하는 "보다 더 완전해질 수 있는 방법"[72]에 근접한 최선의 것으로 간주된다. 수학은 완전한 '이념적 형태'를 그 대상으로 하기 때문이다. 따라서 "수학적 실천 속에서 우리는 경험적 실천 속에서 얻을 수 없었던 것,

---

69 완전함과 신 그리고 이를 지향하는 인간의 욕구에 대한 보다 상세한 논의는 졸고, 「기술시대와 사랑의 윤리학 −후설, 하이데거, 프롬의 사랑론을 중심으로−」, 『철학연구』 제66집, 철학연구회 2004, 149−151, 「현상학과 신비주의: 후설 현상학을 중심으로」, 『철학연구』 제103집, 철학연구회, 2013, 82−83 참조. 이에 대한 논의는 이 책의 제2부 6장 3절에서 '이성의 목적론'의 문제를 다루면서 다시 이루어진다.

70 이런 의미에서 후설은 근대의 수학적 이념화의 발견을 "본능과 방법의 혼합"(『위기』, 39)이라고 말한다. 이와 유사한 표현은 같은 책, 53 참조.

71 같은 책, 23.

72 같은 책, 38.

곧 정밀함(Exaktheit)에 도달한다."[73] 곧 완전함에 대한 추구와 수학적 이념화는 불가분의 관계를 맺게 된다. 이때 결정적인 것은 이념화의 기술화이다. 이념화는 기술과 연관되면서 완벽한 기술이라는 이념이 형성되었으며, 이러한 이념화된 기술을 도구로 인간은 자연을 정복하게 된다. 여기서 인간은 자신을 기술의 주체라고 생각하면서 마치 전능한 신인 것처럼 여기게 된다. 이러한 완전함으로의 의지가 근대문명을 이끈 원동력이었고, 인간은 자신도 모르게 이러한 흐름에 휩쓸리게 된 것이다. 곧 이념화를 매개로 한 완전성이 서구 근대 문화를 지배하는 한 축이 된 것이다.

후설이 생활세계를 매개로 자연과학을 비판하는 주된 이유의 하나는, 바로 이 이념화가 인간에게 무한한 추상적 세계로 시선을 돌리게 하기 때문이다. 그리고 자연과학적 사고에 익숙해진 현대인들은 이 추상적 세계가 참된 세계라고 믿고 이를 절대시하는 경향이 있다. 이를 후설은 바로 '생활세계의 망각'이라고 표현한다.[74] 그러나 그 밑에 가려진 더 큰 문제는, 근대자연과학을 토대로 한 현대 기술문명은 이 이념화된 세계 속에 인간을 편입시키고 이념적 기준으로 인간을 규정하려고 한다는 것이다. 그럼으로써 인간은 하나의 기계적 부품과 같은 존재로 전락해 인간이 소외될 수밖에 없다. 여기서의 핵심은 완전함을 표방하는 이념화된 세계와 유한한 인간 사이의 부조화 및 갈등이다. 결국 후설이 이념화를 비판하면서 던지는 메시지는, 인간의 유한함을 있는 그대로 인정하고 인간의 경험을 통해 주어지는 유한한 세계, 곧 생활세계를 바로 참된 세계로 받아들여야 한다는 것이다. 후설은 생활세계의 가장 대표적인 특징을 가리켜 직

---

73 같은 책, 24.
74 같은 책 48 이하 참조.

접적으로 지각 가능한 경험세계라는 점을 든다. 그런데 지각 가능하다는 것은 바로 이러한 유한성을 의미한다.[75] 그러나 이를 자각하기 위해서는 이념화의 경향에서 벗어나 원초적이고 감성적인 생활세계로 시선을 돌려야 한다. 정확히는 이러한 이념적 문화가 자연적 세계를 그 밑바탕으로 하고 있으며 이것으로 규정되어 있다는 사실을 깨달아야 하는 것이다.

그러나 이러한 시선변경은 쉽지가 않다. 왜냐하면 현대인들은 너무나 깊게 자연과학적 사고에 물들어 있고 이를 당연하게 여기기 때문이다. 더구나 이념화는 인간의 뿌리 깊은 욕구에 바탕을 두고 있기 때문에, 여기에서 벗어나야 할 동기를 찾기도 쉽지가 않다. 그러므로 후설은 여기서 거의 종교적 개종에 비유될 만한 '객관과학에 대한 에포케(Epoché von der objektiven Wissenschaft)'를 제안한다. 이는 현대 성인의 사고방식을 사로잡고 있는 "객관과학적 인식을 더불어 수행하는 것에 대한 판단중지"[76]로서, 객관과학적 사고방식 일체를 보류 내지 무력화하고 객관과학의 이론적 성과를 단지 하나의 문화적 산물로만 받아들여 그 절대성을 상대화하자는 것이다. 이를 통해 후설은 이념적인 추상적 세계의 뿌리인 생활세계의 모습을 드러내고, 현대 인간들로 하여금 생활세계적인 감성적 삶의 의미를 새로이 깨닫게 하고자 한다. 이런 의미에서 후설은 객관과학에 대한 에포케를 "생활세계적 에포케"[77]라고도 부른다.

그러나 현대기술문명의 발달과정은 지나치게 가속화되고, 자연에서, 정확히는 자연을 바탕으로 한 생활세계에서 너무나 멀리 떨어져 진행되

---

75 생활세계의 유한성에 대해서는 K. Held, "Die Endllichkeit der Welt", *Philosophie der Lebenswelt*, Würzburg, 1992 참조.

76 『위기』138.

77 같은 책, 140.

고 있다. 바로 우리가 지금 논의하고자 하는 사이버 문화가 대표적인 예이다. 이러한 사이버 문화의 도래 앞에서 다만 자연적인 생활세계를 향한 귀환 내지 상기만으로 모든 문제가 해결될 수 있는 것인가? 그렇다면 여기서 자연과 문화의 결합은 이러한 사이버 기술시대에 어떤 실천적 의미를 지니게 될 것인가?

생활세계는 그 자체가 문화를 머금고 있는 하나의 보편적 세계이다. 그런 한에서 문화와 대립적인 것은 아니다. 그럼에도 불구하고 후설이 생활세계의 망각이라는 표현을 통해 우려하는 것은, 문화가 점차 고도화되면서 이것이 자신의 토대를 이루는 생활세계의 자연적 속성과 유리되는 경향을 보인다는 것이다. 기술문명이 덜 발달된 전근대적 사회에서는 사실 이러한 경향은 두드러지지 않았다. 문화와 자연과의 결합이 가시적이고 자연과의 밀착성도 높았기 때문이다. 그러나 수학적 이념화와 같이 고도의 이념성이 문화를 주도하게 된 근대 이후는 상황이 달라진다. 현대의 문화를 주도하는 현대기술은 자체의 논리적인 네트워크와 체계 속에서 움직이려 할 뿐, 자신의 자연적 뿌리를 인정하지 않으려 한다. 이른바 추상적이고 인위적인 시공간에서 별도의 세계를 구성하고자 하기 때문이다. 후설이 우려한 이러한 경향은 20세기 후반 이후 더욱 가속화되고, 이제는 사실상 걷잡을 수 없는 단계에 이르렀다. 이른바 컴퓨터의 등장으로 인한 사이버 공간이 창출되었기 때문이다.

5 몸과 사이버 문화

5.1 사이버 공간의 비인간성

사이버 공간은 "컴퓨터들이 전 지구적으로 상호 연결됨으로써 열려진 공간"이며, 사이버 문화는 바로 이 속에서 이루어지는 "실천, 기술, 가치, 행동" 등을 일컫는다.[78] 사이버 공간은, 보다 구체적으로 말하면, '컴퓨터 그래픽 공간' 혹은 '인터넷 공간'을 말하는데,[79] 좁은 의미로는 후자만을 가리킨다. 이처럼 사이버 문화는 컴퓨터를 매개로 한 문화라는 점이 특징이다. 컴퓨터는 현대기술문명이 낳은 가장 대중적이면서도 최첨단의 도구라는 점에는 이의가 없을 것이다. 그러나 문제는 컴퓨터가 기계라는 점이다. 그렇다면, 이것은 오직 수리적이고 기계적 규칙에 따라 움직이며, 이에 의해 창출되는 네트워크 또한 그럴 수밖에 없다. 인터넷을 중심으로 한 사이버 문화는 기존의 현실적 장벽을 허물고 다양한 의사소통의 가능성을 열어 놓았다는 점에서 긍정적으로 평가받을 수 있는 여지가 있다. 그러나 잘 알려져 있다시피, 적지 않은 사람들이 컴퓨터를 매개로 창출된 사이버 공간과 실제 현실을 혼동하거나, 현실 속에서 실현되지 못한 욕구를 사이버 공간에서 무제한으로 분출하는 경향이 나타남으로써 부작용이 나타나고 있다. 그러나 이 부작용은 그것의 긍정적 가치와 비교해 무시할 수 있거나, 극복될 수 있는 가벼운 것이 아니라는 점에 그 심각성이 있다. 기본적으로 기계적 체계를 바탕으로 한 사이버 문화와 인간의 생물학적,

---

78 P. Levy, *Cyberculture*, 김동윤, 조준형 역, 『사이버문화』, 문예출판사, 2000, 13.
79 홍성태, 「사이버」, 『현대문화이해의 키워드』, 이학사, 2007, 235-236.

자연적 본성이 상충하기 때문이다.

사실 사이버 문화도 인간의 욕구가 창출해낸 하나의 대표적인 문화적 산물이다. 앞에서 우리는, 인간은 기본적으로 인간적 유한성을 초월해 무한과 완전함을 지향하며, 이러한 욕구가 비교적 성공적인 형태로 충족된 것이 근대 자연과학임을 보았다. 사이버 문화는 사실 바로 이것의 연장선상에서 이루어진다. 현실에서의 한계는 사이버 공간과 문화에서는 쉽게 넘어설 수 있다. 현실에서 하나인 나는 사이버 공간에서는 여럿이 될 수도 있고, 물리적 시공간을 넘어서서 생로병사로부터 자유로울 수 있으며, 현실에서는 결코 실현될 수 없는 것에 대한 상상 또한 자유로이 표출될 수 있다. 그러므로 사이버 공간은 '가상현실'로도 흔히 표현된다. 이런 의미에서 사이버 공간은 극단적으로 표현해 가장 비현실적인 공간이다.[80] 그럼에도 불구하고 대중들이 이 공간에 탐닉하고 안주하는 이유는 인간의 잠재적 욕구를 쉽게 충족시켜주기 때문이다. 이 욕구충족은 현실에서의 인간적 유한성의 초월을 전제로 이루어진다. 그러나 이 유한함은 인간의 기본조건이자 본성을 특징짓기에, 유한함의 상실은 '인간성의 근본조건의 상실'과 마찬가지의 의미를 지닌다.[81] 결국 사이버 공간과 사이버 문화는 여기에 참여하는 인간에게 은연중에 욕구충족을 대가로 현실을 망각하거나 가능한 떨어질 것을 요구한다. 인터넷에 중독되거나 장시간 컴퓨터 게임을 할 경우 현실과 가상공간을 혼동하거나 의도적으로 현실을 회피하려고 하는 이유가 바로 여기에 있다. 그러므로 사이버 공간에서 각 개인

80　이런 맥락에서 홍성태는 "사이버 공간은, 아무리 가상현실이라는 이름으로 열렬히 추구되고 있을지라도, …… 결코 현실화될 수 없다."(홍성태, 같은 논문, 235)고 단언한다.

81　이봉재, 「컴퓨터, 사이버 스페이스, 유아론: 사이버 스페이스의 철학적 의미」, 『매체의 철학』, 나남출판, 1998, 199-200 참조.

은 극단적인 유아론, 곧 타인과 교류가 없는 자기만의 세계에 빠질 우려
가 있는 것이다.[82]

5.2 사이버 문화의 극복 대안으로서의 몸

사이버 문화는 그것이 지닌 개방성과 보편성 그리고 정보에 대한 신속
하고도 용이한 접근성 등을 고려하면 그 긍정적 가치를 결코 무시할 수
없다. 그러나 사이버 문화가 지니는 태생적 문제, 곧 유한한 현실과 실재
로부터의 도피 내지는 회피 경향은 매우 근본적이어서, 양자가 양립하기
는 쉽지 않아 보인다. 이로부터 곧 생활세계와 사이버 문화는 서로 부조
화적 속성이 있다고 말할 수 있다.[83] 사이버 문화는 이제껏 인류가 낳은 문
화 중 생활세계로부터, 정확히는 자연적 생활세계에서 가장 멀리 떨어진
문화이다. 그러므로 사이버 문화의 확장은 본래의 생활세계의 망각을 넘
어서서 생활세계의 잠식에 이를 수도 있다. 사이버 문화가 생활세계의 다
른 모든 문화를 포괄하면서 전체문화를 지배할 가능성도 배제할 수 없기
때문이다. 그렇다면 이러한 사이버 문화의 위험으로부터 어떻게 벗어날
수 있는가? 여기서 생활세계는 다시금 하나의 대안이 될 수 있을까?

이때 하나의 실마리가 될 수 있는 것이 앞 절에서 언급한 '객관과학에

---

82 같은 논문, 199 참조.
83 사이버 문화와 현상학을 대립적으로 보려는 필자의 입장과는 달리, 이종관은 가상현실로
서의 사이버 문화와 현상학이 접목될 수 있는 긍정적인 가능성을 현상학적 진리론과 하이
데거의 예술이론에서 찾고 있으며, 현상학이 오히려 가상현실을 철학적으로 정당화하고
탐구할 수 있는 적절한 대안으로 간주하고 있다. 이종관, 『사이버 문화와 예술의 유혹』, 문
예출판사, 2003, 70-111 참조.

대한 에포케'이다. 이 에포케는 본래 자연과학적으로 사고하지 않고 세계를 바라보게끔 하는 것으로, 자연과학에 의해 가리워진 생활세계의 진면목을 재발견하자는 데 의미가 있다. 곧 자연과학적 세계는 생활세계의 한 부문만을 특정화해 추상화한 것임을 깨달음으로써 생활세계의 보편성과 토대성을 깨닫게 하는 데 주안점이 있다. 그러나 한편으로 이는 자연과학적 세계가 참된 세계가 아니고, 아울러 이를 현실로 착각하지 말라는 메시지가 담겨 있다. 그렇다면 사이버 문화에 대해서도 이와 유사한 에포케가 시도될 수 있지 않을까?

사이버 문화에 대한 에포케는, 만약 시도된다면, 객관과학에 대한 에포케와 마찬가지로 인터넷 공간에는 참여하면서, 이 공간이 실제 현실과는 다른 것임을 깨닫는 데 초점을 맞춰야 할 것이다. 그럴 경우, 사이버 문화의 무한한 자기증식에 제한을 가하게 된다. 그러나 인터넷 공간에서의 의사소통은 사실상 이미 우리의 현실에 깊이 편입되어 있고, 우리는 이를 당연히 받아들인다. 또한 인터넷 공간과 같은 사이버 공간은 현실과 비현실이 뒤섞여 공존하고, 경우에 따라 현실보다도 더 현실 같은 이미지와 정보를 제공함으로써, 우리는 이의 실재성과 진실성에 대해 의심하지 않는다.[84] 그러므로 우리는 사이버 공간을 현실과 다른 가상의 공간으로 인정하기가 쉽지 않다. 바로 여기에 객관과학에 대한 에포케에서와는 다른 차원의 어려움이 있다.

그러나 분명 사이버 문화는 신체적 접촉이 차단되고, 이를 넘어서는 가상의 공간에서의 문화이다. 그렇기에 우리의 실제적 현실과는 분명 다르다. 이 다름의 인정은, 물론 사이버 문화가 거짓임을 의미하는 것은 아니

---

84 같은 책, 196, 홍성태, 앞의 논문, 244 참조.

다. 이 또한 하나의 정당한 문화이다. 그러나 이는 어디까지나 하나의 가상성과 상징성을 전제로 한 문화이다. 따라서 사이버 문화에 대한 에포케는 객관과학에 대한 에포케에서와 마찬가지로 사이버 문화의 타당성을 단지 하나의 가능한 문화적 사실로 상대화시켜보자는 것뿐이다. 이러한 상대주의적 태도에서만 우리는 사이버 공간과 문화가 하나의 절대적 현실 내지 실재가 아님을 인식하고 보다 개방적인 태도로 사이버 문화를 향유할 수 있다. 그러나 이러한 에포케를 통한 태도변경은, 사이버 문화가 생활세계에서 도출되고, 이의 일부라는 사실을 인정하고 전제할 때만이 가능하다. 화이트식의 문화결정론 내지 문화자율성 주장과 같이 사이버 문화의 독자성을 고수할 경우, 폐쇄된 사이버 공간에서 벗어나 이 속의 문화를 상대화해서 보기는 쉽지 않다. 결국 자연과 문화의 통일이라는 앞서의 현상학적 논의를 재확인하는 작업이 필요하다. 자연은 사이버 문화의 가상성과 비현실성을 폭로할 수 있는 유일한 저항요소이기 때문이다. 그러나 생활세계에서 너무나 멀리 떨어진 것으로 간주되는 사이버 문화가 자연적 생활세계와 재접촉하기 위해서는 어디에서 시작해야 할 것인가?

사이버 문화 또한, 앞서 본 바와 같이, 우리의 인간적 본성 내지 욕구에서 생겨난 것이고, 여전히 인간의 생물학적인 기반에 있는 한, 아무리 이것이 기계적이고 기술적인 시스템의 지배를 받는다 하더라도 여전히 자연에 뿌리를 두고 있다. 그러므로 사이버 문화와 생활세계를 연결시켜주는 일차적 매개체는 인간의 '몸'이다. 따라서 인간의 신체적 요소를 부단히 강조하면서 이로 인한 현실적 삶에서의 한계를 사이버 공간 안에서 끊임없이 환기시키는 방법이 하나의 적절한 대안이 될 수 있다. 이런 한에서만, 생활세계와 사이버 문화는 조화로운 관계를 유지할 수 있으며, 사이버 문화 또한 이른바 인간적인 문화로 자리 잡을 수 있을 것이다. 사이버 문화의 독주는 결국 자연적 삶이 지니는 유한성에 의해 제한을 받음으로써만 막을 수 있다. 그러나 문화자체의 논리를 존중해 사이버 문화에 독립성을 부여한다면, 기형적인 사이버 문화의 무한증식은 불가피해질 것이다. 현실적 구속을 벗어난 사이버 문화는 그야말로 광적인 속도로 전파될 것이기 때문이다. 그리고 어쩌면 이것은 자연과 동떨어진 모든 문화가 지니는 필연적인 운명일 수밖에 없을 것이다.

2장
감정과 상호문화성[1]

1 감정의 상호문화성에의 접목과 배경

앞서 살펴본 몸이 상호문화성의 형성을 위한 가장 근원적인 실질적 토대를 이룬다면, 이 몸을 통해 발산되는 광범위하면서도 최초의 인간적 반응은 바로 감정이다. 감정은 인간 행위 중 신체적인 영역과 정신적인 영역의 중간적인 부분에서 나타나는 것으로서, 그런 한에서 한편으로는 원

---

1   이 장은 졸고 「이질감과 친근감 – 상호문화성의 양면성에 대한 현상학적 고찰–」, 『철학과 현상학 연구』 제50집, 한국현상학회, 2011의 내용을 토대로 이를 수정 보완한 것이다. 일부 내용은 문장 그대로 옮긴 부분도 있고, 일부는 새로 첨가된 부분도 있으나, 전반적으로 이 논문의 기본 관점과 틀을 그대로 유지했다. 여기서 1, 2, 3절의 경우는 (특히 3절), 다소 관점을 달리해, 원 논문을 심화, 발전시킨 부분이 많지만, (4절은 전적으로 새로 작성한 글이다.) 5절은 원 논문의 내용을 거의 수정 없이 그대로 전재한 것임을 밝힌다. 구체적인 전재 사항은 해당 세부 절에서 언급하기로 한다. 그러나 수정된 부분과 그대로 옮긴 부분을 구분해 일일이 지적하지는 않는다.

초적이고 자연적인 부분과 다른 한편으로는 정신적이고 윤리적인 부분의 양자에 걸쳐 양자를 포괄하고 매개하는 역할을 한다. 그런 점에서 앞서 살펴본 자연과 문화의 연관성을 어떤 의미에서는 몸보다 좀 더 구체적으로 보여주기도 한다. 우리의 일상사에서 이 감정이 차지하는 비중과 중요도는 굳이 언급할 필요가 없지만, 특히 상호문화성과 관련해서는 각별히 중요한 의미를 지닌다.

앞선 논의에 따를 때, 상호문화성은 다음 세 가지 조건을 필수 전제로 한다.[2] (1) 각 문화 간의 차이와 다양성을 인정한다. (2) 문화적 차이를 목적론적으로 위계질서화해 이해하지 않고 모든 문화에 대해 동등한 가치를 부여한다(존중한다). (3) (2)를 전제로 서로 다른 문화 간의 상호공감대와 융합의 가능성을 모색한다. 그런데 주목할 점은, 이 세 항목 모두 타 문화를 접촉하는 사람의 주관적 체험과 태도가 결정적인 역할을 한다는 점이다. 결국 상호문화성의 철학적 탐구는 이 **주관적 체험과 태도**의 문제를 어떻게 해명하느냐에 그 핵심이 있다. 그런데 우리의 눈길을 끄는 것은 어떠한 문화이건 간에, 타 문화에 대한 접촉은 그 원초적 단계에서 감정의 양태로 나타난다는 점이다. 우리가 어떤 감정 없이 타 문화를 바라보는 일은 있을 수 없다. 특히 이는 최초의 접촉에서는 분명하다. 그러므로 감정은 상호문화성을 위해 필수적인 역할을 함을 알 수 있다. 그렇다면, 감정은 구체적으로 어떻게 상호문화성의 토대가 되고 또 이를 위해 기여할 수 있는지 현상학적인 관점에서 살펴보기로 하자.

2   이와 연관된 상세한 내용은 이 책의 제1부 1장 4절 참조.

2 감정의 현상학과 상호문화성[3]

2.1 문화와 감정

상호문화성과 연관된 감정의 현상학적 의미에 대해 해명하고자 할 때, 우선 상호문화성을 위해 감정이 필요한 근본적 이유를 먼저 밝혀야 한다. 모든 문화가 지니는 나름의 합리적이고 윤리적인 측면을 고려할 때, 비합리적인 주관적 감정이 과연 상호문화성에 기여할 수 있는가에 대해 회의적인 입장도 충분히 가능하기 때문이다. 이 문제에 대한 답을 우리는 상호문화성과 관련된 연구가 상당히 축적되어 있는 현상학 분야에서 이루어진 최근의 두드러진 두 연구에서 찾아보기로 한다.

우선 감정이 상호문화성과 밀접한 연관을 지니고 있으며 그 이유가 무엇인지에 대한 실마리는 헬트의 생각에서 찾아볼 수 있다. 그에 따르면, 모든 문화세계는 자신을 특징짓는 고유한 "그에 상응하는 습관(Gewohn-heitlichkeit)"[4]에 근거를 두고 있다. 그런데 이 습관은 합리성에 바탕을 두기보다는 감정에 기반을 두고 있다. 헬트는 우리의 일상적 삶이 사실상 감정의 복합체인 "근본적인 기분(grundlegende Stimmung)"[5]에 의해 지배

---

3 이 절의 전 내용은 졸고, 「이질감과 친근감 ―상호문화성의 양면성에 대한 현상학적 고찰―」, 『철학과 현상학 연구』 제50집, 한국현상학회, 2011, 74–82의 내용을 수정 보완한 것으로서 여기서 헬트의 주장은 이 논문에 실린 내용 그대로를 옮긴 것이지만, 발덴휄스의 주장과 관련해서는 일부 새로이 첨가된 내용들이 있다.

4 K. Held, "Möglichkeiten und Grenzen interkultureller Verständigung," (Eröff-nungsvortrag der internationalen Tagung in Prag von OPO, 2002), in: http://www.o-p-o.net/essays/HeldArticleGerman.pdf, 2002, 4.

5 같은 논문, 7.

되고 있다고 보면서, 그 주된 근거로서 모든 문화의 가장 궁극적인 바탕이 되는 '탄생'과 '죽음'의 사건이 인간의 감정과 이를 둘러싼 기분에 의해 의미부여되고 있다는 점을 제시한다.[6] 이러한 문화의 바탕이 되는 감정은 일상적으로는 잘 드러나지 않고 잠재해 있지만, 보이지 않게 우리의 일상적 삶을 관통하고 있다는 것이 그의 생각이다.

헬트는 이러한 심층적 기분 내지 "기분의 조합(Stimmungskonstella-tionen)"[7]에 바탕을 둔 문화적 습관, 곧 "심층적 기분에 뿌리박고 있는 문화를 형성하는 습관"[8]이 한 문화의 고유성과 정체성을 구성하며, 바로 이것이 문화의 상이성과 다양성의 궁극적 근거라고 본다. 즉, 개개 문화권에서 이루어지는 무수한 감정의 조합들과 이에 근거한 습관들은 다른 문화권의 그것들과 한편으로는 공통점을 보이기도 하지만, 다른 한편으로는 차이가 날 수밖에 없기에, 바로 여기에 상호문화적 이해의 근본적인 어려움이 있다고 주장한다. 이런 의미에서 헬트는 "문화적 세계들 간에 심층적인 기분들에 뿌리를 둔 습관들로 하나의 심연과 같은 간격이 발생한다."[9]고 말하면서, 이의 구체적인 예로 가족에 대한 서구와 동양권의 감정에 뿌리를 둔 시각 차이와 이로부터 파생된 깊은 문화적, 정치적 차이를 나름의 역사적인 통찰에 근거해 제시하고 있다.[10]

이러한 헬트의 통찰은 우리에게 두 가지 점에서 중요한 의미가 있다. 첫째는, 바로 문화가 감정적 요인에 지배되고 있음을 드러냄으로써 일반

---

6   같은 논문, 6-7 참조.
7   같은 논문, 7.
8   같은 논문, 8.
9   같은 곳.
10 같은 논문, 9-10 참조.

적인 통념과는 달리, 문화 자체가 근본적으로 감정적인 성격을 지니고 있음을 밝혀주고 있다. 이는 한편으로 왜 우리가 다른 문화를 접할 때, 우선 감정적으로 반응하는지 그 이유에 대한 하나의 설명이 된다. 즉, 타 문화를 바라볼 때, 모든 사람은 자기가 속한 문화의 시선에서 이를 바라보게 되고, 이때 자신의 문화에 내재된 감정적 요소가 은연중에 표출되어 영향을 미치게 된다는 것으로 이해할 수 있다. 둘째는, 타 문화에 대한 접근과 이해를 근본적으로 어렵게 하는 것이 그 문화에 고유한 감정 내지 기분이라는 점을 강조함으로써, 이는 한편으로 타 문화의 고유한 감정적 성격만 제대로 이해한다면, 참된 상호문화성 내지 상호문화적 이해에 도달할 수 있다는 점을 알려주고 있다. 특히 인간 감정의 보편적 성격을 감안할 때, 이는 더욱 가능성이 높아진다.[11]

헬트의 주장은 상호문화성을 이성적으로 해명하려고 하면, 그 한계에 봉착할 수밖에 없다는 점을 간접적으로 가리키는 것으로서, 감정을 매개로 상호문화성에 접근하고자 하는 우리의 시도를 이론적으로 뒷받침해준다. 그러나 헬트의 주장만으로는 아직 상호문화성에 대한 감정의 의미를 온전히 밝히기에는 부족하다. 그의 주장은 문화가 감정에 깊이 뿌리를 박고 있다는 것으로서, 이는 좀 더 깊이 살펴보면, 한편으로 우리의 일상적 감정 또한 우리의 문화에 영향을 받고 있음을 의미한다. 곧 양자가 깊은 연관을 맺고 있음을 가리키고 있는 것이다. 그러나 이 경우 문제가 되는 것은 감정이 지닌 문화연관성이 오히려 상호문화성에 저해가 될 수도

---

11 이런 의미에서 헬트는 "모든 문화적 세계에는 다른 문화세계와의 교류를 통해, 부분적으로 일치하는 세대적 습관의 영역에 잠재해 있는, 다른 측면의 경험가능성을 드러낼 수 있는 가능성이 원칙적으로 열려 있다."(같은 논문, 11)고 말한다. 문화세계가 지니는 이러한 감정적, 정서적 특성에 대해서는 뒤의 5장 2, 3절에서 다시 언급된다.

있다는 점이다. 즉, 우리는 우리 자신의 문화에 의해 감정적으로 또 습관적으로 깊은 영향을 받고 있기 때문에, 타 문화에 대한 객관적이고 편견 없는 감정은 오히려 불가능할 수 있다.[12] 따라서 감정을 상호문화성 논의에 의미 있게 적용하기 위해서는, 어떻게 우리의 습관화된 일상적 감정이 개개문화의 구속에서 벗어나 상호문화적인 영역으로 진입할 수 있는가를 먼저 밝혀야 한다.

우리는 이 문제의 해결에 대한 실마리를 본래적 체험을 중시하는 현상학적인 방법론에서 찾을 수 있다고 본다. 우선 주목해야 할 것은, 앞에서도 언급한 바와 같이, 상호문화성의 출발이자 기본전제는 문화의 다양성과 차이의 인정이라는 점이다. 그런데 이 다양성과 차이의 인정은, 현상학적으로 볼 때, 상이한 문화의 이질성에 대한 구체적 체험에 기반을 두어야 한다. 따라서 현상학적 방법론에 근거해 상호문화성을 해명하려는 많은 연구자들이 공통적으로 관심을 갖고 있는 것이 문화적 이질성에 대한 원초적 체험, 곧 철학적인 용어로 표현한다면, '타자성에 대한 직접적 체험'이다. 그런데 여기서 핵심은 '직접적'이라는 표현이다. 현상학적으로 직접성은 어떤 이론이나 편견에 의해 매개되지 않은 경험을 의미하며 말 그대로 순수함을 뜻한다. 그렇다면, 현상학은 이러한 '직접적' 타자경험이 어떻게 가능한지를 보여주기 위해 나의 편견을 깨뜨리거나 넘어서서 '타자자체'로 깊이 다가설 수 있는 경험의 계기를 찾아야만 한다. 우리는 여기서 이 문제에 대해 많은 관심을 갖고 있는 발덴휄스의 주장에 귀를 기울여보도록 한다.

---

12 D. Lohmar, "Zur Überwindung des heimweltlichen Ethos", *Philosophische Grundlagen der Interkulturalität*, Amsterdam/Atlanta, 1993, 75 참조.

2.2 타자경험과 감정

이미 앞서 후설의 타자경험이론에 대한 비판적 입장을 소개하면서 언급한 바와 같이, 발덴휄스는 상호문화성의 바탕이 되는 타자성은 주관에 의해 개념적으로 파악하거나 이해되어 대상화될 수 있는 성질의 것이 결코 아님을 주장함으로써 타자경험이 지니는 '직접성'을 강조한다. 그에 따르면, "타자는 우리로부터 벗어남으로써(sich entzieht) 드러난다(sich zeigt), 그것은 우리가 이를 받아들이거나 막으려고 시도하기 이전에 우리를 갑자기 엄습하면서 불안에 빠뜨린다."[13] 그러므로 그는 "타자에 대해 말한다는 것은 우리의 친숙한 개념이나 계획들이 제시하는 것과는 다른 것, 그리고 그 이상의 것에 대해 언급함을 뜻한다."[14]고 하면서, 타자경험은 "직접적으로 타자에 접근해 그것이 무엇이고, 왜 그것이 좋은지 묻기보다는 타자로 인한 동요(Beunruhigung)로부터 출발하는 것이 바람직하다."[15]고 말한다.

이런 의미에서 그는, 타자경험은 우리의 의지에 의해 능동적으로 접근해야 할 성질의 것이 아닌 일종의 타자에 의한 "침입(Einfall)" 또는 "사건(Eregnis)"으로 규정하면서,[16] 타자는 우리가 스스로 찾아가야 할 대상이라기보다는 타자의 요청 내지 자극에 따라 단지 "우리가 응답해야 할 어떤 것"[17]이라고 주장함으로써 타자경험의 수동적인 "응답성(Responsivität)"[18]을 강조한다. 발덴휄스는 이질적인 타 문화의 체험 속에서 이러한

---

13 B. Waldenfels, *Topographie des Fremden*, Frankfurt a. M., 1997, 42.
14 같은 책, 51.
15 같은 곳.
16 같은 곳.

현상이 나타날 때, 이는 나 자신의 문화에 속하는 것도, 또 타 문화에 속하는 것도 아닌 양자의 "중간(Zwischen)"[19] 혹은 "중간영역(Zwischenbereich)"[20]에서만 나타날 수 있는 하나의 "탁월한 상호문화적 현상"[21]으로 간주한다.

이러한 발덴휄스의 타자경험이론은 현상학적으로 타자경험, 나아가 상호문화적 경험이 지닌 직접성을 잘 보여주고 있다는 점에서 의미가 있다. 그에 따를 때, 타자경험의 직접성은 곧 그것의 수동적 충격성에 있다. 타자는 "파토스적인 것으로부터 유래한 타자"[22]이다. 이는 위에서도 보듯이, "타자는 동요(Beunruhigung)의 방식 속에서 자신을 드러낸다."[23]는 그의 주장에서 명확히 나타난다. 그런데 이 동요가 어떤 양태를 지니건, 그 본질은 결국 '충격'을 동반하는 **수동적 감정**임은 분명한 사실이다.[24] 중요한 것은, 이 충격으로 일어나는 감정이 나의 견고한 일상성을 깨면서 일상성에 깊이 매몰되어 있는 나를 밖으로 끌어내는 역할을 한다는 점이다. 이 감정은 나를 갑자기 엄습하고, 따라서 나의 삶을 전체적으로 뒤흔듦으로써 이제까지의 자기중심적인 견고한 믿음과 편견의 벽을 넘어서서 타

---

17 같은 책, 77.
18 같은 책, 52.
19 같은 책, 110.
20 같은 책, 67.
21 같은 책, 103.
22 B. Waldenfels, *Grundmotive einer Phäomenologie des Fremden*, Frankfurt a. M., 2006, 54.
23 B. Waldenfels, *Topographie des Fremden*, Frankfurt a. M., 1997, 77.
24 발덴휄스는 이 동요와 관련해 타자경험이 한편으로는 '위협적인' 형태로, 한편으로는 '매력적인' 형태로 이루어지는 등 이른바 양가적인 성격을 지닌다고 말함으로써 이 동요가 여러 복합적 양태로 나타날 수 있음을 암시하고 있다.(같은 책, 44, 103 참조) 그러나 이는 어떤 형태로든 '감정적'이라는 성격을 지니며, 이는 뒤에서 논의될 버크의 숭고와 미의 감정이론과 매우 유사한 형태를 보인다.

자를 보다 사심 없이 바라볼 수 있게 한다. 이런 맥락에서 발덴휄스의 주장의 핵심은 타자경험에서의 감정이 충격적이면 충격적일수록, 내가 지닌 주관적 편견의 벽은 보다 얇어지며, 그럴수록 나의 편견에 물들지 않은 채 타자 자체를 생생하게 경험할 수 있다는 것에 있다.[25] 그렇기 때문에 그는 나의 문화와는 다른 타 문화의 이질성(타자성)을 개념으로서가 아니라 감성적, 감정적으로 생생하게 느끼고 이를 확고히 할수록, 타 문화에 가까이 다가서고 따라서 상호문화성에 이를 수 있음을 강조한다.[26]

이러한 발덴휄스의 주장으로 우리는 우리의 감정이 상호문화성 논의와 연결되는 지점이 어디이며, 또 그 의미는 무엇인지 좀 더 구체적으로 확인할 수 있다. 타 문화의 경험에서 우리의 감정이 지닌 수동적 충격성은 자신의 문화에 뿌리박은 문화중심적인 편견을 넘어서서 일시적으로나마 열린 마음으로 타 문화를 향할 수 있게 한다는 것이 그 핵심이다.[27] 이로부

---

25 이런 의미에서 그는 이러한 실제적 타자경험을 "나 자신의 타자성이라는 감정 속에서(im Gefühl der eigenen Fremdheit)"(같은 책, 41) 사념된 관념적 타자경험과 구분한다.

26 발덴휄스는 그의 타자경험이론에서도 암시한 것이지만, 상호문화성에서 나의 세계와 이 방세계 간의 엄격한 구분을 전제로 하며, 양자 간의 동질성이나 비교가능성보다는 비대칭성(Asymmetrie)을 강조한다. 즉, 그에 따르면, "오직 나의 문화와 타 문화 간의 구분으로부터 출발할 경우에만, 그 이름에 걸맞은 상호문화성은 존재한다."(B. Waldenfels, *Grundmotive einer Phäomenologie des Fremden*, Frankfurt a. M., 2006, 110) 따라서 "상호문화성은 하나의 과신된 단일문화(Monokultur)를 통해서뿐만 아니라 상호적인 방향으로의 과도한 반응을 통해서도 파괴된다."(B. Waldenfels, *Topographie des Fremden*, Frankfurt a. M., 1997, 83)는 입장을 견지하고 있다.

27 상호문화적 경험에서 요구되는 이러한 현상을 로마는 자기문화를 절대시하는 경향을 벗어나, 그 타당성을 상대시하면서 동시에 상대 문화의 타당성을 수용한다는 의미에서 "타당성의 에포케(Geltungs-Epoche)"(D. Lohmar, 앞의 논문, 75)로 표현한다. 그리고 이의 실천가능성을 흄에 근거해, 인간의 원초적이고 보편적인 윤리적 감정에서 찾는다는 점에서, 우리의 논지와 어느 측면에서는 유성을 보인다. 이러한 그의 보편적인 상호문화적 윤리관에 대해서는 같은 논문, 76-83 참조. 아울러 유사한 맥락에서 타 문화에 대한 접촉이

터 상호문화성에서 감정이 왜 중요한지에 대한 이유는 현상학적으로 충분히 해명된 것으로 보인다.

그러나 발덴휄스에서 아쉬운 점은, 타자경험의 직접성에 대한 상세한 분석에도 불구하고 우리의 주관적 감정이 상호문화적 감정으로 진입하는 문제와 관련해 그 '과정'에 대한 설명이 부족하다는 것이다. 그가 상호문화성 논의에서 주관성의 벽을 깨뜨리는 수동적 감정의 의미를 환기시키고 이른바 중간성을 강조한 것은 충분히 의미가 있으나, 이를 넘어서서 이러한 감정이 상호문화성을 위해 구체적으로 어떤 역할을 하는지, 또 이것이 실제적으로 어떤 성격을 지니는지가 다소 불분명하다. 그럼으로써 타자경험의 수동적 충격성을 바탕으로 이것이 야기하는 이질성(타자성)과 차이의 측면은 잘 부각되었지만, 그 이상의 상호문화적 경험에 대한 설명은 찾아보기가 힘들다. 그러나 우리의 이해로는, 상호문화적 경험은 이질성에 대한 체험을 토대로 하되, 이를 넘어서서 **친밀감과 동질감**이 가미되어 공통의 공감대를 지향하는 방식으로 이루어지거나 이루어져야 한다. 그러므로 슈텡어는 발덴휄스가 강조하는 "타자경험은, 요약한다면, 토대(Grundlage)를 이룬다기보다는 상호문화적 만남의 한 국면을 특징짓는다."[28]고 하면서, 타자성(이질성)에만 국한되지 않는 포괄적인 상호문화적 경험에 대한 해명의 필요성을 주장하고 있다.

이러한 논의로부터 우리가 추구해야 할 과제는 분명해졌다. 여기서 우리에게 필요한 것은 상호문화성의 본래적 의미에 부합해, 타 문화에 대

지니는 이러한 에포케적인 성격에 대한 또 다른 논의는 윤병렬, 「문화의 위기 및 상호문화성과 반-상호문화성 ―그 위협에 관한 현상학적 고찰―」, 『철학과 현상학 연구』 제13집, 한국현상학회, 1999, 77 참조.

28 G. Stenger, 앞의 책, 397.

한 직접적 체험을 통해 일어난 우리의 감정이 어떻게 이질성뿐만 아니라 친숙성 내지 동질성의 경험에까지 이르는지를 포괄적으로 보여주는 것이다.[29] 여기서 주목할 철학자가 영국의 근대사상가인 버크이다. 버크의 감정이론은 양 영역을 모두 포괄하면서 각각에 대해 나름의 체계적인 기준을 제시하기에, 비록 완벽하지는 않더라도 이러한 시도에 대해 의미 있는 실마리를 줄 것으로 기대된다. 특히 그의 이론은 주관과 객관의 상관성 속에서 감정의 문제를 있는 그대로, 어떤 형이상학적 전제 없이 해명하고 있다는 점에서 매우 현상학적이다. 바로 이 점이 버크의 이론을 여기서 주목하게 만든 주된 이유이다. 그러면 구체적으로 버크의 감정이론이 어떤 식으로 상호문화성의 해명에 기여할 수 있는지를 지금까지의 논의와 연관해 살펴보도록 한다.

3 버크의 감정이론: 숭고와 상호문화성[30]

3.1 고통과 기쁨의 양가적 감정으로서의 숭고성

본래 영국에서 정치가이자 저술가로 활동한 버크(Edmund Burke,

---

29 이질성을 친숙성의 한 계기로 파악하면서 양자의 상관관계를 현상학적으로 해명하고 있는 글로는 졸고, 「현상학에서 낯설음의 문제」, 『철학과 현상학 연구』 제33집, 한국현상학회, 2007 참조.

30 이 절의 내용은 졸고, 「이질감과 친근감 ―상호문화성의 양면성에 대한 현상학적 고찰―」, 『철학과 현상학 연구』 제50집, 한국현상학회, 2011, 88-96의 내용을 수정보완한 것이다. 원 논문과의 차이점은 버크의 주장을 좀 더 세밀하게 분석하면서, 버크에 대한 논의를 많이 보강, 첨가한 점이다. 특히 원 논문에서는 버크의 숭고에 대한 이론에만 집중해 이질감

1729~1797)는 철학과 관련해서 유일하게 *A Philosophical Enquiry into the Origin of our Ideas of the Sublime and Beautiful*(『숭고와 미의 우리의 관념의 기원에 대한 하나의 철학적 탐구』)[31]이라는 걸출한 저서를 남겼다. 버크는 이 저서에서 종래 그 기원이 불분명하고 심지어는 서로 같은 종류로 여겨지기까지 한 숭고와 미의 개념을 그것의 감정적 근원으로 추적해, 양자가 전혀 다른 종류임을 해명하고 있다. 이러한 버크의 숭고와 미의 구분은 미학사적으로도 물론 의미가 있지만, 인간 감정의 원리를 나름대로 체계화해서 밝히고 있다는 점에서 주목된다.[32]

버크의 이론에서 우선 우리의 시선을 끄는 것은 그가 이러한 감정이론을 정립할 때의 기준이다. 그가 주로 관심을 갖는 감정은 외부의 충격에 의해 주관을 엄습하는 "격한 감정(violent emotion)"(*PE*, 32)이다. 말하자면, 충격성이 그가 감정이론을 정립하는 일차적 기준이다.[33] 이러한 의미에서

과 친근감의 문제를 다루었다면, 여기서는 버크가 숭고의 감정과는 대립적으로 본 사랑의 감정과 결부시켜 양자의 연관 속에서 이질감과 친근감의 상호관계를 다루었다. 따라서 큰 틀에서는 두 글이 일치하지만, 부분적으로는 관점과 내용에서 다소 차이가 있다. 그러나 버크의 글에 대한 인용과 이에 대한 해설은 새로 첨가된 부분을 제외하고는 상당부분 수정 없이 그대로 옮겨왔다.

31 E. Burke, *A Philosophical Enquiry into the Origin of our Ideas of the Sublime and Beautiful*, ed. by A. Phillips, Oxford, 1998. (이하 *PE*로 약함.) 아울러 한국어 번역본으로는 김동훈 역, 『숭고와 아름다움의 이념의 기원에 대한 철학적 탐구』, 마티, 2006을 참고했다.

32 버크는 자신의 저서에 대한 목적이 "우리의 정념의 근본적인 이유에 대한 고찰"(*PE*, 48)에 있으며, 이를 통해 "어떤 예술에서의 숭고와 미에 대한 비평"이 아니라 "이들에 대한 일종의 기준을 확인하고 구별하며 나아가 형성할 수 있게끔 해주는 원리를 확립하고자 하는 것"(*PE*, 160)임을 강조하고 있다.

33 감정이 지닌 이러한 수동적 충격성의 의미는 이미 우리가 앞에서 발덴휄스의 타자경험론과 관련해서 살펴보았으며 이것이 어떤 맥락에서 현상학적으로 정당성을 가질 수 있는지에 대해서도 고찰했다. 감정의 이러한 수동적 충격성은 첫째, 나와 타자와의 접촉의 상황

버크는 일상적으로 흔히 일어나는 단순한 '호기심(curiosity)'의 감정을 이 충격적인 감정과는 차별화한다. 버크에 따르면, 호기심은 '신기함(novelty)'의 감정과 긴밀히 연관되어 있다. 그러나 신기하다고 느끼는 대상에 대한 호기심은 쉽게 충족되어 금방 식어버린다.[34] 즉, 호기심은 근본적으로 알고자 하는 의지와 욕구에 의해 지배되어 있으며, 우리가 처음에는 신기해하는 어떤 것에 대해 점차 알게 될수록, "지겨움과 따분함"(PE, 29)의 느낌밖에 남지 않는다. 따라서 여기서 버크가 관심을 갖는 것은 우리의 마음에 긍정적이건 부정적이건, 어떤 감명을 주는(affecting) 강력한 감정이며, 이를 찾기 위해 호기심과 신기함과는 다른 차원의, 말하자면 "식상한, 무감동의 익숙함"(PE, 29)에 쉽게 빠지지 않을 감정들의 깊은 원초적 영역으로 되돌아갈 것을 요구한다.

이러한 강렬한 감정을 버크는 인간의 가장 기초적이고 원초적인 감정 (혹은 관념)이라고 할 수 있는 고통(pain)과 쾌락(pleasure)으로 되돌아가 여기에서 찾으려고 한다. 여기서 주목할 점은, 고통과 쾌락을 연관시켜 고통의 감소를 쾌락이라고 보는 일반적인 시각에 반대해, 버크는 양자를 근

을 그 본래성과 직접성 속에서 드러내며, 둘째, 나의 습관화된 편견과 일상적 믿음을 깸으로써 일시적으로 나의 견고한 독단성을 무력화시킨다는 점에서 그 의미가 있다. 그리고 이것이 갖는 또 다른, 보다 중요한 상호문화적인 함축은 뒤에서 계속 논의될 것이다. 한편으로 현상학적으로 이러한 수동적 충격이 지니는 보다 상세한 언급은 졸고, 「현상학에서 낯섦의 문제」, 『철학과 현상학 연구』 제33집, 한국현상학회, 2007, 184-185, 「숭고의 현상학과 현상학적 예술론 ─하이데거와 메를로─퐁티의 비교를 중심으로」, 『철학연구』 제85집, 철학연구회, 2009, 166-168 참조.

34 "호기심은 그 본성상 하나의 매우 능동적인(active) 원리이다; 이것은 그 대상의 대부분을 빠르게 훑어보면서 일반적으로 자연스럽게 접할 수밖에 없는 다양성을 곧 고갈시켜버린다."(PE, 29)

원적으로 다른 성질의 것으로 본다는 점이다.[35] 이러한 고통과 쾌락의 구분을 통해 버크는 고통과 쾌락으로부터 각각 파생된 감정의 범주들을 나누어 양자의 경계를 분명히 하고자 했다. 그러나 그에 따를 때, 고통으로부터 파생된 감정이 그 격렬함에서 쾌락으로부터의 그것에 비해 훨씬 강하며, "같은 강도의 괴로움과 즐거움에 대한 가능성이 어떤 방식으로든 동일할 때, 항상 괴로움의 관념이 두드러진다는 것은 틀림없다."(*PE*, 59) 따라서 고통은 버크에서 인간의 "모든 정념(passions) 중에서 가장 강력한 것"(*PE*, 36)으로 간주된다.

그런데 여기서 버크가 봉착한 문제는, 인간은 고통을 당하면, 이를 회피하고 극복하려고 하기 때문에, 단지 여기에 머물지 않는다는 점이다. 따라서 고통의 느낌은 어떤 식으로든 줄어들고 변하기 마련인데, 이러한 변화를 통해 느끼게 되는 인간의 감정은 고통과는 차원이 다르며, 오히려 일종의 쾌락에 가깝다. 따라서 버크는 "고통의 제거나 감소는 항상 단순히 고통스러울까? …… 결코 아니다."(*PE*, 33)라고 하면서, 고통이 사라지면서 느끼는 인간의 감정은 또 다른 차원의 쾌락임을 인정한다. 그러나 고통의 감소로 느끼는 것이 단순히 쾌락이라면, 본래 버크가 유지하려고 한 기본 틀, 즉 고통과 쾌락의 엄격한 구분이 무의미하게 된다. 따라서 버크는 고통으로부터 파생된 쾌락은 본래적인 의미의 쾌락이 아닌 질적으로 전혀 다른 종류의 쾌락이라고 보면서, 이를 pleasure(쾌락)와 구분하기 위해 특별히 delight(기쁨)이라고 표현한다. 이런 맥락에서 그는 "즐거운 공포(delightful horror)", "두려움에 물든 평온함"(*PE*, 123)이라는 모순된 표현을 쓰면서, 이러한 고통과 결부된 기쁨의 복합적 감정을 불러일으키는

---

35 *PE*, 30-31 참조.

것을 총체적으로 일컬어 숭고(the sublime)라고 부른다.[36]

곧 버크에서 숭고한 것에 대한 감정은 인간의 "마음이 느낄 수 있는 가장 강력한 감정"(*PE*, 36)으로서 나타나며, 그 근거는 이것이 고통에 기반을 두고 있기 때문이다. 버크는 이러한 고통과 연관된, 따라서 숭고의 배경이 되거나 원인이 되는 주된 요소로서 모호함(obscurity), 강함(power), 무한함(infinity), 거대함(vastness), 어두움(darkness) 등을 드는데, 이들 모두를 관통하면서 동시에 숭고의 필수적이고 기본적인 요소는 바로 '두려움(terror, horror, fear)'의 감정이다. "실로 두려움(terror)은 다소 공공연하건 잠재적이건 어떻건 건에, 모든 경우에서 숭고의 일반적인 원리이다."(*PE*, 54) 한편으로 그는 숭고한 대상이 불러일으키는 가장 전형적인 감정으로서 "놀라움(astonishment)"을 드는데, 이를 "두려움이 어느 정도 곁들여져 모든 활동이 중지된 영혼의 상태"(*PE*, 53)로 규정한다. 그리고 이것이 다소 완화된 형태로 경외(awe), 감탄(admiration), 존경(reverence), 존중(respect)의 감정을 들고 있다.

이처럼 버크에서 숭고는 인간을 압도하는 강압적이고 파괴적인 성격을 그 특징으로 한다. 숭고는 "결코 우리의 추론(reasoning)에 의해 산출되

---

36 본 글은 사실상 버크의 숭고 개념에 대한 재해석이 그 초점이 된다. 그러나 주지하다시피 이 숭고개념은 버크만의 독자적인 개념이 아니라 서구철학사에서 오랜 역사를 지니고 있다. 따라서 숭고 개념은 관점에 따라 상이한 의미를 지니기도 한다. 그러나 본 글은 오직 버크의 숭고 개념에 충실해, 그 범위에서 논의를 진행할 생각이다. 철학사적인 맥락에서 버크의 숭고 개념이 지니는 의미에 대해서는 안성찬, 『숭고의 미학』, 유로서적, 2004, 김동훈, 앞의 책, 20-21. 최소인, 「숭고와 부정성」, 『철학논총』 제58집, 새한철학회, 2009, 401-426 참조. 한편으로 숭고가 지니는 현상학적인 의미를 버크의 이론을 포함해 하이데거와 메를로-퐁티의 철학을 비교하여 집중적으로 해명하고 있는 글로 졸고, 「숭고의 현상학과 현상학적 예술론: 하이데거와 메를로-퐁티의 비교를 중심으로」, 『철학연구』 제85집, 철학연구회, 2009, 161-198 참조.

는 것이 아니라 그것에 앞서며, 압도적인 힘으로 우리를 내몰아친다."(*PE*, 53) 이러한 압도성은 숭고의 바탕이 되는 '고통당함'의 무기력함과 비의지성에 그 궁극적 근거가 있다. "쾌락은 의지에 따른다. …… 그러나 우리는 결코 고통을 의지적으로(willingly) 받아들이지 않기 때문에, 항상 어떤 식으로든 우월한(superior) 힘에 의해 고통을 당하게 된다."(*PE*, 60) 결국 버크에서 핵심은, 숭고의 감정에서 주관은 주도권이 없고 수동적 주체에 불과하다는 것이다.

그러나 버크가 고통과 대비되는 것으로 이해하고 있는 쾌락의 감정에서는 이 압도성과 파괴성은 현저히 약화된다. 그에 따르면, 쾌락은 불안감을 조성하는 숭고와는 달리, "우리 자신보다 한결 미약한 힘을 지닌 많은 사물들"(*PE*, 60)에 의해 유발되어, 주관에 심리적 안정감 내지 만족감을 준다. 그러므로 단순한 쾌락의 감정은 결코 어떤 감당하기 어려운 충격성이나 압도함을 동반하지 않으며, 오히려 이를 불러일으키는 대상과의 친밀감이나 결합에 대한 욕구에 의해 동기지어진다. 따라서 버크는 이러한 쾌락을 통해서 일어나는 대표적인 감정으로 "다정함의 감정(sentiment of tenderness)"(*PE*, 39)을 든다.

버크는 숭고와 대비해 바로 미(beauty)가 이러한 쾌락의 관념에 근거해 있다고 보면서, 이의 주된 요인으로서 작음(smallness), 부드러움(smoothness), 감미로움(sweetness), 연약함(delicacy), 우아함(grace) 등을 제시한다. 그리고 숭고가 놀라움의 감정을 야기시킨다면, 미는 사랑의 감정을 불러일으킨다고 보고 사랑을 미적 감정의 대표적인 양태이자 원리로 간주한다.[37] 동정(pity, compassion), 관대함(liberality)의 감정도 이 사랑에 근

---

37 버크는 "숭고와 미는 매우 다른 원리에 근거해 있고 이들의 영향도 각기 다르다. 위대한 것

거를 둔 것으로서 사실상 미적 감정이라는 범주에 포함된다는 것이 버크의 생각이다.[38]

버크의 감정이론은 이렇게 고통과 쾌락이라는 두 기본 축을 바탕으로, 이를 각각 숭고와 미의 감정적 원리로 삼아 양자를 극명하게 대비시켜 설명하고 있다는 점에서 독특하다. 이제 우리의 관심사는 이러한 버크의 감정이론이 어떻게 상호문화성의 문제와 접목될 수 있는가 하는 점이다.

3.2 숭고의 감정과 상호문화성

버크의 이론을 상호문화성에 적용하고자 할 때, 가장 먼저 눈에 띄는 것은 바로 숭고의 체험이다. 이미 분명히 드러난 바와 같이, 수동적 충격성을 특징으로 하는 숭고의 감정은 그 직접성과 생동성으로 앞서 발덴휄스를 통해 살펴본 현상학적으로 요구되는 타자경험의 양상을 잘 반영하고 있다. 따라서 버크의 숭고 분석은 이질적인 타 문화의 체험에서 나타날 수 있는 타자성과 이질성을 감정을 통해 설명하는 데 적절한 자료일 뿐더러, 왜 우리가 낯선 타 문화에 대한 체험에서 강한 충격을 받고 또 받아야 하는지를 해명하는 데에도 많은 도움이 된다. 가령, 버크가 숭고의 한 원인으로 간주하는 모호함(obscurity)은 타 문화를 낯설게 느끼고 이로

은 그 바탕에 두려움이 있으며, 이 두려움이 변화되었을 경우 내가 놀라움(astonishment)이라고 불러왔던 감정을 마음속에 불러일으킨다. 반면 미는 오로지 실제적인 쾌락에 기반 해 있고, 우리의 마음에 사랑이라고 불리는 감정을 일깨운다."(PE., 145)고 하면서, 미를 "어떤 사물이 지니는 사랑 또는 이와 비슷한 정념을 야기시키는 성질이나 성질들"로, 또 사랑을 "미에 의해 촉발된 정념" 혹은 "어떤 아름다운 사물을 관조할 때 마음에 불러일으켜지는 하나의 만족감"(PE., 83)으로 표현함으로써 사랑과 미의 긴밀한 연관성을 강조한다.

38 PE., 42, 100-101, 143-144 참조.

부터 충격을 받는 주된 이유로 제시될 수 있다.[39] 그러나 무엇보다도 결정적인 점은, 숭고가 상대에 대한 두려움을 동반하면서 궁극적으로 감탄과 존경심을 불러일으킨다는 점에서 문화적 이질성에 대한 부정적인 감정이 어떻게 상대방에 대한 인정과 포용을 전제로 하는 상호문화적인 감정으로 전이되는가에 대해서도 중요한 실마리를 준다는 점이다. 이로부터 숭고의 감정이 우리가 추구하는 상호문화성의 감정적 해명을 위해 하나의 전형적 토대가 될 수 있다는 점은 이론의 여지가 없다.

그러나 본래 우리의 과제는 이질성의 체험뿐만 아니라 친숙성까지 포괄하는 상호문화적 감정의 체계를 찾는 것이다. 그런데 버크의 이해에 따른 숭고의 감정은 이질성에 대해서는 충분한 설명이 되지만, 친숙성 내지는 동질성의 경험까지 설명하기에는 한계가 있다. 버크는 숭고를 여전히 두려움에 의해 영향을 받음으로써 상대방과의 거리가 유지되고 있는 것으로 보고 있기 때문이다.[40] 곧 버크에서 숭고의 감정은 **친숙감(친근감)**이 배제되어 있다.

그렇다면, 상호문화성에서 요구되는 친숙성의 감정은 어디에서 찾을 수 있는가? 이 질문에 대한 답은 버크에서는 쉽게 나온다. 바로 숭고와 대비되어 해명이 이루어진 미의 감정에서이다. 이미 본 바와 같이, 버크가 규정하고 있는 미적 감정은 **친밀감과 결합에의 경향**으로 특징지을 수 있다. 이는 버크가 이 미적 감정의 주도적 원리로서 친숙감을 바탕으로 하

---

39 버크의 숭고 개념에서 이 모호함 내지 불확실성이 갖는 의미에 대한 보다 상세한 분석은 최소인, 앞의 논문, 403-410 참조.

40 이는 버크가 숭고적 감정의 하나인 존경심(respect)을 가리켜 "우리는 그를 존경한다. 그러나 어느 정도 거리를 두고(at a distance) 존경한다."(*PE*,, 101)고 표현하는 데에서 잘 엿볼 수 있다.

는 '사랑'을 제시하고 있다는 점에서 분명히 나타난다.[41] 그러므로 버크는 미를 특별히 "사회적인 성질"(PE, 39)로 규정하고 있다. 그렇다면, 숭고적 감정과 미적 감정이 서로 조화를 이루고 결합될 경우, 이것이야말로 가장 바람직한 형태의 상호문화적 감정이 될 것이다. 그러나 문제는, 버크적인 이론의 틀 안에서는 이것이 불가능하다는 점이다. 앞에서 이미 분명히 한 바와 같이, 버크에서 숭고와 미는 전혀 별개의 원리로서 서로 화합될 수 있는 것이 아니기 때문이다.[42]

또 하나의 문제는 버크에서 미의 감정이 지니는 자기우월적인 성격이다. 앞에서 본 바와 같이, 버크는 쾌락이 자신보다 상대적으로 연약하다고 여기는 대상으로부터 불러일으켜진 감정이라고 보고 있으며, 이와 연관해 미적 대상의 주된 특징으로서 '작음', '연약함', '부드러움' 등을 말하고 있다. 그리고 이는 곧 사랑의 감정과 연결된다. 즉, 버크에서 미적 감정은 상대편에 대한 두려움을 전제로 하는 숭고와는 대조적으로 사랑의 감정을 바탕으로 하며, 이는 상대편에 대한 상대적 우월감 내지 강력함을 은연중 함축한다. 이는 다음과 같은 그의 언명에서 잘 나타난다.

---

41 버크는 사랑의 대상이 될 만한 어떤 사람을 가리켜 그는 "우리로 하여금 그와 친숙하게 (familiar) 하며, 우리는 그를 사랑한다. 그는 그가 좋아하는 방향으로 우리를 끌어당긴다."(PE., 101)라고 표현하고 있다.

42 버크는 "간략히 말해, 숭고의 관념과 미의 관념은 너무나 다른 원리에 근거해 있기에, 전자건 후자건, 어느 한쪽의 정념에 끼치는 영향력을 현저히 약화시키지 않고서는 동일한 주제 안에서 양자를 조화시키려고 하는 것은 힘든 일이며, 그래서 나는 이것이 거의 불가능하다고 말했다."(PE., 103)고 하고 있다. 그러나 이러한 버크의 이분법적 도식은 숭고가 지니는 친근성의 계기를 간과하고 있다는 점에서 일면적이다. 이에 대해서는 뒤에서 상세히 논증될 것이다.

감탄과 사랑 사이에는 큰 차이가 있다. 감탄의 원인이 되는 숭고는 항상 위대하고 두려운 대상에 머물러 있는 데 반해, 사랑은 작고 쾌락을 주는 대상을 향한다. 우리는 우리가 감탄하는 것에는 굴복하지만, 우리에게 굴복하는 것은 사랑한다. 전자의 경우, 우리는 그렇게 따르도록 억지로 강제되지만(forced), 후자의 경우에서는 의기양양하게(flattered) 이를 받아들인다.(PE, 103)

물론 이는 버크가 사랑을 미와 연관해, 매우 제한적이고 감각적인 의미로 규정하려고 하기 때문에 생기는 결과이기도 하다. 그렇기 때문에, 버크는 자주 사랑을 동정과 같은 종류로 보고, 심지어는 사랑의 감정 속에 상대방을 하찮게 보거나 경멸하는 감정도 포괄될 수 있다고 보기까지 한다.[43] 그러나 비록 버크의 본의는 아닐 수 있더라도 이러한 그의 논리에 충실할 때, 미의 감정이 그대로 상호문화성의 바탕이 되기에는 분명히 한계가 있다. 상호문화성을 위해서는 상대 문화에 대한 존중이 필수적인 요건이기 때문이다.

이러한 상황은 우리에게 버크에서 미를 배제하고 오직 숭고성만을 취하도록 유도한다. 그러나 이미 본 바와 같이, 버크의 숭고 개념만으로는 우리가 원하는 상호문화적 감정을 온전히 설명하는 데 한계가 있다. 즉, 어떤 식으로든 우리에게는 미적 감정이 지니는 친숙성의 계기가 필요하다. 여기서 우리는 버크 감정이론에 대한 정밀한 재검토의 필요성을 느끼게 된다. 앞에서 나타난 버크의 이론의 문제는 지나치게 숭고와 미의 경계를 확고히 하려고 한 데서 기인한다. 물론 이는 나름의 충분한 근거가

---

43 *PE*, 61 참조.

있지만, 인간의 감정이 지니는 복합성을 고려할 때, 이 경계가 과연 확고한 것인지에 대해 한 번 깊이 생각해볼 필요가 있다.

필자가 보기에, 버크는 숭고와 미가 서로 만날 수 있는 중간지점에 대해 제대로 고려하지 않았다. 그러나 숭고적인 감정이 미적 감정에까지 연속으로 이어질 수 있는 하나의 매개 고리를 찾는다면, 앞서와 같은 숭고와 미의 감정 각각이 지니는 취약성(친근성의 결여, 자기우월성)은 자동적으로 보완 극복될 수 있을 것이다. 그리고 비록 명시적이지는 않지만, 버크의 이론에서도 사실 양자 간의 교감 가능성은 충분히 암시되고 있다. 따라서 우리는 버크의 이론에 대한 현상학적인 재해석을 통해 그의 이론의 틀을 가능한 유지하면서, 버크 자신은 간과한 숭고와 미의 연결의 가능성을 최대한 부각시켜보도록 한다. 그럼으로써 미와 숭고가 어떻게 만나서 우리가 추구하는 하나의 포괄적인 상호문화적 감정체계를 형성할 수 있는지를 모색해보도록 한다.

3.3 주객합일의 체험과 이질감에서 친근감으로의 전환

버크의 감정이론의 가장 큰 특징은 감정을 고통과 쾌락의 두 축으로 나누어 각각 여기에 속하는 감정의 부류를 분류한다는 것이다. 여기서 버크는 숭고의 감정이 고통에서 유발된다고 봄으로써 숭고를 고통의 범주에 포함시킨다. 그러나 이미 본 바와 같이, 숭고의 특징은 고통뿐만 아니라 나름의 쾌락까지 포함하는 복합적인 감정이라는 점에 있다. 물론 버크는 숭고가 지니는 이러한 복합성에 주목해, 숭고가 지니는 쾌락은 일반적인 의미의 쾌락과는 다르다는 것을 강조한다. 말하자면, 고통이 가미된 쾌락이라는 것이다. 여기서 우리가 의문을 갖는 것은, 이처럼 버크가 질적으로 다르다고 본 숭고적 쾌락이 과연 미적 감정에서의 쾌락과 그렇게 명확히 구분될 성질의 것인가 하는 점이다.

이른바 버크가 굳이 기쁨(delight)이라고 명명하면서 일반적 쾌락과 차별화를 시도한 이 감정의 핵심은 반드시 고통의 관념을 동반하는 제반 감정들을 거친 후에 (혹은 이의 영향을 받아) 나타난다는 점이 그 특징이다. 그러면 이러한 매개된 쾌락은 왜 그리고 어떻게 나타나는 것일까?

이에 대한 버크의 설명은 사실 명료하지는 않다. 버크는 우선 대다수 근대 사상가들이 공유했던 자기보존(self-preservation)의 원리를 이와 연관시켜, 인간이 고통(혹은 위험)을 당하면, 이 자기보존의 원리가 작동해 본능적으로 이를 벗어나고자 노력하게 되며, 따라서 이것이 어느 정도 효과가 있으면, 이전의 고통에 대한 반작용으로 기쁨을 느낀다는 식으로 해석하려고 한다.[44] 그러나 자기보존에 근거한 이러한 해석은 지나치게 인간을 자기중심적이고 생물학적으로만(신체적으로만) 이해하고 있을 뿐만 아니라, 인간의 감정이 지니는 사회적인 성격을 전혀 고려하지 못하고 있다는 점에서 한계를 노출한다. 바로 그러한 한계를 인지했기 때문인지는 몰라도 버크는 한편으로 이러한 특수한 숭고의 감정을 사회성을 함축한 '공감(sympathy)'과 연결시키려고 시도한다. 그러나 자기보존의 원리와 공감과는 원칙적으로 서로 조화를 이루기 어려운 개념이다.[45] 그러므로 우리는

---

44 *PE*, 35-36, 47, 79, 121-123 참조. 버크는 고통의 쾌락으로의 전환을 자기보존과 결부시켜, "만약 고통과 두려움이 실제로 해가 되지 않을 정도로 변화되었다면, 또 고통이 극심하지 않고 두려움이 지금 현재 개인을 파괴하지만 않는다면,"(*PE*, 123) 따라서 고통과 위험이 "적당한 간격과 나름대로의 변화를 지닌 채" (*PE*, 36-37) 주어질 경우, 나타날 수 있는 하나의 자연적 현상으로 본다.

45 이런 의미에서 김동훈은 버크가 공감과 숭고를 연결시키는 것을 하나의 "모순되어 보이는 주장"(김동훈, 앞의 책, 35)으로 이해하면서, 공감을 통해 "버크 자신이 엄격하게 분리시

보다 정합적이고 설득력 있게 숭고의 감정이 지니는 복합성, 정확히는 고통의 쾌락으로의 전환현상을 설명하기 위해 다른 방법론적 틀이 필요하다. 여기서 우리가 원용하고자 하는 것이 바로 현상학적 틀이다.

현상학이 주관과 객관(대상)의 상관성을 기본전제로 한다는 점은 이제까지의 논의를 통해 분명하다.[46] 단순히 주관과 객관이 연관성을 지니고 있다는 것을 넘어서서 현상학은 주관과 객관의 통일, 즉 주객합일을 주장하며, 이른바 주객미분리성을 강조하기도 한다. 앞 장에서 살펴본 메를로-퐁티의 살 개념은 이를 선명하게 보여주고 있다. 그러므로 주객의 통일성 혹은 주객합일이 현상학의 주된 관심사가 될 수밖에 없는데,[47] 주목할 점은 이 주객통일성을 우리의 일상에서는 제대로 인지하거나 느끼지 못한다는 점이다. 우리는 일상적으로는 항상 나와 대상 간을 분리시켜 생각하는 경향이 있기에 (대상이 나와 분리해 그 자체로 존재한다고 생각), 사심 없이 대

키려 했던 아름다움과 숭고는 다시 만난다."(같은 책, 33)고 본다. 이에 근거해 그는 "그렇다면 버크는 자신이 그토록 철저하게 분리하고 싶어했던 아름다움과 숭고를 사실은 이미 변증법적 상호관계 속에서 파악하고 있는 것은 아닐까?"(같은 책, 35)라는 의문을 던진다.

46 헬트는 이러한 상관성(정확히는 현출하는 대상과 현출방식 간의 상관성)의 원리에 충실해 철학을 할 경우에만 현상학이라는 이름을 붙일 수 있다고 본다. K. Held, "Die Endlichkeit der Welt", *Philosophie der Lebenswelt*, Würzburg, 1992, 132 참조. 아울러 이와 관련해서는 이 책의 제1부 2장 1절 참조.

47 현상학의 핵심주제인 현출(Erscheinung) 개념과 연관해, 주객합일의 문제를 역사적인 통찰을 기반으로 현상학적으로 상세히 고찰하고 있는 글로는 K. Held, "Husserls Rückgang auf das phainómenon und die geschichtliche Stellung der Phänomenologie", *Phänomenologische Forschungen*, Bd. 10, 1980 참조. 여기서 헬트는 주객합일을 현상학적으로 현출함(Erscheinen)과 현출하는 것(das Erscheinende)과의 통일성으로 이해한다. 아울러 우리의 주제와 유사하게 감정이 지닌 이러한 주객합일의 현상에 대한 상세한 현상학적 논의는 J. Wang, "The Ethical Implication of the Passion: A Phenomenological Approach", *The Applied Phenomenology (Proceeding for the 3rd PEACE International Conference Phenomenology for East-Asian Circle)*, Seoul, 2009, 419-427 참조.

상과 하나가 되는 체험을 하기가 쉽지 않다.[48] 이때 상당수 현상학자들이 주목하는 것이 숭고의 체험이 야기시키는 바와 같은 강한 충격성이다.

우리는 이미 앞서 발덴휄스의 주장에 대한 해석을 통해 이러한 수동적 충격성이 갖는 상호문화적인 의미를 살펴보았다. 이 충격을 통해 우리는 우리 자신이 지니고 있는 주관적, 문화적 편견의 벽을 잠시나마 넘어설 수 있다는 것이 그 요지였다. 그러나 이러한 경험이 가능한 좀 더 깊은 이유는, 이 충격성을 통해 비로소 일상적인 주객 분리적 시선이 깨지면서,[49] 순간적으로나마 주객합일의 상황을 체험하게 된다는 데에 있다. 쉽게 말하면, 어떤 것에 충격을 받으면서 나 자신을 잊어버린 채 이 대상에 순간적으로 몰입하게 되며, 그럼으로써 자신도 모르게 나와 대상은 하나가 된다. 바로 앞서 우리가 논의한 주객미분리의 상태와 같다. 이러한 상태는 버크가 숭고의 체험을 묘사하는 것에서 잘 드러난다. 그에 따르면, 숭고의 체험에서 우리는 "마음이 전적으로 그 대상으로 가득 차, 어떤 다른 것을 받아들일 수 없고 따라서 마음을 지배하는 이 대상에 대해 이성적으로 판단할 수도 없다."(PE, 53) 따라서 숭고의 체험에서 우리는 어떤 식으로든 충격을 통해 일시적으로 자신을 떠나 대상에 대해 주목하게 되고, 나아가 대상에 몰입함으로써 주객합일의 상황에 이르게 된다.[50]

---

48 K. Held, "Husserls Rückgang auf das phainómenon und die geschichtliche Stellung der Phänomenologie", *Phänomenologische Forschungen*, Bd. 10, 1980, 91-92, 100-103 참조.

49 K. Held, "Die Endlichkeit der Welt", *Philosophie der Lebenswelt*, Würzburg, 1992, 140-143 참조.

50 이에 대한 보다 상세한 논의는 졸고, 「숭고의 현상학과 현상학적 예술론: 하이데거와 메를로-퐁티의 비교를 중심으로」, 『철학연구』 제85집, 철학연구회, 2009, 170-172, 187-188 참조.

여기서 우리는 이러한 주객합일이 숭고의 체험에서 갖는 의미를 좀 더 자세히 살펴보도록 하자. 앞서 우리는 왜 숭고에서의 최초 고통의 체험이 기쁨이라는 쾌락으로 변하는가 하는 문제를 제기했다. 방금 이루어진 현상학적 논의는 바로 이에 대한 중요한 실마리를 준다. 숭고의 체험을 토대로 이루어진 주객합일은, 그것이 긍정적이건 부정적이건 간에, 주관으로 하여금 그 이전에는 (일상에서는) 결코 느끼지 못한 새로운 세계로 진입하게 하며, 따라서 이에 따라 일종의 쾌감이 생겨나는 것이다. 한마디로 주객합일로 자신의 영역이 확장되고 질적으로 변화됨에 따른 쾌감이라고 할 수 있다. 이 쾌감의 형성을 위해서는, 물론 이미 앞서 언급한 바와 같이, 강한 충격을 통해 나의 일상이 뒤흔들림으로써 나의 일상적 편견이나 습관에서 벗어나 평소의 나를 초월할 수 있었다는 사실이 결정적인 토대로 작용했을 것이다.

'주객합일'이라는 표현이 갖는 다소 형이상학적이고 신비적인 의미를 피하기 위해 이를 감정의 맥락에서 다시 표현한다면, 주관과 객관의 '**친근화**'(혹은 친숙화)로 규정할 수 있을 것이다.[51] 즉, 그 이전에는 멀게 느껴졌거나 무관심했던 대상에 대해 긴밀성과 가까움의 감정을 갖게 되는 것이다. 따라서 필자는, 숭고의 체험에서 야기된 주객합일의 쾌감은 바로 이

---

51 여기서의 친근감은 단순히 주관적인 감정이라기보다는 현상학적인 의미에서 주관과 객관의 중간성에서 성립하는 감정이라고 봄이 옳다. 따라서 단순히 친하게 느낌이라는 주관적인 의미에서보다는 객관적인 의미에서 '가까워짐' 혹은 '가까이 접근해있음'이라는 의미에 더 가깝다. (영어 표현으로는 intimacy보다는 affinity에 좀 더 가깝다고 볼 수 있다.) 그렇다고 주관적인 '가까움의 감정'이 배제되는 것은 아니다. 따라서 필자는 친숙감, 친밀감보다는 중립성이 조금 더 강하게 느껴지는 친근감이라는 표현을 여기서 주로 사용했다. 그러나 이는 원칙적으로 친숙감, 친밀감이라는 표현과 특별한 차이가 있는 것은 아니며, 따라서 본 글에서는 이 세 용어를 별 다른 구분 없이 모두 동일한 의미로 사용했음을 밝혀둔다.

친근감의 생성이 그 핵심이라고 본다. 즉, 최초의 강한 이질감으로 고통 내지 두려움 속에서 거리감을 느꼈던 대상과 감정적으로 가까움을 느끼게 되면서, 버크가 기쁨이라고 부르는 일종의 쾌락이 나오는 것이다. 가령, 우리를 압도하는 어떤 웅장한 건축물을 볼 때, 처음에는 두려움이 앞서지만 시간이 지나면서 적응이 되면, 오히려 이에 대해 친근감 내지 친숙감을 느끼고 일종의 아름다움까지 느끼게 되는 것이 좋은 예이다.[52]

이러한 우리의 주장은 버크 스스로 숭고를 '공감(sympathy)'과 연관시키는 데서 보다 설득력이 있다. 버크에 따르면, 공감은 "이를 통해 우리가 다른 사람의 위치로 자신을 옮겨, 여러 측면에서 그가 느끼는 대로 느끼게 되는 일종의 자리바꿈(substitution)"(*PE*, 41)이다. 공감은 곧 타인의 감정에 대해 "무관심한 방관자"(*PE*, 42)로 남지 않고 그의 감정을 더불어 느낌으로써 말 그대로 감정적 교감을 갖는 것이다. 그런데 버크의 공감이론의 특이성은, 여기서도 숭고와 미의 두 영역으로 나누어, 공감을 통해 고통을 같이 느끼면 (공감하면), 숭고, 그렇지 않으면, 미의 감정과 연관된다는 식으로 이분법적으로 설명하려고 한다는 점이다.[53] 따라서 버크는 타인의 고통이나 불행에 대해서 공감할 경우, 우리는 고통을 공감하면서 두려움에 전율하기도 하지만, "두려움이 너무나 가까이에서 우리를 짓누르지

---

52 물론 숭고의 체험을 통해 존경이나 경탄과 같은 호감이 아닌 혐오감이나 불쾌감이 생길 수도 있다. 뒤에서 다시 논의하겠지만, 숭고의 체험에서 충분히 있을 수 있는 이러한 상황에서도 필자는 여전히 친근감이라는 계기는 존재한다고 본다. 그것이 혐오감이건 존경심이건, 최초에 어떤 고통이라는 충격을 뚫고 이 쾌감이 생겨난 것인 한, 여기에는 처음보다는 (혹은 이전보다는) 어떤 식으로든 좀 더 관심을 갖고 가까이 다가섬으로써 ─ 심리적 공간적으로 ─ 가까워졌고 또 그만치 잘 알게 되었다는 의미에서의 친근함은 분명 존재하기 때문이다. 따라서 필자는 포괄적인 의미에서의 친근감이 모든 숭고의 체험을 관통한다고 본다.

53 *PE*, 41 참조.

않는다면,"(*PE*, 42) 한편으로 기쁨(delight) 또한 느끼게 된다는 식으로 숭고의 체험을 설명하려고 한다. 비록 다소 소박한 설명이기는 하지만, 여기서 숭고와 공감을 같이 엮으려는 이러한 버크의 시도만으로도 이미 숭고의 체험은 일종의 '친근화'의 체험이라는 사실을 입증하고 있다. 공감이 동질성과 유사성의 체험을 통해 어떤 식으로든 상대방에 대한 친근감과 유대감을 동반한다는 것은 자명한 사실이기 때문이다.[54] 바로 이러한 맥락에서 버크는 다음과 같이 말한다.

나는 타인이 겪는 실제적 불행과 고통을 보면서, 우리가 일정 정도 상당한 기쁨(delight)을 갖는다는 것을 의심치 않는다. 왜냐하면 표면상 그 감정적 영향(affection)이 어떠하건 간에, 만약 이것이 우리로 하여금 그러한 것들을 회피하지 않고 오히려 반대로 **이것에 가까이 가도록 유인하면서 이것에 머물도록 한다면**(진한 글씨는 필자의 강조), 이러한 경우, 나는 우리가 이러한 종류의 대상을 바라보면서 하나의 기쁨(delight) 혹은 어떤 유형의 쾌락(pleasure)을 가짐에 틀림이 없다고 생각하기 때문이다.(*PE*, 42)

바로 이러한 버크의 언명은 숭고에서의 쾌락(기쁨)이 최초에 거부감을 주는 대상과 좀 더 가까워지거나 친근해짐으로써 생겨난다는 것을 가리키는 것으로서, 숭고적 쾌락과 친근감을 연관시켜보려는 우리의 주장을

---

[54] 그러나 공감에 대해 하나의 체계적인 현상학적인 이론을 전개하는 셸러의 경우, 공감을 통해서 여전히 상대방과의 거리와 분리의식이 존재한다고 봄으로써 공감을 매개로 한 합일 내지 친근감만이 공감의 전부가 아님을 강조한다. 이는 곧 공감은 이질감이 바탕이 되어 친근감을 형성한다고 이해할 수 있다. 이에 대해서는 바로 다음 절에서 공감과 상호문화성과의 관계를 해명하면서 고찰할 것이다.

결정적으로 뒷받침해준다. 버크가 "공감의 결속(bond)"이라는 표현을 쓰면서, 이 결속은 숭고에 바탕을 둔 "이에 비례하는 기쁨(a proportional delight)"(*PE*, 42)에 의해 더 강화된다고 말할 때, 이는 더 분명해진다.

이러한 논의를 토대로 할 때, 버크의 입장과는 달리, 숭고에서의 쾌락과 미에서의 쾌락의 감정은 그 정도와 원인에서 물론 차이는 있어도, 그 본질상 차이가 없다는 것이 드러난다. 버크가 미적 감정에서 말하는 쾌락(pleasure) 또한 그 핵심은 결국 '친근감' 또는 '친숙감'에 있기 때문이다. 이미 앞 절에서의 설명을 통해 드러난 바와 같이, 그에게 미적 쾌락은 기본적으로 관계하는 대상과의 거부감 없는 어울림 내지 조화로부터 생겨나며, 이는 포괄적인 의미로 보면, 일종의 친근감 혹은 친밀감 그 이상도 이하도 아니다.[55] 사랑을 미적 쾌락과 연결시키는 그의 주장에서 이 점은 이미 명백하다. 그렇다면, 아무리 그 원인이 다르다 하더라고 그 본질상 숭고의 쾌락과 미의 쾌락은 **친근성의 감정**이라는 측면에서 동질적일 수밖에 없다. 그리고 사실 유사성 내지 동질성에 근거해 상대방과 보다 가까워지려 하고, 여기에서 쾌락을 느끼는 것이 인간의 근본적 본성이라는 것은 버크 자신도 강조하는 바이기도 하다.[56] 이는 미뿐만 아니라 숭고의 체험에도 그대로 적용되어야 한다.

---

55 물론 이는 감각적인 원초적인 단계에서부터 정신적인 고차적 단계에 이르기까지 다양한 단계가 있을 수 있으며, 그 양태도 다양할 것이다. 그러나 그 쾌락의 양태와 단계가 어떻건 간에, 이것이 이른바 느끼는 주체와 느껴지는 대상 간의 긴밀성과 가까움을 전제로 하고 있다는 점에서는 본질적으로 같다.

56 버크는 인간이 본성상 유사성(resemblance)에 더 끌리는 경향을 가지며, 이는 쾌락(pleasure)과 연관되어 있다고 말하고 있다. "두 개의 다른 대상이 유사성을 지닌다면, 우리는 이에 마음이 움직이고 주목하게 되며 쾌락을 느낀다. 자연적으로 인간의 마음은 차이를 찾기보다는 유사성을 찾는 데 훨씬 큰 민첩성과 만족감을 갖는다."(*PE*, 17)

이로부터 우리는 버크에서 숭고와 미의 경계가 불분명하며, 양자는 원칙적으로 서로 넘나들 수 있는 것임을 본다. 그리고 이러한 해석의 가능성은 이미 그의 이론 자체에 내재해 있다. 따라서 이제 굳이 숭고와 미를 나누어볼 필요가 없다면, 우리는 양자를 상호문화성에 훨씬 유연하게 적용할 수 있게 된다. 양자의 매개 고리로서 밝혀진 친근감을 근거로 숭고와 미의 감정이 함께 어우러진다면, 이상적인 상호문화성의 형태가 가능해질 수 있다. 즉, 미의 감정에 고유한 것으로 간주된 동정이나 사랑이 숭고의 감정에 개입될 수 있고,[57] 반대로 강력한 숭고의 체험이 미적 감정에까지 영향을 미치고 확장될 수도 있다. 이러한 성과를 토대로, 이제 이렇게 새로이 해석된 숭고와 미의 감정들을 구체적으로 어떻게 상호문화성에 함께 적용할 수 있는지 사례를 들어 세밀히 살펴보도록 하자.

4 상호문화성에서 이질감과 친근감의 조화

앞서의 고찰에 따를 때, 버크적인 숭고의 감정과 미적 감정은 한자리에서 만난다. 이때 핵심은 숭고와 미가 공통으로 지니는 친근감, 정확히는 숭고의 체험이 지니는 친근화의 과정이다. 그럴 경우, 상호문화성은 이질성의 감정이 바탕이 되면서 친근감과 동질성의 감정으로 뒤덮여진 하나

---

57 실제로 버크는 "우리는 우리가 스스로 고통을 겪음으로써 다른 사람에 대해 느낄 수 있다. 그리고 대개의 경우, 우리가 고통(affliction)으로 인해 나약해져 있을 때, 가장 잘 느낄 수 있다. 우리는 우리가 우리 자신의 위치에서 받아들였을 불행(distress)에 대해서도 동정의 시선으로 바라본다."(PE, 44)고 말함으로써 고통에 기반한 숭고의 감정에 본래 자신이 미적 감정으로 분류한 동정이 개입됨을 스스로 인정하고 있다.

의 복합적인 감정의 체계로 드러날 수 있다. 이를 입증하기 위해 우리의 주장과 잘 부합할 수 있는 가상의 두 상황을 설정해보기로 한다. 비록 이것은 필자가 상상을 통해 재구성한 것이기는 하지만, 한편으로는 역사적 현실적 근거가 충분한 개연적인 것이기도 하다.

우선, 첫째 상황이다. 문명화된 현대사회에서 인간이 날생선(생선회)을 먹는다는 것을 전혀 알지 못했고 상상할 수 없었던 한 서구인이 일본에서 처음으로 사람들이 아무렇지도 않게 날생선을 맛있게 먹고 있는 모습을 본다. 이때 이 서구인은 상당한 충격을 받으며 경악을 한다. 게다가 혐오감까지 느끼게 된다.

이 상황은 전형적으로 버크가 분석하는 숭고체험의 한 단면을 보여준다. 앞에서 본 바와 같이, 숭고체험의 특징은 그 강한 충격성에 있고, 그럼으로써 이는 평소 자신이 지니고 있던 일상적인 자기중심적 태도를 벗어나 일시적으로나마 상대편에 몰입하게 한다는 점에 있다. 이러한 충격을 통해 최초의 고통 내지 두려움이 친근감을 매개로 쾌감으로 전환된다는 것은 이미 살펴본 바이다. 이를 통해 상대에 대한 호감이 강화된다면, 바로 이것이 우리가 찾는 상호문화성의 전형적인 구조가 될 수 있을 것이다.

그런데 여기서 문제는 그 다음에 나타나는 감정이 위에서 본 것처럼 혐오감으로 이어지는 경우이다. 아무리 숭고적 체험이라도 실제 이질적인 문화의 체험에서는 이렇게 혐오감 내지 적대감을 느끼는 경우가 적지 않을 것이다. 그러나 이러한 부정적인 감정으로 이어진 숭고의 체험은 그럼에도 불구하고 그 상호문화적 의미를 상실하지는 않는다. 그 핵심적 근거는, 바로 숭고의 체험이 어떤 형태에서라도 간직하는 것으로 여겨지는 친근감 때문이다. 우리는 이 친근감을 넓은 의미에서 가까워짐이라는 의미로 이해했다. 이 가까워짐의 반대는 단순히 사이가 나빠짐이 아니라 무관심함이다. 이전에 관심이 없어서, 혹은 있다 하더라도 그릇된 편견에 사로잡혀 접근할 생각을 않던 대상에 처음으로 가까이, 생생하게 접근하게 끔 해주는 것이 바로 숭고의 체험이다.

　이렇게 보면, 혐오감을 갖게 된다 하더라도 이는 이미 어떤 식으로든 상대방에 대해 가까이 간 이후의 감정이기에, 상호문화적인 관점에서는 진전된 단계로 볼 수 있다.[58] 이것이라도 가능하게 된 것은 문화적 충격을 통해 나의 문화만이 절대적이고 정상적이라고 믿고 있던 나의 편견을 깨면서, 타 문화에 대해 최소한 마음이 열렸기 때문이다. 그러므로 그것이 아무리 부정적인 감정으로 이어졌다 하더라도 이는 일단 자기중심적인 태도를 벗어난 다음의 이차적인 감정이라는 점에서, 넓은 의미에서 좀 더 강한 긍정을 향한 하나의 **'점진적인 친근화'**의 한 과정으로 이해할 수 있다.[59] 실제로 상호문화적인 체험에서의 혐오감이나 불쾌감 혹은 적대감은 한편으로 또 다른 차원의 동정과 사랑으로 전이되는 경우가 많다.[60] 설령, 적대적 감정이 회복되지 않고 오히려 편견의 골이 심화되더라도 이는

58　왕쥬는 모든 타자를 향한 감정은 어떤 식으로든 타자와 가까이하려는 (혹은 가깝다고 느끼는) 경향이 있다고 보면서, 이는 욕구의 대상뿐만 아니라 혐오의 대상에 대해서도 마찬가지로 적용된다고 나름의 현상학적인 근거를 들어 주장한다.(J. Wang, 앞의 논문, 420–421 참조) 이러한 그녀의 주장은 숭고의 체험이 혐오의 감정으로 이어진다고 하더라도 여전히 친근함의 계기가 존재한다고 보는 우리의 주장을 지지해준다.

59　실제로 최근 10여 년 동안, 서구유럽에서 급속도로 생선회를 전문으로 하는 일식집이 늘어나고 번창하고 있는 현상은 이를 잘 반증한다. 필자의 개인적 경험에 따르면, 그 이전만 해도 상당수 서구인들이 생선회를 위에서 설정한 상황처럼 받아들일 수 없는 것으로 생각해왔다. 과거에 서구인들의 시각에서 날생선을 먹는 것이 얼마나 이상하고 공감하기 어려웠던가를 보여주는 단적인 언급으로는 M. Scheler, *Wesen und Formen der Sympathie*, 조정옥 역,『동감의 본질과 형태들』, 아카넷, 2006, 122 참조.

60　이런 의미에서 슈텡어는 "증오(Haß)는 주지하다시피 사랑의 이면, 즉 동일한 사태의 다른 면이다. 단지 사랑하는 자만이 실제로 증오할 수 있다."(G. Stenger, 앞의 책, 357)고 말한다.

나의 문화와는 다른 이질적인 문화의 존재를 실질적으로 인정한 다음의 감정이기에, 이미 그 자체가 상호문화성의 한 단계를 이루며 장차 호감을 갖고 보다 더 가까워질 수 있는 가능성은 항상 열려 있다. 중요한 것은, 비록 나의 의지에 의해 이루어진 것은 아니더라도 낯선 타 문화에 대해 처음으로 마음을 열고 관심을 갖게 되었다는(가까이 다가섰다는) 사실이다.

이런 맥락에서 오히려 경계해야 할 것은 단순한 호기심의 시선으로 상대 문화를 바라보고 오직 그 범위에서 관심을 갖는 경우이다. 이에 대해서는 버크가 앞에서 잘 지적하고 있듯이, 호기심의 대상은 나의 욕구만 충족시키면 되기에, 쉽게 싫증이 나고 무관심해진다. 그렇기에 오히려 근거 없는 편견을 갖기도 쉽다. 이는 바로 호기심의 감정이 숭고의 감정과 같은 나를 깨뜨리는 강한 충격성이 없기 때문에, 나의 문화(혹은 나 자신)에 대한 이기적인 애착과 편견에서 벗어날 수 있는 기회를 단 한 번도 갖지 못했기 때문이다. 버크가 숭고의 감정을 호기심의 감정과는 구별해 강한 충격성에서 찾는 것은 이런 점에서 특히 의미가 있다.[61]

둘째 상황은 좀 복잡하다. 문명의 세례를 전혀 받지 못하고 원시 상태로 살고 있던 한 오지의 원주민들에게 선교활동을 위해 외부의 성직자들이 찾아온다. 처음 외부인을 접한 원주민들은 경계심을 표하고 접근하지 않다가, 어떤 계기로 성직자들과 가까워진다. 이후 점차 원주민들은 동화되며 종교적, 문화적으로 이 성직자들에게 영향을 받게 된다. 그럼으로써 성직자들도 원주민들의 삶을 보다 더 잘 이해하고 공감하게 된다.

---

61 유사한 맥락에서 발덴휄스 또한 "경악(Erschrecken)의 가능성이 없이는 타자의 경험은 저 소박한 이국적인 것(Exotik)으로 전락해버리고 만다."(B. Waldenfels, *Topographie des Fremden*, Frankfurt a. M., 1997, 149)고 하면서 타자경험이 단순히 호기심의 대상으로 빠지는 것을 경계하고 있다.

2부 상호문화성의 현상학적 정립

이러한 상황은 사실 역사적으로 비근한 사례이고, 이의 윤리적 정당성 여부에 대해서는 찬반양론이 팽팽히 맞설 것으로 보인다. 더구나 이를 놓고 상호문화성의 진정한 사례로 볼 수 있는지에 대해서도 논란이 있을 것으로 보인다. 따라서 매우 예민한 사안이기에, 정치적, 종교적 배경은 생략하고, 다만 여기서는 이것이 상호문화성의 한 사례임을 전제로, 그것이 가능한 주된 이유를 우리가 앞서 살펴본 감정에서 찾아 재구성해보기로 한다.

우선 최초에 서로를 마주쳤을 때, 원주민과 외부의 성직자는 둘 다 서로가 처음이기에, 어떤 이유에서이건 분명 불안과 두려움의 감정이 앞섰을 것이다.[62] 그렇다면, 양자 모두 버크적인 의미에서의 숭고적인 체험을 하게 된다고 볼 수 있다. 그러나 양자 사이의 차이는 분명히 있다. 원주민은 말 그대로 두려움과 놀라움만으로 가득 차 있겠지만, 성직자들은 특정한 종교적 사명감으로 원주민에 대해 일종의 동정 내지 사랑의 감정을 가지고 접근한다는 것이다. 곧 버크적인 도식에 따를 때, 원주민은 숭고의 감정만을, 성직자는 숭고와 더불어 이른바 미적 감정을 복합적으로 가지고 원주민을 대한다는 것이다. 그러면 성직자들이 지닌 이 복합적 감정은 어떻게 서로 조화를 이루고 또 어떤 식으로 원주민들에게 전달되었을까?

이러한 양자 간의 조화 가능성에 대해서 우리는 이미 앞에서 상세히 살

---

62 물론 버크가 "우리의 경탄을 자아내고 주로 우리의 정념을 자극하는 것은 우리의 무지 때문이다. 지식과 익숙함은 아무리 인상적인 원인을 지닌 것도 별 다른 감명을 주지 못하게 한다."(*PE*, 57)고 말하고 있듯이, 원주민의 감정과 선교사의 감정은 여기서 약간 다를 수밖에 없다. 원주민의 경우, 무방비 상태에서 성직자를 만나게 되는 데 비해, 성직자들은 마음의 준비를 하고 어쩌면 충분한 사전조사를 한 후에 접근했을 것이기 때문이다. 그러므로 그 충격성은 원주민들이 훨씬 더 컸을 것이다.

펴보았다. 즉, 성직자들은 아무리 사전지식이 있고 준비가 되어 있었더라도 처음 접하는 낯선 원주민의 삶에 어떤 식으로든 충격을 받았을 것이고, 그러기에 — 우리의 논리에 따를 때 — 보다 깊은 관심과 친근감을 가지게 되었을 것이다. 이것은 그들이 원주민들의 삶을 있는 그대로 받아들임으로써 그들의 삶과 세계관에 깊이 공감하게 되는 실질적 바탕이 된다. 그리고 이러한 친근감과 공감에 기인한 동정과 사랑이 바로 원주민의 삶과 문화를 열린 마음으로 포용하는 데 견인차 역할을 했을 것이며, 이는 원주민과의 실질적 상호교감을 이루는 데 기여했을 것이다. 본래 그들이 가지고 있던 종교적 사명감이나 박애심은 이러한 토대 위에서만 그 의미가 있었을 것이다.

그러므로 이 과정에서 결코 간과해서는 안 될 점은, 보통 우리가 추측하듯이, 성직자들이 종교적 사명감에 근거해 오직 동정과 사랑만의 감정을 가지고 원주민을 대했다면, 원주민들과의 상호교감은 불가능했거나 실패했을 가능성이 매우 높다는 점이다. 앞서 버크가 잘 지적하고 있듯이, 여기에는 은연중 자기만이 옳거나 상대에 대해 우월하다고 믿는 자기중심성이 내재되어 있기 때문이다. 이를 깨뜨리는 것이 바로 강한 충격을 동반하는 숭고의 감정이다. 이 감정이 있었기에, 일단 자기문화 혹은 자기만이 옳다는 독단성을 넘어서서 마음을 비운 채 원주민과 그들의 문화 내부로 향하는 열린 마음이 가능했고, 또 연이은 동정 내지 사랑의 감정 또한 진실되게 그들에게 전달될 수 있었을 것이다. 숭고성에는 근본적으로 상대방에 대한 '인정'과 '존중'이 내포되어 있기 때문이다. 이는 원주민들의 경우에도 마찬가지로 적용된다. 원주민들 또한 숭고의 감정을 지닌 채 이들에게 접근했기 때문에, 결국은 성직자들에 대해 깊은 관심을 갖게 되고, 마음을 열고 가까이 다가설 수 있었을 것이다. 결국 핵심은, 숭고의 감정이 밑바탕이 되어 상대방에 대한 친근감이 생겼기에, 양자 간의 교감이 가능했다는 것이다. 이후에 이루어진 모든 순조로운 경과들은 바로 이러한 원초적 감정이 없이는 불가능했다는 것이 곧 필자의 판단이다.

이러한 상징적인 두 사례를 통해서 살펴본 상호문화적 감정들은 물론 모든 경우에 적용, 일반화시키기에는 한계가 있을 수 있다. 그러나 최소한 인간의 감정이 상호문화적 경험에서 어떻게 작용하는지에 대해 그 방향성을 제시해준다는 점은 분명하다. 필자의 요지는, 상대 문화에 대한 이질성을 경험하면서, 그 차이를 인정하고 나아가 이를 포용함으로써 하나의 공통된 상호문화적 경험에 이르기 위해서는, 숭고의 체험과 같은 강한, 이질적이면서도 충격적인 경험의 계기가 반드시 그 토대에 놓여 있어야 한다는 것이다.[63] 이러한 충격적 경험은 일정한 시간적 흐름에 따라 상대 문화에 친근감을 갖게 하고, 그럼으로써 새로운 차원에서 이를 이해하고 포용(존경 혹은 사랑)할 수 있는 하나의 계기를 만들어준다는 것이 그 결정적인 이유이다. 말하자면, 버크가 구분했던 숭고적 감정과 미적 감정이 하나의 틀 속에서 만남으로써 비로소 하나의 온전한 상호문화성이 가능하다는 것이 여기서의 핵심주장이다.

이러한 논의를 통해 우리는 우리의 감정이 어떻게 상호문화성에 기여할 수 있는지 알게 되었다. 우리의 논의는 사실 타 문화를 처음 접하면서

---

[63] 사실 버크가 말하는 미적 감정도 원칙적으로 이러한 충격적 경험의 범주에 포함된다. 그러나 버크에서는 이러한 미적 감정의 충격성은 숭고와의 차별성을 의식해서인지 매우 약화된 채 묘사되어 있으며, 그렇기 때문에, 앞서 본 바와 같이, 자기우월성이 강하게 부각되고 있다. 그러나 미적 감정이 숭고와 같은 강한 충격성을 동반한다면, 이러한 자기우월성도 현저히 약화될 것은 분명하다. 바로 여기에 상호문화성의 맥락에서 숭고성과 미적 감정의 결부가 갖는 중요한 의미가 있다.

갖게 되는 일종의 **'문화적 충격'**을 감정적인 측면에서 집중 조명한 것이라고 볼 수 있다. 우리는 흔히 낯선 문화에 대한 충격을 그 문화에 대해 잘 모르기 때문이라고 간주하면서, 애써 이 충격의 의미를 약화시킨다. 그러나 앞서 발덴휄스의 주장에서도 잘 알 수 있듯이, 이러한 문화적 충격은 근본적인 것이자 당연한 것이며, 바로 여기에 상호문화성의 핵심적 의미가 있다는 것이 본 글의 기본 시각이다.

이러한 충격 속에서 나타나는 인간의 감정은 사실 복합적이고 매우 다양해서 일률적으로 규정할 수는 없다. 버크의 감정이론은 이러한 충격적인 감정에 대해 나름의 기준에 따라 총체적으로 분석하고 있다는 점에서 우리에게 많은 도움을 주고 있다. 비록 이론상의 한계는 있지만, 그의 이론에 대한 재해석을 통해 우리는 이 충격이 단순히 부정적이고 이질적인 감정만을 산출하지 않는다는 점을 확인했다. 곧 나의 독단의 벽을 깨면서, 상대 문화에 열린 마음으로 가까이 접근케 함으로써 이른바 친숙함의 감정 또한 여기에서 파생된다. 바로 이는 서로 다른 문화들 간의 공감대로서의 상호문화성을 구축할 수 있는 토대가 된다. 그럼으로써 우리는 이질성의 감정에서 친숙성의 감정에 이르는 하나의 연속적인 상호문화적인 감정의 계열을 찾을 수 있었다. 이는 멀게만 느껴지는 상호문화성이 의외로 우리의 주변에서, 더구나 별다른 의지적 노력 없이, 원초적인 감정의 차원에서 이루어질 수 있음을 가리킨다는 점에서 매우 고무적인 사실로 받아들여진다.

물론 현대의 급격한 정보화, 세계화 시대에서 우리는 이제 어지간한 문화적 차이에 대해서는 큰 느낌을 갖지 못하고 충격을 점점 덜 느끼지 않느냐고 반문할 수 있다.[64] 이는 한편으로 일리가 있는 지적이다. 그러나 이렇게 되는 것이 세계화로 문화적 차이 자체가 점차 엷어져가기 때문이 아니라는 점을 의식해야 한다. 아무리 이러한 세계화 시대에서라도 각 문화의 뿌리는 매우 깊기에, 개개 문화가 지니는 독특한 문화적 분위기와 정서까지 제대로 이해하는 데는 한계가 있으므로, 여전히 문화적 다양성은 존재할 수밖에 없다.[65] 그러므로 문제는, 이러한 문화적 다양성 자체의 소멸보다는 이 다양성을 감정적으로 받아들이는 인간의 방식이다. 갈수록 감성이 무디어지는 현대인들에게 문화적 충격을 느낄 수 있는 기회는 점점 줄어들 수밖에 없다. 이는 세계화 경향이라기보다는 **감수성의 약화**에 기인한다. 결국 우리는 상호문화성의 문제를 바라봄에 있어서, 문화의 다양성의 보존이라는 대과제를 앞에 두고, 어떻게 문화적 체험에서 순수한 우리의 감정을 되살리고 보존할 수 있느냐에 관심을 기울여야 할 것이다. 이런 점에서 보다 감성적인 "미개한(uncultivated) 사람들이 …… 그들이 보는 것에 더 감탄하고 더 감명을 받는다."(PE, 160)는 버크의 말은 우리에게 많은 것을 생각하게 한다.

그런데 이제까지 우리는 상호문화성과 관련해 숭고의 감정과 같은 충격적이고 복합적인 감정만을 고려해왔는데, 상호문화성이 이와 같은 강한 충격성을 동반하지 않고 다른 부드러운 감정의 방식에 의해서도 가능하지 않을까 생각해볼 수 있다. 이의 가능성에 대한 하나의 대안으로 제시될 수 있는 것이 바로 공감이다. 이제 이 공감과 상호문화성의 관계에

---

64 이에 대한 논의는 뒤의 제3부 5장에서 다시 이루어진다.

65 K. Held, "Möglichkeiten und Grenzen interkultureller Verständigung," (Eröffnungsvortrag der internationalen Tagung in Prag von OPO, 2002), in: http://www. o-p-o.net/essays/HeldArticleGerman.pdf, 2002, 5-8 참조.

대해 살펴보도록 하자.

5 공감과 상호문화성[66]

5.1 공감에 대한 현상학적 이해

공감은 본래 타자의 감정을 같이 더불어 느끼는 것, 정확히는 "타인의 느낌을 느끼는 것"[67]이다. 이에 대해서는 철학적으로, 특히 윤리와 관련해 근대 이후 상당한 논의가 있어왔으며, 현대철학에서도 많은 관심이 쏠리고 있는 부분이다. 그러나 상호문화성과 관련해서는, 필자가 아는 한, 아직 공감과 연관지어 본격적으로 논의가 이루어지지는 않았다. 이는 공감이 인간과 인간 간의 일대일 관계에서 이루어지는 만치, 문화에 대한 체험이 주된 주제가 되는 거시적인 상호문화성의 맥락과는 상관성이 적다고 여겨졌기 때문일 것이다. 그러나 상호문화적 관계라는 것이 추상적인 문화에 대한 관찰이나 체험을 통해서뿐만 아니라 타 문화권의 인간과의

---

66 이 5절의 내용 전체는 졸고, 「이질감과 친근감 ―상호문화성의 양면성에 대한 현상학적 고찰―」, 『철학과 현상학 연구』 제50집, 한국현상학회, 2011, 97-101의 내용을 마지막 부분한 단락과 본 책의 형식에 맞게 다듬거나 삭제한 일부 구절을 제외하고는 그대로 옮겨온 것이다.

67   M. Scheler, *Wesen und Formen der Sympathie*, 조정옥 역, 『동감의 본질과 형태들』, 아카넷, 2006, 41. 여기서 조정옥은 Sympathie, Mitgefühl에 대해 '공감'이라는 일반적 번역어 대신 동감이라는 표현을 쓴다. 동일한 감정을 느낀다는 본래의 취지에 비추어보면, 동감이라는 번역어가 더 적합해보이나, 통례에 따라 여기서는 공감이라는 번역어를 사용하기로 한다. 단 조정옥의 번역문을 인용할 때는, 수정 없이 그대로 역자가 표현한 동감이라는 표현을 썼다.

접촉을 통한 정서적 유대와 동질감을 통해서도 상당부분 형성된다는 점을 고려할 때, 공감은 상호문화성을 위해 매우 중요한 역할을 할 수 있다. 어떤 면에서는 공감이야말로 상호문화적 관계를 구축하는 데 결정적인 기여를 한다고 볼 수도 있다. 특히 감정의 영역에서는 그러하다. 이러한 공감에 대한 논의는 이미 앞 절에서 버크의 이론과 연관해 간략히 이루어지기는 했다. 그러나 거기서는 아직 공감이 지니는 상호문화적 의미에 대한 근원적인 해명은 이루어지지 못했다. 따라서 여기서는 공감이 갖는 상호문화적 의미에 대해 보다 근본적으로 자세히 살펴보기로 하자.

공감과 관련해서는 여러 입장들이 있는 만치 이를 체계적으로 설명하기는 쉽지 않다.[68] 공감이 기본적으로 타인의 감정 상태를 더불어 느끼는 것이라면, 타자경험 내지 상호주관성의 맥락에서 큰 의미를 지닌다. 상호주관성의 문제가 어려운 것은 타인의 내면과 심리상태를 제대로 알 수 없는 상태에서 타인에 대한 이해가 어떻게 가능한가를 밝혀야 한다는 것이다. 사실 원칙적으로 인간으로서 타인의 내면을 정확히 파악하기는 불가능하다. 그럼에도 불구하고 우리는 여러 정황으로 타인의 심정을 불완전하나마 이해할 수 있다. 여기서 결정적인 역할을 하는 것이 바로 공감이다. 공감은 합리적인 언어적 의사소통이 이루어지기 이전에 감정적으로 타인의 내면을 체험하고 느끼는 것이다. 바로 이것이 나와 타자 사이를 잇는 중요한 가교역할을 한다.

공감이 과연 신뢰할 수 있는 것이냐에 대해서는 물론 논란이 있다. 공감은 어디까지나 나의 관점에서 이루어지는 것이므로, 단지 나의 주관

---

68 공감에 대한 다양한 입장과 개념에 대해서는 박성희, 『공감학: 어제와 오늘』, 학지사, 2010, 22-29 참조.

적 표상 내지 착각에 불과한 것이 아니냐는 입장 또한 가능하다. 실제적인 타자의 느낌과는 상관없이 단지 내가 그렇게 여기는 것이 아니냐는 것이다. 하르트만(Hartmann)이 대표적인데, 이에 대한 셸러(Scheler)의 인용을 보면, "동감은 우리의 지성에게 결코 비범한 일이 아닌 착각을 제공한다. 즉 우리는 자신의 내부 이외에는 있지 않은 감정을 느낀다. 그러나 우리는 그 감정에서 자신의 감정을 사고하는 것이 아니라 우리의 동감이 일깨우는 감정에서 우리의 감정을 사고한다."[69] 그러나 이러한 공감에 대한 부정적인 견해에도 불구하고 공감이 타자경험에서 갖는 긍정적이고 실제적인 역할은 결코 부인할 수 없다. 부모의 자식에 대한 공감은 말할 것도 없고, 친구나 지인 간에서 이루어지는 공감이 관계의 유대를 위해 얼마나 큰 역할을 하는지는 굳이 언급할 필요가 없다. 말하자면, 타인의 감정에 대해 더불어 느끼는 인간의 능력이 있음을 부인할 수는 없다. 이런 의미에서 셸러는, 공감은 발생적, 경험적으로 획득되는 것이 아니라 타자를 향한 인간의 선천적 능력으로서,[70] 원칙적으로 자아중심주의를 극복하게 하는 대표적인 작용으로 간주한다.[71] 즉, 공감은 자신이 체험한 것만을 유사하게 이해하는 것같이, 단순히 자신의 경험을 근거로 한 추론이나 상상이 아닌 직접적인 체험이라는 것이다.[72] 오히려 셸러는 현상학적 관점

---

69 E. Hartmann, 『도덕적 의식의 현상학』, M. Scheler, *Wesen und Formen der Sympathie*, 조정옥 역, 『동감의 본질과 형태들』, 아카넷, 2006, 147-148 재인용.

70 같은 책, 146-147 참조.

71 같은 책, 141-144 참조.

72 "모든 동감은 타인의 체험에서 고통이나 기쁨을 느끼려는 의향을 내포한다. 동감은 타인이 고통을 느낀다는 판단이나 표상을 통해서 간접적으로가 아니라 그 자체가 느낌으로서 타인의 고통으로 (직접적으로-역자 주) 지향되어 있다."(같은 책, 51) 그러므로 셸러는 공감을 위해서는 "투사적 감정이입도 불필요하고 모방도 불필요하다."(같은 책, 49)고 주장한다.

에서 공감이 "개념적 판단적이 아닌 선논리적 인식"[73]이라는 점을 근거로 자아중심적인 편견에 영향을 덜 받은 채 타자에게 향할 수 있으며, 타인의 실재성에 좀 더 가깝게 접근할 수 있다는 점을 강조한다. 그러므로 공감이야말로 자아중심주의, 이기주의를 넘어서서 "인간으로서의 등가치성에 대한 파악"[74]을 가능케 함과 동시에 "우리의 삶을 진정으로 확장"[75]해주는 대표적인 작용으로 간주한다. 이런 의미에서 그는 "한 인간이 소유하는 감정적 성질들, 그의 실제적 감정을 구성하는 원천인 감정적 성질들의 범위에서 그는 타인의 감정들을 실제적인 단위로서(실제적인 단위의 요소들로서) 한 번도 스스로 체험한 적이 없다고 하더라도 그것을 〈여전히 근원적으로〉 이해할 수 있다."[76]고 말한다.

셸러의 입장은 적극적으로 공감의 타자이해능력을 인정하는 것으로서 공감이 갖는 자아초월적인 성격을 강조하고 있다고 볼 수 있다. 그의 주장은 인간이 지닌 감정적 능력의 보편성에 근거하고 있는 것으로서, 사실 경험적으로도 확인될 수 있는 면이 있기 때문에, 상당한 설득력이 있는 것이 사실이다. 공감의 초점은 '감정의 더불어 느낌'이지만, 그 핵심은 결국 동질성 내지 유사성의 확인이다. 타인도 나와 같은 인간으로서 동일한 감정을 지니고 있음을 확인하는 것이 공감이 지닌 긍정적인 역할이다. 바로 이를 통해 타자와의 유대감과 친근감이 형성됨은 쉽게 짐작할 수 있다.

---

73 같은 책, 139.
74 같은 책, 144.
75 같은 책, 123.
76 같은 책, 121.

5.2 공감의 상호문화적인 의미

여기서 우리의 주제인 상호문화성과 관련해 공감의 문제를 재조명해 보도록 하자. 앞서 우리의 관심사는 상호문화성의 두 축인 이질감과 친근감이 어떻게 조화를 이룰 수 있느냐 하는 것이었다. 공감은, 이미 본 바와 같이, 동질성에 근거한 감정적 능력이므로, 친근감의 측면이 강조됨은 자명하다. 그렇다면, 문제는 이른바 이질감이 공감 속에서 어떻게 작용해 친근감과 양립가능한가 하는 점이다. 공감 속에서 과연 이질감은 존재가치가 있는 것인가?

이제까지의 연구에서 공감이 주로 유사성과 동질성 더 나아가 친화성에 강조점을 둔 만큼, 이질성 내지 이질감의 부분에는 제대로 관심이 쏠리지 않았던 것이 사실이다. 그러나 공감의 외관상의 모습에도 불구하고 공감 자체는 이질감 내지 이질성이 그 밑바탕에 놓여 있다. 정확히 표현한다면, 나와 타자 간의 엄격한 분리가 전제되고 있다. 셸러에 따를 때, 흔히 공감에 대한 많은 오해의 하나가 공감을 '감정합일'과 같은 의미로 보는 것이다. 감정합일은 타인의 감정과 나의 감정을 동일시하고, 그럼으로써 나아가 타인의 자아를 나의 자아와 동일시하는 것이다. 이 경우 "나는 내 속에 사는 것이 아니라, 완전히 타인 속에서 사는 것이며, (타인을 통해서 살 뿐만 아니라) 타인을 위해서 사는 것이다."[77] 그러나 셸러는 공감은 감정합일과는 차원이 달라서, 타인과의 동일화를 추구하지 않는다고 본다. 공감은 "타인으로서의 타인을 지향"[78]하되, 만약 "내게 그런 일이 일

---

[77] 같은 책, 61.
[78] 같은 책, 105.

어난다면"이라는 가정에서 이루어지는 "자아투사적인 감정이 아니다."[79]라는 것이 그의 기본 입장이다. 즉, 진정한 공감은 "인격들 간의 본질차이성을 전제"[80]하며, "자립적 인격과의 관계"[81]로서, 근본적으로 "둘 사이의 거리 간격, 자아의 분리 의식이 필요"[82]하다는 것이 그의 생각이다. 가령, A가 슬퍼하고 B가 이에 대해 공감할 때, 공감하는 것은 A의 슬픔 그 자체이지, A 자체가 아니다. 곧 A의 전부가 아닌 A의 현재 감정만을 같이 느끼는 것이다.[83] 이에 대한 셸러의 설명은 다음과 같다.

> 함께 슬퍼함 속에 주어진 B의 감정상태는 완전히 타인(B) 속에 주어진 것이다. 감정 상태는 함께 슬퍼하는 A 속으로 건너가지도 않으며, A 안에 동일하거나 유사한 상태를 생산하지도 않는다. 그것은 함께 겪고 있는 것이지, A가 실제적인 체험으로서 소유하지는 않는다. 타인의 감정 상태들을 우리가 느낄 수 있고 그것을 진정으로 겪을 수 있다는 것, 그리고 예를 들면 함께 기뻐함의 결과로서 우리가 그들을 보고서 기뻐하는 것이 아니라, (왜냐하면 그렇게 되면 이것은 우리 자신의 기쁨이므로) 그것을 통해서 즐거운 기분에 빠지지 않고 기쁨을 함께 겪을 수 있다는 것, 그것은 '멋진 일'이다. 그것이 바로 '진정한' 동감의 현상이다.[84]

---

79 같은 곳.
80 같은 책, 156.
81 같은 책, 157.
82 같은 책, 154.
83 여기서 셸러는 타인의 실존과 인격에 대한 전적인 포용과 배려심은 사랑의 역할이라고 봄으로써 사랑과 공감을 구별한다. 그에 따르면 공감으로부터 사랑이 생겨나는 것이 아니라, 오히려 공감이 사랑에 근거하고 있다.
84 같은 책, 108-109.

이와 같이 공감 속에서 이러한 둘 사이의 분리성과 거리감을 유지하면서, 일종의 공통된 감정적 체험을 한다는 것은 바로 공감이 이질감과 동시에 동질감 내지 친근감의 양 요소를 지니고 있다는 의미로 해석할 수 있다. 이는 공감이 개별적 자아의 자립성을 기본 전제로 하면서 동시에 동질적인 감정을 소유하는 한, 띠게 되는 필연적인 성격이다.

이러한 점을 고려할 때, 상호문화적 관계에서 공감은, 개별적 자아가 자신이 속한 문화에서 깊게 영향을 받고 있다면, 문화적 개별성과 차이를 전제로 하면서 동시에 감정적으로 공유 가능한 영역을 확보하고 있다고 이해할 수 있다. 가령, 세세한 문화적 배경과 내용은 이해하지 못하더라도 타 문화의 구성원들이 가진 감정에 대해서는 동질적인 느낌을 가질 수 있는 것이다. 이는 물론 인간 감정의 자연적 보편성을 전제로 하는 것이기는 하지만, 이때 공감은 타 문화로 진입해 타 문화에 대한 유대감과 친근감을 느끼게 하는 결정적인 통로로 작용할 수 있다. 그렇다고 해서 문화적 차이와 이질감이 해소되는 것은 결코 아니다.

공감의 작용은 원칙적으로 인간 간의 감정적 관계를 매개로 한다는 점에서, 상호문화적 관계의 정립과 관련해 상당한 제한을 받을 수 있고, 더욱이 앞선 숭고의 감정에 비해서는 상대적으로 자아의 자립성과 주체성이 강조됨으로써 주관적 편견이 개입될 여지가 많다. 말하자면, 감정의 영역이어서 분명 그 정도가 개념적 판단에 비해 덜하기는 하지만, 자기중심적 사고가 여전히 잔존할 수 있다. 그럼에도 위에서 본 셸러의 주장을 받아들일 때, 공감은 우리가 찾는 상호문화성의 두 계기, 즉 이질감과 친근감을 결합시키는 적절한 방법이라는 점에서는 이론의 여지가 없다. 그렇다면, 공감은 숭고의 감정과 더불어 이제까지 이루어지고, 또 이루어질 상호문화적 관계에 상당한 기여를 할 수 있다는 것이 필자의 생각이다.

3장
윤리와 상호문화성[1]

1 상호문화성의 윤리적 함축

이미 확인한 바와 같이, 상호문화성의 전제조건 내지 목적은 '문화의 상이성의 인정'과 '상호존중을 매개로 한 공통된 문화의 창출'이다. 곧 '문화의 다양성을 바탕으로 하면서 문화적 융합을 지향함' 속에 상호문화성의 실질적 의미가 놓여 있다. 이렇게 보면, 상호문화성의 문제는 문화의 다양성과 공통성(보편성) 사이에서 양자를 어떻게 평화적으로 매개하는가에 달려 있음을 본다. 이는 다른 관점에서 보면, 어떻게 다양한 문화 간에 열려진 대화와 결합이 보편적으로 가능할 것인가 하는 실천적 문제로 귀

---

[1]　이 장의 내용에서 후설과 관련된 부분, 1절과 2절은 졸고, 「상호문화성과 윤리 – 후설 현상학을 중심으로–」, 『철학』 제103집, 2010, 133-151쪽의 내용을 이 책의 형식과 내용에 맞게 약간 수정해 옮겨온 것이다. 문맥에 맞게 각주와 일부 본문의 문구 수정이 이루어지기는 했으나, 사실상 거의 동일한 내용이다.

결된다.

이렇게 볼 때, 상호문화성은 그 본질에 있어서 하나의 당위적, 실천적 과제로서의 성격이 두드러짐을 알 수 있다. 상호문화성은 단순히 자연스러운 문화의 공존만으로 성립하는 것이 아니라 반드시 문화 간의 접촉과 인정을 전제로 한다. 즉, "상호문화성의 근원은 인정에 있다."[2] 그러므로 근본적으로 상호문화성이 성립하기 위해서는, 이방문화에 대한 개방적 태도와 이방문화의 이질성을 있는 그대로 받아들이겠다는 **포용적 태도**가 필요하다. 한마디로 윤리성이 전제되어야 하는 것이다.

사실 이러한 상호문화성의 윤리적 성격은 이미 앞서의 논의에서 누차 언급되고 강조되었다. 특히 감정과 관련된 논의에서 상호문화성의 윤리적 성격은 보다 분명하게 그 윤곽을 드러냈다. 어떤 면에서는 모든 상호문화성에 대한 철학적 논의는 윤리적인 문제와 직간접적으로 연관되거나, 또 궁극적으로 여기로 귀결된다고 볼 수 있을 만치, 윤리의 문제는 상호문화성에서 핵심적인 위치를 차지한다. 그러나 이제까지의 연구에서 윤리로서의 상호문화성의 문제는 체계적으로 다루어지지 않았다. 상호문화성 속에서 '선(善)'을 향한 인간의 의지의 측면이 아직 제대로 고려되지 못했기 때문이다. 또한 여기에는 문화라는 것이 기본적으로 하나의 자연스러운 생활양식이지, 어떤 당위와 의무로 이해되는 성질의 것이 아니라는 우리의 통념도 일정 부분 기여를 했다. 다시 말해, 상호문화성의 윤리적 성격은 문화라는 인간을 압도하는 거대한 체계에 가려 제대로 드러나지 못하고 있다. 여기에서는 상호문화성을 마치 문화와 문화 간의 자연발

---

2   D. Komel, *Tradition und Vermittlung. Der interkulturelle Sinn Europas*, Würzburg, 2005. 53.

생적인 이합집산에 의해 성립된 것으로 간주하면서, 이때 인간의 의지는 전혀 개입하지 않은 것으로 보려는 태도가 결정적인 역할을 한다. 대표적인 것이 우리가 앞에서 비판적으로 본 화이트의 '문화결정론'의 입장이다. 문화의 자율성을 인정하는 문화결정론에 따를 때, 문화에서 인간이 설자리는 극히 제한되며, 인간의 윤리성 또한 별 역할을 못한다.[3] 따라서 상호문화성의 윤리적 이해를 위해서는, 문화의 주체를 인간에 두고 문화가 인간의 의지에 의해 형성된다는 식의 사고가 필요하며, 나아가 문화형성의 주체로서의 인간의 윤리적 역할에 각별한 강조점을 둘 필요가 있다. 이러한 배경에서 우리는 현상학이 인간적 주체의 의지성을 각별히 고려한다는 점을 의식하면서, 이제까지의 논의를 토대로 상호문화성의 윤리성에 대해 고찰해보도록 한다. 여기서는 현상학자 중, 특히 윤리적 성격이 강하게 드러나는 후설과 레비나스의 현상학을 중점적으로 살펴보면서, 이들의 이론이 어떻게 상호문화성과 연관될 수 있는지 좀 더 구체적으로 살펴보기로 한다.

---

3   이러한 문화결정론에 대한 현상학적 비판에 대해서는 졸고, 「현상학과 문화 −자연과 문화의 관계를 중심으로−」, 『철학』 제101집, 한국철학회, 2009, 32−37. 이 책의 제1부 1장 2절 참조.

2 후설: 감정이입과 상호문화성

2.1 감정이입에 대한 윤리적 해석

상호문화성과 관련해 누구보다도 윤리적인 함축을 가장 잘 드러내고 있는 현상학자는 후설이다. 다른 철학자, 특히 다른 현상학자와 비교해 후설의 현상학이 가진 강점은, 인간의 주체적, 능동적 의지에 바탕을 둔 철학을 추구함으로써 윤리적, 실천적인 성격을 강하게 드러낸다는 점이다.[4] 따라서 우리는 우선 후설의 상호문화성 논의를 윤리적으로 재해석해 보기로 한다.

이에 앞서 우리는 우선 어떤 배경에서 후설 현상학이 상호문화성 논의와 연관되고 또 윤리적으로 접목될 수 있는지 다시 한 번 분명히 점검해 보아야 한다. 후설 현상학에서 필자가 아는 범위에서는 유감스럽게도 '상호문화성(Interkulturalität)'이라는 주제화된 표현을 찾을 수 없다. 단지 가볍게 지나가는 정도로 '상호문화적(interkuturell)'이라는 표현이, 그것도 '국제적인(international)'이라는 표현과 유사한 의미로 쓰일 뿐이다.[5] 그럼에도 후설에서 상호문화성의 단초를 확인할 수 있는 가장 극명하면서도

---

4   따라서 슈트라서는 후설 현상학은 처음부터 윤리적인 동기를 지니고 있다고 보고 있으며 (S. Strasser, *Welt im Widerspruch*, Dordrecht/Boston/London, 1991, 48 참조), 또한 이는 "단지 윤리적 권리가 최종적 권리이다."(『강연 II』, 42)라는 후설의 말에서도 확인된다. 아울러 후설 현상학의 실천철학적 경향에 대한 상세한 논의는 이남인, 「실천철학으로서의 현상학」, 『사회철학 대계 5: 현대문화와 사회철학』, 민음사, 1998, 201-228. 졸저, 『기술시대와 현상학 -실천철학으로서의 현상학의 가능성-』, 경희대학교 출판국, 2005, 3-5 참조.

5   『상호주관성 III』, 234 참조.

선명한, 한편으로 후설 연구자들 사이에서 많은 논란을 불러일으키기도 한 부분은 그의 후기 저작인 『위기』에 등장하는 아래의 글이다.

우리는 가능한 사물경험의 지평인바 하나의 세계지평을 지니고 있다. …… 그러나 여기서의 모든 것은 주관 상대적이다. 비록 우리가 정상적으로는 우리의 경험 속에서 그리고 우리와 삶의 공동체 속에서 결부되어 있는 사회적 영역 안에서는 확실한 사실(sichere Tatsache)들을 접하고, 더구나 몇몇 제한된 영역 안에서는 자연스럽게, 즉 어떤 두드러진 불일치에 의해 교란당하지 않은 채 그렇다 된다 하더라도 말이다. …… 우리가 그러나 이방의 사회영역, 가령 콩고의 흑인들, 중국인 농부들 등의 세계로 빠져든다면, 그들의 진리들, 그들에게는 확고하게 규정되어 일반적으로 확증되고 확증될 수 있는 사실들이 결코 우리의 것은 아니라는 사실을 알게 된다. 그러나 여기서 우리가 정상적인 유럽인, 정상적인 힌두인, 중국인 등이 상대성에도 불구하고 동의할 수 있는 것에 근거해, 모든 주관들에게 무조건적으로 타당한 대상들에 대한 진리의 목적을 설정한다면, …… 그것은 아직은 객관과학의 길이다. …… 그럼에도 생활세계가 모든 상대성에도 불구하고 보편적인 구조(allgemeine Struktur)를 갖고 있다는 사실을 생각하면, 이 당혹감은 곧 사라진다.[6]

비록 중간생략을 통해 불충분하게 서술되기는 했으나, 이 구절의 요지는 문화의 상대성을 경험하면서 이를 극복하기 위한 **문화적 보편성**을 현상학적으로 해명하겠다는 것이다. 이를 통해 후설은 상호문화성의 핵심

---

6 『위기』, 142-143.

적 계기인 이방문화에 대한 경험과 이로부터 파생되는 문화의 다양성과 보편성의 상관관계에 대한 문제를 언급하고 있다는 점에서, 상호문화성의 문제영역에 이미 깊숙이 진입해 있음을 알 수 있다.

그런데 여기서 주목할 점은 자신의 상호문화성의 길을 객관과학과 차별화하겠다는 후설의 의지이다. 주관과의 연관성을 강조하는 현상학적 관점에서 볼 때, 후설이 객관성만을 내세우는 객관과학과는 다른 방향에서 이에 접근해야 한다면, 사실 문화의 다양성과 차이의 측면을 보다 강조해야 옳다. 보편성을 지향하더라도 주관적 다양성 내지 상대성과의 연관에서 이를 다루어야만 후설의 본래 의도에 부합한다. 그러나 후설의 이에 대한 언급은 다소 불충분할 뿐만 아니라, 부분적으로 자신의 본래 의도에 맞지 않는 방향으로 흐른 감이 없지 않다. 즉, 문화의 차이와 상대성 혹은 타자경험의 생동성보다는 추상적인 보편적 구조(자연적 요소에 치중한)를 해명하는 데 보다 강조점을 두는 방향으로 흐른 것이다.[7] 바로 이러한 이유로, 일부에서는 후설 현상학은 상호문화성을 논할 자격이 없다는 비판을 강력히 제기하기도 했다. 이러한 비판의 핵심은, 후설이 상호문화성의 논의에서 문화의 차이와 다양성을 제대로 고려하지 않고, 오직 그 **보편성과 동질성에만 집착**하려 했다는 데에 있다.[8] 물론 이러한 지적이

---

7 이 문제와 관련해 생활세계의 보편적 구조로서의 후설의 '생활세계적 아프리오리' 개념과 이에 대한 후설 해명의 불충분성에 대한 상세한 비판적 고찰은 졸고, 「생활세계적 아프리오리와 문화의 현상학」, 『철학연구』 제57집, 철학연구회, 2002 참조.

8 대표적으로 슈텡어는 후설이 비록 '고향세계'와 '이방세계' 개념의 도입으로 문화세계 간의 차이와 문화상대성을 전제하고 있기는 하지만, 결국 "하나의 모든 사람에게 공통된 세계", "문화세계들의 동일자 이론"으로 귀결됨으로써 타 문화세계에 대한 경험은 "기껏해야 이 세계의 추상적 세계 개념, 문화를 문화개념의 다양한 현상방식으로 파악은 하나, 생동적인 문화세계로서 이를 파악할 수 없는 세계 개념"(G. Stenger, 앞의 책, 199)의 파악에 그

전혀 근거가 없지는 않다. 인식론적으로만 보면, 이러한 견해가 어느 정도 타당성이 있을 수 있기 때문이다. 그러나 후설에서는 이 문제를 이와는 다른 맥락에서 바라볼 수 있다는 점에 주목해야 한다. 즉, 문화세계의 다양성을 넘어서서 하나의 보편적 세계를 향하는 실천적, 윤리적 의지의 측면, 즉 **주체의 태도의 측면**에서 이를 해명할 수도 있기 때문이다. 물론 이 실천적 의지의 동기와 배경이 무엇이냐 하는 점에서는 여기서 상세히 다룰 수는 없다. 그러나 이처럼 다양성에서 보편성으로 향하는 태도에 초점을 맞추어 후설을 실천적, 윤리적으로 이해한다면, 다양성과 차이가 해소되지 않으면서도 보편성에 이르는 중간적인 길, 곧 앞에서 확인한 바와 같은 '상호문화성'의 토대를 후설 현상학에서도 충분히 찾을 수 있다는 것이 필자의 생각이다.[9] 그리고 필자는 그 실마리를 후설의 타자경험이론에

치고만다고 지적한다. 그럼으로써 후설 현상학은 "상호문화적인 문제론의 선구자"이기는 하지만, "상호문화성의 철학을 위해 필요한 도구"(같은 책, 211)로서의 역할은 하지 못한다고 비판한다. 동일한 맥락에서 장루룬은, 우리가 위에서 인용한 후설 『위기』 저작의 언명과 연관지어, "후설에게 상호문화적 이해는 단지 타자를 타자로서 이해하는 것이 아니라 동일자(the Same)로 이해하는 것일 수 있다."(R. Zhang, "Lifeworld and the Possibility of International Understanding", *Phenomenology of Interculturality and the Lifeworld*, München, 1998, 19)라고 하면서, 후설에서 상호문화성의 가능성을 부정하고 있다. 최재식도 후설이 궁극적으로 "'완전한 이방성'에 내재해 있는 근원적 차이(Urdifferenz)를 인정하지 않고, 단지 근원적 유사(Ur-Analogie)만을 인정한다."(최재식, 「상호문화성의 현상학 −문화중심주의를 넘어 상호문화성으로−」, 『철학과 현상학 연구』 제30집, 한국현상학회, 2006, 17)고 하면서, 후설의 동질성에 입각한 상호문화성을 비판한다.

9 물론 혹자는, 후설의 인식론적인 측면에서의 타자경험 내지 상호문화성의 한계가 윤리적 측면에서 과연 제대로 극복될 수 있는가에 대해 회의적인 의견을 제시할 수 있다. 인식론적으로 자아론적인 관점에 서 있는 한, 이는 윤리적인 차원으로도 그대로 전이되며, 오히려 윤리적이라는 미명 아래 소수 타자에 대한 부당한 폭력으로 이어질 수도 있다고 볼 수 있기 때문이다. 필자 또한 이러한 우려에 공감한다. 따라서 상호문화성을 윤리적으로 전개하려는 시도에서 필자는 최대한 후설에서 타자존중과 타자에 대한 개방성의 근거를 찾는 데 노력을 집중했다.

대한 윤리적 재해석에서 찾고자 한다. 이에 대해 다음에서 자세히 살펴보
도록 하자.

후설에서 상호문화성 논의는 궁극적으로 그의 타자경험이론에 근거를
두고 있다. 그런데 이미 본 바와 같이, 후설에서 타자경험의 이론은 주로
'감정이입(Einfühlung)'이라는 방법에 의해 해명되고 있다. 이 방법의 특징
과 의미에 대해서는 이미 앞의 제1부 3장에서 후설의 타자경험이론을 설
명하면서 상세히 언급했다. 그러나 여기서는 관점을 달리해, 앞에서 서술
되지 않은 부분을 중심으로, 이제껏 주목되지 않은 감정이입의 다른 측면
에 대해 설명하기로 한다. 특히 여기서 강조하고자 하는 것은, 앞의 논의
에서와는 달리, 감정이입의 **능동적, 자발적 측면**이다. 앞에서는 연상과 같
은 수동적 작용을 중심으로 감정이입을 살펴보았다면, 여기서는 타자와
일치해 공감하고자 하는 **주체의 의지와 태도**에 감정이입의 초점을 두고자
한다. 물론 양자가 전혀 다른 차원의 것이라기보다는, 후자는 전자를 포
함하면서 하나의 확장된 것으로 이해될 수 있다.[10] 이를 바탕으로 감정이
입을 단순히 타자이해라는 인식론적 작용으로서가 아니라, 타자를 포용
하고 공감하고자 하는 **윤리적 태도의 관점**에서 바라보고자 한다.[11]

---

10 이와 관련해서는 제1부 3장 4절 참조.
11 이남인은 발생적 현상학의 측면에서 볼 경우, 후설의 인식론적인 타자경험론(감정이입이
론)에는 본능적, 의지적, 실천적인 요소가 그 바탕에 깔려 있으므로, 인식론적인 차원을
넘어서서 보다 포괄적으로 이해해야 할 필요성에 대해 강조하고 있다.(이남인, 『후설의 현
상학과 현대철학』, 풀빛 미디어, 2006, 59-78 참조) 아울러 비인식론적인 관점에서 감정
이입에 접근하는 또 다른 시도에 대해서는 D. Zahavi, *Husserl's Phenomenology*, Stan-
ford, 2003, 114-115 참조. 이남인의 분석에 따를 때, 이미 셸러는 타자경험을 여러 층으
로 나누어 인식론적 영역에서뿐만 아니라 윤리적 문제의 영역에서 고찰할 필요성에 대해
언급했다.(이남인, 「본능적 지향성과 상호 주관적 생활세계의 구성」, 『철학과 현상학 연구』
제7집, 한국현상학회, 1993, 40 참조) 필자는 이러한 셸러의 생각을 받아들여, 후설의 인

감정이입의 핵심은 절대적 중심으로서의 '여기(Hier)'의 위치에 있는 나를 '저기(Dort)'의 위치에 있는 타자로, 즉 "만약 내가 저기에 있다면"[12]하는 식으로 상상(Phantasie) 속에서 옮겨보는 것이다. 그럼으로써 타자의 내적인 삶(신체와 연관된 영혼 내지 정신)을 나와의 유사성을 매개로 간접적으로 추체험하는 것이다. 그러나 우리는 이러한 방법이 항상 습관적으로 이루어지는 것이 아님을 주목해야 한다.[13] 가령, 내 마음의 상태에 따라 전이가 쉽게 이루어질 수 있거나, 아예 그렇지 않을 수가 있다. 따라서 타자로의 마음이 닫혀 있으면, 사실 타자로의 감정이입적 전이는 쉽게 이루어지지 않는다. 그러므로 감정이입적 전이를 위해서는, 비록 후설이 명시적으로 언급하지는 않았지만, 어느 정도 **의지적 결단**이 필요하다. 즉, 자신의 상황을 넘어서서 타자를 향한 열린 마음의 태도가 필요한 것이다. 그런 점에서 감정이입은 일종의 '의지적 자기초월'이다.[14] 이런 의미에서 후설은 "감정이입 속에는 …… 또한 어떤 방식으로든 하나의 실제적인 태도, 즉 감정이입하는 주체로서의 나의 태도가 포함되어 있다."[15]고 말하고 있다.

사실 이렇게 보면, 감정이입은 주체의 능동적, 의지적 작용으로 해석

식론적인 타자규정은 단지 나와 타자의 동질성 이해, 즉 "공통적으로 주어진 토대(einen gemeinsam gegebenen Boden)"(『상호주관성 II』, 188)의 파악에 제한되며, 이질적인 타자에 대한 규정은 오히려 존재론적으로 혹은 윤리적인 맥락에서 이루어지고 있다고 나누어보고자 한다.

12 『성찰』, 147.
13 이에 대해서는 이남인, 『후설의 현상학과 현대철학』, 풀빛 미디어, 2006, 73-74, 82-83 참조.
14 감정이입의 이러한 의지적 성격에 대해서는 같은 책, 72-77 참조. 이남인은 여기서 의지를 "유비적 타인 경험이 가능하기 위한 발생적 동기"(같은 책, 74)로 해석하고 있다.
15 『상호주관성 II』, 188.

할 여지가 더 많아진다. 물론 후설에서 감정이입은 본능적 단계에서 이성적 단계에 이르기까지 우리가 생각한 것보다는 훨씬 다양한 단계의 층을 포괄하고 있기는 하다. 그러므로 후설은 "상이한 단계의 일치하는 감정이입"[16]이라는 표현을 쓴다. 그러나 비록 본능적, 수동적 단계의 층을 그 밑바탕에 둔다고 하더라도[17] 감정이입은 그 고차적인 단계에서는 분명 주체의 판단과 결단작용이 더 많은 영향력을 행사한다. 이를 뒷받침하는 결정적인 증거는 후설이 감정이입을 타자성의 '수용(Übernahme)' 혹은 '비수용(Nichtübernahme)' 나아가 '인정(Anerkennung)'의 의미로까지 이해하고 있다는 점이다.[18] 후설이 이 말을 쓰는 맥락에 대해서는 더 엄밀한 연구가 필요하겠지만, 분명한 것은 감정이입은 타자를 나의 관점에서 받아들이느냐 마느냐 하는 어떤 결단과 판단을 요구하고 있다는 점이다.

그러나 이 지점에서 감정이입은 인식론적 범위를 넘어서게 된다. 감정이입을 통해서 타자를 인식론적으로 이해하고자 하는 것은 타자도 나와 같은 정상적인 인간이라는 것을 전제하고 또 그것을 확인하는 작업이다. 그런데 모든 주변의 타자들이 — 최소한 인식론적으로는 — 정상적이 아니라는 것이 후설에게는 큰 고민거리로 등장한다. 가령, 어린아이나 정신병자, 정신지체자, 색맹 나아가 전혀 다른 세계관을 지닌 타 문화권의 사람 등을 동등한 세계구성의 주체로서 인정하는 데는 무리가 있다. 그렇다고 이들을 나와는 질적으로 다른 존재로 차별화해야 하는가? 그럴 경우, 감정이입을 통해 세계구성의 동등한 주체로서의 타 자아를 정립하려는 후

---

16 『상호주관성 III』, 234.
17 후설은 가장 원초적인 최초의 단계의 감정이입을 유아의 어머니에 대한 감정이입에서 찾고 있다. 이에 대해서는 『상호주관성 III』, 604 이하 참조.
18 같은 책, 447 참조.

설의 계획에 차질이 생기게 된다. 발생적 현상학이 심화되면서, 후설은 이 비정상적인 존재조차 정상성의 범주에 ― 보다 높은 단계의 '정상성'으로 포괄된다는 의미에서 ― 모두 포용하는 식으로 결론을 내린다.[19] 이때 감정이입은 모든 인간의 포용 내지 인정이라는 대과제를 정당화하기 위한 하나의 발판이 된다. 그러나 바로 그럼으로써 감정이입은 이제 윤리적 영역으로 진입하게 된다.

감정이입을 윤리적으로 이해하고자 할 때, 후설의 감정이입이론은 비로소 하나의 정합성을 지니게 된다. 여기서 우리는 우선 후설이 감정이입을 통해 타자를 하나의 대상으로서가 아니라 **주체이자 같은 인간**으로서 이해하려고 한다는 점에 주목해야 한다.[20] "인격성(Personalität)의 근원은 감정이입 속에 놓여 있다."[21]는 후설의 주장은 이런 맥락에서 이해해야 한다. 그런데 타자를 대상이 아닌 나와 같은 주체로서 인정한다는 것은 사실 인식론적인 관찰로 이루어질 수 있는 것이 아니다. 그 경우 타자는 나와 대립해 존재하는 하나의 파악의 대상으로만 여겨질 뿐, 주체와 객체라는 이분법적 구조는 여전히 남아 있다. 즉, 타자는 여전히 나와 거리를 둔 채 나의 밖에 있다.[22] 이러한 나와 타자 간의 존재론적 간격을 극복하기

---

19 이에 대해서는 졸고, 「포용과 책임: 사랑의 공동체에 대한 현상학적 고찰」, 『철학과 현상학 연구』 제18집, 한국 현상학회, 2002, 90-91. 「현상학적 사회이론 ― 개인과 사회의 관계에 대한 후설의 논의를 중심으로―」, 『철학연구』, 제59집, 철학연구회, 2002, 184-185에서의 후설의 '비정상성(Anomalität)' 개념에 대한 필자 해석 참조. 아울러 이와 관련한 후설의 서술은 『상호주관성 III』, 133-142 참조.

20 『성찰』, 157-158. 이 책의 제1부 3장 2절 참조.

21 『상호주관성 II』, 175.

22 "타자는 결코 나에게 속하지도 속할 수도 없다. 타자는 존재로서의 나의 고유한 존재 밖에 놓여 있다. …… 내게는 타자에 대한 이해만이 놓여 있을 뿐이다."(Ms. A V 9, 16b)

위해서는 보다 타자의 내부로 밀착해 들어가는 수밖에 없다. 바로 여기서 후설의 감정이입이론은 그 본래적 어의에 맞게 진가를 발휘한다. 후설은 한편으로 바로 감정이입이 타자와의 접촉을 통한 공감적 합일을 지향한다고 보기 때문이다.[23] "감정이입에는 단지 실제로 능동적인 '더불어 삶 (Mitleben)'의 하나의 근본층이 속해 있다."[24]는 그의 말은 상징적으로 이를 잘 나타내고 있다.

이런 맥락에서 이제까지의 후설 연구에서 간과된 것은 바로 이 감정이입이 지니는 접촉(Berührung)과 동감(Teilnahme)의 측면이다. 후설은 나와 타자 사이의 근원적인 접촉을 가능케 하는 것이 바로 감정이입이라고 본다.[25] 그러므로 감정이입을 "다른 인간들에 미치는 나의 작용"[26]으로 역동적으로 규정한다. 더 나아가 후설은 상호작용의 측면에서 감정이입을 언급하기도 하는데, 그럼으로써 두드러지게 나타나는 것은 이것이 지니는 공감적 측면과 이를 통한 타자와의 합일이다. 이를 위해 보완적으로 도입되는 개념이 바로 공감(Sympathie)과 사랑(Liebe)이다.[27] 사실 감정이입

---

23 그러나 후설에서 감정이입을 통한 타자와의 합일은 제한적으로 이해할 필요가 있다. 앞의 제1부 3장 4절 4.2(특히 각주 47)에서도 언급한 바와 같이, 후설은 원칙적으로 감정이입만으로는 만족스러운 타자와의 합일이 이루어지기 어렵다고 보기 때문이다. 따라서 타자와의 합일을 위해서는, 바로 뒤에서 언급될 사랑의 계기가 보완적으로 요청된다. 감정이입이 사랑의 계기를 포함하면, 이는 확장된 넓은 의미의 감정이입으로서, 여기서는 이러한 넓은 의미의 감정이입 개념을 취하기로 한다. 이는 앞서의 좁은 의미의, 인식론적 차원에서의 감정이입 개념과는 구분된다.

24 『상호주관성 III』, 512.

25 『상호주관성 II』, 167 참조.

26 Ms. A II 1, 11.

27 이 주장은 다소 신중할 필요가 있다. 이미 앞서도 언급한 바와 같이, 후설은 한편으로는 '공감'과 '사랑'을 감정이입과 구분하기도 하기 때문이다. 그러므로 후설은 감정이입을 통해 상호 일치가 확인된 경우에 한해 공감이 이루어진다는 식으로 차별화하기도 한다.(『상

이라는 말의 본래적 의미는 타자의 감정적 상태에 대한 공감에 있는 만치 후설의 감정이입 또한 이 틀을 크게 벗어나지 않는다. "감정이입은 타자의 내부로 들어가 그의 기억을 떠올리는 것과 같은 것이며, 이에 맞추어 ······ 하나의 공감이 이루어진다."[28] 혹은 "우리가 타 인격체를 무조건 그의 전적인 인격성 속에서 사랑하면서, 또 타자의 측면에서는 이러한 사랑의 의지를 자신 속으로 받아들이는 탁월한 방식으로 감정이입 속에서 타자에로 들어감"[29]이라는 표현이 이를 잘 보여준다. 곧 여기서의 감정이입의 핵심은 타자의 내부로 깊숙이 들어감으로써 타자와 하나가 되는 데 있다. "더불어 느낌 속에서 나는 자아로서 타자와 그의 느낌에 빠져 있다."[30]는 후설의 말은 이를 잘 나타내고 있다.

이러한 정서적 공감으로서의 감정이입은 단순히 수동적인 감정상의 문제는 분명 아니다. 즉, 후설이 그의 사랑론에서 욕망적인 사랑이 아닌 의지적, 정신적 사랑론을 피력하는 것처럼[31] 감정이입을 통해 타자와 합일하고자 하는 것은 일종의 윤리적 노력으로 이해해야 한다. 타자와의 합일은 하나의 이루어진 상태라기보다는 이루어져야 할―완전한 합일이라는 것

호주관성 II』, 187-189 참조) 그러나 이론적, 인식론적인 맥락에서는 주로 분리하는 경향이 있지만, 실천적, 윤리적인 측면에서는 양자를 통합해서 이해하려는 경향이 강하다는 것이 필자의 해석이다. 여기서 전자는 좁은 의미의 감정이입, 후자를 넓은 의미의 감정이입 개념으로 분류할 수 있을 것이다.(이와 관련해서는 앞의 제1부 3장 4절, 각주 47 참조) 후자의 측면에서는, 감정이입의 최종목적은 타자의 동질성 이해가 아니라 타자와의 합일이다. 이때 후설의 윤리학적인 중심개념인 '사랑'이 결정적인 역할을 하게 된다.

28 『상호주관성 II』, 188.

29 같은 책, 598.

30 『상호주관성 III』, 513.

31 졸고, 「포용과 책임: 사랑의 공동체에 대한 현상학적 고찰」, 『철학과 현상학 연구』 제18집, 한국현상학회, 2002, 70-74 참조.

은 있을 수 없기에 ― 하나의 실천적 이념이자 당위이다. 감정이입은 이를 향한 인간의 노력을 뜻하는 것으로서, 이해도 안 되고 받아들이기도 거북한 타자의 타자성에도 불구하고 타자를 나와 같은 존재로 이해하고 전적으로 받아들이겠다는 일종의 실천적, **윤리적 의지의 표현**이다. 이런 의미에서 후설은 사랑을 "절대적으로 타자를 선택함"[32]이라고 말한다.

이러한 후설의 감정이입이론에 대한 재해석을 통해 우리는 후설 현상학에서 감정이입으로서의 타자경험이론이 윤리적으로 해석될 가능성을 보았다. 후설에서 상호문화성은 이러한 타자경험이론에 근거를 두고 있는 만치, 이제 이의 연장선상에서 상호문화성의 문제를 본격적으로 살펴보기로 한다.

2.2 역사적 감정이입과 상호문화성

후설에서 상호문화성의 논의는 사실 체계적으로 이루어지지는 않고 있다. 그러나 앞서 살펴본 고향세계(Heimwelt), 이방세계(Fremdwelt) 등의 개념과 연관된 그의 생활세계이론은 상호문화성의 물음에 대한 충분한 실마리를 주고 있다. 여기서 우리의 주된 관심사는 앞에서 상술한 바와 같은 감정이입이 어떻게 문화의 영역에서도 적용될 수 있는가 하는 점이다. 여기서 단서가 되는 것은 후설이 상호문화성과 연관해 "역사적 감정이입"[33] 혹은 "민족적 감정이입"[34]이라는 의미심장한 표현을 쓰고 있다는

---

32 Ms. A V 21, 26.
33 『상호주관성 III』, 233.
34 같은 책, 436.

점이다.[35]

그러나 유감스럽게도 후설의 이러한 감정이입에 대한 설명은 매우 제한적이고 단편적으로만 이루어지고 있다. 따라서 필자가 아는 범위에서 이와 관련한 구체적인 서술은 (그것도 역사적 감정이입의 경우에만) 유일하게 다음의 문장에서만 확인할 수 있을 뿐이다.

> 내가 이른바 역사적 감정이입을 통해 나 자신을 그들(이방인: 필자의 주)에게로 옮기고, 그들과 더불어 살며, 더불어 결정을 내리고, 또 그들에 동의할 수 있는 것이 실제로 가능하다면, 이는 추이해(Nachverstehen)와는 다른 식으로 가능할 수 있는가?[36]

이러한 후설의 표현은 역사적 감정이입이 다만 상상을 통한 '추이해'의 성격을 지닌다는 점을 부각시키는 것으로서, 한편으로는 이러한 감정이입의 제한적 성격을 드러내는 것이자, 다른 한편으로는 이방문화에 대한 이해가 그만큼 쉽지 않음을 나타내는 것으로 볼 수 있다. 분명한 것은 후설에서는 역사성을 담지하고 있는 이방문화의 이해(내지 수용)는 오직 이

---

35 이제까지의 후설 연구에서 이 감정이입에 대해서는 제대로 주목되지 못했으며, 후설 스스로도 이에 대해 친절한 설명을 주지 않는다. 그러나 비교적 이에 대해 체계적으로 서술하고 있는 글은 K. Held, "Heimwelt, Fremdwelt, die eine Welt", *Phänomenologische Forschungen*, Bd. 24/25, 1991, 322–324 참조. 그러나 여기서는 감정이입의 문화 이해의 측면만이 강조될 뿐, 윤리적, 실천적 측면까지 언급되지는 못했다는 점에서 아쉬움을 남긴다. 필자 또한 과거의 후설의 의사소통 개념과 관련한 글에서 이러한 감정이입에 대해서 부분적으로 다루었으나, 여기서는 부정적인 시각에서 오직 인식론적인 관점에서만 바라보았다는 점에서 한계를 보인다. 이에 대해서는 졸고, 「후설의 의사소통이론 −역사적 제약과 선험적 보편성」, 『철학과 현상학 연구』 제17집, 한국현상학회, 2001, 185 이하 참조.
36 『상호주관성 Ⅲ』, 233.

러한 역사적 감정이입의 형태로 이루어져야 한다는 것이다. 그러나 이러한 후설의 언급만으로는 우리가 찾고 있는 이 감정이입의 윤리적 특성을 제대로 부각시키지 못한다. 따라서 상호문화성을 윤리적으로 이해하고자 하는 우리의 목적을 위해서는, 역사적 혹은 민족적 감정이입을 전제로 하거나, 문맥상 이와 연관성을 지니는 것으로 간주되는 후설의 다른 언명을 참조할 필요가 있다. 이때 실마리가 되는 것은 물론 앞서의 감정이입에 대한 윤리적 해석이다. 이를 바탕으로 나름의 비판적 재구성을 통해 이러한 문화적 차원의 감정이입에 대한 윤리적 해명을 시도해보기로 한다. 이러한 맥락에서 우리는 우선 이러한 감정이입과 직접적인 연관성이 있는 것으로 보이는 다음과 같은 후설의 언명에 주목하고자 한다.

> 나의 고향세계의 관점에서 …… 나와 우리에게 모든 이방인은 그가 나와 우리 동향인들과 같이 자신의 일치된 경험 속에서 구성된 고향세계의 주체로 이해되는 한에서 정상적이다.[37]

이 후설의 표현이 함축하는 것은 크게 두 가지로 볼 수 있다. 첫째는, 앞서 감정이입이론에서와 같이 나의 문화세계의 관점에서 이것과의 유사성을 기반으로 이방문화 내지 이방문화 속의 이방인들에게 접근하겠다는 것이다. 둘째는, 모든 문화의 주체를 인간에 두고, 이를 문화의 보편성의 근거로 삼겠다는 것이다. 이를 실천적인 관점에서 재해석한다면, 첫째는, 이방문화의 이질성을 최대한 나의 고향세계와의 동질성을 확인하면서 받

---

37 같은 곳.

아들이겠다는 의지의 표현이며,[38] 둘째는, 상호문화적 이해 내지 인정의 출발점을 인간의 보편성 내지 인간 간의 공감대적 관계에서 찾겠다는 것으로 이해할 수 있다.

이방인과 이방문화를 이해하기 위한 노력 자체가 이미 이방문화를 받아들이겠다는 의지가 전제되어 있다고 볼 수 있지만, 사실 나의 문화와는 완전히 역사와 기원이 다른 이방문화의 이해란 쉽지 않은 과제이다. 처음 접하는 낯선 이방문화를 우리는 대개 겉모습만 보고 대략적으로 추측할 수밖에 없다.[39] 이때 단서가 되는 것은 결국 앞서 감정이입에서 본 바와 같은 나의 문화와의 유비적 비교이다. 이방문화도 내가 속한 문화세계의 양상과 유사할 것이라는 전제하에 유추하는 것이다. 물론 모든 점에서 일치할 수는 없지만, 이것이 우리가 이방문화를 처음 접할 때 가질 수 있는 최선의 태도임은 분명하다.

후설의 역사적, 민족적 감정이입은 일단 이와 같은 이방문화에 대한 기초적인 접근방식을 의미하는 것으로 해석할 수 있다. 즉, 마치 내가 이방문화에 속하는 것처럼 나를 상상을 통해 이방문화의 위치로 옮겨봄으로써 이방문화와 나의 문화와의 기본적인 동질성을 유비적으로 확인하고자 하는 데에 일차적 과제가 있다. 그럼으로써 "우리가 이방세계(die Fremde)

---

38 이방인을 '정상적'이라고 바라본다는 것 자체가 이미 그가 속한 이방문화를 나의 고향세계와 같은 것으로 받아들이겠다는 의지가 전제되어 있다. 후설의 정상성 개념에 대해서는 뒤의 5장 1절에서 상론할 것이다.

39 이방문화의 이해를 어렵게 하는 것은 후설이 신화라고 표현하는 뿌리 깊은 역사와 전통이다. 이런 의미에서 후설은 "그 핵심까지는 추이해할 수 없는 바로서의 이방민족, 이방의 문화"(『상호주관성 III』, 632)라는 표현을 쓰면서 "역사성 속에서의 타자인식의 불완전성"(같은 책, 631)에 대해 말한다.

를 고향화한다(verheimatlichen)."[40]는 것이 이 감정이입의 주된 목적이다.

그런데 위의 후설의 언명에 근거할 때, 이러한 감정이입을 통해 확인하고자 하는 동질성은 한마디로 '문화의 주체가 인간'이라는 것이다. 그러나 이는 사실 모든 문화가 지니는 보편적, 기본적 속성이기도 하다. 그렇게 보면, 후설의 이방문화에 대한 기본 입장은, 그 내용 여하를 불문하고 그것이 인간의 문화인 한, 모든 문화에 대해 열린 태도를 갖자는 것으로 이해할 수 있다. 곧 후설이 감정이입을 통해 접근하고자 하는 상호문화성의 출발점은 바로 모든 다양한 타 문화에 대한 편견 없는 '개방성'과 '존중'이다.

이런 맥락에서 볼 때, 후설의 역사적 내지 민족적 감정이입은 이방문화에 대한 최소한의 '동질적' 이해를 통해 이방문화에 대한 개방성과 존중심을 확보하기 위한 하나의 실천적 방법이자 의지의 표현으로 이해할 수 있다. 그러나 주의해야 할 점은, 이 방법의 초점은 이방문화에 대한 이해가 아니라는 것이다. 후설은 이미 이방문화에 대한 역사적 이해의 한계를 명확히 인지하고 있으며, 이러한 지적인 차원의 이해를 통해 하나의 상호문화성이 성립한다고 결코 생각하지는 않는다. 후설은 이방문화의 이해에 가장 장애가 되는 이방문화의 신화는 설령 "추이해되었더라도(nachverstanden) 인정될 수는(anerkannt) 없다."[41]고 말함으로써 이방문화의 이해와 수용은 별개임을 분명히 한다.[42] 이는 한편으로 감정이입에서 이방문화

---

40 같은 책, 625.

41 『생활세계』, 691.

42 비근한 예로 다문화가정에서 태어난 아이가 성장하면서 양쪽 문화를 모두 이해하지만, 어느 한쪽에 대해서는 거부감 내지 적대감을 가질 수 있는 경우를 들 수 있다. 이러한 경우를 상호문화성의 범주에 포함시킬 수 있는지는 논란의 여지가 있다. 그러나 이를 하나의 상호문화성의 사례로 보고 있는 경우에 대해서는 G. Rippel, "Begegnungen mit dem Fremden −literarisch. Interkulturalitat bei Maxine Hong Kingston und Jamaica Kin-

에 대한 이해보다는 이방문화의 타당성을 조건 없이 받아들이고자 하는 수용성과 포용성의 확보가 보다 중요한 일임을 암시한다. 그러나 이방문화의 수용은 그 이질성으로 인해 상당한 거부감을 동반하므로, 이를 위해서는 타자성을 조건 없이 포괄하고자 하는 **'강력한 의지'**가 요구될 수밖에 없다. 그리고 이 의지의 확보가 아마도 역사적 감정이입에서 가장 핵심적인 역할을 할 것이다. 그러나 이는 나 자신의 문화만이 옳다는 자기문화 중심주의적 사고를 벗어나야만 가능하다. 이런 의미에서 후설의 다음과 같은 표현은 주목할 만하다.

> 이방인류는 나에게 하나의 사실로서 실제적 확신의 주체로서, 내가 그들의 신화적 세계표상이라고 지칭하는, 실제적으로 사념되는 세계의 주체로서 존재한다. 내가 이렇게 지칭하는 이유는, 내가 이미 나의 세계를, 근본적으로는 나의 확신들을 계속 지닌 채, 바로 나의 세계 공간 속에서 이 이방의 인간들에 대해 타당성을 부여하고, 또 나와 우리를 어떤 이방의 인간들과도 연관시키지 않았던 이전의 생각(구상)들에 대한 교정을 통해서 이방인의 존재의미에 상응해 변화시켰기 때문이다.[43]

이 후설의 언명에서 비로소 우리는 역사적, 민족적 감정이입의 윤리적 의미를 보다 구체적으로 이해할 수 있다. 역사적, 민족적 감정이입을 통해 나의 문화를 상대화시켜보고, 이에 대한 보다 객관화된 시야를 가짐으

---

caid, Interkuturalitat.", *Zwischen Inszenierung und Archiv*, Tübingen, 1999, 312-330 참조. 아울러 이방문화의 이해와 수용(동의)의 명확한 구분에 대한 논의는 R. Zhang, 앞의 논문, 13 참조.

43 『상호주관성 III』, 217.

로써 이방문화에 대한 개방성과 포용성의 정도를 더 견고하게 한다. 이런 의미에서 후설은 "타 고향세계의 지평에서 하나의 고향세계에 대한 비판"[44]이라는 열린 시야의 중요성을 강조하기도 한다.

그런데 이방문화에 대한 감정이입은 단지 이방문화의 타당성을 수용하고 인정하는 데서 멈추지 않는다. 후설에서 역사적 감정이입은 문화적 결합 단계에 이르러야 비로소 완성된다. 우리는 이미 앞서 후설의 감정이입 이론을 해석하면서, 감정이입은 단순한 타자의 이해나 인정을 넘어서 궁극적으로 공감적 합일을 추구함을 보았다. 이러한 감정이입의 결합적 성격은 역사적, 민족적 감정이입에도 그대로 적용된다. 후설은, 이미 우리가 앞서 본 바와 같이, 문화적 감정이입을 통해 이방문화의 타당성 수용과 더불어 이른바 서로 다른 문화 간의 합일이라고 볼 수 있는 '**문화적 종합(고향세계 간의 종합)**'을 추구한다.[45] 이 문화적 종합은 — 윤리적으로 이해한다면 — 사랑이나 공감을 매개로 한 포용적 의지에 의해 이방문화의 이질성과 타당성을 있는 그대로 받아들임으로써 나의 문화와 이방문화 간의 '공감영역'을 확보하는 것으로 이해할 수 있다. 곧 '상호문화성'의 형성이다. 그런 한에서, 이 종합은 문화 간의 차이를 해소시키면서 이를 등질적인 보편성으로 포괄하는 일반적 의미의 종합과는 엄격히 구별되어야 한다.[46]

---

44 같은 책, 235.

45 제1부 3장 5절 참조.

46 후설이 이러한 문화적 종합의 역사적 사례로 보고 있는 것이 바로 유럽이다.(『생활세계』, 349 참조) 실제 유럽문화의 형성과정을 볼 때, 다양한 문화의 차이를 전제로 하면서 이의 중첩과정을 통해 하나의 보편적인 문화에로 향해가는 역사적 과정을 확인할 수 있다. 따라서 후설에서 문화적 종합은 개개문화의 차이가 해소되는 전면적 통합이라기보다는 차이를 보존하면서 타문화와의 공감영역을 확대해가는 실천적 과정으로 이해해야 할 것이

후설은 그의 후기에 모든 다양한 문화세계를 조화롭게 포괄하는 '하나의 보편적 세계'에 대한 믿음을 토대로, 문화적 종합을 이룰 향한 하나의 실천적 노력으로 이해하려고 한다. 즉, 후기 후설은 '하나의 세계'라는 이념을 통해 "하나의 일치된 사회"[47], "이 속에서 모든 개개인과 모든 사람들이 서로를 배려하면서 삶을 영위할 수 있는, …… 누구도 다른 사람을 교란시키지 않는 하나의 이성적 사회"[48]를 추구한다. 후설의 역사적, 민족적 감정이입은 바로 이에 이르기 위한 하나의 실천적 방법으로 이해할 수 있다. 우리는 이 태도가 단순히 방관자적인, 지적 호기심에 근거한 이론적 태도가 아님을 이미 확인했다. 여기에는 이방문화와 이방인을 마치 나의 세계, 나아가 나의 동향인처럼 받아들이고 포용해야 한다는 보다 적극적인 윤리적 메시지가 담겨 있다. 여기서 윤리적으로 이방문화를 받아들인다는 것은 있는 그대로의 자체를 순수하게 받아들인다는 것이지, 어떤 특정 목적과 의도로 받아들이는 것은 아니다. 바로 그렇기에, 이를 토대로 후설은 문화적 차이에도 불구하고 나의 세계와 이방세계 간의 내적 합일이 가능하고, 또 가능해야 한다고 본다. 후설이 말하는 문화적 종합, 곧 상호문화성의 의미는 바로 여기에 있다. 그리고 또한 여기서 문화적 다양성을 바탕으로 보편성에 이르고자 하는 후설의 상호문화성 이해의 참된 윤리적 의미를 본다.[49]

다. 상호문화성의 한 전형적인 예로서 유럽이라는 공동체에 대한 상세한 논의는 뒤의 5장 5절에서 이루어진다.

47 Ms. A II 1, 14.

48 Ms. A V 21, 16.

49 이런 맥락에서 필자는 획일화된 "수직적 문화적 보편성"과 구별해, "문화 간의 측면적 확장과 연결점을 갖는 방계적 문화 보편성"(최재식, 앞의 논문, 26–27)을 옹호하는 최재식의 문화 보편성에 대한 생각과 "문화들의 보편성을 드러내는 것은 각 문화들의 공속성과

3 레비나스: 타자에 대한 책임과 상호문화성

3.1 레비나스의 타자 개념

후설과 더불어 상호문화성의 윤리성과 관련해 고려해야 할 또 한 명의 학자는 레비나스이다. 주지하다시피 레비나스는 이른바 타자의 윤리를 전개한 철학자로서 널리 알려져 있다. 앞서의 논의에서 우리는 상호문화성에서 가장 중요한 핵심적인 문제의 하나가 타자성이며, 이 타자성의 수용과 관련해 필연적으로 윤리적 문제가 도출됨을 보았다. 그러므로 레비나스가 현상학적으로 타자의 문제를, 그것도 윤리적인 측면에서 논의를 펴는 한, 상호문화성에서 윤리성의 문제를 고찰하고자 하는 우리에게는 레비나스의 이론은 간과할 수 없는 중요한 소재일 수밖에 없다.

그러나 레비나스는 후설처럼 세계나 공동체의 문제와 연관해 타자의 문제를 다루지 않고 단지 타자일반의 철학적 의미의 해명에 집중했기 때문에, 엄밀한 의미에서 상호문화성에 대한 직접적 논의는 찾을 수 없다. 그럼에도 타자가 우리에게 주어지는 방식과 그 의미를 현상학적으로 매우 치밀하게 분석하고 있다는 점에서, 좀 더 넓게 본다면, 타자성에 기반을 둔 상호문화성 논의에 대한 이론적 토대를 제공한다고 볼 수 있다. 그러나 과연 레비나스의 관점이 우리가 이해하는 상호문화성의 개념에 부합하는지는 좀 더 검토가 필요하다.

공통분모 내지는 공감성을 드러내는 것이지 어떤 하나의 또는 몇몇의 문화가 척도로 둔갑해 보편화로 선언하고 절대화하는 것이 아니다."(윤병렬, 「문화의 위기 및 상호 문화성과 반-상호문화성 - 그 위협에 관한 현상학적 고찰-」, 『철학과 현상학 연구』 제13집, 한국현상학회, 1999, 93)라는 윤병렬의 주장에 적극 동의한다.

레비나스에서 타자 개념은 전통적인 의미에서보다 훨씬 근원적이고 극단적인 모습을 보인다. 레비나스는 전통적으로 나와 타자를 하나의 보편적인 원리에서 동일시하거나, 하나로 포괄해온 것에 반기를 든다. 그는 기본적으로 발덴휄스처럼 타자가 인식론적으로 하나의 대상으로 대상화할 수 있는 존재가 아니라고 본다. 타자를 인식주체의 시선에서 대상화해서 본다면, 타자는 바라보는 주체에 의해 부당하게 동일화할 수 있으며, 따라서 타자의 고유성은 파괴된다는 것이다. 레비나스의 관점에서 이는 타자에 대한 폭력이자 횡포이다. 그에게 타자는 인식주체에게 신비스럽고 이해할 수 없는 존재여야 한다. 그렇다면, 이러한 타자의 신비성과 불가해성이 어떻게 동일화의 시선을 피해 보존될 수 있느냐가 레비나스 철학의 관건이 된다.

레비나스는 사태를 주어져 있는 그대로 바라본다는 현상학의 방법론적 정신에 공감하면서, 우선 현상학적으로 타자를 주제화하려고 시도한다. 여기서 레비나스가 주목하는 것은 주관과 객관의 상관성을 강조하는 지향성이다. 그러나 대상화하는 능동적인 의미의 지향성이 아닌 '수동적 지향성'에 관심을 갖는다. 지향성의 본질을 레비나스는 대상의 이해 내지 인식이 아닌, 대상의 주어짐을 통한 새로운 상관관계의 형성이라는 측면에서 찾으면서, 지향성을 통해서는 인식주체와 대상 간의 간격을 결코 좁힐 수 없다고 본다. 오히려 주체와 대상 간의 **간격을 재확인**하는 것을 지향성의 본질이라고 본다.[50] "지향성의 본질은 – 로부터의 간격 또는 시간적 흐

---

50 이에 대해서는 졸고, 「타자성과 친숙성 – 레비나스와 후설의 타자이론 비교–」, 『철학과 현상학 연구』 제24집, 한국현상학회, 2005, 6-7 참조.

름의 변양에 놓여 있다."[51] 이러한 지향성에 내재해 있는 인식주체와 대상 간의 거리는 바로 그의 타자이론의 이론적 토대가 된다. 나와 타자 간에는 비록 지향적으로 연결되어 있다 하더라도 결코 메울 수 없는 심연이 가로놓여 있으며, 이는 곧 "나와 타자 간의 비동일성"[52]을 특징짓게 된다.

이러한 나와 타자 간의 차이와 비동일성은 단순히 다르다는 것을 넘어서서 나와 타자 간의 불균형 내지 비대칭성의 개념에 이른다. 타자는 나를 절대적으로 초월해 있는 존재이며, 나와 타자 간의 간격은 "절대적 간격"[53]이다. 말하자면, 타자는 내가 마음대로 접근해 가까워질 수 있는 존재가 아니라 나를 갑자기 엄습하는 '수동적 충격' 속에서만 내게 나타나는 존재이다. 그렇기에 타자는 결코 동일자가 아닌 영원한 비동일자로 남는다. 결국 타자와의 관계에서 주도권은 타자에게 있고, 나는 타자의 부름에 응답만 해야 하는 수동적인 존재이다. "타자성은 무로부터 내게 다가온다. …… 인간은 타자성의 접근에 대해 수동적이며, 이것에 동화됨이 없이 그 충격을 견딘다."[54] 그러나 이러한 나와 타자와의 불균형은 타자가 나보다 우월하다든가 강하든가 하는 의미를 함축하지 않는다. 오히려 그

---

51 E. Levinas, *En découvrant l'existence avec Husserl et Heidegger*, tr. by W. N. Krewani, *Die Spur des Anderen*, Freiburg/München, 1999, 173, 졸고, 앞의 논문, 7 재인용. (이 절에서 레비나스의 글에 대한 인용은 졸고, 「타자성과 친숙성 – 레비나스와 후설의 타자이론 비교–」, 「자유의 현상학적 이념: 아렌트와 레비나스의 비교를 중심으로」에서 모두 재인용했음을 밝힌다.)

52 같은 책, 150, 졸고, 같은 곳 재인용.

53 E. Levinas, *Totalite et Infini*, tr. by W. N. Krewani,, *Totalität und Unendlichkeit*, Freiburg/München, 2003, 40, 졸고, 같은 논문, 6 재인용.

54 E. Levinas, *Autrement qu'être ou au-delà de l'essence*, tr. by A. Lingis, *Otherwise than Being or beyond Essence*, Dordrecht, 1994, 역자서문, xvii, 졸고, 「자유의 현상학적 이념: 아렌트와 레비나스의 비교를 중심으로」, 「철학연구」 제71집, 철학연구회, 2005, 233 재인용.

반대이다. 레비나스가 이렇게 동일화할 수 없는 타자성을 강조하는 데에는 타자를 있는 그대로 받아들이라는 의미가 있다. 이른바 **'타자의 환대'**이다. 타자를 받아들임은 자발적으로 혹은 의무감에서 받아들인다기보다는 타자의 요청에 응할 수밖에 없는 어떤 절박성을 내포한다. 여기서 타자는 분명 나를 움직이는 존재이지만, 나를 지배하는 자라고 볼 수는 없다.

레비나스는 타자가 내게 다가오는 것은 타자의 '얼굴'을 통해서라고 말한다. 얼굴은 그 자체가 말이 없어도 내게 말을 건다. 말하자면, 얼굴은 무언의 요청을 한다. 레비나스가 여기서 예로 드는 타자는 고아나 과부이다. 바로 고아나 과부의 얼굴이 내게 다가오면서, 나에게 거부할 수 없는 요청을 한다. 즉, 자신을 도와달라는 메시지를 암묵적으로 보내고 있는 것이다. 레비나스는 이러한 타자의 요청에 응답함을 일종의 '책임'이라고 본다. 그러나 이 책임은 어떤 도덕적 의무감에서 나온다기보다는 타자의 절박한 요청에 대한 불가피한 심정에서 나온다고 보아야 한다. 그러나 이러한 타자의 요청에 대한 응답은, 나보다는 타자를 우선시하고 배려한다는 의미를 지니는 한, 윤리적이다. "하나의 사회성의 윤리적 사건으로서 얼굴 안에 나타나는 존재의 받아들임은 이미 내적으로 대화를 명령하고 있다."[55] 타자의 얼굴은 칸트적인 정언명령과도 같이 내게 무조건적인 수용을 요청한다. 그러므로 나에 대한 이기심 내지 집착을 순간적으로 무력화시킨다. 이런 점에서 나는 타자에 묶여 있는 일종의 '볼모'와도 같다.[56] 나는 타자가 내게 다가오는 한, 타자로부터 자유로울 수 없는 존재이다.

---

55 E. Levinas, *Totalite et Infini*, tr. by W. N. Krewani,, *Totalität und Unendlichkeit*, Freiburg/München, 2003, 282, 졸고, 같은 논문, 234 재인용.

56 졸고, 같은 논문, 236 참조.

레비나스는 이처럼 '절대적 타자성'을 주장하면서 타자의 무조건적인 수용을 이른바 '윤리적 책임'이라는 명목으로 정당화한다. 타자의 무조건적 수용은 물론 쉽지 않은 일이다. 하지만 레비나스는 이를 "나 자신이 가진 모든 것을 포기한다는 절박함 속에서"[57] 실행해야 한다고 본다. '왜'라는 물음은 여기서 부적절하다. 해야 하기 때문에, 더 정확히는 할 수밖에 없기 때문에, 행하는 것이다. 그러나 이러한 타자에 대한 받아들임은 반드시 타자에게만 이로운 것이 아니다. 이를 통해 나 자신도 거듭난다고 본다. 즉, 하나의 새로운 윤리적 주체로서, 평소에는 느끼지 못했던 나의 심연에 있는 주관성이 일깨워진다는 것이다. 이 주관성은 나와 타자의 중간자적인 주관성으로서 양자 간의 구별 이전의 주관성이다. 이를 레비나스는 "동일자 안의 타자로서의 주관성"[58]이라고 하면서, "나는 타자를 통해서 내 속에 존재한다."[59]고 말한다.

이러한 레비나스의 타자이론은 이중적인 구조를 지닌다. 타자의 절대성과 우위성을 강조하며 나와 타자 간의 차이와 불균형을 강조하는 것이 겉으로 드러난 중심적인 구조라면, 한편으로 타자를 받아들임으로써 나와 타자 간의 새로운 관계정립과 합일을 추구하는 측면이 또 다른 구조이다. 양 구조는 나름의 틀을 지닌 채 레비나스의 이론체계에서 중요한 역할을 한다. 전자가 현상학적 존재론적 측면에서 타자의 개념을 정립하고 있다면, 후자는 윤리적인 측면에서 타자의 문제에 접근하고 있다. 그러나 레비나스는 근본적으로 절대적 타자성이라는 개념에 워낙 강한 집착

---

57 E. Levinas, *Autrement qu'être ou au-delà de l'essence*, tr. by A. Lingis, *Otherwise than Being or beyond Essence*, Dordrecht, 1994, 118, 졸고, 같은 논문, 235 재인용.

58 같은 책, 115, 졸고, 같은 곳 재인용.

59 같은 책, 112, 졸고, 같은 곳 재인용.

을 갖고 있기 때문에, 이 생각이 나와 타자 간의 관계 맺음(윤리적 관계)에도 큰 영향을 미친다. 즉, 타자는 어떤 경우에라도 항상 나의 밖에, 나를 초월해 존재하는 압도적인 것으로 이해되고 있으며, 이러한 관계는 아무리 내가 타자와 윤리적으로 새로운 관계를 맺는다 하더라도 본질적으로는 변함이 없다. 그러나 이러한 그의 절대적 타자 개념은 타자를 이해하는 데 일면적이라는 것이 필자의 판단이다.

레비나스의 타자이론에서 일차적인 문제점은, 그가 나와 타자의 관계를 지나치게 정형화해서 단순하게 보았다는 것이다. 물론 레비나스의 주장이 전적으로 잘못되었다는 것은 아니다. 그의 절대적 타자성의 개념은, 일단 우리가 타자를 처음 대할 때 갖게 되는 감정을 고려하면, 설득력이 있다. 낯선 타자를 접할 때, 우리는 당연히 이질감과 적대감을 느낄 수밖에 없다. 이러한 상태의 타자는 우리에게 일종의 이방인이자 화합할 수 없는 외적 존재로 여겨진다. 여기서 나와 타자의 거리가 존재하는 것은 당연하다. 그러므로 이때의 타자는 당연히 레비나스가 말하는 대로 나를 초월해 있는 절대적 타자라고 보아도 무방하다. 그러나 이러한 관계가 항구적이지 않다는 것이 문제이다.

우리는 이미 앞에서 '숭고'에 대한 해석을 통해 이질감은 어떤 식으로든 궁극적으로 친근감으로 전환하려는 경향이 있다고 보았다. 이론적으로는 이러한 이질감이 항구적일 수 있다. 그러나 실제적 삶 속에서, 우리는 이질감 속에서 받아들여진 타자를 어떤 식으로든 재해석과 재수용의 과정을 통해 동질성을 추구하는 방향으로 나아간다. 물론 모든 경우가 반드시 그렇다고 할 수는 없지만, 최소한 타자와의 접촉을 통해 긍정적이건 부정적이건, 타자와 가까워지거나 그렇게 노력하는 것만은 사실이다. 레비나스가 명확히 하지 못한 부분이 바로 여기이다.

그는 나와 타자의 관계가 지닌 역동적인 측면을 간과하고 관계의 질적 변화를 제대로 고려하지 못했다. 즉, 이질감이 친근감으로 전환하는 계기를 제대로 포착하지 못한 것이다.[60] 윤리적으로 타자를 받아들이면서 이러한 '친근화'의 계기가 동반됨을 이해하지 못함으로써 타자의 개념과 성격 또한 이에 상응해 질적으로 변한다는 사실을 놓친 것이다. 정리해보면, 나와 타자가 이질적인 관계에 있을 때는, 레비나스식의 타자 개념이 적용될 수 있다. 그러나 윤리적 관계로 진입한 후에는, 본래의 절대적인 타자 개념은 달라져야 한다. 즉, 레비나스의 절대적 타자개념은 그 출발점에서만 의미가 있다고 할 수 있다. 그러면 이제 지금까지의 논의를 토대로, 본격적으로 레비나스의 타자이론이 상호문화성에 대해 가질 수 있는 의미를 비판적으로 검토해보기로 하자.

3.2 절대적 타자성과 상호문화성

레비나스의 타자이론은, 일단 그 이념과 구조만을 놓고보면, 앞서 발덴휄스가 주된 연구주제로 삼고 있는 타자성에 집중되어 있음으로, 상호문화성에 쉽게 적용될 수 있을 것으로 보인다. 상호문화성의 핵심 사안이 타자성의 인정과 존중인 한, 레비나스의 이론은 철저히 이를 지지하기에, 그 어떤 이론보다도 상호문화성의 이론적 토대로서 효과적으로 보이기 때문이다. 그렇다면, 레비나스의 이론은 상호문화성을 위해 진정 이상적인 이론인가?

---

60 졸고, 「타자성과 친숙성 – 레비나스와 후설의 타자이론 비교–」, 『철학과 현상학 연구』 제24집, 한국현상학회, 2005, 25-29 참조.

앞선 논의에 따를 때, 우리는 이 물음에 결코 긍정적 답변을 줄 수 없다. 그의 타자이해의 불충분성 때문이다. 상호문화성의 필수적 조건이 주체와 주체의 대등한 만남과 교류이다. 그리고 이를 가능케 하는 것이 상호성이다. 그러나 레비나스에게는 타자성의 지나친 강조로 이 조건이 가능하지 않다. 오직 타자의 **일방적인 요구**만이 있을 뿐이다.[61] 그런데 이러한 상호성의 결여는 근본적으로 주체성에 대한 이해와 관심의 부족에 기인한다고 보인다.

본래 레비나스의 철학 자체가 전통적인 주체중심주의를 탈피하려는 데에서 출발했다는 점도 있지만, 그의 타자이론은 나의 주체성의 부정을 통해 그 의미를 지닌다. 즉, 나는 타자가 엄습하고, 어떤 의미에서는 나의 기존의 주체성을 무력화함으로써 비로소 새로운 윤리적 주체로 거듭난다. 그러나 이러한 새로운 주체의 거듭남을 레비나스는 나의 입장에서가 아니라, 오직 타자의 입장에서 서술한다. 이에 따라 나는 실종되고, 단지 타자에 매몰되고 종속된 존재로 묘사될 수밖에 없다. 이런 의미에서 그는 "나는 하나의 타자이다."[62]라고까지 말한다. 이로써 나의 주체성은 사실상 타자성으로 해소되어버리고, 남는 것은 나의 주체성이 아니라 타자의 '주체성' 뿐이다. "윤리적인 것의 우선성을 강조하는 레비나스의 사회존재론에서는, 주체성은 결코 그 자체를 위한 (즉 독백적이거나 자기중심적인) 것이 아니라 다른 것을 위해 (즉 대화적 혹은 다중심적으로) 인정된다. 주체성

---

61 A. Peperzeck, *To the Other*, West Lafayette, 1993, 74. 졸고, 「자유의 현상학적 이념: 아렌트와 레비나스의 비교를 중심으로」, 『철학연구』 제71집, 철학연구회, 2005, 237 참조.

62 E. Levinas, *Autrement qu'être ou au-delà de l'essence*, tr. by A. Lingis, *Otherwise than Being or beyond Essence*, Dordrecht, 1994, 118, 졸고, 같은 논문, 235 재인용.

은 '타율성'으로 존재한다."[63] 나아가 레비나스는 타자를 하나의 '무한자'로서, 마치 초월적인 신의 위치로까지 승화시킨다.[64] 현상학적으로 엄밀히 말하면, 사실상 참된 의미의 인간적인 주체는 존재하지 않는다.

　그러나 문제는 타자에 대한 무조건적인 책임과 수용이 이러한 나의 주체성의 부정을 통해서만 가능하다면, 윤리적 주체라는 것도 사실상 공허해진다는 점이다.[65] 윤리성이 원칙적으로 주체의 자율적 의지를 통해서, 혹은 최소한 한 주체의 다른 주체에 대한 인격적 태도에서만 의미가 있다고 할 때, 레비나스에서 이러한 주체성의 결여는 엄밀한 의미에서 윤리성의 성격을 지니지 못한다. 레비나스는 전통적인 윤리관에 반해, 윤리는 주체의 자유를 담보로 해서만 성립한다고 강하게 주장한다. **윤리가 자유에 우선시**되는 것이다. 그에 따르면, "단지 윤리적인 것 속에서 자유는 문제시된다."[66] 그렇다면, 레비나스가 말하는 책임이라는 것도 전통적인 의미의 윤리적 책임이라고 보기에는 무리가 있다.[67] 자유가 담보된 상태에서

63　Hwa Yol Jung, 이동수 외 역, 앞의 책, 100.
64　레비나스에서 무한자로서의 타자에 대한 설명과 이에 대한 상세한 비판은 졸고, 「타자성과 친숙성 − 레비나스와 후설의 타자이론 비교−」, 『철학과 현상학 연구』 제24집, 한국현상학회, 2005, 15-22 참조.
65　레비나스에서 윤리적 주체가 지니는 허구성과 비현실성에 대해서는 상당수가 비판을 하고 있는데, 대표적으로 강영안, 『주체는 죽었는가?』, 문예출판사, 1996, 249-250. A. Peperzeck, 앞의 책, 74 참조.
66　E. Levinas, *Totalite et Infini*, tr. by W. N. Krewani,, *Totalität und Unendlichkeit*, Freiburg/München, 2003, 441. 졸고, 「자유의 현상학적 이념: 아렌트와 레비나스의 비교를 중심으로」, 『철학연구』 제71집, 철학연구회, 2005, 233 재인용.
67　따라서 강영안은 레비나스의 윤리관에 대해 "윤리의 근거로서의 레비나스의 책임 개념은 타율성에서 출발한다. 나의 자유, 나의 자발성과 나의 자율적 주도권에서 나온 책임이 아니라 타인의 부름에 직면해서, 그 부름에 응답해서 수동적으로 그 앞에 내가 세워짐으로 인해서 생긴 책임이다. 나는 나에게 법이 아니라 타자가 나에게 법으로, 명령으로 등장한다. 타인에 대한 책임은 나의 주도권에 근거를 두지 않는다. 타인에 대한 나의 책임은

282　2부 상호문화성의 현상학적 정립

의 책임이 과연 어떠한 윤리적 의미가 있는지 지극히 의심스럽기 때문이다. 근본적으로 모든 주도권이 타자에게 집중되어 있고 나의 자율성이 결여된 상태에서는, 내가 하나의 윤리적 주체로서의 의미를 부여받는 것은 사실상 불가능하다는 것이 필자의 입장이다.[68] 설령, 이타적으로 타자를 받아들인다 하더라도 나와 타자 간의 대등한 주체적 관계를 매개로 한 상호소통 및 결합의 가능성이 처음부터 배제되어 있다면, 이는 윤리적 행위가 아니라 단순한 나의 **일방적 독백**으로 그칠 수밖에 없다.[69] 이런 의미에서 최진석은 레비나스의 윤리관에 대해 다음과 같이 평한다.

타자에 대한 무한한 책임에 결박된 삶, 오로지 책임지기 위해서만 살아야 하는 삶이란 고독하다. 그렇게 타자와 아무것도 함께 할 수 없는 삶, 여

나의 자유에 선행한다."(강영안, 『타인의 얼굴: 레비나스의 철학』, 문학과 지성사, 2005, 184)고 비판적으로 해석한다.

[68] 물론 타자가 강제적인 힘을 지니지 않았기 때문에, 나에게 어느 정도의 자율성은 남아 있는 것이 아니냐고 해석할 수는 있다. 이러한 의미에서 데이비스는 레비나스의 윤리이론이 타자의 강제적 권위에 근거하고 있지 않다고 해석하면서, 다음과 같이 말한다. "타자의 권위는 강제적이지 않다. 타자는 절대 타자성의 위치에서 높이와 가난이라는 역설적인 입장에서 명령한다. 타자는 나에게 살인하지 말 것을 명령하지만, 내가 복종하도록 설득하는 수단을 전혀 갖고 있지 않다. 그래서 레비나스의 설명에 따르면, 타자에 대한 나의 의무는 나로 하여금 타자의 상처받을 가능성을 존중하도록 압박하는 그 어떤 합리적 논증이나 물리적 강제에 의해 강요받지 않는다. 사실 타자의 상처받을 가능성을 존중하지 않는 데는 그만한 이유가 있을 수 있는 것으로 보인다. …… 타자는 그 어떤 본래적인 의미에서 나보다 강한 것은 아니다."(C. Davis, *Emmanuel Levinas: An Introduction*, 김성호 역, 『엠마누엘 레비나스』, 1996, 다산글방, 90-91) 그러나 레비나스의 윤리관은 기본적으로 타자의 나에 대한 강요나 강제의 형태를 지님으로써 나를 무력화하는 데 그 초점이 있다는 것은 부정할 수 없다.

[69] 졸고, 「자유의 현상학적 이념: 아렌트와 레비나스의 비교를 중심으로」, 『철학연구』 제71집, 철학연구회, 2005, 237-238. 최진석, 「타자 윤리학의 두 가지 길-바흐친과 레비나스」, 『노어노문학』 제21권 3호, 한국노어노문학회, 2009, 180-181 참조.

하한의 관계도 긍정할 수 없는 삶이 '형이상학적'으로 정당화된들 어떤 의미가 있을까? 이는 궁극적으로 타자를 위한 윤리도 아닐 뿐더러 나-주체를 위한 윤리도 될 수 없다. 양자는 오직 부정성을 통해서만 비로소 '공동적' 관계를 이루게 되는데, 그런 공동성이란 결국 허구에 지나지 않기 때문이다. 삶의 윤리란, 서로를 갈라놓는 분리의 격자('책임') 속에 던져진 가상의 이념이 아니라, 함께 생성하는 관계를 가리키는 말이 되어야 하지 않을까?[70]

레비나스의 타자이론에서 이러한 주체적 관계의 결여는 상호문화성에 이르는 통로를 처음부터 차단한다. 보기에 따라 문화적 관계는 인간적 주체의 개입 없이, 문화 그 자체의 흐름에 따라 이합집산하는 것처럼 보일 수도 있다. 가령, 전 세계에서 불고 있는 한류열풍이 어떤 일군의 사람들의 주체적 의지에 의해서 고의로 조성된다고 보기는 어렵기 때문이다. 그러나 상호문화성을 이런 식으로 문화 자체의 흐름에 내맡길 경우, 우리가 일관되게 비판해온 문화결정론의 주장을 그대로 답습하는 것이 된다. 그러므로 이를 피하기 위해서는, **인간의 주체적 의지**가 보이지 않게 어떤 식으로든 상호문화적 관계의 형성에 부단히 개입하고 있다고 보아야 한다. 한 문화가 타 문화에 영향을 주어 문화적 융합이 이루어짐으로써 이른바 상호문화적 관계가 이루어진다고 할 때, 여기서 영향을 받는 문화권의 사람들의 주체적, 자발적 수용이 없이 타 문화가 전이되고 침투하는 것은 불가능하다. 물론 강제적, 강압적인 방식으로 문화전파 혹은 문화이식이 이루어질 수 있으나, 이는 엄밀한 의미에서의 참된 상호문화성이라고 볼 수는 없다. 결국 상호문화성에서 결정적인 것은 문화를 받아들이는 쪽의

70 최진석, 앞의 논문, 181.

자발적, 주체적 태도이다.

이렇게 볼 때, 레비나스의 타자이론이 상호문화성을 위해 부적합한 근본적 이유는, 그에게는 타자성을 처음부터 '무조건 받아들여야 한다.'는 압박감이 작용함으로 인해 **주관의 자율성과 선택의 자유가 심하게 훼손**당하고 있다는 점이다. 즉, 수동적이고 자발성이 결여된 주체는 어떤 점에서 마치 종교적 교리를 따르는 것처럼 무조건 타자성을 받아들여야 한다는 강제적 의무감을 지니고 있다. 어쩌면 이는 보이지 않게 처음부터 어떤 선입관이 개입된 것과 같은 의미를 지니고, 이미 그 결과가 결정되어 있는 것 같은 인상을 주기도 한다.[71] 그럼으로써 이러한 타자에 대한 태도는 주체의 자율성과 선별성을 전혀 고려하지 않은 것으로서, 자연스러운 움직임 속에 있는 상호문화적 관계에 적용하기에는 한계가 있다. 문화와 문화의 만남은 대등한 만남이어야 하고, 이는 이를 받아들이는 쪽이나 전하는 쪽 모두의 자율성과 자유를 전제로 한다. 곧 문화적 삶에서 가장 기본적으로 보장되어야 하는 것은 인간의 **'자유'**이다.[72] 또 그럴 경우에만, 상호문화적인 융합이 자연스럽게 이루어질 수 있는 것이다.

레비나스의 타자이론은 타자성에 대한 깊이 있는 분석, 타자의 순수한 주어짐을 윤리적 차원으로까지 연결시키려는 시도, 그리고 수동성 속에서의 타자의 주어짐의 강조 등을 통해 분명 현상학적으로 의미가 있다. 그러나 타자성에 대한 지나친 강조와 집착, 주체성의 해명의 결여, 주체를 오직 수동적 존재로만 보고 자율적 의지를 배제한 점, 그리고 보다 포

---

71 B. H. F. Taurek, *Emmanuel Lévinas zur Einführung*, Hamburg, 2002, 116 이하, 졸고, 「자유의 현상학적 이념: 아렌트와 레비나스의 비교를 중심으로,」『철학연구』 제71집, 철학연구회, 2005, 238 참조.

72 이와 관련된 상세한 논의는 바로 뒷장,「정치와 상호문화성」의 장에서 이루어진다.

괄적인 관점에서의 나와 타자의 관계해명의 부족 등에서 현실성과 설득력이 떨어진다. 특히 나와 타자 간의 관계를 처음부터 비대칭적, 불균형 관계에서 규정함으로써 대등한 상호성 속에서 성립되어야 할 상호문화성의 해명에서는 치명적인 결함을 드러낸다.

필자가 보기에, 상호문화성과 관련해 레비나스의 타자이론이 지니는 한계는 궁극적으로 레비나스가 현상학적 관점에서 출발했음에도 불구하고, 점차 현상학의 틀을 벗어나 타자를 신비화, 형이상학화한 데에 있다.[73] 타자를 현상학적으로 본다면, 어떤 식으로든 나와 타자 간의 관계가 그 핵심쟁점이 되어야 하고, 아무리 수동적인 주체라고 하더라도 이것이 중심이 되어 세계 내지 타자문제가 해명되어야 한다. 타자가 나를 압도하고 극단적으로 본래적 나의 실종에까지 이르는 한, 이는 현상학의 기본 틀을 벗어난 것으로밖에 볼 수 없다. 물론 엄격히 보면, 타자의 주어짐(현출) 자체가 현상학적 사건이고, 레비나스도 사실 이 틀을 벗어날 수는 없다. 그러나 레비나스는 여기서 이 주어짐이 일어나는 장소로서의 '주관성'의 성격을 지나치게 쉽게 단순화하고, 어떤 점에서는 추상적이고 관념적일 수 있는 초월적인 타자에만 시선을 집중시켰다. 그럼으로써 나와 타자 간의 관계를 현상학적으로 해명할 기회를 놓치게 된다. 반면 일관되게 나를 중심으로, 나의 주체적, 의지적 입장에서 바라보면서도 타자를 나와 동등한 차원에 놓고, 그 상관관계를 해명하려 한 후설의 태도는 현상학적이면서도 동시에 상호문화성의 해명을 위해 타당한 기초를 제공해줄 것으로 기대할 수 있다.

---

73 이와 관련해서는 졸고, 「타자성과 친숙성 – 레비나스와 후설의 타자이론 비교–」, 『철학과 현상학 연구』제24집, 한국현상학회, 2005, 8-22 참조.

4 보편윤리와 상호문화성

앞 절에서의 고찰을 통해, 우리는 상호문화성을 위해 인간 개개인의 윤리적 태도가 중요한 역할을 함을 보았다. 이 윤리성에서 핵심은 타자를 하나의 타자로서 인정하고 존중하는 것이다. 상호문화성에서 타자는 곧 타 문화를 의미한다. 물론 이 문화 속에는 타 문화권의 인간도 포함되어 있다. 현상학적 맥락에서 윤리이론을 전개한 후설의 경우, 이 윤리성은 기본적으로 감정에 기초해 있다. 인간의 본래적 감정은 타자에 대해 우호적이고 이타적인 경향을 지니고 있다는 전제하에, 후설은 이를 의지적으로 확장하려는 모습을 보인다. 물론 인간의 모든 감정이 타 문화에 대해 우호적이고 친근감을 보이는 것이 아님은 이미 우리가 앞서 감정과 상호문화성의 관계를 논의하면서 상세히 살펴보았다. 다만 후설은 인간이 지닌 타자에 대한 우호적인 감정을 최대한 되살리면서, 이를 윤리적으로 극대화하려 한다고 볼 수 있다. 사실 타자에 대한 이타성은, 그 정도로 보면, 후설보다는 레비나스가 훨씬 강하고 또 극단적이다. 그러나 레비나스의 경우, 이 이타성이라는 것이 자연스러운 감정에 근거한다기보다는 어떤 **강박적인 의무감**에 의존해 있다는 점에서, 현상학적인 맥락에 잘 부합하지 않는다.

물론 주체의 능동적인 의지와 책임의식도 가미되기는 했지만, 후설의 현상학이 기반을 두고 있는 '감정윤리학'은, 이 감정이 인간의 보편적인 면을 반영하는 한, 이른바 **보편윤리**를 지향한다. 윤리라는 것이 본래 보편성을 추구하고 모든 사람이 따라야 할 당위성을 강조하는 것이기는 하지만, 그 내용 면에서는 각 문화권마다 다를 수 있다. 곧 문화의 다양성을 강조하는 문화상대주의의 입장에서는 불가피하게 윤리상대주의를 취할 수밖에 없는 것이다. 그럼에도 어떤 문화권이라도 인간의 보편적인 도덕 감정에 기반을 둔 윤리를 추구한다면, 모든 문화권에 공통될 수 있는 윤리의 가능성은 존재한다.[74] 특히 인간의 자연적인 정서를 고려할 경우, 더욱 그러하다. 가령, 즐거울 때 웃고, 슬플 때 우는 것이 인간의 보편적인 정서적 행동이고, 이타적인 행동에는 호감을 갖고 이기적인 것에는 불쾌감을 갖는 것이 인간의 자연스러운 정상적인 감정이다. 이러한 인류 보편의 감정에 근거해 타 문화에 대한 개방적인 태도를 취한다는 것은 이론적으로는 분명 윤리적이다. 모든 인류가 이런 식으로 타 문화에 대해 존중감과 배려심을 지닌다면, 어떤 의미에서는 온 인류가 조화롭게 공존해 하나가 되는 평화공동체도 가능할 것이다. 그러나 이러한 공동체가 하나의 이상이라는 것은 우리의 현실을 보면 잘 알 수 있다. 앞서 본 레비나스의 이론이 지나치게 이상적이고 비현실적이라는 것도 바로 이러한 이유에서이다. 이상적인 상호문화성을 위해 이러한 보편윤리를 적용하고 또 강조하는 것은 분명 의미가 있으나, 이는 여전히 윤리라는 차원에 머물러 있을 뿐, 현실과는 거리가 있다. 즉, 이상적인 상호문화성을 위한 보편윤리라는 것도 이를 외면하는 현실 앞에서는 무력할 수밖에 없다는 것이다. 그러나 그렇다 하더라도 이러한 윤리적 계기는 분명 상호문화성을 위해 필요하다. 그렇다면, 이러한 문제를 어떻게 해결해야 할 것인가?

여기서 우리는 다시 레비나스의 타자이론으로 되돌아갈 필요가 있다. 레비나스의 이론이 지니는 가장 큰 문제점으로, 우리는 그의 이론이 상

---

74 이와 관련해서는 D. Lohmar, "Zur Überwindung des heimweltlichen Ethos", *Philosophische Grundlagen der Interkulturalität*, Amsterdam/Atlanta, 1993, 79–83. 졸고, 「이질감과 친근감 −상호문화성의 양면성에 대한 현상학적 고찰−」, 『철학과 현상학 연구』 제50집, 한국현상학회, 2011, 102 참조.

호성이 결여되고 지나치게 일방적이라는 점을 들었다. 그러나 사실 상호성 결여의 화살은 후설에게도 향할 수 있다. 경우에 따라서는 레비나스보다 오히려 후설이 더 유아론적이고 독단적이라는 비판을 받기도 한다. 그러나 현상학이 기본적으로 주관의 체험을 논의의 출발점으로 삼는 한, 현상학의 모든 이론은 사실 이러한 비판에서 완전히 자유로울 수 없다. 후설이 평생 동안 고심한 문제가 상호주관성과 공동체 문제라는 것은 이와 같은 현상학자들의 고민을 잘 보여준다. 이러한 현상학이 안고 있는 근본적인 한계를 넘어서기 위해서는, 나와 타자 간의 관계가 좀 더 **구체적이고 현실적**이어야 한다. 말하자면, 나의 입장에서 타자를 바라보는 식이건 반대로 타자의 입장에서 나를 바라보는 것이건, **양자 간의 실제적 소통이** 보장되고 또 고려되어야 한다. 사실 이제까지의 논의는 이러한 양자 간의 소통을 위한 토대의 탐구라고도 볼 수 있다. 그리고 윤리는 바로 이 소통을 적절하게 가능케 하는 결정적인 발판이기도 하다. 그러므로 윤리적 주장이 상호문화적 관계에서 현실적으로 설득력을 지니기 위해서는, 윤리와 더불어 이러한 소통의 문제가 다루어져야 한다. 상호문화성이라는 표현 자체가 기본적으로 이러한 소통을 전제로 하는 것인 만큼, 이에 대한 해명은 절대적으로 중요하다. 그러므로 상호문화성에 대한 논의는 이제 이러한 소통성의 문제로 진입해야 한다. 또한 이 문제가 제대로 해명될 경우에만, 현상학적인 타자이론에 향하는 의혹의 시선들이 수그러들 수 있다. 이 문제를 이제 우리는 다음 장에서 정치의 문제와 연관해 진지하게 고찰해보도록 한다.

4장
정치와 상호문화성

1 정치와 문화

정치와 문화는 역사적으로 긴밀한 관계를 유지해왔으나, 그 관계는 대체로 잘 드러나지는 못했다. 대개 정치는 권력자의 통치술이라는 의미로 이해되어온 반면, 문화는 일반인의 삶의 양식 내지 표현으로 받아들여졌기에, 양자는 서로 차원이 다른 것으로 간주되었기 때문이다. 물론 문화가 종종 정치적인 역학관계에 따라 이용되고 수단화되기도 했고, 그런 의미에서 이른바 '문화정치'라는 표현이 쓰이기도 했다. 그러나 인류 역사를 돌이켜보면, 기본적으로 지식이나 종교가 지배 권력과 긴밀한 관계를 유지해왔고, 그리고 이것이 대부분의 문화의 중심부를 차지하는 한, 정치와 문화는 떼려야 뗄 수 없는 관계를 유지해왔음을 쉽게 알 수 있다. 특히 현대사회로 오면서 사회에서 차지하는 문화의 역할이 커지면서, 정치적인 것과 문화의 연관성에 대한 관심은 더욱 높아지고 있다. 『오리엔탈리즘』

의 저자 사이드는 이런 의미에서 "문화는 자율적이거나 초월적이라기보다는 역사적인 세계에 밀접해 있고, 고정적이거나 순수하기보다는 혼합적이며, 예술적인 우수성만큼 인종적인 우월성을 포함하고 있고, 기술적인 권위만큼이나 정치적인 권위를 갖고 있으며, 복잡한 기술만큼이나 단순화시키는 축소가 포함되어 있다."[1]고 말한다.

정치가 서로 다른 인간 간의 관계와 의견을 조정함으로써 보다 나은 사회로 나아가고자 하는 노력과 활동을 총칭한다고 하면, 문화 또한 그 기본적인 방향성에서는 정치와 유사한 경향을 띠고 있음을 우리는 쉽게 알수 있다. 문화는 정치와 마찬가지로 분명 보다 나은 인간의 삶을 위한 인간의 자발적인 노력의 산물이기 때문이다. 다만 문화의 속성상, 문화는 정치와 같이 어떤 합의나 토의의 산물이 아니라 주변 환경에 대한 인간의 대응방식의 산물이고, 이것이 어떤 권력을 통해 외적으로 전달된다기보다는 자연스럽게 인간에게 내면적으로 전파된다는 점에서, 가시적이고 의도적인 정치에 비해서는 좀 더 원초적이고 습관적인 경향이 있다. 그러나 문화와 정치가 모두 인간의 의지적 산물이고 인간 삶에 큰 영향을 끼치는 한, 양자는 여러 측면에서 마주치고 교차한다.

정치적인 힘에 의해 문화가 영향을 받고 또 새로운 문화가 생성되는 경우는 역사적으로 그리 드물지 않다. 또 반대로 문화적 힘이 정치적 결단에 영향을 끼치는 일도 종종 있었다. 강제적으로 특정문화를 말살하고 금하는 경우가 전자라면, 그 반대로 기존의 특정문화를 정치적 권력을 통해 유통시키고자 하는 것은 후자에 해당된다. 그러나 양자 모두 기존의 문화

---

1   E.W. Said, *Culture and Imperialism*, 김성곤, 정정호 역, 『문화와 제국주의』, 창, 2011, 210-211.

와 충돌을 일으킨다는 공통점이 있다. 대표적으로 특정 종교를 국교로 채택하는 경우가 그렇다. 고대 로마제정시대에서 기독교를 국교로 정한 것은, 일반 국민들이 이미 기독교를 상당수가 받아들였기 때문에 추후 승인하는 형태로서 문화가 정치에 영향을 끼친 경우로 볼 수 있지만, 일단 국교로 정해진 이상 여타의 종교는 탄압을 받을 수밖에 없다. 영국에서 헨리 8세에 의해 성공회가 국교로 지정된 경우는, 당대의 국민정서를 고려했다기보다는 군주 개인의 정치적 판단에 의해서였다. 후자는, 기존에 존재하고 있던 가톨릭에 대한 탄압과 금지를 전제로 한 것이어서, 전형적인 정치에 의한 문화의 탄압 내지 개입의 형태를 띤다. 우리나라에서도, 불교가 전파되고 또 이것이 국교로 인정되기까지는 여러 세력 간의 갈등을 조정하기 위한 노력과 강한 정치적 결단이 요청되었다. 공산국가에서 행해진 일반적인 종교행위의 금지도 이러한 전형적인 정치에 의한 인위적 문화변동의 사례이다.

그러나 강압에 의해서건 아니면 비교적 국민의 합의에 의해 평화적으로 이루어지건, 이러한 정치적 행위에 따른 문화의 지각 변동은 불가피하게 어느 정도의 갈등과 혼란을 동반할 수밖에 없다. 정치적 합의와 결정이 모든 사람에 의한 동의를 거쳐 이루어지고 또 모든 사람을 완벽하게 만족시킬 수 있는 것이 아닌 한, 정치적 결정과 상반되는 입장을 취하는 사람들은 항상 존재하기 마련이고, 또 이들 비주류 집단의 사람들이 익숙해져 있는 문화적 전통이 있기 때문이다. 그러나 여기서 발생한 이러한 갈등과 혼란은, 비록 그 발단이 정치적인 것이었다고 하더라도 꼭 정치적인 방식이 아니라 주로 문화적인 방식으로 점진적으로 정리되는 경우가 많으며, 이는 어떤 점에서는 정치가 문화 속에 용해되어 이루어지는 일종의 '정치의 문화화' 과정이라고도 볼 수 있다.

이런 식으로 정치와 문화는 우리의 삶과 역사 속에서 여러 형태로 융합되는 모습을 보인다. 물론 정치의 의미를 어떻게 보느냐에 따라 달라지겠지만, 모든 문화적 현상에 정치가 개입되는 것은 아니고, 또 반대로 정치가 반드시 문화적인 것은 아닐 수 있다. 그렇다 하더라도 정치와 문화를 전혀 별개의 차원으로 구분해서 보는 것은 올바른 시각이 아니다. 정치와 문화는 우리가 이해하는 것보다 훨씬 광범위하고 깊게 서로 영향을 주고받으며 또 긴밀한 연관성을 지닌다. 앞서 지적한 바처럼, 정치와 문화 모두 인간의 의지와 행동의 산물로서 인간 삶의 저변을 이루고 있기 때문이다.

이러한 맥락에서 볼 때, 정치와 문화의 연관이 가장 선명하게 나타나는 경우가 바로 상호문화성이다. 상호문화성은 서로 이질적인 문화와 문화 간의 만남을 전제로 하고 나와는 다른 타자를 고려하지 않을 수 없기 때문이다. 정치는, 어떤 측면에서 보면, **나와 타자 간의 관계를 합리적으로 조정**하려는 노력이라고 볼 수 있다. 그런 점에서 상호문화성은 본질적으로 정치적인 구조를 띤다. 상호문화성이 문화적 차이와 다양성을 전제로 하고 이에 근거해서 그 논의가 출발한다면, 상호문화성의 중요한 계기인 문화적 차이와 다양성의 존중이라는 윤리적 태도는 다분히 정치적인 역할을 한다고 할 수 있다. 여기서 특히 상호문화성의 중요한 정치적인 요소로 고려해볼 수 있는 것이 바로 앞 장의 마지막 부분에서 예고한 다른 문화권에 속한 인간들과의 만남을 통한 대화와 소통이다. 문화와 문화의 만남이 인간을 매개로 이루어지는 한, 상호문화성을 위해서는 대화를 통한 상호이해와 소통이 절실히 요구된다.

김선욱은 차이와 다양성이 정치와 문화 모두에게 공통된 특성이며, 양자 모두에게서 이러한 차이를 극복하려는 노력 또한 대화와 소통을 통해 이루어진다는 공통점이 있다고 본다. "문화담론이 중요시되는 때는 현실적으로 복수로 존재하는 문화들이 서로 연관되거나 충돌을 일으키는 경우이다. 그리고 이런 경우 예외 없이 요구되는 것은 대화이다."[2] "정치적 문제란 인간의 가치와 삶의 방식에 근거를 둔 것으로, 마치 한 개인의 삶이 다른 개인의 삶보다 더 가치 있다고 말할 수 없듯이 그의 특수성 자체가 존중되고 인정되어야 하는 문제들을 말한다. 정치적 문제에는 이를 재단할 수 있는 척도가 존재하지 않는다. …… 우리가 이상에서 살펴보았듯이, 정치적인 것이 문화와 유사한 것임은 말할 나위가 없다. 아렌트 자신도 정치행위를 문화행위에 비유한다. 아렌트에 따르면 공연예술은 예술가의 개성이 드러나는 공연행위(performance)가 주가 되듯, 정치에서도 정치가의 개성이 드러나는 행위(action)가 중요하다."[3]

물론 문화와 문화의 결합이 이러한 상호이해나 상호소통으로서의 합리적인 정치적 행위만으로 이상적으로 이루어진다고 볼 수는 없다. 정치적인 행위는 언제나 이성적이고 합리적이며 또 이타적인 방식으로만 이루어지지는 않으며, 현실적으로 정치는 비합리적이고, 이른바 이기적이고 비도덕적인 경향도 지니고 있다. 뒤에서 논의하게 될 권력과 이에 대한 의지가 정치의 중요한 한 계기를 이룬다는 점은 이의 중요한 근거가 된다. 게다가 이러한 정치적 행위의 복합성뿐만 아니라 문화 자체가 지니는 복합성까지 고려하면, 문제는 더 복잡해진다. 그러므로 이러한 양자의 복합성을 고려해, 우리는 정치가 문화에 끼치는 영향에 주로 초점을 맞추어, 상호문화성을 위해 정치적인 것이 이론적, 실천적으로 어떤 의미를 지니는지를 보다 구체적으로 살펴보고자 한다. 이를 위해 정치가 문화에

---

2   김선욱, 『한나 아렌트: 정치판단이론』, 푸른 숲, 2002, 182.
3   같은 책, 186.

끼친 실제적 역사적 사례를 일일이 고려하기보다는 우선 정치적인 것의 본질을 철학적으로 해명한 다음, 이러한 정치적인 것이 어떻게 상호문화성에 기여할 수 있는지를 현상학적인 시각에서 고찰해보도록 한다.

2 정치의 가능조건: 자유와 권력

2.1 정치와 자유

정치의 개념은 문화의 개념만큼 정의하기 어려운 것이 사실이다. 그러므로 우리는 여기서 정치의 개념에 대한 엄밀한 해명을 시도할 생각은 없다. 우리의 관심사는 정치학적인 맥락에서가 아니라 철학적인 맥락에서 정치와 상호문화성의 관계를 살펴보는 데 있기 때문이다. 다만, 우리의 논의를 위해 필요한 것은 정치가 이루어질 수 있는 가능조건의 해명이다. 바로 이 가능조건이 상호문화적인 관계에도 영향을 미칠 수 있다고 보기 때문이다. 따라서 이 범위에서 정치의 문제를 살펴보도록 한다.

아리스토텔레스가 인간을 '정치적 동물'이라고 규정한 것처럼, 인간은 본성상 기본적으로 정치적 성향을 지닌다. 인간이 홀로 사는 것이 아니라 다른 인간과 더불어 사는 한, 그리고 다른 인간과 불가피하게 여러 측면에서 차이를 보이는 한, 정치적 행위를 지향할 수밖에 없다. 정치는 더불어 사는 다른 인간과 함께 조화로운 관계를 유지하면서 보다 좋은 삶을 추구하고자 하는 동기에서 비롯된다. 슈트라우스는 "모든 정치적 행동은 …… 좋은 삶, 좋은 사회가 무엇이냐는 지식을 향한 지향성을 내포하고 있다.""고 말한다. 즉, 정치적 행위는 현재의 삶을 최대한 개선시켜 더 나은 삶을 향하고자 하는 노력의 일환이다. 그러나 이러한 노력은 혼자서 이룰 수 있는 것이 아니며, 또 설령 그렇다 하더라도 이를 정치적 행위로 볼 수는 없다. 정치는 반드시 타자를 전제로 하고 또 타자와의 입장 차이를 고려한다. 곧 타자와 협의하여 입장 차이를 좁혀가면서 해결책을 모색해가는 것이 정치이다. 이런 의미에서 정치의 가장 기본적인 조건은 나와는 다른 견해를 지닐 수 있는 타인의 존재이다.

그러나 정치는 원칙적으로 대등한 인격체와의 만남 속에서 상대방에 대한 존중과 배려를 바탕으로 해야 한다. 가령, 사적인 친밀감과 긴밀한 위계질서 속에서 존재하는 가족 내의 부모와 자식 간의 관계나, 일방적인 상부의 명령에 따라 조직이 운영되는 군대체계에서는 이러한 의미의 정치가 존재하기 어렵다. 그러므로 고대 그리스에서는 정치적 행위가 이루어지는 공공장소로서의 폴리스와 사적인 관계로 맺어진 가족을 엄격히 구분했다. 폴리스는 독립적이고 자율적인 시민들 간의 자유로운 만남을 보장해주는 공적 영역인 데 반해, 가정은 그러한 개개인의 자율성이 보장되지 않는다. 후자는 엄격한 위계질서가 지배하고 있기 때문이다. 고대 그리스적 의미에서 정치는 이런 점에서 개개인의 자율성과 자유가 기본적인 전제조건이 된다. 여기서 자유는 한편으로 차이를 인정하고 존중해준다는 의미가 함축되어 있다.

정치적 삶 속에서 개개인의 자유는 곧 표현의 자유가 그 핵심이며, 정치적 행위는 자신을 타인 앞에 드러내 자신의 입장을 밝힌다는 데 그 초

---

4 L. Strauss, *What is Political Philosophy?*, 양승태 역, 『정치철학이란 무엇인가?』, 아카넷, 2002, 10-11.

점이 있다. 아렌트는 이러한 의미에서 정치의 본질을 고대 그리스의 폴리스를 모델로, 폴리스적 공간에서 각자가 자유로이 자신을 드러내는 데 있다고 보았다. 폴리스는 곧 자기표현의 장이다. 그런데 이러한 자기표현은 말로써 이루어진다. 말이 곧 정치적 행위의 핵심수단일 수밖에 없다. "사람들은 행위하고 말하면서 자신을 보여주고 능동적으로 자신의 고유한 인격적 정체성을 드러내며 인간세계에 자신의 모습을 드러낸다."[5] 아렌트에 따를 때, 정치적 행위는 말을 통해 타인을 설득하고 이해시키고 소통하는 것이며, 이를 통해 자신을 타인 앞에 드러내는 것이다. 여기에는 일방적인, 어떤 타인에 대한 압박이나 강제, 그리고 폭력은 존재하지 않는다. 정치적 장은 대화를 통한 소통의 장이다. "정치적이라는 것, 즉 폴리스에서 생활한다는 것은 힘과 폭력이 아니라 말과 설득을 통하여 모든 것을 결정한다는 것을 의미한다."[6]

2.2 정치와 권력

정치는 평등한 인간관계를 토대로 억압 없이 자신을 자유롭게 표출할 수 있는 공공의 영역을 지향한다. 여기서 핵심은 자유로운 소통이다. 이 소통을 아렌트는 폭력과는 대비되는 것으로 이해한다. 강제적인 억압과 폭력이 존재하는 한, 자유로운 소통이 어렵다는 것은 주지의 사실이다. 그렇기 때문에 하버마스는 억압 없는 의사소통의 상황을 이상사회를 위한 기본적 토대로 삼았다. 그러나 정치는 한편으로 자유 이외에 폭력과는 구

5　H. Arendt, *The Human Condition*, 이진우, 태정호 역, 『인간의 조건』, 한길사, 2003, 239.
6　같은 책, 78.

분되는 힘, 즉 권력을 필요로 한다. 정치에서 권력은 일부 소수 지배자의 자의적인 횡포라는 의미로 많이 받아들여지기 때문에, 부정적인 이미지를 지니고 있기는 하다. 그러나 권력 없이 정치는 힘을 발휘하지 못한다. 권력은 상대방에 대한 지지나 동의를 통해서 이미 형성된다. 어떤 식으로든 정치적 합의 내지 결단이 효력을 발휘하기 위해서는, 권력을 통한 힘의 행사가 필요하다. 그러므로 권력은 정치를 가능케 하는 원동력이다.[7]

그러나 권력은 자유와 대립적인 개념이 아니다. 권력을 행사하고 또 이것이 의미가 있으려면, 권력을 받아들이는 쪽의 동의와 지지, 말하자면, 이들의 자유로운 선택을 전제로 해야 하기 때문이다.[8] 한병철은 "권력은 자유로운 주체들에게만 행사된다. 주체들이 자유로워야만 권력관계가 존속한다."[9]고 하면서, "권력은 자유와 대립하지 않는다. 권력을 폭력이나 강제와 구별해주는 것이 바로 자유이다."[10]라고 말한다. 폭력은 받아들이는 쪽의 자유로운 선택이 전혀 고려되지 않거나, 이것이 불가능한 일방적

---

7 여기서 권력 개념에 대한 설명은 한병철의 권력개념에 의존했음을 밝힌다.
8 이러한 입장을 지지하는 대표적인 학자는 푸코이다. 이러한 푸코의 입장에 대해서는 강미라, 앞의 책, 207 참조. 강미라는 푸코의 권력개념을 다음과 같이 서술한다. "전통적인 자유주의의 관점에 따르면 권력과 자유는 대립적이며, 개인은 자유를 소유하고, 그리고 권력은 개인으로부터 자유를 빼앗으려고 한다. …… 푸코는 권력 행사의 기본 항으로서 개인이라는 점에서만 자유주의의 견해에 동의한다. 그 이외의 점에서 푸코는 자유주의자와 견해를 달리한다. 무엇보다도 그에게 있어 권력과 자유는 대립적이지 않다. …… 자유로운 주체들이 서로에 대해 행위하는 것이 곧 권력이기에 오직 자유로울 때만이 권력행사는 가능하다."(같은 책, 207) 그러나 본 글은 현상학적인 시각에서 본 글의 전반적인 취지와 방향성에 부합한다고 보이는 한병철의 권력개념에 근거해 자유와 권력의 의미를 살펴보도록 한다.
9 Byung-Chul Han, *Was ist Macht?*, 김남시 역, 『권력이란 무엇인가?』, 문학과 지성사, 2011, 161.
10 같은 책, 26.

인 힘의 행사이다. 그러므로 폭력은 "고독한 행위"[11]로서, "폭력은 타자들의 동의에 의거하지 않는다."[12] 그러나 "폭력과는 달리 권력은 자유의 감정을 배제하지 않는다. 오히려 권력은 자신의 안정화를 위해 의식적으로 자유의 감정을 산출해낸다."[13] 따라서 "절대적인 권력을 얻으려는 자는 폭력이 아니라 타자의 자유를 활용할 수 있어야 한다."[14] 이렇게 정치는 단지 서로 사람들이 모여 자유롭게 의견을 나누는 것, 즉 상호소통에만 그 핵심이 있지 않다.[15] 한병철은 정치는 단순한 소통과 이해를 넘어서서 권력을 향한 의지의 투쟁이며, 권력을 통한 영향력의 행사로 본다.

강한 의미에서의 정치적 실천이란 공동행위를 능동적으로 형성하거나 거기에 영향을 미치는 것이다. 하지만 이는 상호이해를 지향하는 소통만이 아니라 이해관계나 가치를 관철시키는 데에도 기여한다. 정치적 소통이 전략적 행위와 분리할 수 없는 한, 정치는 언제나 권력정치이다. 단지 상호이해만을 지향하는 존재란 정치적 견지에서뿐 아니라 인간학적, 나아가 존재론적 견지에서도 추상에 불과하다. 정치적 행위를 구성하는 것은 동의가 아니라 권력균형으로서의 타협이다. 타협한다는 것은 한 사태의 결정을 심판의

11 같은 책, 137.
12 같은 곳. "정신이 자기 자신으로의 결단에 근거하는 열광적인 동조를 이끌어내는 한, 그것은 권력이 된다. 폭력에는 이러한 매개의 권력, 곧 정신이 결여되어 있다. 권력만이 정치적인 것을 산출해낼 수 있다."(같은 책, 133)
13 같은 책, 149.
14 같은 책, 21.
15 이러한 맥락에서 한병철은 소통적 계기 속에서 정치적인 것의 본질을 찾고 권력 또한 일종의 소통적 권력, 즉 소통을 통한 공동행위(함께함)로 환원시켜 설명하고자 하는 아렌트와 하버마스의 시도에 대해 비판적인 태도를 취한다. 같은 책, 133-150 참조.

선언에 맡긴다는 것이다. 그래서 정치란 권력과 결정의 실천인 것이다.[16]

　권력을 정치에서 근원적인 요소로 보려는 한병철의 입장은 물론 상호소통의 역할을 정치에서 축소해보려는 것이라기보다는 소통만으로 설명할 수 없는 정치현상을 권력개념을 통해 해명하려는 것으로 보인다. 한병철은 소통과 상호이해라는 틀만으로는 권력의 의미를 제대로 해명할 수 없다고 한다.[17] 소통은 나와 타자 간의 상호성을 중시하고 상호관계의 형성을 통한 공동체의 형성을 지향한다. 그러므로 소통적 관계를 통한 정치행위에 대한 설명은 합의를 통한 공동적 관계의 형성이라는, 다소 이상적이고 목적론적인 틀을 전제로 하는 것이다. 그런데 한병철에 따르면, "정치적인 것은 공동행위로만 환원되지는 않는다."[18] 소통을 통한 합의를 위해서는, 모든 인간이 서로를 대등한 인격체로서 존중하고 상대방의 의견을 최대한 이해하고 배려한다는 것이 전제되어야 하는데, 현실적으로 쉽지는 않다.[19] 서로의 다름을 인정한다 하더라도 이를 수용하느

16　같은 책, 150.

17　"명령하는 주체와 복종하는 주체 사이의 비대칭적 관계는 당연히 권력관계이지만, 이는 상호 이해를 지향하는 커뮤니케이션에 근거하지 않는다. 둘의 관계에 존재하는 권력은 오히려 이러한 소통과 대립된다. 그 권력은 자신을 선포하는 방식으로 작용하기 때문이다. 거꾸로 타자들과 함께 행동하고자 하는 요구가 반드시 권력의 요구를 근거로 삼는 것도 아니다."(같은 책, 144)

18　같은 책, 139.

19　아렌트의 소통적 자유개념은 기본적으로 각 개인의 평등성을 전제로 한다. 그러나 이러한 평등은 근대적인 의미의 평등개념이라기보다는 고대 그리스의 폴리스적 관점에서의 시민적, 정치적 평등으로서 현대적인 의미의 법적인 평등관과는 다소 차이가 있다. 그러므로 이러한 정치적 평등개념이 현대에서 얼마나 타당성이 있는지는 미지수이다. 아렌트는 이와 관련해 다음과 같이 말한다. "(고대 그리스에서: 필자의 삽입) 가정의 영역 내에 자유는 존재하지 않는다. 왜냐하면 가정의 지배자인 가장은 가정을 떠나 모든 사람이 평

은 별개의 문제이기 때문이다. 앞서 우리가 레비나스의 주장을 살펴보면서, 타자를 무조건 수용해야 한다는 것이 설득력이 없다고 본 것도 같은 이유이다.

정치에서의 차이는 단순한 의견의 차이뿐만 아니라 여러 복합적인 차이를 내포하고 있으며, 이는 말을 통한 의견의 표명과 설득만으로 해소할 수 있는 문제가 아니다. 곧 상대방의 입장을 수용하는 것은 이성적, 합리적인 설득에 의해서뿐만 아니라 상대방의 정치 경제적 지위, 영향력, 인품, 신뢰도 등 여러 배경과 정서적 요인 등이 복합적으로 작용해 이루어진다. 그런 한, 말을 통한 이성적 소통을 정치의 본질로 본 아렌트나, 이와 유사한 관점에서 의사소통적 합리성에 기반해 이상적 사회를 구축하려한 하버마스의 정치관은 다소 낭만적이고 형식적이라고 볼 수 있다. 한병철은 "권력이 함께 있음(Mitsein) 그 자체에서 나온다."[20]고 보는 아렌트의 말을 비판적으로 보면서, "아렌트의 권력이론은 매우 형식적인 차원에 자리하고 있다."[21]고 주장한다. 여기서 그는 "권력이 정말 공동행위 자체에서만 기인할 수 있는 것인지"[22] 의문을 제기한다.

아렌트에 따르면, "말과 행위가 일치하는 곳에서, 말이 공허하지 않고 행위가 야만적이지 않는 곳에서, 말이 의도를 숨기지 않고 행위가 실재를

적 정치적 영역으로 들어갈 수 있는 힘을 가지는 한에서만 자유롭다고 간주되기 때문이다. 확실히 정치적 영역의 이러한 평등성은 우리의 평등 개념과 아무런 공통점이 없다. 그 것은 자신과 동등한 사람들 사이에 살고 이 사람들하고만 관계를 맺는 것을 의미하며 또한 실제로 도시국가 인구의 대다수를 차지하는 '불평등한 자'의 실존을 전제로 한다."(H. Arendt, 이진우, 태정호 역, 앞의 책, 84–85)

20 Byung-Chul Han, 김남시 역, 앞의 책, 133.
21 같은 책, 136.
22 같은 곳.

현시하는 곳에서, 권력은 실현된다. 그리고 행위가 관계를 침해하거나 파괴하는 것이 아니라, 그것을 확립하고 새로운 실재들을 창조하는 곳에서만 권력은 실현된다. 행위하고 말하는 사람들 사이의 잠재적 현상 공간인 공론 영역을 존재하게 하는 것이 '권력'이다. …… 힘이 고립된 개인에게서 볼 수 있는 자연적 성질인 반면에 권력은 **함께 행위하는 사람들 사이에서 생겨나서**(진한 글씨는 필자의 강조) 사람들이 흩어지는 순간 사라진다."[23] "권력의 발생에 유일하게 필수적인 물질적 요소는 사람들이 **함께 살아간다는 사실**(진한 글씨는 필자의 강조)이다."[24]

그러나 한병철은 "권력은 일차적으로 함께함의 현상이 아니라 **자기의 현상**(진한 글씨는 필자의 강조)이며, 모든 권력 구성체에는 **주관성, 자기 자신으로의 결단**(진한 글씨는 필자의 강조)이 내재하며, 그 주관성은 권력 구성체 내부 또는 외부에서 대립이 일어날 경우에만 등장하게 될 것"[25]이라고 주장한다. 곧 그에 따르면, 실제 정치적 삶에서는 타인을 먼저 배려하기보다는 자신을 앞세우고 자신의 의지를 관철하려는 것이 인간의 본성이다. 그러므로 양자가 동등하게 이득을 낼 수 있는, 순수 소통을 통한 양자 간의 균형적 합의는 하나의 당위적 이상일 뿐, 실제 현실과 반드시 일치하는 것은 아니다. 대개는 어느 한쪽의 양보나 수용(혹은 복종)을 통해 다소 비대칭적으로 일치하는 경우가 많다. 이는 권력이 어느 한쪽에 기울어져 있기 때문이다. 현실적으로 권력은 모든 사람에게 고르게 나누어 주어져 있지 않다.[26] 권력은 행사하는 쪽보다는 권력의 지배를 받는 사람들

---

23 H. Arendt, 이진우, 태정호 역, 앞의 책, 262.

24 같은 책, 263.

25 Byung-Chul Han, 김남시 역, 앞의 책, 137.

26 반면, 아렌트는 "권력의 유일한 한계는 타인의 실존이지만 인간권력은 처음부터 다원성의

의 **인정과 동의**를 통해 이루어진다. 그러므로 권력은 모든 사람이 지향한다고 하더라도 다수보다는 소수에게 집중되는 경향이 있다. "권력관계란 어떤 차이를 전제로 하기 때문이다."[27] 그렇다 하더라도 이러한 권력의 형성과 행사가 부당하거나 꼭 부정의하다고 볼 수는 없다. 권력은 이를 부여하는 사람들에 의해서만 의미가 있고, 또 이들이 이를 인정하고 있기 때문이다. 이것이 바로 정치의 본래적인 모습이라는 것이 한병철의 주장이다.

아렌트는 개인의 다양성과 의견을 매우 중요시하면서도 권력관계에서는 오히려 개인의 주체적인 권력의지는 다소 약화시켜 본 경향이 있다. 권력은 한병철이 주장한 대로 갈등과 차이를 품고 있는 개개인과의 상호관계에서 타자에 대한 치열한 자기의지의 관철 속에서 모습을 드러낸다고 보는 것이 옳다고 본다. 따라서 권력의 핵심은, 한병철의 주장을 좇아, 궁극적으로 **개인의 주관적 의지**에 있다는 것이 필자의 생각이다.

2.3 권력과 주관성 그리고 타자

이런 맥락에서 한병철의 권력 개념에서 특히 주목할 점은, **주관성의 강조**이다. 서구에서 주관성의 강조는 근대에 이르러 그 정점에 달했다. 그러나 근세를 기점으로 20세기에 접어들면서, 탈주관성을 강조하는 경향이 두드러지게 된다. 그러므로 현대에는 나의 주관성보다는 타자를 우선

조건에 상응하기 때문에, 이 한계는 우연적인 것이 아니다. 같은 이유로 해서 권력은 감소되지 않고도 분할될 수 있다. 권력의 절제와 균형을 이루는 권력의 상호작용은 더 많은 권력을 발생시키기 쉽다."(H. Arendt, 이진우, 태정호 역, 앞의 책, 264)고 말한다.
27 Byung-Chul Han, 김남시 역, 앞의 책, 115.

시하고 타자를 통해서 나를 이해하려는 모습이 대세를 이룬다. 포스트모더니즘의 탈주체성 철학은 이를 잘 대변한다. 그러나 한병철은 비록 근세로의 회귀는 아니지만, 권력에서의 주관성의 역할을 중시한다. 즉, 권력은 **주관성의 확장과 자신의 재발견**으로 이해하는 것이다. "주관성은 권력을 구성하는 핵심 공간이다."[28] "타자 속에서 자신으로 회귀함이 권력의 근본특성이다."[29] 이러한 주관성의 강조는, 그가 이미 소통보다는 권력을 정치에서 우선시하려는 경향에서 암시된 것이기도 하지만, 정치의 핵심이 타자에 대한 배려보다는 자기보존과 자기의지의 관철이라는, 인간의 자연적 본성에 근거한 인간관에 놓여 있음을 보여준다.

한병철은 "권력은 에고로 하여금 타자 속에서 자기 자신일 수 있게 한다. 권력은 자아의 연속성을 창출해낸다. 에고는 타자에게서 자신의 결정을 실현하고, 그를 통해 타자 속에서 자신을 연속시키는 것이다. 권력은 타자의 현존에도 불구하고 에고가 자기 자신일 수 있게 하는 공간을 마련해준다. 권력은 권력자가 타자 속에서 자신으로 회귀할 수 있게 한다."[30] 고 말한다. 이러한 권력지향은 사실 모든 생명체가 지닌 본성이기도 하다. "자신을 넘어서서 자신을 구성하고, 자신을 통해 더 큰 공간을 점유하는 것, 여기에 생명체의 권력이 존재한다."[31] 그러나 인간의 권력지향이 다른 생명체와 구분되는 것은 항상 자기의식을 지니고 있다는 점이다. 타자 속에서 자기를 발견하고 또 자기를 느낄 수 있다는 것, 그리고 이를 통해 자유의 감정을 느끼는 것은 오직 인간만이 할 수 있다. "무력은 타자

---

28 같은 책, 100.
29 같은 책, 109.
30 같은 책, 21-22.
31 같은 책, 89-90.

에게 내맡겨졌다는 것이며, 타자 속에서 자신을 상실한다는 것이다. 권력이란 그와 반대로 타자에게서도 자기 자신으로 존재한다는 것, 다시 말해 자유롭다는 것이다."[32] "권력자는 타자에게서 자신의 의지를 본다. 타자에게서 자아를 발견하는 것, 이것이 권력 감정의 핵심이다."[33]

그러나 이러한 권력관은 결코 타자를 무시하고 오직 나의 권력을 위한 수단으로서, 마치 하나의 사물처럼 여기겠다는 것은 아니다. 권력은 타자 없이는 존재할 수 없으며, 그것도 하나의 자율적 주체로서의 타자를 전제로 한다. "권력은 타인의 영혼에 깃들고, 자신이 황폐해지지 않기 위해 타인들을 포괄해야 한다."[34] 그러므로 권력은 타자에 대한 나름의 존중을 전제로 한다. "권력은 관계이다. 타자가 없다면 에고에게는 아무런 권력도 존재하지 않는다."[35] 그렇기 때문에, 권력은 타자를 대상화하고 제거하고자 하는 폭력과는 구분된다. 한병철에 따를 때, 권력은 타자를 단순히 나의 욕망의 대상으로 보려고 하지 않고 하나의 타자로서 '의미부여'한다. 그럼으로써 타자는 내게 하나의 의미 있는 존재로 받아들여지고, 나와 타자는 일종의 유의미한 관계를 맺게 된다. "의미란 관계 또는 관계 맺기의 현상이다."[36] "권력은 의미있음의 빛 속에서 등장할 때에야 비로소 안정성을 얻는다."[37] 타자를 포함해 이 세계에 의미를 부여함으로써 또 이러한 의미의 지평 속에서만 권력은 그 가치를 지닌다.[38]

---

32 같은 책, 90.
33 같은 책, 91.
34 같은 책, 168.
35 같은 책, 44.
36 같은 책, 52.
37 같은 곳.
38 이러한 의미로서의 존재세계 속에서 타자를 이해하고 권력을 행사하는 것을 한병철은 '매

비록 권력이 이처럼 타자에 대한 의미부여를 통해 타자를 고려한다 하더라도 권력의 속성은 기본적으로 **자기중심적**이다. 권력은 자기의 세력과 공간을 확장하려는 의지에 의해 가동되고, 그런 한에서 다양성보다는 **통일성**을 추구한다. "권력에는 하나를 향한 특성이 내재한다. 그렇기에 권력으로부터는 다수적인 것, 다종적인 것, 다양한 것, 부차적인 것 혹은 빗나가 있는 것에 대한 호의가 나오지 않는다."[39] 권력은 그런 점에서 이질적인 타자에 대해 무조건적인 호의를 갖지 않는다. "아무리 '넘쳐흐름'의 상태에 있어도 권력만으로는 영혼을 저 '환대밖에 모르는' '위험스러운 태만함'으로 나아가게 할 수 없다. 자기중심적 본성 때문에 권력은 '누구에게나' 대문을 열어두는 경계 없는 환대를 할 수 없기 때문이다."[40]

그럼에도 불구하고 권력은 타자에 대한 **포용적 태도**를 기본적으로 지닌다. 타자에 대한 거부와 포용 중에 권력이 택하는 것은 후자이다. 권력은 타자의 포용을 통해서만 성장하기 때문이다. 권력은 곧 타자와의 관계를 상실하는 것을 원치 않는다. "권력은 파편화를 싫어한다."[41] 권력은 타자와의 연대와 결합을 통해서 힘을 증대해야 하므로, 차이나 다양성보다는

개'를 통한 권력행사로 규정한다. 의미라는 것 자체가 일종의 상징성을 내포하고 직접적인 것이 아니라 매개화된 것이다. 이러한 매개화는 일종의 완충역할을 하고 타자에 대한 강제와 폭력의 가능성을 약화시킨다. 그리고 권력의 행사를 좀 더 합리적이고 규칙적인 형태로 하게끔 한다. "폭력과는 달리 권력은 의미 혹은 의미성의 매개를 통해 작동한다. 권력의 영향력이 폭력적 형태로 드러날 때도, 다시 말해 상처 역시 하나의 의미를 갖는 기호이다. 주권자적 권력이 갖는 무게와 둔중함이 없기는 하지만 시민 법전의 기표 체계 역시 생각을 통해 행위를 조정하는 의미 연속체이다. 규율 권력 또한 의미 구성체들로 이루어진 '관습의 연결망'으로 짜여 있다."(같은 책, 72)

39 같은 책, 173.
40 같은 책, 180.
41 같은 책, 76.

궁극적으로 **동질성**을 추구한다. 역사적으로 다양성보다는 동질성을 강조함으로써 지배권력의 유지와 확장을 꾀하는 경우가 많았던 것은 바로 이에 근거한다. 그렇다고 이것이 권력이 차이와 다양성 자체를 제거하려고한다는 의미는 아니다. 권력이 근본적으로 주관성에 바탕을 두고, 또 이러한 주관성은 타자와의 구분과 경계를 통해서만 그 의미를 지닌다면, 나와 타자의 차이는 여전히 권력 속에서도 존재한다. 다만 이 차이를 전제로 동질성과 보편성으로 나아간다는 것이 권력의 본질적 속성임을 이해해야 할 것이다.

이러한 맥락에서 권력은 한편으로 개개의 인간의 자유를 존중하고 여기에 의존해 있으면서, 다른 한편으로는 개별성을 넘어서서 일종의 **공동체성**을 추구한다. 권력은 주관성을 바탕으로 이루어진 것이기는 하지만, 단절적이고 고립된 주관성을 지향하는 것이 아니라 주관과 주관의 연관관계를 통해 **주관성의 확장**을 꾀한다. 권력을 통해서 지향되는 공동체는 어떤 의미에서는 확대된 형태의 주관성이다. 결국 공동의 의지로 결합된 통일적 집합체가 권력을 통해 형성된 공동체이다. "모든 권력 공간은 자기 자신이고자 하는 자아의 구조를 가지고 있다. 물론 국가 같은 초개인적 권력체가 개개인의 개별 의지에 근거하고 있지는 않다. 하지만 그것 역시 자기 스스로를 주장하는 자아의 성격을 지니고 있다."[42] 곧 권력은 개별성과 보편성 내지 공동체성의 긴장 관계 속에서 양자의 변증법적 통일을 통해 그 모습을 드러낸다. 개개인의 자유는 권력공간에서 그 의미를 상실하지 않는다. 개별자의 의지는 권력을 매개로 **공동체적 의지**로 향하고 이 속으로 포괄된다. 이는 개별자의 자유가 희생되고 말살되는 것이

---

42 같은 책, 38-39.

아니라 **보다 높은 단계의 자유를 향한 도약**을 의미한다.

3 정치와 현상학

앞 절에서 우리는 정치가 지니는 기본적 속성으로서 자유와 권력이라는 두 측면에 대해 살펴보았다. 양자는 대립적인 것이 아니라 보완적인 성격을 지니고 있음을 한병철의 권력 개념을 통해 알 수 있었다. 이제 우리는 이러한 두 측면을 통해 이해된 정치적인 것이 어떻게 상호문화성과 접목되고 또 여기에 기여할 수 있는지 살펴보아야 한다.

상호문화성은 문화적인 현상이기는 하지만, 차이와 다양성을 바탕으로 공통성을 지향한다는 점에서 일종의 정치적인 성격을 지닌다는 점을 우리는 이미 앞에서 보았다. 그런데 앞서의 논의에 따라 이를 자유와 권력이라는 두 측면에서 구체적으로 이해하려고 할 때, 과연 상호문화성의 어떤 면이 이러한 두 측면에 부합될 수 있을까? 이에 대한 상세한 해명에 앞서서, 염두에 두어야 할 것은, 우리는 상호문화성을 주관성과 세계와의 상관관계에 토대를 두고 있는 현상학적 시각에서 해명하려고 한다는 점이다. 그러나 앞 절에서 우리는 정치적인 것의 본질로서 '자유'와 '권력'을 제시하기는 했지만, 구체적으로 이렇게 이해된 두 개념들이 어떤 맥락에서 현상학적인지에 대해서는 아직 제대로 살펴볼 수 없었다. 물론 아렌트가 현상학적으로 정치이론을 전개한 대표적인 정치철학자이고, 한병철의 권력개념도 우리는 가능한 주관연관적으로, 현상학적으로 이해하려고 노력했지만, 우리의 전반적인 논의의 틀에 맞추기에는 아직 미진한 면이 있다. 따라서 상호문화성과 정치의 문제를 본격적으로 다루기에 앞서, 이것

을 효과적으로 해명하기 위해 우선 정치와 현상학이 어떤 연관성을 지니
는지, 앞서 논의한 자유와 권력 개념을 중심으로 살펴보도록 한다.

3.1 현상학에서 바라본 자유

우선 자유에 대해 살펴보도록 하자. 자유가 현상학적으로 주요한 주제
라는 것은 쉽게 드러난다. 현상학이 기본적으로 개인의 주관성을 출발점
으로 하고 여기에 나름의 독자성과 고유성을 부여하기 때문이다. 따라서
개인의 자유가 — 비록 여기서의 자유의 근거가 전적으로 이 개인에게 있
는 그러한 절대적 자유는 아닐지라도 — 전제될 수밖에 없다. 물론 현상학
자마다 이 개인의 독자성을 얼마나 인정하고 또 그에 상응해 얼마나 많은
자유를 허용하는지, 또 자유의 초점을 어디에 두는지에 따라 자유의 개념
이 다소 달라지기는 한다. 그러나 주관의 자유는 현상학적으로 어떤 식으
로든 전제될 수밖에 없는 가장 기본적인 요소이다.

후설은 이 '자유'를 하나의 독립된 주제로 다루지는 않았지만, 자유 개
념은 그의 사상체계 전체를 관통하는 주요한 원리이다.[43] 후설 현상학은
철저한 자기 책임성에 기반한 주관성의 의미를 강조한다. 그만치 주관성
에 자율성과 책임성을 부여한다. 그러므로 그에게 주관성은 외적인 요인
에 얽매이지 않고, 스스로의 결단과 의지에 따라 행동하는 존재로 규정된
다. 모든 행동과 결단의 주체는 나이다. 내가 곧 모든 것의 궁극적 책임자

---

43 후설의 자유개념에 대한 현상학적 해석은 졸고, 「정치철학으로서의 현상학의 가능성 – 아
렌트의 눈으로 본 후설-」, 『철학과 현상학 연구』 제23집, 한국현상학회, 2004, 138–140
참조.

이다. 후설은 이러한 주관의 자기책임성과 자율성의 근거를 칸트와 마찬가지로 이성에 둔다. 곧 이성적 주체로서의 각 주관, 즉 인격적 주체가 자유의 근거가 된다. "이성의 자율성(Autonomie), 인격적 주체의 자유(Freiheit)는 따라서 내가 외부의 영향에 수동적으로 굴복하는 것이 아니라, 나자신에 근거해(aus mir selbst) 스스로 결정한다는 데 있다."[44]

이성적 주체로서의 각 인격체는 이처럼 개별성과 독자성이 강조되기에, 다른 주체와 철저히 구별된다. 이는 한편으로 모든 주관이 이러한 자유의 주체이므로, 나와 동등한 존재로서 존중받아야 된다는 윤리적 함축이 그 바탕에 깔려 있다. 이러한 생각은 그의 타자이론에 그대로 반영이 된다. 즉, 후설의 타자이론은 타자를 **나와 같은 하나의 자율적 주체로서 이해**하는 것이 그 핵심이다.[45] 결국 후설의 자유 개념은 모든 주관에 각각의 고유성과 개별성을 부여하면서 동시에 그 보편성과 평등성을 강조한다. 그러므로 이는 나와 타자 간의 차이와 개별성을 전제로 하면서도 동시에 이를 보다 고차적인 보편성과 동질성의 토대 속에서 포용하려는 경향으로 흐르게 된다. 물론 이것은 각 주관의 자유와 고유성을 희석시키려는 것은 아니다. 다만, 자유라는 것이 고립된 개개인의 내재적인 권리만을 주장하는 데 초점이 있는 것이 아니라, 타자와의 관계를 통해 어떤 **공동체적 관계**를 지향하는 것과도 관련이 있음을 암시한다. 바로 그렇기 때문에 후설은 나는 오직 타자(혹은 공동체)를 통해서만 참된 나로서 이해될 수 있다고 보고 있다.

---

44 『이념들 II』, 269.

45 이와 관련한 상세한 논의는 V. Costa, "Die Erfahrung des Anderen", *Husserl Studies* 24, 231-241. 졸고, 「공감의 현상학: 공감의 윤리적 성격에 대한 후설과 셸러의 논의를 중심으로」, 『철학연구』 제99집, 철학연구회, 2012, 113-126. 아울러 이 책의 제1부 3장 2절 참조.

현상학적인 의미에서 자유는 이처럼 고립성과 독자성이 아닌 **관계성**에 보다 많은 초점이 두어진다고 볼 수 있다. 나의 고유성과 독자성을 규정하는 인격성이나 습관이란 것이 절대적인 나만의 고유한 것이 아니라 결국은 상호주관적이고 공동체적으로 형성된 것이며, 따라서 타자와의 관계에서만 의미가 있다는 것이다.[46] 그런 한, 자유의 절대성은 현상학적으로는 지지되기 어려우며, 항상 타인과의 관계에서 제한을 받을 수밖에 없다. 이런 의미에서 현상학적으로 자유는 전적으로 자신에게만 의존할 수 없는 취약한 자유이다. 물론 이러한 자유의 개념은 주관의 의지성과 절대성을 강조하는 후설에서는 분명하게 드러나지 않는다. 그러나 그 뒤를 이은 하이데거나 아렌트, 레비나스 등에서는 비교적 선명하게 나타난다.[47]

대표적으로 아렌트의 경우를 살펴보자. 우선 아렌트가 말하는 자유의 영역은 이미 앞에서 언급한 것처럼 정치적 공론의 장이다. 아렌트가 말하는 자유의 핵심은 행위의 자유이자 말할 수 있는 자유이다. 그래서 아렌트는 이러한 자유가 보장되지 않거나, 굳이 의미가 없는 사적 영역과 정치적인 자유의 영역을 엄격히 구분한다. 아렌트에 따르면, 가정과 같은 사적 영역은 자연적 경제적인 동기에 의해 주로 지배되는 관계로, 대체로 자연적인 필연성의 지배를 받고 있다.

경제적으로 조직되어 하나의 거대한 인간가족의 복제물이 된 가족집합

---

46 졸고, 「현상학의 학문성과 지평성 −후설 후기 철학을 중심으로−」, 『철학연구』 제53집, 철학연구회, 2001, 243-246 참조.
47 이러한 취지에서 현상학적인 자유의 개념을 그 취약성과 비의지성에서 분석하는 글로는 졸고, 「자유의 현상학적 이념: 아렌트와 레비나스의 비교를 중심으로」, 『철학연구』 제71집, 철학연구회, 2005 참조.

체를 우리는 '사회'라 부르며 사회가 정치적 형태로 조직화된 것을 '민족'이라 부른다. …… 역사적으로 도시국가와 공론 영역이 가정과 가계라는 사적 영역의 희생위에 이루어졌다는 것은 분명하다.[48] 가정영역의 뚜렷한 특징은 공동생활이 전적으로 필요와 욕구의 동인에 의해 이루어졌다는 것이다. 그러한 추진력은 삶 자체이다. …… 이 삶은 개체의 유지와 종족의 보존을 위해 타인과의 교제를 필요로 한다. 개체의 유지는 남자의 임무이고 종족의 보존은 여자의 임무라는 것은 명백한 사실이었으며, 양육을 하는 남자의 노동과 출산을 하는 여자의 노동은 자연적 기능으로서 똑같이 삶의 절박성에 구속되어 있다. 그러므로 가정의 자연적 공동체는 필연성의 산물이며, 거기에서 수행되는 모든 활동은 필연성의 지배를 받는다.[49]

이러한 가정과 같은 사적 영역을 지배하는 자연적 필연성의 지배에서 벗어나려는 인간의 노력을 아렌트는 **자유의 출발**이라고 해석한다. "모든 인간이 필연성에 예속되어 있다는 사실은 타인에 대한 폭력을 정당화한다. 폭력은 세상의 자유를 위해 삶의 필연성으로부터 해방되고자 하는 인간의 전정치적 행위이다. 이러한 자유는 그리스인이 '행복한 삶(eudaimonia)'이라고 부른 것의 본질이다."[50] "자유롭다는 것은 삶의 필연성이나 타인의 명령에 예속되는 것도 아니며 또 타인에게 명령을 하는 것도 아니다. 더욱이 자유롭다는 것은 지배하거나 지배받는 것을 의미하지도 않는다."[51] 이처럼 아렌트에서 자유는 정치적 행위를 위한 전제조건으

---

48 H. Arendt, 이진우, 태정호 역, 앞의 책, 81.
49 같은 책, 82.
50 같은 책, 83.
51 같은 책, 84.

로서 인간을 구속하는 자연적인 필연성을 벗어나려는 **의지적 행위**의 의미에서 이해된다. 이는 자연의 인과적 필연성과 대립되는 칸트적인 자유의 개념이기도 하고, 앞서 살펴본 후설적인 자유의 의미와도 일맥상통한다. 이렇게 그 형식만을 보면, 아렌트의 자유 개념은 주관의 자율적인 의지가 극도로 강조된, 제약이 없는 자유인 것처럼 보이기도 한다.

그러나 아렌트의 자유 개념은, 후설과 마찬가지로 조금 깊이 들여다보면, 다른 인간과의 관계 속에 깊숙이 얽혀 있음으로 인해, 제약된 자유임이 드러난다. 아렌트에 따르면, 자유를 전제로 하는 "행위와 말은 타인의 행위 및 말의 그물망에 둘러싸여 그것과 끊임없이 접촉하면서 이루어진다. 타인과 고립하여 자신의 힘을 오직 자신의 존재에서만 구하는 '강한 사람'에 대한 일반적 믿음은 …… 환상에 기인하는 단순한 미신이거나 아니면 다른 '재료'를 취급하듯이 인간도 그렇게 다룰 수 있다는 공상적인 희망과 연관되어, 정치적이든 비정치적이든 간에 모든 행위를 의식적으로 포기하는 것이다."[52] 그러므로 모든 인간의 행위는 다른 인간 내지 외부환경에 의해 제한을 받을 수밖에 없고, 그 누구도 무제한적인 자유를 행사할 수 없음을 의미한다. 정확히 말한다면, 어느 누구도 자신의 행위의 철저한 주체일 수 없다는 것이다. "한 인간이 아니라 다수의 인간이 지구에 거주하는 까닭에, 그리고 플라톤 이래의 전통이 주장하듯이, 인간의 유한한 힘은 타인의 도움을 필요로 하기 때문에, 어느 누구도 엄밀한 의미에서 주권적, 또는 자주적이라고 할 수 없다."[53] 이런 의미에서 아렌

---

52 같은 책, 249-250.
53 같은 책, 299.

트는 "행위는 자유를 사용하는 순간 자유를 잃어버리는 것같이 보인다."[54]고 말하고 있다.

그러나 아렌트의 이러한 제한적, 유한적 자유개념은 모든 인간 행위와 삶이 긴밀하게 연결되어 있다는 것으로 이어짐으로써 자유의 논의는 개별적 차원에서 공동체적 차원으로 전이된다. "행위는 그것의 구체적인 내용이 무엇이든 언제나 관계를 확립시키며, 따라서 모든 제한을 개방시키고 모든 경계를 폐기하려는 내적 경향을 지닌다."[55] 곧 개개 인간의 유한한 자유가 지닌 취약함은 공동체가 보전해준다는 것이 아렌트의 생각이다. "폴리스의 형식에서 함께하는 인간의 삶(공동존재)은 가장 무상한 인간활동인 행위와 말 그리고 가장 덧없는 인위적 '생산물'인 행위와 이야기들을 사라지지 않도록 보증해준다. …… 정치의 영역은 직접적으로 함께 행위하는 데서, 즉 '말과 행위의 공유'에서 발생한다."[56]

이러한 폴리스로서의 정치 공동체를 아렌트는 세계라는 개념으로 이해한다. 정치공동체는 모든 참여자가 공통되게 공유하고 또 의식하고 있는 **공동의 세계**이다. "세계의 실재성을 가늠할 수 있는 유일한 성격은 '세계란 우리 모두에게 공동의 것'이라는 점이다."[57] 물론 이 세계는 개개의 사람들에게 서로 다른 식으로 다양하게 주어질 수 있다. 그럼에도 하나의 공동의 세계라는 점에서 변함이 없다. 이러한 생각은 현상학자들이 갖는 기본적인 생각이기도 하다. 후설은 "하나의 동일한 세계가 경험되고 있으나, 모든 개개의 특수한 인류(Sondermenschheit)는 이 세계, 이 같은 세계

---

54 같은 책, 298.
55 같은 책, 252.
56 같은 책, 260.
57 같은 책, 272.

를 그러나 다른 것으로 파악한다."[58]고 말한다. 이러한 다양성 속에서 주어지는 하나의 공동의 세계에 대한 의식이 정치적 공론장에 일종의 권력을 주고, 개개의 정치적 행위에 대해 현실적인 의미를 부여한다. 아렌트는 이러한 세계를 현상학적으로 해석해, 정치적 활동에 참여하는 모든 인간에게 다양한 방식으로 현출(현상)하는 하나의 공통된 공간으로 이해한다. 그리고 이를 모든 정치적 행위의 기본적 토대로 간주한다. "현상의 공간은 말과 행위의 방식으로 사람들이 함께 사는 곳이면 어디서나 존재한다. 그래서 공론 영역의 형식적인 모든 구조와 다양한 형태의 정부, 즉 공론 영역이 조직화될 수 있는 다양한 형식들에 앞선다. …… 사람들이 모이는 곳, 어디에서나 현상의 공간은 잠재적으로 존재하지만, 필연적으로 또는 영원히 존재하는 것은 아니다."[59] 이러한 의미에서 현출하는 세계는 아렌트에서 행위와 더불어 정치의 기본 요소로 간주된다.

이처럼 아렌트의 자유관은 개별적 자유가 공동의 세계성과 결합되면서 각 개인의 다양성과 세계의 보편성이 상호 융합되어 서로 조화를 이루는 형태로 전개된다. 개별적 주관성과 보편적 세계성의 관계에서 사태를 바라보려는 것은 전형적인 현상학적인 태도로서 후설과 하이데거에서도 잘 나타난다. 후설의 지평으로서의 세계 개념이나 하이데거의 사방세계로서의 세계 개념 등에서 개별자와 보편자가 하나로 어우러져 있는 모습이 잘 드러나고 있기 때문이다. 개개인의 자유는 개별자의 자유에 한정되지 않고, 개별자가 타자와 더불어 살고 있는 **공동의 세계 속에서의 공동체적 자유**라는 의미로 승화된다. 현상학적으로 자유는 따라서 **개별적 주관과 세**

---

58 『상호주관성 III』, 235.
59 H. Arendt, 이진우, 태정호 역, 앞의 책, 261-262.

계를 잇는 매개 개념으로 이해될 수 있다.

물론 이러한 현상학적으로 이해된 자유 개념을 모든 현상학자가 공유하는 것은 아니다. 레비나스는 스스로 현상학과 거리를 두면서, 현출로서의 세계성을 오직 타자성으로 환원시킴으로써 이러한 개별적 주관의 자유가 지니는 세계성은 제대로 고려하지 않는다. 그러나 그는, 타자의 위력 앞에 수동적인 존재로 위축되는 주관성의 문제를 부각시킴으로써 각 개인으로서의 인간적 자유가 지니는 취약함에 대해서는 그 어느 누구보다도 분명하게 드러내고 있다. 다만 이러한 자유를 공동체적으로 보완할 수 있다는 점을 제대로 성찰하지 못하고 있을 뿐이다. 그러나 바로 이 점, 즉 정치적이지 못하다는 것이 레비나스 철학의 가장 큰 취약점이기도 하다.[60]

이상의 논의를 통해 우리는 자유가 현상학적인 맥락에서 어떻게 이해될 수 있는지 살펴보았다. 현상학적인 의미에서 자유는 필연적으로 정치성을 지니며, 이는 이 자유가 **개별성을 전제로 세계성을 지향**하기 때문이다. 곧 **다양성을 바탕으로 공통성과 보편성을 추구**하는 것이 우리가 이해한 현상학적 자유이다.

3.2 현상학에서 바라본 권력

현상학적 의미에서의 자유 개념은 자연스럽게 또 다른 정치의 축인 권력 개념과 연결된다. 우리는 앞에서 자유와 권력 개념이 서로 양립 가능한 것으로 이해했다. 사실 이러한 이해는 이미 현상학적 자유의 개념에

---

60 이러한 레비나스 철학의 비정치성에 대해서는 졸고, 「자유의 현상학적 이념: 아렌트와 레비나스의 비교를 중심으로」, 『철학연구』 제71집, 철학연구회, 2005, 237–239 참조.

함축되어 있다고 할 수 있다. 앞의 논의에 따를 때, 권력은 다수의 개별적 존재자들의 자유를 전제로 한다. 자유로운 타자의 동의와 지지 속에서만 권력은 비로소 의미를 지닌다. 지배자의 강압적 통치로 마지못해 지배자에 복종하는 것은 참된 의미의 권력이라고 볼 수 없다. 권력이 의미를 지닐 수 있는 것은 권력자와 이 권력자의 뜻에 따르고 복종하는 사람들이 앞서 아렌트가 말하는 '**공동의 세계**' 속에 있기 때문이다. 이 공동의 세계는 물론 각자에게는 다양하게 주어진다는 점에서 (즉 주어지는 방식에서는) 다양성을 함축하지만, 모든 참여자가 하나의 동일한 세계로 받아들인다는 점에서는 보편적이다. 이 다양하면서도 동일한 세계의 이중적 성격이 권력에 생기를 부여한다. 이는 바로 **자유의 세계성**이 지니는 특성이며, 이는 현상학적인 맥락에서 비로소 제대로 포착될 수 있다.

이와 같이 자유가 권력과 연결될 때, 비로소 정치는 일방적인 폭력이나 압제가 아닌 하나의 상호적이고 공동적인 행위로서의 의미를 지닌다. 물론 아렌트가 자유와 권력의 매개 고리에 대해 현상학적으로 중요한 실마리를 제공하고는 있지만, 앞서 지적한 바와 같이, 권력을 단순히 다수의 인간들 간의 상호이해와 '함께함'에서만 찾은 점은 다소 형식적이다. 권력이 모든 사람이 아닌 일부에게만 주어지거나 독점될 수 있는 것처럼 권력의 비대칭성을 제대로 고려하고 있지 않기 때문이다. 모든 정치참여자가 공동의 세계 공간에 있고 이 세계를 전제한다고 하더라도 권력이 공평하게 분배되지는 않는다. 이런 점에서 자유의 세계성은 그 형식적 구조의 면에서는 분명 타당한 면이 있으나, 그 실질적 내용 면에서는 보완해야 할 여지가 있다. 그렇다면 이러한 비대칭적 권력현상을 현상학적으로는 어떻게 이해해야 옳은가?

권력은, 아렌트가 잘 지적하고 있듯이, 서로 다른 인간들이 행위를 함께하고자 하는 정치적 영역에서는 반드시 나타난다. 또 이러한 권력이 있어야만 정치적 행위가 그 존재이유를 갖기도 한다. 그러나 단순히 의사소통을 하고 대화를 한다고 해서 권력이 자동으로 생성되는 것은 아니다. 앞서 한병철의 주장에 따를 때, 권력의 동기와 근거는 **주관의 의지**에 있다. 이 의지는 타자를 설득하거나 복종시킴으로써 타자를 나의 의지 속에 편입시키려는 의지이다. 물론 이를 윤리적인 관점에서는 부정적으로 볼 여지도 있지만, 정치적인 맥락에서는 지극히 당연하다고 보아야 한다. 이러한 권력을 향한 의지현상에 다소 소홀한 아렌트와는 달리, 이러한 의지를 그나마 현상학적으로 잘 표현하고 있는 사람은 후설이다.

후설은 인간의 근원적 본능과 충동에 기반해 인간의 삶 전체를 목적론적으로 자기를 확장하고 발전시키려는 **자기보존(Selbsterhaltung)**의 욕구에 의해 지배되고 있는 것으로 이해한다.[61] 후설에 따르면, 인간의 모든 실천적 행위는 그것이 본능적이건 고차적 이론적이건, "자기보존을 향한 자아의 일반적인 추구라는 특징"[62]이 있다. 후설은 이러한 자기보존을 위한 모든 행위가 수동적 본능적 삶에서 점차 이성적, 합리적 삶으로 나아가는 특정한 방향성을 지향한다 하더라도 그 기본에 있어서 자아와 주관성의 발전과 확장(자기의식의 깨어남)이라는 성격을 지닌다는 점에서는 공통된다고 본다. 여기서 후설은 이러한 자기의식의 중요함을 강조하면서, 이 자기의식이 발전하면서 점차 개별적, 이기적 존재에서 **보편적, 윤리적 주체**로 거듭난다고 해석한다. 그러므로 궁극적으로 자기보존의 최종적 단

---

61 Nam-In Lee, *Edmund Husserls Phänomenologie der Instinkte*, Dordrecht, 1993, 193-197. 졸고, 「사회생물학과 현상학」, 『철학과 현상학 연구』 제21집, 한국현상학회, 2003, 408 참조.
62 『상호문화성 III』, 406,

계는 나의 주관성만이 극도로 확장되어 타자를 무화하고 지배하려는 존재가 아니라, 오히려 타자를 포용함으로써 타자와 더불어 하나의 윤리적 공동체를 이루려는 이상적인 윤리적인 주체이다. 후설은 이러한 윤리적 주관성을 "참된 자기(wahres Selbst)"[63]로 이해하고 이 참된 자기는 타자를 사랑 속에서 포용하는 존재로 본다.[64]

후설의 이러한 자기보존에 근거한 주관성의 발전과정은, 비록 목적론적으로 헤겔과 유사하게 자기의식의 발전과정이라는 의미로 이해되지만, 주관성의 확장이 단지 주관 자체의 내적 발전이 아닌 타자와 더불어 그를 포괄하면서 **공동체로서의 세계성으로 편입되어감**을 강조하고 있다는 점에서 특색이 있다. 곧 앞서 살펴본 자유가 세계성과 연관되는 과정을 자기보존이라는 주관의 의지를 통해 다시금 재확인하는 것이라고 볼 수 있다. 이렇게 보면, 후설에서 굳이 정치적인 의미의 권력을 찾는다면, 그것은 바로 이러한 **자기보존을 위한 주관성의 확장의지**에서 찾을 수 있을 것이다. 이러한 주관의 의지를 통해 권력현상을 이해하는 것은 앞서 한병철의 권력 개념과도 유사해 보인다. 한병철은 타자로 향한 주관의 의지, 즉 타자 속에서 자기를 재발견하려는 의지를 권력의 핵심으로 이해했는데, 후설의 자기보존에 근거한 주관성 개념도 바로 이러한 타자 속에서 자신을 재확인하는 주관성으로 이해할 수도 있다. 다만, 후설에서는 타자의 주체성에 대한 배려가 그의 타자이론, 특히 사랑의 윤리학에서 좀 더 강조된다는 점이 다를 뿐이다. 그러나 한병철도 권력을 통한 일방적인 자기의지의 관철만을 내세우고 자기만을 고집하자는 것이 아니라, 타자에 대한 배

---

63 『상호주관성 II』, 174.
64 이와 관련해서는 뒤의 5장 4절 참조.

려와 존중이 권력에서 기본이어야 함을 잊지 않는다. 이런 맥락에서 그 또한 타자에 대한 배려의 의미에서 니체를 인용하면서 타자에 대한 친절함(Freundschaft)를 말하고 있다.[65]

후설과 한병철은 모두 주관의 의지를 통한 자기 확장으로 주관성이 변증법적으로 역동적으로 변화, 발전해가는 과정을 강조한다. 여기서 그들 모두 주관이 타자와 공동체와 연관됨으로써 단지 개별적인 자기가 아닌 공동체적 자기로 거듭날 수 있음을 주장한다는 점이 주목할 만하다. 후설은 나와 타자가 함께 공동체적으로 어우러짐으로써 "보다 높은 차원의 인격성"[66]이 형성되며, "공동의 활동 주체로서 공동의 결합된 인격성은 한편으로 한 개별적 주체의 유사체이나, 다른 한편으로 그러나 단순히 유사물은 아니다. 이는 자신의 결합 속에서 하나의 의식의 통일체(소통적 통일체)를 지니는 하나의 결합된 인격성이다."[67]라고 말한다. 새로이 구성된 공동의 인격성은 하나의 의식을 지니고 일관된 인격적 활동을 수행함으로써 "마치 하나의 인격적 통일체인 것처럼"[68] 기능한다는 것이다. 한병철도 기본적으로 "주관성과 연속성 또는 자기와 연속체는 모든 권력 모델에 항시적으로 존재하는 두 개의 구조적 계기이다. 권력은 타자 속에 자신을 연속시키는 에고의 능력이다."[69]라고 말하면서, "어떤 공동체가 하나의 행위를 공동으로 수행할 때, 자신을 의욕하고 자신을 향해 결단하는 공동의 자기가 생겨난다. 이러한 주관성, 이러한 자신으로의 결단은 무엇보다 '하

65 Byung-Chul Han, 김남시 역, 앞의 책, 175-182 참조.
66 『상호주관성 III』, 478, 479.
67 『상호주관성 II』, 200.
68 같은 곳.
69 Byung-Chul Han, 김남시 역, 앞의 책, 145.

나'가 공동체에 대립하는 순간 가시화된다."[70]고 주장하고 있다. 개별주관의 공동체적 주관으로의 승화는 곧 현상학적인 의미에서 권력의지의 발로이자 확장이라고 볼 수 있다.

이러한 주관성과 권력 간의 역동적 관계에 대해 아렌트에서는 그 틀이 제시됐지만, 개개 주관이 지니는 이러한 자기보존적 의지를 제대로 고려하지 않고, 다만 서로에 대한 소통적 의지만을 추상적으로 제시함으로써 개별적인 인간들이 하나의 정치적 공동체로 어떻게 결집할 수 있는지가 불분명한 경향이 있다. 이것은 그녀의 권력 개념의 추상성에서 잘 나타난다. 아렌트는 특히 후설처럼 타자를 고려하고 포용하려는 의지 자체를 고려하지 않고, 다만 자기의 위대성(탁월성)을 타인 앞에서 과시하고 표현하려는 의지만을 내세움으로써 서로 다른 인간 간의 공동체 형성이라는 부분이 더욱 추상적으로 설명될 수밖에 없었다. 이는 그녀가 타자에 대한 동정이나 사랑의 감정에 대해, 이것이 지닌 결합적, 공동체적 성격을 무시함으로써 타자와 원초적으로 접촉하고 연대할 수 있는 중요한 정서적 매개체를 간과한 것이 주된 이유이다.[71] 레비나스 또한 그가 타자에 대한 배려와 수용을 그렇게 강조한다 하더라도 공동체적 의지의 부분을 고려하지 않았기 때문에, 정치적인 맥락에서 볼 때 공허할 수밖에 없다. 즉,

---

70 같은 책, 138.
71 H. Arendt, 이진우, 태정호 역, 앞의 책, 306-307 참조. 아렌트는 "사랑은 그 열정 때문에 우리를 타인과 결합시키거나 분리하는 중간영역을 파괴한다." "사랑은 본질상 무세계적이다. 드물기 때문이 아니라 바로 이 무세계성 때문에 사랑은 정치와 무관할 뿐만 아니라 반정치적이며, 아마 반정치적인 모든 인간 힘 중에서 가장 강력할 것이다."(같은 책, 307)라고 말함으로써 사랑이 지니는 세계적, 공동체적 성격을 간과하고 있다. 이와 연관해서는 졸고, 「자유의 현상학적 이념: 아렌트와 레비나스의 자유 개념 비교를 중심으로」, 『철학연구』 제71집, 철학연구회, 2005, 230 참조.

나와 타자가 어떻게 결합되고 나아가 하나의 공동체적 연대로 나아갈 수 있는지가 전혀 해명되지 않는다. 레비나스에서는 다만 오직 '타자를 해치지 말고 받아들여라'는 추상적이고 일방적인 명령만이 존재할 뿐이다.

그러나 이처럼 공동체성을 향한 정치적인 권력의지와 관련해서는 다소 취약한 모습을 보이지만, 아렌트와 레비나스는 유한성과 다양성(개별성)을 강조한다는 점에서, 현상학적으로는 여전히 의미가 있다. 현상학적으로 공동체는 개인의 다양성이 해소되면서 등질화된 집합체의 의미를 지니는 것이 아니라, **다양성을 포괄하는 보편적 공동체의 의미**를 지녀야 한다. 이를 바탕에서 지탱하는 것이 공동체 자체가 무한성 속에 있는 어떤 이념적 공동체가 아니라, 현실에 바탕을 둔 **유한한 구체적 공동체**라는 것이다. 한마디로 유한성에 대한 고려가 필요하다. 아렌트와 레비나스는 이 유한성에 대한 고려가 그들의 사유의 밑바탕에 있기에, 유한한 공동체에 대한 구상이 가능하다. 그러나 후설의 경우, 뒤의 5장에서 그의 사랑 개념 내지 사랑의 공동체에 대한 구상을 분석하면서 상세히 언급하겠지만, 비록 출발은 유한한 개별자라고 하더라도 유한성을 넘어서서 무한성 속에 놓여 있는 어떤 이념적, 이상적 세계를 지향하는 경향이 있다.[72] 말하자면 유한한 현실보다는 이를 초월한 세계를 더 강조하는 것이다. 물론 이것이 유한성과 다양성을 결코 무시한다는 의미는 아니며, 현상학적으로 어느 정도 용인할 수 있는 부분이기도 하다. 그러나 후설에서는 강조점이 무한

---

72 이러한 후설의 유한성보다는 무한성과 무한한 세계를 선호하는 경향을 현상학적으로 비판하고 있는 글로는 K. Held, "Husserl und die Griechen", *Phänomenologische Forschungen*, Bd. 22, 1989, 168-172. "Die Endlichkeit der Welt", *Philosophie der Lebenswelt*, Würzburg, 1992 참조. 아울러 같은 맥락에서 후설의 사랑의 공동체 개념이 지니는 이러한 이상성에 대한 집착과 관련해서는 뒤의 5장 4절 참조.

한 이상적 세계 쪽에 있다는 것을 부인할 수 없다. 이는 구체적 현실에 바탕을 두어야 할 현상학의 관점에서는 결코 바람직하지 않은 것으로 지양해야 할 부분이다. 왜냐하면 이러한 무한성을 향한 주관적 의지가 지나치게 강조될 경우, 현상학이 중시하는 개별성과 구체성이 파괴될 우려가 있기 때문이다. 이런 맥락에서 후설이 자기보존의 의지를 중시여기고 이를 현상학적으로 전개하려고 한 점은 정치권력과 관련해서는 의미가 있으나, 이 의지를 지나치게 확대해석해, 과정보다 도달해야 할 이념적 목적을 강조하면, 현상학의 본래 취지에 어긋날 수 있다. 후설에서는 물론 그 반대의 해석도 가능하지만 ― 가령 생활세계론과 같이 ―, 다른 한편으로 이 주관성에 대한 목적론적 이해 등에서는 이렇게 해석할 여지도 충분하다. 따라서 현상학적으로 의미가 있으려면, 후설의 의지부분은 아렌트나 레비나스의 입장을 절충해, 유한성과 다양성이 계속 유지될 수 있는 방향으로 **제한**해서 받아들여야 한다.

이상의 논의를 정리하자면, 정치권력에 대한 이상적인 현상학적 이해는 정치를 **개별적 주관의 다원성을 유지하면서**(아렌트), 이를 개개 주관성이 자신의 힘을 확장하려는 **자기보존의 과정을 통해 타자와 더불어 하나의 공동체, 즉 세계를 구성하려는 일종의 권력의지의 표출**(후설)로 균형 있게 이해할 때, 비로소 가능하다. 이럴 경우, 각 주관의 다양성과 개별성은 여전히 유지되면서, 동시에 공동체적인 권력관계 속에서 새로이 발전된 모습으로 거듭나는 역동적인 주체의 모습 또한 드러날 수 있을 것이다.

4 정치와 상호문화성

4.1 자유로운 정치적 공간과 상호문화성

앞에서의 논의를 토대로 이제 본격적으로 정치와 상호문화성의 관계에 대해 생각해보기로 하자. 여기서는 우리가 이해하고 있는 정치의 기본구조는 자유와 권력이므로, 이 두 틀에 따라 상호문화성이 어떻게 해명될 수 있는지가 주안점이다. 다만 앞에서 우리는 이러한 정치의 두 기본 요소를 현상학적으로 주관과 세계와의 상관성 속에서 재해석했는데, 이렇게 현상학적으로 재해석된 정치개념을 상호문화성에 적용해보도록 한다.

여기서 우리는 우선 이제까지와는 달리, 상호문화성을 조화와 공존이라는 우호적인 틀이 아닌 갈등과 충돌이라는 부정적인 상황을 전제로 정치의 논의와 접목시켜보도록 한다. 상호문화성이 기본적으로 문화적 차이를 전제로 하는 만큼, 문화적 다양성이 그 출발점이 됨은 이제껏 누차 설명해왔다. 그런데 우리는 이제까지 이러한 문화적 차이가 별다른 충돌 없이, 조화로운 상호결합을 통해 문화적 융합에 이르는 과정 내지 그 결과를 상호문화성이라고 보고 이의 가능근거만을 찾아보았다. 따라서 주로 이러한 상호문화성을 위한 윤리적 태도가 강조될 수밖에 없었다. 그러나 이미 그 한계가 지적된 바와 같이, 윤리적 태도는 현실이 아닌 이상이자 당위를 지향하며, 현실적인 문제에 대한 구체적인 고려가 없다. 더구나 윤리성이 상호적인 관계라기보다는 나의 태도에 주안점이 있다는 점에서, 현실적이고 복합적인 차원의 상호문화적인 현상을 설명하기에는 다소 한계가 있다. 그러므로 어떤 상호적 소통을 통한 역동적인 문화적 관계를 고려하기 위해서는, 바로 정치적인 틀이 필요할 수밖에 없다. 특히 정치력이 요청되는 부분은 지금 우리가 전제하고자 하는 문화 간의 갈등상황이다.

한 문화와 다른 문화가 서로 상충하고 충돌을 일으키는 경우는 비일비재하다. 아니 어쩌면 모든 문화는 다른 문화와 이러한 갈등과 긴장관계에 있는 것이 더 당연하고 자연스러운 것인지도 모른다. 앞서 예로 든 종교의 국교화와 같은 정치에 의한 인위적인 문화변동의 사례에서는, 이 점이 더 첨예화한다. 또한 종교와 이데올로기적 차이를 이유로, 이것이 정치쟁점화해 문화 간의 충돌을 넘어서서 무력전쟁으로까지 이어질 때는, 이러한 문화적 갈등의 심연은 더 깊어진다. 현대에 이르러서도 이러한 문화적 (혹은 문화적 차이를 이유로 한) 갈등과 분쟁은 여전히 존재하고 있으며, 어쩌면 더욱 심화되고 있다. 그러면 이러한 문화 간의 갈등과 충돌은 어떻게 해결되어 이른바 상호문화성의 단계로 진입할 수 있을까? 아니면 이러한 갈등 자체의 존재를 그 한계로 인정하고, 여러 문화가 표면적으로는 공존하는 것을 넓은 의미의 상호문화성의 계기로 받아들여야 할까? 문화적 갈등에 대해서는 뒤의 제3부에서 상세히 다룰 예정이지만, 우선 여기서는 원칙적이고 원론적인 차원에서 문화적 갈등의 의미와 그 대안에 대해 간략히 살펴보기로 한다.

김선욱은 문화적 차이를 문화의 본질로 기정사실화하고 문화적 갈등이 발생하는 상황에서는, 대화와 같은 정치적 소통행위가 필요하다고 주장했다. 극단적인 문화적 갈등이 있을 경우, 물론 대화를 통한 정치적인 해결방식이 이상적일 수는 있다. 가령 A와 B라는 종교집단이 이해관계가 충돌해 갈등상황에 있을 때, 대화를 통하지 않고 합의에 이르는 경우는 현실적으로 거의 불가능에 가까움을 우리는 주변에서 종종 목격한다. 종교 간에는 기본적인 가치관과 세계관이 다르기 때문에, 공감대가 제대로 형성되기가 힘들기 때문이다.

그러나 이러한 심각한 경우가 아니라 다소 가벼운 형태의 문화적 갈등이 있을 경우는, 오히려 대화와 소통이 역효과를 낼 수도 있다. 가령, 음식문화가 달라서 상대방의 음식문화에 혐오감을 느낄 때, 이는 사실 아무리 대화를 한다고 하더라도 쉽게 해소될 수 있는 문제가 아니다. 여기서는 말을 통한 정치적 행위보다는 오히려 직접적인 체험을 통한 점진적인 인식의 변화를 통해서만 갈등을 해소할 수 있다. 가령, 인도에서는 사람들이 손으로 음식을 먹는데, 서구적인 시선에서는 매우 불쾌하고 비위생적으로 보일 수 있다. 그러나 이방인이 직접 해보고 익숙해지면, 이 또한 나름의 의미가 있음을 깨달을 수 있다. 이러한 사례는 무수히 많다. 그러나 이러한 것이 정치적인 의미가 전혀 없다는 것을 의미하는 것은 결코 아니다. 말을 통하건 직접적인 체험을 하건, 상호문화적인 상황은 근본적으로 정치적일 수밖에 없다는 것이 우리의 기본 입장이다. 우리가 앞서 누차 강조해온 바와 같이, 다양성과 보편성의 긴장관계 속에서 이를 완화시키기 위한 모든 노력이 정치라면, 상호문화성은 정치적인 것이다. 다만, 이제 우리는 여기서 자유와 권력이라는 프리즘을 통해 상호문화성을 좀 더 구체적으로 해부해보자.

서로 다른 문화 간의 접촉은, 이미 감정과 상호문화성의 관계를 논하면서 지적한 바와 같이, 처음에는 대체로 당혹감과 더불어 이질감을 느낀다. 이러한 상황에서 정치적인 행위가 개입한다고 할 때, 일단 타 문화는 나에 대해 하나의 타자의 의미를 지니며, 나와 타자의 상호적 관계가 어떻게 전개되느냐의 문제로 압축된다. 여기서 내가 타자로서의 타 문화를 거부하건 수용하건, 이는 전적으로 나의 자유이다. 그러나 단지 타자에 대한 대면이라는 상황만으로는, 그 자체가 정치적인 의미를 함축하지는 않는다. 내가 타자를 하나의 주체로서 인정하고 동등한 존재로 받아들일 때, 비로소 정치성을 띠게 된다. 그리고 타자에 대해 어떤 식으로든 입장을 표명하고 긍정적이건 부정적이건 관계를 형성할 때, 비로소 **실질적인 정치적 공간**이 형성된다. 이러한 정치적 영역은, 넓은 의미로 보면, 아렌트가 말하는 현출의 공간으로서의 **자기현시의 공간**이다. 이 공간은 자유롭게 자신을 드러내고 동시에 타자를 있는 그대로 받아들이면서 탐색하는 공간이다. 이러한 타자와 함께하면서 자신을 표출하는 자유로운 정치적 공간에서 중요한 것은 **공동의 세계라는 의식을 공유**한다는 점이다. 비록 입장은 다르고 서로 간의 차이는 분명하지만, 서로 같은 공간에 있고 하나의 세계를 전제로 하고 있다는 의식 속에서 보이지 않게 공동성을 공유한다. 바로 여기서 앞서 우리가 살펴본 자유의 세계성이 드러난다. 서로 다르지만 어떤 보편성을 지향한다는 이러한 의식은 문화의 영역에서도 분명히 나타날 수 있다.

타 문화는 이러한 자유로운 정치공간에 자신의 모습을 드러내고, 우리는 이 문화를 가능한 열린 마음으로 바라보면서 받아들일지 말지를 고민한다. 여기서 중요한 것은, 타 문화가 자신을 있는 그대로 드러낼 수 있도록 이 공간에서는 전적인 자유가 보장되어야 하고, 바라보는 나 또한 어떤 편견을 갖지 않고 개방적인 태도를 지닐 것이 요구된다는 점이다. 그래야만 타 문화의 진면목과 가치를 있는 그대로 바라볼 수 있다. 또한 나의 입장에서도, 이 공간에서 나의 문화를 최대한 이것이 지닌 장점을 드러내면서, 타 문화 혹은 타 문화권의 사람들이 호소력 있게 받아들일 수 있도록 설득한다. 아렌트가 적절히 비유하듯이, 이러한 정치공간은 자신을 한껏 뽐내는 일종의 공연장과도 같다. 그녀에 따르면, "살아 있다는 것은 자기 자신의 나타남(appearingness)이라는 사실에 대해 응답하는, 자기를 과시(self-display)하려는 충동에 사로잡혀 있음을 뜻한다. 살아 있는 존재는 그들에게 마련된 무대 위의 배우와 같이 자신의 모습을 드러낸다. 무대는 살아 있는 모든 것에 대해 공통된 것이지만, 이는 각 종에 따라, 또한 각 개별적 종에 따라 다르게 보인다."[73] 이처럼 마치 모든 문화가 자유로이 공연되는 것과 같은 공개적인 무대에서 타 문화는 내게 호소력 있게 받아들여지든가 아니면 거부되고, 또 반대로 나의 문화 또한 상대방에게 마찬가지 대우를 받게 된다. 이러한 일종의 정치적 공간으로서의 문화와 문화 간의 중간영역이 바로 상호문화성의 토대가 된다. 사실상 이러한 '정치적' 문화공간은 이미 그 자체가 상호문화성의 성격을 지니고 있다.

그런데 이처럼 서로 다른 문화가 서로를 바라보며 공존하고 있다는 것만으로 상호문화적일 수 있는 결정적 근거는, 앞서 지적한 바와 같이, 여기서는 문화의 차이만을 강조하는 것이 아니라, 이 차이를 넘어서 하나의 공통된 세계를 전제로 한다는 것이다. 아무리 문화적 차이의 골이 깊더라도 공동의 보편적 세계라는 틀 속에서, 개개 문화세계의 다양성은 단지 순수한 다양성에만 머물지 않는다. 개별 문화세계의 다양성은 하나의 세계라는 보편성을 향하면서 잠재적으로 여기로 수렴, 포괄된다. 모든 문화는 어떤 의미에서는 이러한 공동의 세계라는 틀에서 하나로 연결되어 있다.

이러한 서술은 바로 문화 간의 갈등이라는 상황에 대한 나름의 해결책을 제시해준다. 문화 간의 갈등은 어떤 면에서는 상호문화성을 위한 일종의 초보적 단계이다. 다른 문화와 접촉도 없이 고립된 상태에서는 상호문화적인 계기란 존재할 수 없기 때문이다. 그런 점에서 문화 간의 갈등은 상호문화성을 위해서는 하나의 긍정적인 계기이다. 그러나 문화적인

---

73 H. Arendt, *The Life of the Mind*, San Diego/New York/London, 1978, 21.

갈등은 어느 쪽이 더 설득력이 있고 영향력이 큰지를 떠나서, 기본적으로 타 문화보다는 자기문화만을 고집하고 관철시키려는 자기문화중심주의에서 비롯한다. 여기서 문제는, 타 문화는 틀리고 자기문화만이 옳다는 식의 이분법적인 배타적 사고방식이다. 이러한 상태는, 앞서 논의한 바에 따르면, 아직 참된 의미의 정치적 공간으로 편입되지 못했다고 볼 수 있다. 최소한 정치적 공간은 타 문화를 나의 문화와 동등하게 받아들이고자 하는 열린 마음에서 형성된다. 그러므로 문화적 갈등이 자기문화중심적인 사고에 뿌리를 두는 한, 이를 넘어서는 개방적인 태도로의 전이가 필요하다. 곧 정치적 공간으로의 진입이 요청되는 것이다.

정치적 공간으로 진입한다 하더라도 물론 문화적 갈등과 긴장관계는 계속 존속할 수밖에 없다. 여기에는 뒤에서 논의할 권력이라는 현상이 또한 존재하고, 자기문화를 확장, 지속시키려는 의지가 있을 수 있기 때문이다. 그러나 정치적 공간에서 일어나는 갈등은 자기문화중심주의적으로 타 문화를 배척하고 틀렸다는 식의, 오직 하나만이 존재해야 한다는 흑백 논리적 갈등이 아니다. 여기서의 갈등은 자기문화가 우수하다는 것을 타 문화 앞에 내세우고 이를 입증하고자 하는 경쟁적인 의미의 갈등이지, 타 문화가 틀렸다는 식의 가치판단이 개입되어 있지는 않다. 선택은 대중에게 달려 있다. 이러한 관대하고 개방적인 태도가 가능한 결정적인 이유는, 문화가 단 하나가 아니라 다수가 존재하고, 이 다양한 문화들은 바로 공통된 하나의 세계로 포괄될 수 있다는 공통의 의식이 전제되어 있기 때문이다. 모든 정치공간의 참여자들이 개별문화를 넘어서서 이러한 공동의 세계에 대한 의식을 지니고 있는 한, 문화적 갈등은 항구적인 것이 아니라 잠정적이고, 장차 해소될 수 있는 것이다. 결국 문화적 갈등은 정치적 공간에서만 해결할 수 있으며, 이는 꼭 대화를 통해서가 아니라도 기본적인 타 문화에 대한 마음가짐의 변화만으로도 이루어질 수 있다. 곧 모든 문화를 자유로운 정치공간 속에서 바라본다는 태도의 변화가 중요한 것이다.

이러한 정치적 공간을 매개로 한 상호문화성에 대한 서술은 아렌트의 정치세계 모델을 토대로 정치공간에서 이루어지는 **자유와 소통**을 부각시킨 것이다. 문화와 문화의 만남은 실제 이러한 모델에 부합하게, 서로 자유롭게 교류하고 상호문화적인 관계를 맺는다. 타 문화가 나의 문화와 접목되면서, 새로운 문화적 현상이 나타나기도 하고 문화융합이 일어나기도 한다. 물론 타 문화는 거부되기도 하고 별 다른 영향을 미치지 않을 수도 있다. 중요한 것은, 이 공간에서 모든 문화는 자유롭게 모습을 드러내고, 또 이를 개개 문화적 주체들이 바라보고 선택을 한다는 것이다. 여기서의 핵심은 사심 없이 타 문화를 바라보고 또 이를 하나의 고유한 문화로 인정해준다는 것이다. 그런 바탕에서만 상호 간의 자유로운 문화적 교류와 상호문화성이 가능하다.

그런데 이러한 자유와 상호소통의 측면과 더불어 정치적 공간에는 앞서 본 바와 같이, 권력이라는 현상이 또한 존재한다. 그렇다면 권력은 어떻게 이러한 상호문화적인 정치공간에서 작용을 할까? 실제로 권력의 현상이 상호문화성에도 영향을 미치는 것인가? 그렇다면, 비록 양자를 양립 가능하다고 보기는 했지만, 상호문화성의 맥락에서 권력과 자유는 어떠한 상호관계를 맺을 수 있을까? 이 문제를 다음에서 살펴보도록 하자.

4.2 정치적 권력과 상호문화성

앞서 자유의 측면에서 바라본 상호문화성은 실제 일어나는 문화적 현상이기는 하지만, 이를 다소 이상적이고 긍정적으로 바라본 경향이 있다. 타 문화와의 만남이 아렌트가 설정한 정치공간처럼 모두 평등하고 대등한 차원에서 이루어지는 것은 아니기 때문이다. 물론 현대에 이르러 문화에 대한 차별도 거의 없어지고, 모든 문화에 각자의 고유성과 가치를 인정하는 문화상대주의의 관점이 지배적 견해가 되기는 했지만, 현실적으로는 여전히 문화의 위계질서를 전제하고 ― 대체로 기술문명이 발달한 문화권을 기준으로 해서 ― 특정문화를 무시하는 경향이 있다는 것은 부인하기 어렵다. 특히 앞에서 언급한 바처럼, 모든 문화권의 사람들은 대체로 자기문화중심주의적으로 자기문화에 대한 우월의식을 가지고 있기 때문에, 엄격한 의미에서 편견 없이 타 문화를 대하기는 힘들다. 이런 점에서 전적으로 자유로운 상호 소통적 관계로서의 상호문화적인 공간은, 정치적인 맥락에서 볼 때, 다소 **형식적이고 이상적**인 면이 있다. 바로 그렇기 때문에, 앞서도 이의 한계를 보완하는 측면에서 권력의 개념이 필요했다.

권력은 기본적으로 '자기중심적'이고 '자기지향적'이다. 그러므로 이러한 권력개념을 상호문화적 관계에 적용할 때, 일반적 통념에 따르면, 권력은 나의 문화만을 확장하려고 할 뿐이어서, 타 문화를 일방적으로 무시하고 말살하려는 경향을 보인다고 생각하기 쉽다. 그러나 자기문화중심주의적 시각에서 자기문화를 확장하려는 방향으로 권력을 지향한다고 할 때, 이것이 반드시 타 문화를 제거하고 이를 나의 문화로 대체하려는 것을 의미하는 것이 아님을 주목해야 한다. 이미 우리가 앞에서 살펴본 바와 같이, 권력은 타자 속에서 자신을 재발견하는 것이지, 타자를 제거하고 오직 나만이 존재해야 함을 뜻하지 않는다. 권력은 타자 속에서만, 정확히 말하면, 타자의 인정을 통해서만 의미가 있다. 곧 강제적인 방식으로 타 문화를 제거하고 말살하는 것은 나만을 고려하는 폭력적인 것이고, 권력은 타자의 인정 내지 복종을 통해 나의 문화의 지배력이 확장됨을 의미한다.

이런 의미에서 한병철은, 권력은 타자를 하나의 의미적 존재로 바라봄으로써 타자를 포용하는 것이라고 보았다. 그러므로 비록 외관상 자신의 문화를 타 문화에 관철시키려는 의지가 아무리 강하다 하더라도 권력의 생리상, 이는 타 문화에 대한 가치부여와 존중이 기본적으로 전제되어 있다고 볼 수 있다. 한마디로, 권력은 타 문화를 전적으로 제거하고 이를 자기문화로 대체하려는 의도를 지니고 있지 않다. 또한 권력 개념에 근거할 때, 반드시 자기문화를 확장하려는 맹목적인 의지만이 존재하지도 않는다. 자기발전을 꾀한다는 권력의 속성상, 권력은 타 문화를 자신의 문화를 계발하고 발전시키는 계기로 삼아, 타 문화를 수용해 오히려 이를 발전시키려고 할 수도 있기 때문이다. 따라서 일반적인 편견과는 달리, 권력은 타 문화에 대해 오히려 개방적일 수 있다. 그렇기 때문에, 나의 입장에서 타 문화를 받아들이건 또 그 반대이건, 권력이라는 원리로 이를 설명하다고 할 때, 이는 강제적 필연성에 의해서라기보다는 자기발전과 보존을 위한 각자의 자발적인 선택과 의지에 기인한 것으로 보아야 한다. 이런 의미에서 권력을 통한 문화의 확장은, 기본적으로 주체의 선택과 자발성이 전제되어 있는 한에서, 앞서 논의한 자유와 만난다. 바로 이 점에서 권력은 문화적인 차원에서도 상호문화성을 위한 발판이 된다.

물론 실제 역사에서 다른 문화를 정치적 이유로 강제적으로 탄압하고 제거하려는 움직임이 있어왔다는 것은 잘 알고 있다. 어떤 민족의 멸망은 이러한 문화의 소멸과도 그 궤를 같이한다는 것 역시 잘 알려진 사실이다. 남미의 고대문명이 서구의 침략자에 의해 파괴되고, 고유 언어와 종교까지 사라져버린 것이 대표적인 예이다. 대개 식민지 지배의 경우, 이러한 일은 비일비재하다. 이처럼 무력에 의한 강압적인 문화말살행위가 아니라 하더라도 의도적으로 강력한 힘과 조직력을 동원한 문화적 이식이 이루어질 수도 있는데, 이 경우 주체적 수용이라고 보기보다는 어쩔 수 없는 반강제적 수용이라고 볼 수도 있다. 가령, 담배나 커피와 같은 기호식품은, 비록 그 유포와 전이과정은 자발적이고 선택적이었다 하더라도 강한 중독성으로 사실상 거의 모든 사람이 빠져들 수밖에 없는 불가피성이 있다. 극단적인 예로서, 영국이 19세기 말, 의도적으로 아편을 중국에 유포시켜 일종의 마약문화를 조성해 아편전쟁을 일으킨 경우를 꼽을 수 있다. 그밖에도 여전히 민주화된 현대에서도 이루어지는 것이, 비록 가시적인 해가 없다고 할지라도 대규모 자본을 동원한 음악이나 식품 등의 특정 소비문화의 유포이다. 이러한 경우, 문화를 받아들이는 쪽은 대부분 표면적으로는 스스로 선택했다고 볼 수 있지만, 내적으로 보면, 불가항력적으로 받아들일 수밖에 없었다고 볼 수도 있다.

이러한 주체적 수용이 아닌 불가항력적 상황에서 마지못해 받아들여 형성된 문화적 관계도 상호문화성의 범주에 포함될 수 있을까? 강제적 방식으로 진행된 문화의 유통과, 외면상 강제적이지 않더라도 이처럼 불가항력적인 문화적 수용 또한, 문화와 문화의 접촉이 있고 또 이를 통해 어떤 형태로든 문화의 융합이 존재한다면, ─물론 폭력성 자체는 결코 정당화되지는 않지만─ 넓은 의미에서 상호문화성이 성립한다고 볼 수 있다. 이렇게 말할 수 있는 이유는, 아무리 기존문화를 몰아내려는 문화정책이 있다 하더라도 문화는 그렇게 쉽게 소멸되지 않으며, 반드시 문화와 문화가 만나서 조정을 거치는 과정이 존재하기 때문이다. 곧 양자 간의 **'중간지대'**가 존재한다는 것이다. 물론 지배자가 인위적으로 특정문화를 지속적으로 탄압할 경우, 이 중간지대가 제대로 표출되지 못하고, 외관상 어느 한쪽만이 두드러져 보일 수는 있다. 그러나 어떠한 경우라도 완전한 의미의 문화의 소거는 사실상 불가능하며, 이러한 중간지대는 분명 존재한다. 따라서 최소한 이에 대한 흔적을 남기기 마련이다. 그리고 이러한 문화의 중간지대는 어느 한쪽이 두드러지게 나타나고 지배적이라는 정도의 차이는 있을지라도 궁극적으로 **문화의 융합**을 가리킨다. 그런 점에서 비록 강압적인 형태라고 하더라도 문화 간의 만남은, 이러한 중간영역이 존재한다면, 알게 모르게 상호문화적인 함의를 갖는다고 볼 수 있다. 물론 시간이 흐르면서 어느 한쪽의 문화적 양상만이 나타나고, 다른 문화는 완전히 사라진 것처럼 보인다 하더라도 양자 간의 상호침투의 흔적과 역사는 어떤 식으로 남기 마련이며, 최소한 이는 초창기에는 선명하다.

이렇게 보면, 모든 권력을 통해 이루어진 문화적 관계형성은 — 외견상 폭력적인 형태를 띤다고 하더라도 — 여전히 상호문화적인 양상을 보이는데, 특히 자유로운 평화적 상태에서는 더욱 분명하다. 어떤 점에서는 특정 문화가 타 문화권에서 보이지 않는 지배력을 행사하고, 매우 깊고 광범위하게 전파될 경우, 이것을 정치적 권력을 통해서 인위적으로 차단하기는 오히려 더 어려울 수도 있다. 가령, 음주문화를 막기 위해 금주령을 내린다 하더라도 음성적으로 음주가 계속 이루어지는 경우라든지, 인터넷을 국가 차원에서 차단한다 하더라도 인터넷의 특성상 지속적으로 유포되는 경우, 또 종교를 탄압한다 하더라도 오히려 신도들 간에 결집력이 더 커진다든지 하는 경우가 이에 해당한다고 볼 수 있다. 이는 문화적 공간에서 권력은 누가 지배자인가에 따라서가 아니라 얼마나 **다수의 주체가 이를 받아들이고 사용하고 있느냐**에 따라 결정되는 것이고, 지배층의 권력이 소수의 지지를 받는다면, 결국 다수의 지지를 받는 특정 문화가 오히려 광범위한 힘을 지닐 수밖에 없음을 드러낸다. 이런 점에서 권력을 매개로 한 상호문화성은 문화와 인간의 관계를 현실적으로 가장 선명하게 나타내는 것이라고 볼 수도 있다. 문화는 이를 받아들이는 **주체의 관점에서 필요와 욕구에 의해 자발적으로 선택**된다는 것이다. 이때의 필요와 욕구가 바로 문화를 향한 **주체의 의지를 규정**하고, 여기서 권력이 생성된다. 정치적인 맥락에서 재해석된 문화공간에서 문화는 곧 주체의 권력의지를 표출하고 따라서 주체의 힘을 확장시키는 매개수단이다.

그러면 문화 간의 갈등과 충돌현상은 이러한 권력 개념에 근거해서는 어떻게 이해되고 또 해소될 수 있을까? 앞서 자유의 관점에서는, 다소 이상적이고 당위적으로, 개방적인 정치적 공간으로 진입하기 위한 각 개인의 태도 변화 속에서 문화적 갈등을 해소할 수 있는 실마리를 찾았다면, 권력의 관점에서는 보다 현실적인 대안을 찾을 수 있다. 타자 속에서 자신의 힘을 더 키우고 발전시킨다는 기본적인 권력 개념에 근거할 때, 문화적인 갈등과 충돌 현상은 이러한 권력의지가 야기시키는 전형적인 한 양상이라고 볼 수 있다. 그러나 갈등과 충돌은 권력과의 관계에서는 다만 일시적인 초입 단계에서의 양상이고, 조금 더 진행되면 될수록, 갈등의 양상은 조정되거나 봉합되는 경향을 띤다. 항상 긴장관계에 있거나 이러한 상태에 계속 머물러 있을 수는 없다. 권력의 생리상, 자신을 지속적으로 발전시키기 위해서는 타자와의 갈등과 반목을 유지하고 심화시키기보다는 평화적 공존 상태가 바람직하기 때문이다. 물론 역사상 흔하게 보이는 전쟁과 같은 무력충돌을 통한 권력의 확대를 지향할 수도 있으나, 이는 엄밀히 말하면, 권력이라기보다는 폭력이다. 이러한 폭력상황은 오히려 인간의 자기보존에도 도움이 되지 않는다. 홉스가 자연상태를 '만인의 만인에 대한 투쟁' 상태로 보고, 이 상태에서는 모든 인간이 자멸할 수 있기에, 오히려 이를 피하기 위해 국가라는 권력기관이 필요하다고 보는 경우나, 칸트가 전쟁을 인간의 발전을 위한 필요악으로서 그 존재를 정당화하지만, 결국은 평화로운 단계로 진입하기 위한 불가피한 과정이라고 본다는 점은 바로 이를 잘 반영한다. 이렇게 볼 때, 문화적 갈등 상황은 권력의 측면에서는 화해와 융합을 위한 변증법적인 한 단계이고, 장차 권력의 증대에 따라 오히려 상호문화적인 상황으로 나아감을 암시하고 있다. 권력은 어떤 문화도 폐쇄적이고 동시에 절대적인 존재로 고착화시키지 않으며, 타 문화와의 만남을 통해 여러 문화를 부단히 상호침투하고 상호융합 하도록 조장함으로써 상호문화성의 형성에 핵심적인 기여를 한다. 권력의 기본적 성향은, 앞에서도 본 바와 같이, **통일적이고 결합적**이다. 특히 이를 문화적 현상에 적용할 때, 보다 분명하게 나타난다. 권력은 이런 점에서 자유와 더불어 상호문화성을 위한 주요한 내적 원리로서 작용한다.

이러한 논의를 통해 우리는 자유와 권력이라는 정치의 두 원리가 어떻게 상호문화성과 연관되고 또 이에 기여하는지 살펴보았다. 자유는 문화 간의 만남에서 자유로운 상호소통과 차이를 인정함으로써, 문화를 편견없이 받아들이고 상호교류하도록 **토대를 제공**한다. 이러한 토대 위에서 권력은 그것에 내재해 있는 의지를 매개로 문화 간의 **융합과 결합을 촉진**시킨다. 곧 상호문화성은 자유와 권력이라는 두 정치적 요소의 상호교차와 매개를 통해서 가능하다고 볼 수 있다. 이 두 정치적 계기의 도입으로 우리의 상호문화성에 대한 논의는 윤리적인 것만을 강조할 때보다는 보다 구체적이고 현실적으로 설득력을 지니게 되었다.[74] 이는 상호문화성이

---

74 그러나 이것이 정치적 현상에서 윤리적 계기를 도외시한다는 의미는 아니다. 간과해서는

하나의 단순한 당위적인 이상에 그치는 것이 아니라, 우리의 일상적 삶에 뿌리를 박고 있는 하나의 현실임을 잘 보여준다.

5 문화권력과 문화제국주의

5.1 문화권력과 문화산업

앞서의 논의에 따를 때, 문화는 정치적 권력과 밀접한 연관이 있으므로, 문화 자체가 권력의 한 형태로 나타날 수 있다. 이런 맥락에서 최근에 이르러 많이 등장하는 개념이 '문화권력(culture of power)'이다.[75] 문화권력은 문화가 권력의 형태로 나타나 특정문화가 다른 문화를 지배하고 이 문화를 잠식하는 현상을 가리킨다. 문화현상에서 권력은 불가피하게 나타날 수밖에 없으며, 권력의 편중에 따라 특정문화가 다른 문화에 영향력을 행사하는 것은 어쩌면 당연한 일이다. 모든 문화는 어떤 식으로든 이

안 될 점은, 정치적인 의미에서 자유와 권력이 상호문화성에 적용된다고 할 때, 양자 모두 타자, 즉 타 문화에 대한 인정과 존중, 그리고 의미부여라는 윤리적 계기가 필수적으로 그 밑바탕에 놓여 있다는 점이다. 즉, 상호문화성을 위해서는 정치적 계기도 필요하지만, 윤리적인 계기를 도외시하고서는 제대로 성립될 수 없다.

75 '문화권력'이라는 용어는 영어로는 'the power of culture'이어야 하나, 킨첼로는 그의 저서 *The Sign of the Burger* 에서 권력을 지닌 문화라는 의미에서 'the culture of power'라는 용어를 쓰고 있으며, 번역자인 성기완은 저자와의 협의를 거쳐 이를 '문화권력'으로 번역하고 있다.(J. L. Kincheloe, *The Sign of the Burger*, 성기완 역, 『버거의 상징: 맥도널드와 문화권력』, 아침이슬, 2004, 23 참조) 필자가 여기에서 사용하는 '문화권력'은 문화가 어떠한 권력의 형태를 지닌다는 의미에서 이러한 킨첼로의 의미에 가까우며, 이러한 의미로 '문화권력'이라는 표현을 사용함을 밝혀둔다.

를 지지하는 인간과 집단이 존재하는 한, 권력을 지닐 수밖에 없고 권력의 속성상, 지배력을 더 확장시키려는 경향을 보이게 마련이다. 문화 간의 충돌과 갈등 그리고 이를 매개로 한 융합 등은 모두 이러한 권력투쟁에서 유래한다. 그리고 우리는 이를 통상적인 상호문화적인 현상으로 이해했다.

그러나 우리는 이제까지 이러한 권력을 매개로 한 상호문화성을 긍정적이고 정상적인 관점에서만 바라보았다. 말하자면, 문화권력의 현상을 상호문화성을 위해 당연하고 불가피한 과정으로만 여겼다. 하지만 현재 세계적으로 일어나고 있는 이러한 문화권력의 양상을 마냥 긍정적으로만 볼 수는 없다는 의견도 강하다. 이른바 문화권력을 거대한 문화산업과 문화제국주의의 부산물로 이해해, 여기에는 단순한 타 문화와의 공존과 조화를 꾀하기보다는 타 문화를 말살시키고 문화를 획일화하려는 이기적인 욕망이 내재해 있다고 보는 것이다. 이러한 의미에서의 문화권력은 분명 우리가 지향하는 상호문화성을 저해하는 요인이 된다.

문제가 되고 있는 문화권력은 대개 거대자본을 등에 업고, 자본주의의 논리에 따라 상품화된 문화를 다른 국가 내지 문화권으로 수출, 전파하고자 할 때 흔히 나타난다. 물론 이때 주체는 대개 거대한 다국적 기업이 많다. 그리고 역사적으로 이 기업들은 서구에 집중되어 있으므로, 서구의 이념을 같이 전파하게 된다. 그렇기 때문에, 이는 한편으로 서구적인 (특히 미국적인) 시각에서 문화를 유포하고 정당화하려는 문화제국주의의 면모를 띠기도 한다.

문화권력이 문화산업에 의해 움직이는 것은 현대 자본주의 사회의 속성상 불가피해 보인다. 그러므로 문화산업은 긍정적인 면과 부정적인 면의 양면성을 지닌다.[76] 가령, 문화산업에 대해 긍정적인 쪽은, 현대의 문화산업이 대중문화의 발전에 기여한다는 입장이다. 이에 따르면, 문화산업은 "인간의 감수성, 상상력, 지각능력, 구성력, 추리력의 향상을 가져오고, 체험과 인식의 영역을 넓혀줌으로써 이른바 종합적인 '인간의 확장'에 기여"[77]한다. 또한 "문화산업의 세계화를 통하여 국제적인 문화교류가 이루어짐으로써 문화 다원주의를 성취"[78]할 수 있을 뿐더러 문화의 광범위한 확산을 통해 "문화 민주화"[79]에도 기여할 수 있다고 본다. 이에 근거할 때, 문화산업은 상호문화성을 촉진하는 긍정적인 역할을 하는 것으로 평가된다. 사실 우리가 앞서 살펴본 문화와 권력의 관계도 대략 이러한 틀 속에서 이해되어왔다.

그러나 문화산업을 매개로 한 권력의 증대에 대해 비판적인 시각에서는, 문화산업의 주체를 기업으로 한정해, "문화산업의 주체 또는 주도 세력이 기업이라면, 문화산업의 발전논리는 당연히 기업의 논리, 자본의 논리일 수밖에 없다."[80]고 본다. 결국 문화산업은 기업의 이윤추구를 위해 움직일 수밖에 없고, 문화산업은 대중을 위하기보다는 기만하는 방향으로 나아간다고 본다. 그러므로 문화산업은 일종의 "돈벌이 이데올로기"[81]

---

76 이에 대해서는 문헌병, 「현대사회와 문화산업」, 『문화와 철학』, 1999, 132-143 참조. 문헌병은 여기서 문화산업을 긍정적으로 보는 입장을 문화산업 발전론, 문화산업에 대해 부정적인 시각을 문화산업 비판론으로 지칭해 나누고 있는데, 필자는 여기서 전자는 '문화산업 긍정론'으로 후자에 대해서는 문헌병의 용어를 그대로 따라 '문화산업 비판론'이라고 표현했다.

77 같은 논문, 136.

78 같은 논문, 136.

79 같은 논문, 135.

80 같은 논문, 140.

81 같은 논문, 140.

에 이끌릴 뿐이라고 비판한다. 이러한 문화산업에 대해 비판적인 입장은, 기본적으로 문화산업은 문화 생산자와 수용자를 완전히 분리시켜, 수용자는 전적으로 수동적 입장에서 생산자의 논리에 종속, 이끌려다닐 수밖에 없다고 본다.[82] 말하자면, 문화 주체로서의 지위를 상실함으로써 문화에 대해 비판적 인식을 제대로 할 수 없게 되는 것이다. 문화산업 비판론자들은 따라서 문화산업에 근거한 문화권력에는 일종의 기만적인 배후가 있다고 보고, 문화산업과 유착된 "정치권력은 문화를 통제, 검열, 감독만 하는 것이 아니라, 문화의 내용을 배후에서 조종하고 결정한다."[83]고 주장한다.

문화산업 긍정론과 비판론은 각각 문화권력을 어떻게 이해하느냐에 따라 입장이 달라진다. 전자는 문화권력을 일반 대중의 기호에 맞추어, 가능한 대중의 요구에 부응하고 대중의 마음을 사로잡는 문화적 힘으로 이해하는 반면, 후자는 이를 자신이 원하는 틀에 맞추어, 대중의 마음을 조작하고 이에 근거해 지배력과 이익을 극대화하는 기만적인 수단으로 이해한다. 결국 문화산업의 주체(중심)를 일반 대중으로 볼 것인가(문화산업 긍정론), 아니면 기업이나 이익을 추구하는 특정 권력집단으로 볼 것인가(문화산업 비판론)에 따라 문화권력을 보는 관점이 달라지는 것이다.

권력은 우리의 앞서의 논의에 따를 때, 분명 어떤 주체의 의지를 전제로 하는 것이므로, 문화권력은 그 주체가 누구냐에 따라 다양한 방식으로 나타날 수 있다. 문화권력이 이를 받아들이고 수용하는 사람들의 의지를 반영하고 또 이에 뿌리를 두고 있는 것이라면, 문화산업 긍정론의 주장이

---

82 같은 논문, 139.
83 같은 논문, 140.

타당하다. 그러나 문화권력—물론 모든 문화권력이 그러한 것은 아니지만—이 대체로 문화산업 비판론자들의 주장처럼, 특정집단의 이익을 극대화하려는 이기적인 발상에 근거해 소수의 권력자에게 집중되어 있고, 또 이들이 대중을 기만하려는 위장전술을 펴고 있다면, 이는 문화산업 비판론자들의 주장에 손을 들어주게 된다.

여기서 논의되는 문화권력은 주로 현대에서 활성화된 문화산업과 연관된 권력이므로, 다소 제한적인 의미가 있기는 하지만, 문화권력은 사실 역사적으로 볼 때, 어느 시대에나 존재해왔고 여러 다양한 양태로 나타난 것이 사실이다. 한 문화가 다른 어떤 문화를 압도할 만큼의 힘을 가지고 영향을 끼치면, 이는 곧 문화권력이라고 불릴 수 있다. 문제는 이 문화권력이란 것이, 우리가 앞서 본 바와 같은 권력개념에 근거해, 이를 받아들이는 사람들의 자발적인 의지와 인정에 따라 형성된 것인가 하는 점이다. 문화산업 비판론자들은 문화권력이 일종의 보이지 않는 이데올로기를 배후에 두고 어떤 불순한 의도를 가지고 형성된 것이 아닌가 하는 의혹을 갖고 있다. 이러한 관점에서는 비단 현대의 거대한 문화산업에 기인한 것이 아니라 하더라도 모든 문화권력이 배후에 불순한 의도를 지니고 있는 것으로 간주된다. 가령, 특정 종교가 전파됨으로써 기존의 토속 종교를 압도하고 밀쳐내려는 경향을 보이는 것도 종교적인 순수한 의도에 따른 수용자의 자발적인 의지에 의해라기보다는 어떤 다른 정치경제적 의도가 배후에 작용해, 보이지 않게 수용자를 현혹, 기만했기 때문이라고 보는 식이다. 말하자면, 모든 문화권력은 그 배후에 어떤 정치적 이데올로기를 지니고 있다고 보는 것이다. 이렇게 보면, 문화산업 비판론은 결국 문화권력 일반에 대한 비판으로 이어진다는 것이 필자의 생각이다.

그러나 필자는, 문화권력이 문화산업 비판론자들이 보는 것처럼 그렇게 부정적인 것은 아니며, 그 속성상 권력지향적일 수밖에 없기에, 문화권력 자체는 가치와는 무관한 지극히 당연한 문화적인 현상이라고 본다. 설령, 특정 기업의 이익을 대변해, 상업화된 문화가 타 문화에 침투해 기존 문화를 심하게 변화시킨다 하더라도 이것을 전적으로 부정적으로만 볼 필요는 없다고 본다. 왜냐하면 이런 식으로 상업화된 문화가 거대자본과 조직력을 등에 업고 타 문화권에 침투한다고 하더라도 이 문화를 받아들이는 수용자가 전적으로 무비판적이고 무의지적으로 받아들이지는 않을 것으로 보이기 때문이다. 수용자가 새로운 타 문화를 받아들이는 것은 문화산업 비판론자들이 우려하는 바처럼 전적으로 맹목적이고 몰개성적으로 이루어지지 않으며, 나름의 합리적인 이유와 기호들이 작용한다고 본다. 문화의 수용은 수용자의 관점에서 무언가 자신에게 발전과 좋은 점이 있다는 나름의 합당한 이유가 있기 때문이다. 비록 그 이유가 꼭 논리적이고 명료하게 설명할 수 있는 성질의 것이 아니라 감성적이고 정서적이라고 해도 그렇다. 그런 점에서 보면, 문화산업 비판론자들은 문화권력을 바라봄에 있어서 지나치게 수용자의 자발성과 의지를 제한적이고 취약하게 보는 경향이 있다. 이는 문화의 주체로서의 수용자의 능동적 역할을 간과했기 때문이다. 문헌병은 "문학과 예술을 포함한 모든 문화는 본질상 자유의 추구이다. 이 자유가 문화 창조의 밑거름이 된다. 자유의 다른 표현이 자율이다. 요컨대 문화 활동의 생명은 각 개인이 문화의 주체로 일어서는 것이다."[84]라고 말하면서 문화의 주체로서의 개인의 역할을 강조한다. 이 점에서는 필자도 문헌병의 입장에 동의한다.

그러나 그는 곧이어 "기업이나 국가, 누군가에 의해 날조된 이데올로

---

84 같은 논문, 145.

기 등이 문화 주체로 존속하는 한, 그것은 진정한 문화일 수 없다."[85]고 말하고 있는데, 이는 궁극적으로 문화산업 비판론자들과 같이 문화산업에 근거한 문화의 가치를 부정하는 것으로서 필자는 이 견해에는 동의할 수 없다. 문화권력은 그것이 기업에 의해 유발되건 특정집단에 의해 이데올로기적으로 조정되건 간에, 일단 문화권력의 형태를 띤다는 것은 대중에게 선택되고 수용되었음을 의미한다. 여기에는 강압적인 폭력이 아닌 수용자의 주체적 자발성이 일정 정도 동기부여되어 있음을 전제로 한다. 그렇다면, 권력의 형태를 띤 모든 문화는 그 생성과정과 동기가 어떠하든지 간에, 문화라는 의미를 부여받을 자격이 있다고 본다. 물론 관점에 따라 사회적으로 건전한 문화, 그렇지 않은 문화 등으로 평가받을 수는 있지만, 이 평가 역시 가변적이고 상대적일 수밖에 없다. 곧 필자의 입장은, 문화권력은 어떤 형태로든 문화라는 측면에서 그 가치를 존중받아야 하며, 그 이유는 이것이 대중들에게—물론 절대 다수가 아니라 하더라도—지지와 인정을 받았기 때문이라는 것이다. 가령, 서구의 팝문화가 일부 특정 보수적인 국가의 지배적인 정서에 맞지 않는다 해서 유입되고 유포되지 않아야 할 이유는 없다. 설사, 이 국가의 정부가 이를 불건전한 문화라는 이유로 억지로 유입을 차단하는 것은 일부 완고한 지배층의 편협한 생각일 수 있는 것이다. 판단은 일반 대중의 몫이다. 이 나라의 청소년들은 이를 쉽게 받아들일 수 있고, 그런 이유로 이 문화가 유포되면, 그것이 곧 문화권력의 형태를 띠게 되고 기존의 자국 내의 문화권력과 충돌 내지 조정 과정을 거치게 될 것이다. 바로 이것이 정상적인 문화융합 내지 상호문화성의 과정이라고 할 수 있다. 문화의 생성과 발전 그리고 융

---

85 같은 곳.

합은 철저히 대중들의 **주체적, 자발적인 판단과 기호**에 달려 있다. 이러한 맥락에서 필자는 거대 자본 내지 기업에 의해 촉발된 상업문화의 대표적 예인 '맥도널드'에 대해 비판적인 시각에서 접근해 맥도널드의 문화권력적 양상을 집중적으로 해부하고 있는 킨첼로의 주장을 살펴보면서, 문화권력의 문제에 대해 좀 더 수용자 내지 주체자의 관점에서 생각해보고자 한다.

5.2 문화권력과 대중의식: 맥도널드의 예를 중심으로

킨첼로는 본인 스스로 미국 시골 가정에서 태어나고 자란 전형적인 미국인임에도 어떤 면에서는 현대 미국문화를 상징하는 '맥도널드'를 객관적인 시각에서 분석하고 있다. 킨첼로는 '맥도널드'를 단지 특정 기업의 상품으로만 이해하지 않고 미국문화의 대표자이자 전달자라는 관점에서, '맥도널드'라는 상표명에 일종의 정치적인 요소가 내재해 있다고 본다. 곧 우리와 유사한 방식으로 맥도널드 상품을 하나의 문화로 보되, 이를 정치적인 맥락에서 이해하려는 것이다. "맥도널드는 다진 쇠고기와 감자를 초월하여 정치적, 교육적, 문화적 의미를 갖는다."[86]

킨첼로는 햄버거로 특징지을 수 있는 맥도널드라는 기업과 그 이미지 그리고 그 영향력을 총체적으로 고려해, 이를 하나의 문화권력(the culture of power)으로 이해한다. 그는 기본적으로 "맥도널드의 '기호 가치'는 햄버거 이상의 무엇인 것이다."[87]라고 하면서, "맥도널드는 현대의 세계화된

---

86 J. L. Kincheloe, 성기완 역, 앞의 책, 144.
87 같은 책, 24.

사회에서 많은 역할, 즉 미국적인 성공담, 해피밀(Happy Meal)이라는 환상세계의 창조자, 서구 경제개발의 상징, 근대성의 구체적인 표상, 기업 깡패, 포스트모던 기호의 가치, 경멸의 대상, 맥도널드 노동자들의 후원자 내지는 문화적 탈선자 등으로 표현되며 대중에게 상상의 세계를 제공한다."[88]고 주장한다. 여기서 킨첼로가 주목하는 것은, "맥도널드가 문화 영역에 구축해온 힘과 지배, 그리고 그것이 작동하는, 전적으로 성공적이지는 않지만 복잡한 운영방식"[89]이다. 킨첼로는 "실제로 권력행사자인 맥도널드는 자신의 권력에 도전하는 어느 누구와도 자신의 기호 가치가 가진 긍정적인 유의성을 이용하여 일전을 치를 자세가 되어 있다."고 하면서, "맥도널드는 자신의 기표가 가진 헤게모니적 가치를 사회 통제 기제로서 이해하고 있다."[90]고 말한다. 곧 그는 맥도널드가 지니는 권력의 형태에 주목한다.

이처럼 킨첼로는 앞서 우리가 살펴본 문화와 정치적 권력의 관계 혹은 문화산업 비판론의 주장에서와 같이 문화를 정치적 권력의 맥락에서 이해한다. 이런 의미에서 그는 다음과 같이 말한다.

이런 맥락에서 맥도널드는, 제조업체나 다른 전통 산업 형태가 아니라 지구 곳곳으로 확산되어가는 엔터테인먼트에 기반하고 쾌락을 생산하는 기업의 새로운 형태의 권력을 대표한다. 코카콜라, 디즈니와 더불어 맥도널드는 쾌락을 통해 권력을 만들어낸다. 그런데 중요한 것은, 이런 권력과

---

88 같은 책, 25-26.
89 같은 책, 26.
90 같은 곳.

관련된 (정치적) 과정이 전통적으로 정치와는 분리된 것으로 여겨지던 문화 영역에서 일어나는 것이다. 새로운 전자통신이 사회를 지배하는 세계에서 문화 영역은 정치적 사회화의 가장 중요한 장소가 되었다.[91]

킨첼로의 이러한 맥도널드 이해는, 맥도널드를 단순한 기호 상품으로만 한정해서 보려는 시각에 대한 비판적 지적일 뿐만 아니라, 맥도널드가 함축하고 있는 여러 복합적 배경을 보아야만 비로소 그 실체가 드러난다는 것을 알리는 것이다. 그에 따르면, "맥도널드는 미국의 문화 그리고 경제 제국주의의 명백한 상징이다."[92] 그러나 그는 맥도널드로 상징되는 미국적인 화려함과 풍요로움의 이면에 깔려 있는 불평등적 사고, 고용 노동자의 비애, 지배 이데올로기의 은밀한 전파, 정치적, 비판적 사고의 무력화, 인간 감성의 인위적 조정 시도, 물질적 사고와 소비심리의 확대 등의 어두운 면을 고려해야 한다고 본다. 특히 맥도널드의 세계화 과정에서, 맥도널드가 미국문화를 상징하면서 마치 미국의 민주주의를 대변하는 듯한 우호적인 모습으로 포장되는 것에 경계심을 표한다. 어떠한 이유에서건, 많은 미국인들이 맥도널드를 열광적으로 지지하고 애국주의적으로 숭배하는 경향이 있다 하더라도[93] 맥도널드는 결국 거대한 한 기업으로서, 다국적 기업의 이윤추구가 그 핵심 동력으로 작용할 수밖에 없음을 잊어서는 안 된다는 것이다. 그러나 킨첼로의 예리함은 역시, 맥도널드를 경제논리에 따라 보는 데에서 그치는 것이 아니라, 문화권력, 즉 정치적

---

91 같은 책, 27.
92 같은 책, 53.
93 "맥도널드는 문화적 전용(appropriation)이라는 무기를 가지고 감상적인 미국주의, 즉 황금 아치에 성조기를 드리우는 달콤한 애국주의를 배치한다."(같은 책, 87)

인 맥락에서 분석하면서, 이러한 맥도널드의 문화권력의 기원과 본질이 어디에 있는지를 분명하게 밝히고 있다는 점에 있다. 이는 문화와 정치의 관계를 살펴보려는 우리에게 시사하는 바가 크다.

맥도널드가 하나의 지본주의적 기업으로서 이윤을 극대화하고 영리를 추구하는 것은 당연하다. 이것을 비난할 수는 없다. 그런데 이를 위해 불가피하게 소비자들의 구매심리를 자극하고 여기에 호소할 수밖에 없다는 점이 문제이다. 킨첼로는 이 과정을 "쾌락을 생산하여 감정과 정서를 식민지화"[94]하는 것으로 본다. 즉, 맥도널드 햄버거에 길들여진 소비자들이 이를 계속 사먹도록 유도하는 것이다. 그럼으로써 구매하고자 하는 소비자들의 범위를 점차 넓혀가게 되는데, 킨첼로는 이를 바로 맥도널드 권력의 생성 및 증대과정으로 이해한다. 그는 권력이라는 표현 대신에 '헤게모니'라는 표현을 더 선호한다. 헤게모니는 권력에 동의하고 복종하는 타자(피지배자)들의 인정을 통해 얻게 되는 힘을 뜻한다. "헤게모니는 현대 민주주의 사회에서 물리적인 힘의 사용이 아니라 사람들의 동의를 얻음으로써 지배를 유지하는 과정이다."[95] 이렇게 헤게모니를 이해하면, 맥도널드야말로 헤게모니의 전형이라는 것이 킨첼로의 생각이다. "헤게모니가 개인으로 하여금 권력에 대해 동의하도록 만드는 것을 의미한다면, 맥도널드는 헤게모니의 거장이다."[96]

이렇게 맥도널드가 헤게모니를 지니게 되는 것은, 물론 일차적으로 경제적인 이윤추구가 동기가 되기는 했지만, 단지 여기에만 머물지 않고 한

---

94 같은 책, 162.
95 같은 책, 155.
96 같은 책, 163.

편으로 문화적인 동기가 내재했기에 성공할 수 있었다는 것이 킨첼로의 분석이다. 문화적이기에 곧 권력이라는 형태를 쉽게 지닐 수 있었다는 것이다. "햄버거와 감자튀김을 팔기 위해, 맥도널드는 판매자로서뿐만 아니라 문화 중개자의 역할도 해야 한다. 소비자들은 빅맥, 1/4파운드짜리 버거 그리고 최신 아치 디럭스에 담긴 의미들과 연관시키고, 소비자들이 이런 의미들이 제공하는 즐거움의 단계에 따라 특정한 정체성을 갖고 감정적으로 결합하도록 설득시키려고 시도할 때, 맥도널드는 문화 영역으로 진입한 것이다."[97] 단순한 음식상품으로서가 아니라 문화상품으로 승화됨으로써 맥도널드는 이른바 문화적인 헤게모니를 지니게 되고, 여기에 성공의 비결이 있었다는 것이다. 가령, 햄버거를 팔면서 특정 인형(티니 비니 베이비)을 사은품으로 증정한다든지 하는 것이 구체적인 예가 될 수 있다. 많은 사람들이 햄버거를 먹기 위해서가 아니라 오직 이 인형을 얻으려고 구매했다는 증거가 있다. 이 인형을 얻은 다음에는, 오히려 구매한 햄버거는 버렸다는 일화도 있다. 또한 만화 캐릭터의 산실인 디즈니사와 연계한다든지, 인기가수의 레코드 판권을 가진 레코드사와 제휴를 맺는다든지 하는 마케팅 전략도 같은 맥락에서 이해된다. 그러나 결정적인 것은 미국 이외의 다른 나라로 진출하면서, 그 나라의 문화적인 요소를 최대한 고려했다는 점이다. 가령, 중국의 천안문 광장에 있는 맥도널드 매장에서는 날마다 중국 국기를 게양하고, 심지어 인민해방군 병사들이 이 게양식에 참석하기까지도 한다.[98] 중요한 것은, 전 세계에 맥도널드 매장을 만들면서 그 나라의 정서를 최대한 고려하고, 미국적인 문화적 틀을 굳이 강

---

[97] 같은 책, 155.
[98] 같은 책, 156-157 참조.

요하지 않았다는 것이다. 킨첼로는 이를 맥도널드의 고도의 문화전략으로 이해하면서, "내가 여기서 제시하는 관점은 맥도널드가 소련인, 중국인, 사우디아라비아인을 미국인으로 바꾸려고 시도하지 않음으로써 정확하게 자신의 권력을 얻는다는 것이다. 그 대신에 맥도널드는 자신들이 영업을 하고 있는 사회의 문화적 믿음을 이용함으로써 동의를 얻기 위해 노력한다."[99]고 말한다. 킨첼로의 해석에 따를 때, 맥도널드의 문화전략의 목표는 "소비자가 누구인지 이해하고, 그들의 가치관의 구조를 알고, 그래서 하나의 문화적(그리고 정치 경제적) 기관인 자신들에게 충성을 하도록 해야 한다."[100]는 것이다. 그리고 킨첼로는 이 전략은 충분히 성공했다고 평가한다. "지금까지 맥도널드는 텔레비전과 또 다른 판촉 방법을 통해 사람들로 하여금 낯선 음식을 먹고 심지어 예전에 먹던 음식도 바꾸도록 하는 등의 다양한 문화를 가르치는 믿기 어려운 능력을 보여주었다. 이것은 대단한 업적이다."[101]

맥도널드가 이러한 문화정책을 이용하면서 자신의 판매 영역을 확장해 간 것은 분명 기업의 논리에 따른 것이기는 하지만, 한편으로 권력과 헤게모니 획득을 추구하는 한, 정치적이다. 그러나 이 정치성은, 우리의 이해에 따를 때, 문화를 배경으로 하는 한, 불가피하게 나타나는 현상이다. 그런데 여기서 킨첼로가 지적하는 문제점은, 이러한 문화전략을 추구하면서 맥도널드는 아이러니하게도 이러한 자신의 정치적인 모습을 정작 소비자들에게는 숨기려고 한다는 점이다. 말하자면, 문화적인 면만을 부

---

99 같은 책, 158.
100 같은 곳, 156.
101 같은 책, 141.

각시키면서 이것에 내재한 정치성은 드러내지 않으려고 하고, 이를 위해 오히려 일반 소비자들에게 탈정치화를 부추긴다. 여기에는 정치적인 모습이 비추어질 경우, 자신의 추악한 일면이 드러남으로써 일반 소비자들에게 부정적인 이미지를 심어주지 않을까 하는 우려가 내재해 있다. 물론 이는 맥도널드에게만 해당되는 것이 아니라 이와 유사한 모든 기업에 마찬가지로 적용될 수 있다. "정치적 이미지들은 어떤 문제에 대한 공적인 대화를 자극하기 위해서가 아니라 반대로 논쟁을 침묵시키기 위해 디자인된다. 이런 이데올로기적 전술은 대중을 탈정치화시키고 그들이 정치적 관점에서 생각하지 않도록 가르친다. 기업의 이미지 활용전략은 정치적/이데올로기적 문제들을 개인적/심미적 문제, 즉 공적인 것이 아닌 사적 영역의 문제로 축소하는 것이다."[102]

맥도널드와 같은 기업의 대중에 대한 탈정치화 전략은 한편으로 고도의 정치적 전략으로서, 자신들에게 맹목적인 지지자들을 다수 확보함으로써 헤게모니를 극대화하려는 의도가 깔려 있다. 곧 여기서 맥도널드의 전략은 개인의 의식을 자신이 원하는 구조에 맞게 전환시켜, "개인을 상업화하고 소위 훈련받은 주체를 생산"[103]하는 데 초점이 있다. "맥도널드는 자기 회사와 그 이데올로기적 장식을 긍정적으로 바라볼 수 있도록 인식하고 느끼는 방식과 경험을 구성하는 담론과 일련의 기표들을 만들어낸다."[104] 이러한 자신에게 맹목적인 지지자들은, 극단적으로 보면, "기업들에 의해 부분적으로 조립되고 생명이 불어넣어지고 정신을 가진 유사

---

102 같은 책, 75.
103 같은 책, 178.
104 같은 책, 179.

사이보그"[105]와도 같은 의미를 지닌다. 자신에 대한 비판적 안목을 지니지 못하는, 혹은 그렇지 못하게 하는 탈정치화된 지지자들의 창출은 맥도널드의 문화권력 유지를 위해 필수적이다. "이런 권력을 통해 맥도널드는 어디에서나 인간 정체성의 가장 은밀한 곳까지 접근하며, 엄청난 중량을 가진 사회적 힘으로 작용한다. 맥도널드에게 있어 가장 좋은 점은 이런 훈육의 권력을 거의 눈에 띄지 않고 행사할 수 있다는 것이다."[106]

맥도널드의 이러한 탈정치화 전략은, 넓게 보면, 권력을 공고히 하려는 권력의지의 연장선상에서 이해할 수 있겠지만, 한편으로는 맥도널드의 문화전략이 지닌 윤리성에 큰 타격을 준다. 분명 타인에게 무언가를 숨기면서 자신의 이익을 챙기려는 행위는 결코 윤리적인 행태가 아니다. 모든 권력의지가 솔직히 근본적으로 이기적이기에, 어느 정도 비윤리적인 요소를 지닐 수밖에 없는 불가피한 면이 있다. 그러나 킨첼로의 시각에서 맥도널드가 비난을 받아야 하는 것은 문화를 수단화해서 대중을 기만하려고 한다는 점에 있다. 문화는 비록 정치권력과 쉽게 결탁할 수 있는 속성을 지니지만, 문화 자체에 대해서는 가치중립적으로, 더 나아가 신성하게 보려는 것이 우리의 일반적 정서이다. 모든 문화가 인간의 정서와 욕구에 뿌리를 두고 형성된 것으로서 인간 삶의 자연스러운 형식이라는 점에서, 우리는 문화가 순수하다는 생각을 암묵적으로 갖고 있다. 따라서 문화가 어떤 형태이건 간에 최대한 관대하게 바라보려고 한다. 최소한 현대의 문화관에 따를 때는 그러하다. 그런데 맥도널드 같은 기업이 이러한 이른바 '순수한' 문화를 이용해 인간의 욕구를 교묘하게 조정하려고 했다

---

105 같은 책, 182.
106 같은 책, 184.

는 것이 바로 비판의 대상이 된다. 일반 대중은 자신도 모르게 맥도널드의 문화정책에 말려들어, 앞서 언급한 바와 같은 탈정치적인 맹목적 지지자로 변질되었다는 것이 킨첼로가 우려하는 바이다.

그러나 킨첼로는 맥도널드의 이러한 문화권력정책에 모든 사람이 동조하고 말려드는 것은 아니라고 본 점에서, 다른 한편으로 소비자의 깨어있는 의식에 한 가닥 기대를 걸고 있다. 킨첼로는 문화권력에 대한 **대중의 저항의식**도 인정하고 있다. 즉, 맥도널드의 거대한 권력에 대한 대중의 **대항권력** 또한 존재한다고 보고 여기에 희망을 건다.

> 권력은 어디에나 존재하기에, 쉽게 분배되거나 뒤집어엎을 수 없는 것이다. 나는 맥도널드나 기업의 권력을 '쓸어버리자'고 제안하는 것이 아니다. 권력관계에 종지부를 찍자고 제안하는 단순한 정치학은 권력이 사회적, 문화적 생활을 구성하는 데 관계가 있다는 사실을 이해하지 못한 것이다. 권력은 A가 B에게 권력을 행사하고 B는 A에 대항하여 반항적인 행동으로 응답한다는 식의 일방적이고 변함없는 행사를 말하는 것이 아니다. 그것은 아주 복잡하고 애매모호해서, 지배하고 지배당하는 개인(집단)들 쌍방 모두 권력을 사용한다.[107]

곧 맥도널드에 대항하는, 어쩌면 맥도널드를 위협하는 소비자의 측면에서 내세우는 권력 — 이것이 문화적이건 아니건 간에 — 이 존재하며, 이러한 소비자 권력은 무시하지 못할 영향력을 행사한다. 물론 이러한 소비자 권력은 조직적이고 체계적이지는 않기에, 맥도널드만큼 강력하지

---

107 같은 책, 145.

는 않다. 그러나 분명 어딘가에 불분명하고 비록 약한 형태로나마 반드시 존재하며 공동의 전선을 펴기도 한다. "대항 헤게모니적인 힘이 곳곳의 미디어 투고란을 통해 순환되고, 여러 가지 맥락에 따라 해석되며 연관되어지고, 사회정치적 세계를 이해하는 여러 방법으로 통합된다."[108] 이러한 대항권력은 시민단체가 주도할 수도 있고, 경쟁사가 형성할 수도 있다. 그러나 궁극적으로 이 대항권력의 최종적인 지지 세력은 각 개인이다. "권력블록 밖으로 밀려났다는 말이 개인은 권력이 없다는 것을 의미하지는 않는다."[109] 결국 개개인의 판단과 동조 여부가 권력의 핵심을 차지하고 권력의 최종 향방을 결정한다. "보수적 권력블록이 현재의 사회경제적, 정치적 삶에 심각한 영향을 발휘하지만, 개인들은 그것에 동조하거나 저항할 힘(agency)이 있다. 이 개인들의 선택은 자신들이 접하는 정보에 따라 제한적일지 모르지만 그럼에도 불구하고 선택은 존재한다."[110] 이러한 킨첼로의 주장은, 현대의 다원적이고 민주화된 상황을 고려하면, 매우 현실적인 분석이며, 권력의 주체를 단지 집단의 행태로만 보려는 태도에 대한 반박이다. 권력의 출발은 개인이며, 더욱이 이 개인의 마음을 얻어야만 권력이 형성된다는 것이 그의 생각이다. 이런 의미에서 킨첼로는 "전통적 이성주의 담론은 권력의 사회적이고 심리적인 차원을 무시함으로써, 권력이 의식을 구조화하며 개인들이 권력블록에 대한 관계를 형성해가는 바로 그 방법을 이해하지 못했다."[111]고 지적한다.

킨첼로의 분석에 따를 때, 맥도널드의 문화정책이 성공한 중요한 이유

---

108 같은 책, 146.
109 같은 책, 147-148.
110 같은 책, 149.
111 같은 곳.

는, 개개인의 심리를 고려하고 이에 호소함으로써 개개인들이 맥도널드에 호감을 가졌기 때문이라고 볼 수 있다. 곧 추상적 집단으로 대하지 않고 개인의 의식을 고려한 것이 주효한 것이다. 이는 달리 보면, 그만큼 개인의 판단과 기호를 중요시 여겼다는 의미도 된다. 물론 여기서의 개인은 추상적인 개인이 아닌 구체적인 개인이며, 특정한 맥락 속에서 생활하는 생동적인 개인이다. 그러므로 맥도널드는 개인의 기호와 다양성을 최대한 고려하며, 각 문화권의 특성을 고려해 개인의 기호를 살핀다. 앞서 본 바와 같이, 지역에 따른 문화적 정서를 고려하는 것이다. "수용의 고유함 때문에, 맥도널드는 균질하고 정연하게 헤게모니화된 개인을 만들어내지 않는다."[112]

사실 킨첼로의 앞선 분석에 따르면, 맥도널드는 탈정치화를 추구하면서 대중을 마치 우매한 추종자로 만들 것을 지향하는 것처럼 보인다. 물론 이것이 사실일 수 있고, 맥도널드는 어쩌면 이를 진정으로 반길 수 있다. 필자는 이러한 킨첼로의 분석에는 한편으로 동조한다. 실제로 이렇게 맥도널드를 열광적으로 지지하고 빠져든 사람들이 있다는 것은 부정할 수 없기 때문이다. 그러나 중요한 것은, 모든 사람이 이런 열광적인 지지자가 되지 않았다는 것이다. 결국 이는 맥도널드가 그것을 의도했건 하지 않았건 간에, 맥도널드의 탈정치화 정책은 아주 성공적이지 않았음을 암시한다. 필자의 눈에는, 맥도널드가 탈정치적인 기만적인 정책을 펴서, 맹목적인 추종자가 생기고 또 나름대로 마케팅 전략이 성공한 것이 아니라, 개인 스스로의 판단과 선택에 따라 맥도널드를 지지하고 호감을 갖는 사람들이 늘어나고 이 그룹이 형성되면서, 맥도널드의 인기가 올라갔다

---

112 같은 책, 203.

고 보인다. 말하자면, 맥도널드의 성공의 비결은 대중을 기만하는 탈정치화전략 때문이 아닌, 앞서 킨첼로도 지적한 바와 같은 철저한 문화적 전략과 이에 부응하는 문화권력 지향적인 태도가 대중들의 정서에 잘 맞았기 때문이다. 특히 개인에게 직설적으로 단순히 호소하는 형태가 아닌, 전체의 사회 틀을 읽고서 문화를 재창출하는 형태로 접근한 것이 결정적이다. "소비자 주체성과 욕망의 생산은 개인에게 하는 단순하고 직접적인 호소를 뛰어넘어야 한다. 그것은 보다 큰 사회구조들과 문화형태들을 재구성해야 한다. 그러므로 맥도널드는 햄버거를 개인들에게 파는 것이 아니다. 맥도널드 소비를 보다 큰 사회심리적 매트릭스에서 자리잡게 하는 생활방식과 감정적 성향을 파는 것이다."[113] 곧 맥도널드는 문화라는 매개체를 가지고 개개인의 심리에 호소하는 것이다. 그러나 그 호소는 강요라기보다는 애타게 선택을 기다리는 일종의 절실함에 가깝다. 그러므로 맥도널드의 맹목적 추종자들은 단지 이러한 호소를 받아들여 그들 나름의 판단과 선택에 따라 이를 지지하는 세력으로 드러났을 뿐이다. 문화적인 이유로 맥도널드에 반대하는 세력 또한 여전히 만만치 않게 존재한다.[114] 유럽 일부 국가에는 오히려 맥도널드에 거부감을 갖는 사람들이 상당수 존재한다는 사실에 주목해야 한다. 이처럼 맥도널드의 문화적 호소는 수용과 거부라는 두 형태로 극단적으로 나뉘어 나타날 수 있는 것이다.

결국 이러한 논의에 따를 때, 문화권력은 각 개인의 선택과 지지 그리고 동의에 의해 자발적으로 이루어지는 것이지, 어떤 기만적 술책이나 강입에 의해서는 그 효과와 의미를 지닐 수 없다. 따라서 권력을 지지하는

---

113 같은 책, 214.
114 같은 책, 202 참조.

밑바탕으로서의 개인의 역할과 주체적 판단은 어떤 경우에서라도 존중받아야 한다. 그리고 문화영역에서의 이러한 개인의 자의식의 중요성은 특히 문화가 정치적인 맥락에서 이해될 때 더욱 요구된다. 그러므로 문화산업 비판론자들의 주장처럼, 기업에 의해 상품화된 문화를 대중을 기만하고 호도하는 수단이라는 이유로 일방적으로 비판하는 것은 소비자로서의 대중 개개인의 주체적 의식을 지나치게 허약하게 보는 것이다. 특히 이는 소비자의 비판적 의식이 점차 높아지는 현재의 상황에서는 더욱 그러하다. 실제로 최근에 맥도널드는 여러 이유로 예전과 같은 화려한 명성은 지니지 못하고 있다. 이는 그만치 소비자들의 눈이 높아지고 비판적 의식이 살아 있다는 의미이다. 맥도널드와 같은 기업이 계속 살아남으려면, 소비자를 계속 의식하고 그들의 눈높이에 맞추어야 한다. 정확히 말하면, 자신의 장점을 계속 드러내고 정당화해야 한다. "맥도널드는 기표들과 이데올로기적 메시지가 널려 있는 정보 환경에서 자신을 합법화하기 위해 항상 노력해야 한다."[115] "맥도널드에 의해 생산된 의미들은— 의도했든 아니든— 항상 중요하며, 그들은 보편적인 것도, 영원한 것도 아니다. 시대정신이 바뀌면 기표들도 변화한다."[116] 거대한 문화권력의 주체로서 맥도널드는 또 다른 권력의 주체인 소비자들과 항상 긴장관계 속에서 보다 나은 문화(상품)를 창출하기 위해 노력해야 하는 것이다. "맥도널드 제품과 메시지의 소비자들은 해석학적인 '백지수표'를 가지고 있는 것이 아니며, 그들의 의식은 처음 그대로의 백지상태가 아니다."[117] 이런 맥락에서

---

115 같은 책, 204.
116 같은 책, 203.
117 같은 책, 205.

킨첼로는 "수용의 주체성"[118]의 중요성에 대해 말한다.

　킨첼로의 맥도널드 분석은, 이처럼 수용자의 주체적인 태도를 인정하면서도 수용자를 탈정치화하고자 하는 맥도널드의 비윤리적인 행태를 비판하는 이원적인 방식으로 이루어진다. 이러한 킨첼로의 해석에 필자는 대체적으로 동조한다. 그러나 킨첼로는 전반적으로 맥도널드의 비윤리성을 부각시켜, 이에 보다 강조점을 둠으로써 정치적인 맥락에서의 수용자의 주체적 태도에 대한 논의는 상대적으로 뒷전으로 밀리는 경향이 있다. 이는 대체로 문화산업 비판론자들의 주장에 좀 더 가깝게 간 측면이 있다. 그러나 정치적으로 좀 더 균형 잡힌 논의를 하기 위해서는, 권력이란 틀 이외에 개인의 자유의 측면을 보다 많이 고려했어야 한다고 본다. 킨첼로는 개인의 주체성 또한 오직 권력이라는 틀 속에서만 이해함으로써 대체적으로 맥도널드라는 거대한 권력 앞에 위축되고 종속되는 약한 모습으로서의 개인의 상만을 묘사하고 있다. 그러나 권력의 측면 이외에 **자율적 주체로서의 개인**의 모습이 부각된다면, 맥도널드라는 문화권력 앞에 당당히 맞서는 긍정적인 개인의 역할을 좀 더 강조할 수 있었을 것이다. 필자는 문화권력의 역학관계에서 나타난 개인의 역할에 대한 킨첼로의 주장을 좀 더 강화해 해석함으로써, 상대적으로 맥도널드와 같은 문화권력의 힘과 균형을 이루는 개인의 주체적인 모습을 고려해야 한다고 본다. 그리고 그렇게 이해할 때, 앞서 문화산업 비판론자들의 지나친 문화권력에 대한 불안감과 경계심도 어느 정도 해소될 수 있을 것이다.

---

118 같은 책, 202.

5.3 문화제국주의 논쟁과 문화권력의 주체

이러한 논의의 연장선상에서 고려될 수 있는 것이 문화제국주의 논쟁이다. 문화산업 비판론은 보이지 않게 문화제국주의를 겨냥해 이를 비판하려는 움직임을 보인다. 어떻게 보면, 문화산업 비판론의 궁극적 공격대상은 문화제국주의(cultural imperialism)이다. 문화산업 비판론은 결국 "서방 선진 국가들의 초국가 문화 기업들이 펼치는 전 지구적 문화 산업의 확산은 새로운 제국주의로서 문화제국주의를 확장시킨다."[119]는 주장으로 이어지기 때문이다. 최근에 와서 등장하게 된 개념인, 이러한 문화산업에 근거한 '문화제국주의'는 경제적, 물질적으로 앞서 있는 국가가 경제적으로 취약하고 덜 발전된 주변국가에 문화적으로 영향력을 끼쳐 지배하려는 경향 내지 현상을 설명하려는 개념 틀이다. 진달용의 설명에 따르면, "문화제국주의 이론은 지난 1960년대 후반부터 국제커뮤니케이션 분야에서 가장 중요한 이론"으로서 "아시아, 아프리카, 라틴아메리카에 주로 소재하고 있는 주변 국가들(periphery countries)이 북미와 서구 유럽에 위치하고 있는 주요 핵심 국가들(core countries)에 경제적, 그리고 기술적으로 의존하고 있다는 종속이론(dependency theory)에 기인한 패러다임이다."[120]

문화제국주의가 넓은 의미에서 강력한 힘을 지닌 국가가 힘이 약한 다른 국가에 자신의 문화를 강요하고 관철시키려는 경향을 가리킨다고 한다면, 이는 역사적으로 흔하게 있어왔던 현상이라고 볼 수 있다. 특히

---

119 문헌병, 앞의 논문, 142.
120 진달용, 『문화제국주의의 재해석』, 커뮤니케이션북스, 2011, 13.

19세기의 서구제국구의 국가들이 식민지를 구축하면서 이러한 문화제국주의적인 경향을 지녔다는 것은 부인할 수 없다. 우리나라에서도, 일본 식민지 통치 시절에 우리 말 사용을 억제당하고, 우리 문화가 장기간 일본 문화에 의해 부당하게 침해당하고 억압당한 선례가 있었다. 그러나 최근에 등장한 문화제국주의 개념은 노골적이고 공공연한 식민지 정책의 부산물로서가 아니라, 문화산업이라는 형태로 교묘하게 위장해 상품화된 문화를 수출하면서 자신의 문화적 영향력을 강화하는 형태를 가리킨다. 특히 여기서 주로 초점을 맞추는 것은 현대의 첨단 디지털 기술에 의해 급속도로 유포되는 음악이나 영화와 같은 대중문화이다. 문화제국주의 이론을 지지하는 이론가들은 "주로 방송 프로그램과 영화 등의 대중문화가 서구 세계에서 비서구 세계로 보급되는 현실과 이로 인한 문제점에 대해 초점"[121]을 둔다. 이들이 여기에 주목하는 이유는 바로 이러한 서구적인 대중문화가 비서구 국가로 유포됨으로써 순수하게 문화만이 전달되는 것이 아니라 "서구 중심의 이데올로기 전파"[122]라는 부수적인 효과를 동반한다고 보기 때문이다.

문화와 문화의 만남이라는 측면은 사실 크게 문제될 것도 없고 비판적으로 보아야 할 이유도 없다. 그런데 문화를 전달하면서 여기에 어떤 정치적인 이데올로기가 같이 유포된다면, 서구적인 사고방식 내지 가치관과 맞지 않는 문화권에는 치명적인 피해를 안길 수 있다는 것이 이들의 우려이다. 곧 문화적 종속뿐만 아니라 정치, 경제적 종속까지도 가져올 수 있다는 것이다. 이러한 맥락에서 최근의 문화제국주의 이론의 초점은

---

121 같은 책, 13.
122 같은 곳.

"미국과 영국 등 소수의 서유럽 국가들에 의한 대중문화의 독점과 영향력 확대"[123]이다. 특히 다국적기업이 다수 포진한 미국의 문화적 영향력 확대가 주된 관심의 대상이 된다. 이렇게 보면, 앞서 살펴 본 맥도널드의 세계화 경향은 문화제국주의 이론가들에게는 전형적인 문화제국주의적 현상의 하나이다.

역사적으로 문화제국주의적 현상이 존재했다는 점은 부인하기 어려우므로, 문화제국주의 이론 자체가 틀렸다고 볼 수는 없다. 그러나 최근에 새로이 등장한 좁은 의미의 문화제국주의 이론에 국한해 볼 때, 과연 이 이론이 현실적으로, 더구나 21세기에 이르러서도 타당성을 지니는지는 의문의 여지가 있다. 현대의 다원화되고 민주화된 국제적 정치 상황을 고려할 때, 문화제국주의 이론은 사실상 그 의미를 상실하고 있다는 것이 필자의 생각이다. 그리고 실제로 이러한 문화제국주의 이론에 대한 비판자들이 최근에 이르러 상당수 등장했다는 점은 필자의 입장에 힘을 실어준다. 이들 비판자들의 핵심주장은, "글로벌라이제이션의 일상화, 또는 확대 속에서 정보와 문화의 일방적인 흐름은 더 이상 존재하지 않으며, 그 반대로 비서구 국가의 문화가 서구로도 흐르는 쌍방향 문화 교류 시대가 도래했다."[124]는 것이다. 그러나 여기서 이러한 문화제국주의 이론 비판자들의 주장을 상세히 고찰할 생각은 없다. 다만, 필자 나름의 관점에서 문화제국주의가 여전히 현실적으로 의미가 있다고 보는 진달용의 생각을 비판하면서, 간략히 필자의 입장을 대신하고자 한다. 필자가 이처럼 문화제국주의 이론을 비판하고자 하는 이유는, 앞서 문화권력에 대한

---

123 같은 책, 14-15.
124 같은 책, 16.

문화산업 비판론자들의 입장을 비판적으로 보려는 것과 같은 맥락에서이다. 문화제국주의는 기본적으로 문화 수용자의 절대적 취약함과 무력함 그리고 탈정치성(우매성)을 전제로 하는데, 필자는 그렇지 않다고 보기 때문이다.

문화제국주의 이론을 지지하는 이론가로서 진달용은 "반문화제국주의 이론과 달리, 21세기 들어 글로벌 미디어 시장에서 서구의 지배는 줄어들 기미를 보이지 않고 있다."[125]고 하면서, "특히 미국이 소유하거나 미국에 근거한 다국적 미디어 기업들은 문화 상품과 문화 자본의 지배를 더욱 확장해나가고 있다."[126]고 주장한다. 그러면서 미국의 문화산업이 지속적으로 성장하고 있다는 것을 구체적인 통계자료를 제시해가면서 정당화하고 있다. 물론 최근에 한국을 포함한 비서구 국가들이 미국 내지 서구 시장으로 문화상품을 역수출하는 경향을 보이고 있기는 하지만 미미하며, 여전히 문화의 주도권은 미국 내지 서구 국가에 있다고 본다.

여기서 그가 주목하는 것은 미국 내지 서구의 정치, 경제적 압력이다. 비서구국가들은 자국의 문화를 보호하기 위해, 서구, 특히 미국문화의 유입을 막기 위한 억제책을 써왔으나 압력에 의해 이를 완화할 수밖에 없었다는 것이다. "한국 등 비서구 국가들은 그러나, 미국을 중심으로 한 서구의 요구에 의해, 이들 억제책들을 하나둘씩 없애거나 경감함으로써, 서구의 문화상품과 문화자본에게 그 시장을 내주어왔다. 결과적으로, 서구의 대중문화는 물론 문화자본의 진입이 눈에 띄게 확대됐다. …… 결국 비서

---

125 같은 책, 26.
126 같은 곳.

구 국가들은 미국의 다국적 미디어 기업으로부터 자유롭지 못하다."[127] 최근의 한류열풍을 타고 급속도로 성장한 한국의 문화시장도 이러한 미국의 영향력 앞에서는 별 힘을 발휘하지 못한다는 것이 그의 지적이다. "비록 한국, 중국, 멕시코 등이 자체 대중문화를 대량으로 생산하고 이를 주변국에 판매하기 시작했다고 해도, 이것이 미국의 지배에서 벗어난 것을 의미하지는 않는다."[128] 그러나 비록 미국이 대외무역협상과정에서 개방 압력을 가한 것은 분명하다 하더라도 이것이 문화시장에만 국한된 것이 아니라 전방위적이었고, 설령, 문화시장을 개방함으로써 문화가 더 많이 유입된다고 하더라도 이것이 반드시 이른바 문화제국주의적 영향력을 행사할 수 있는지는 의문스럽다. 우리나라에서는, 미국 영화의 개방 폭이 늘어나면서 비록 일시적으로 한국 영화계가 위축되기는 했지만, 여전히 자생력을 지니고 있으며, 오히려 경우에 따라, 한국 영화가 미국 영화 점유율을 능가하는 경향을 보이는 것은 분명 문화제국주의적 논리와는 맞지 않기 때문이다.

물론 진달용은 한국을 포함한 최근 비서구국가들에서 미국 할리우드식의 영화 기법을 도입하고 혼종적인 양상을 보임으로써 일시적으로 영화시장이 활성화된 듯하지만, 여전히 미국의 지배하에 있다는 식의 논리를 편다. "그러나 한국 영화에서 보듯, 국내 제작자들은 지역영화 산업이 오로지 제한적인 장르만을 생산한다는 점에서, 특히 상업성에 근거한 할리우드식 장르만을 생산한다는 점에서 다원주의나 다양성을 확보하지 못했다고 보아야 한다. …… 많은 경우 제작자들이 할리우드를 넘어서는 창조

---

127 같은 책, 29-30.
128 같은 책, 30.

적인 작품을 만들기보다는 「디 워」에서 보여주듯, 할리우드가 한 것을 모방하는 단계에서 벗어나지 못하고 있다."[129] 이러한 지적과 관련해서는 물론 영화전문가들의 엄밀한 논쟁을 거쳐야 하겠지만, 필자가 보기에는, 영화 기법 등의 기술적인 차원이 서구적이라고 해서 영화 자체의 주제나 내용 등까지 서구화되었다고 보는 것은 무리이다. 그러므로 기술적인 차원보다는 문화콘텐츠와 그 배경을 고려해서 문화의 질을 판단해야 한다고 본다. 이런 측면에서 볼 때, 한국 영화를 포함해 비서구 국가들의 영화에는 그 나라의 문화를 상징하는 정서적 내용이 분명 함축되어 있고, 이것이 나름대로 문화적 설득력을 지닐 수 있다고 보아야 한다.

그러나 진달용은 한국 영화의 경우, 대체적으로 영화의 주제나 내용까지 서구적인 부분을 상당수 가미함으로써 자신만의 독자적인 고유한 영역을 개척하지 못했다고 분석한다. "한국 영화는 외견상 서로 다른 두 가지 문화를 혼합한 것으로 보이며, 이 같은 새로운 경향은 한국 영화의 성장에 많은 기여를 했다. …… 한국 영화의 문제는 절대 다수의 영화가 서구 지배에 도전하거나 이를 파괴할 수 있는 힘을 가지지도 못했으며, 지역 문화의 동질성을 유지, 발전시키는 데도 부족했다는 데 있다. 혼종화된 한국 영화 내에서 문화적 요소들은 주로 서구 지향적인 반면, 한국의 사회적 문화적 가치들은 소홀히 했기 때문이다."[130] 그러나 현대 사회의 급속한 문화교류와 문화적 결합상황을 고려할 때, 우리만의 순수한 문화를 찾는 것은 무리라는 점을 고려해야 한다. 오히려 문제는 당대의 한국인이 이 영화를 보고 정서적으로 공감할 수 있느냐 하는 데에 있다고 본

---

129 같은 책, 65.
130 같은 책, 67.

다. 문화는, 앞에서도 지적했듯이, 역동적인 흐름과 변화 속에 놓여 있기에, 우리 것만을 고집하는 것은 다소 소박한 면이 있다. 문화적으로 서구 내지 미국의 고유한 것이 무엇이고, 또 한국의 것이 무엇인지를 구분하는 것은 매우 애매하면서도 어쩌면 의미 없는 일일 수도 있다.

그러나 진달용의 문화제국주의 이론의 핵심적 근거는 문화권력의 측면에서 나타나는 심한 불균형과 불평등에 있다. 가령, 미국의 문화권력은 강대하고 압도적이어서, 정치적, 경제적 힘을 등에 업고 경제적 약소국의 문화권력을 피폐화시키고 말살하려는 경향이 있다는 것이다. 그러므로 진달용의 논리에 따르면, 일반적으로 문화는 서구에서 비서구로만 전달될 뿐이고, 그 반대는 없거나 매우 미미하다는 것이다. 비서구에서 서구로의 문화적 진출은 원칙적으로 처음부터 차단되어 있다는 것이다. "일부 아시아 그리고 라틴아메리카 국가들이 지역 문화시장에서 주요한 역할을 담당하고 있지만, 이들은 미국 등 서구의 문화시장을 제대로 공략하지 못하고 있다. 미국의 뉴욕 시민들과 캐나다의 밴쿠버 시민들이 발리우드 영화를 보고 중국 영화를 즐기고 있으나, 이것이 인도와 중국의 문화산업이 미국이나 캐나다 등에서 의미 있는 정도로 진출했다는 것을 의미하는 것은 아니기 때문이다."[131] 이러한 문화적인 교류의 불균형은, 그에 따르면, 정치적인 힘의 불균형에서 나온다. "문화제국주의의 특성을 단순히 문화 체계나 문화상품의 흐름에서만 찾는 것은 더 이상 의미가 없다. 문화제국주의를 단순한 문화의 흐름에만 국한하는 논의도 더 이상 진정한 의미의 문화제국주의를 의미하지는 않는다고 보아야 한다. 문화제국주의는 서구의 이념을 전달하기 위해, 미디어뿐만 아니라 교육, 언어 등 종합적인 요

---

131 같은 책, 33–34.

소를 통해 비서구 지역에 영향력을 행사하려는 패권주의로 인식해야 하며, 이런 측면에서 한국의 방송계는 서구와의 관계에서 가지고 있는 불평등성이 확대되고 있다고 할 수 있다."[132]

이러한 논리에 맞추어, 진달용은 애써 이에 반하는 사례들을 축소해석하려는 모습을 보인다. 대표적인 것이 한류문화 열풍이다. 동아시아에서 강력한 문화강국으로 등장한 한국이 문화상품을 주변국가로 수출하고 엄청난 반향을 얻고 있다는 것은 서구 문화만이 세계적인 영향력을 지닌다는 문화제국주의의 논리와는 맞지 않는다. 그러나 진달용은 "아시아 시장에서의 한국 문화의 대중성 확보가 미국으로부터의 영향력을 감소시키고 미국으로의 대중문화 수출을 확대하는 것은 아니라는 사실이다."[133]라고 하면서, 한류문화의 문화권력적인 의미를 축소시킨다. 나아가 트위터, 페이스북처럼 미국기업이 주도하는 SNS 문화가 범람하고 있는 것을 상기시키면서, 이를 디지털 문화제국주의의 상징적 징표로 간주한다. 이 틈새에서 싸이월드와 같은 한국발 SNS 문화가 서구시장으로 진출한 것은 주목할 만한 사건이기는 하지만, 결과적으로 해외에서는 성공하지 못했다는 점을 들어, 결국 이 또한 문화제국주의의 장벽에 가로막힌 하나의 한계로 본다. 진달용은 싸이월드가 해외 진출에 실패한 주요 원인의 하나로서, 한국의 문화적인 방식을 그대로 서구에 전파하려고 했다는 데에서 찾는다. 말하자면, 비서구적 문화가 서구문화로 유입되는 데는 근본적인 한계가 있다는 논리이다. "싸이월드의 한국적 성공 요인은 그러나, 역설적으로 미국 등 해외에서 싸이월드가 실패한 요인으로 작용한 것도 사실이

132 같은 책, 93.
133 같은 책, 94.

다. 일촌과 같은 혈족의 관계성을 촌수로 구분하는 방식과 유사한 방식은 미국 등지에서는 찾아볼 수 없는데, 따라서 이를 적용해서는 안 됐기 때문이다."[134]

그러나 이러한 진달용의 주장은 문화가 타 문화와 융합하여 역동적으로 재생산될 뿐더러, 이것이 쌍방향으로 상호작용한다는 점을 간과한 것으로서 문화에 대한 편협한 이해가 아닐 수 없다. 진달용은 문화제국주의 이론의 틀에 빠져 서구에서 비서구로의 일방적인 문화전달만을 고려할 뿐, 그 반대의 가능성은 고려하지 않고 있다. 그러나 맥도널드의 세계화 전략이 일방적인 서구문화의 전달이 아닌 지역문화의 토착화를 통해 성공할 수 있었다는 점을 상기할 때, 서구문화 일변도의 문화관은 편협하고 비현실적인 발상으로 본다. 오히려 비서구문화가 서구문화로 침투해 성공한 경우도 많다. 대표적인 것이 일본의 스시문화이다. 지난 10년간 일본의 스시 음식점이 서구의 주요 도시에 급속도로 퍼지고, 많은 서구인들에게 열광적인 호응을 얻고 있는 것은 서구 일변도의 문화제국주의 논리로는 설명할 수 없다.[135] 또한 동양의 불교가 최근에 상당수 서구인들에게 공감을 얻고 있는 현상도 마찬가지이다. 더구나 진달용도 인정하듯이, 한국의 게임문화는 오히려 미국을 비롯한 서방국가로 진출해 성공을 거두었다. 비록 진달용은 이러한 한국게임의 서구 진출도 서구자본의 결합이 하나의 주된 요인이었다고 주장하기는 하나,[136] 이는 문화를 지나치게

---

134 같은 책, 112.

135 이와 관련해서는 이 책 2부 2장 4절 참조.

136 "국내 온라인 게임이 미국 등에서 인기몰이를 하고 있다고 해서 서구 국가로부터의 영향력이 완전히 사라졌다거나, 아니면 그 가능성이 없다는 이야기는 아니다. 특히 온라인 게임 산업에 대한 서구 자본의 침투 또한 무시할 수 없는 요소이다. 한국의 온라인 게임 산

경제적인 산업 논리에 맞추어 해석한 것에 불과하다. 문화는 자본이 뒷받침된다고 해서 꼭 대중적 공감을 얻고 설득력을 지니는 것은 아님은 우리 주변의 영화나 방송 상품 등을 보면 잘 알 수 있다.

이렇게 보면, 진달용의 서구일변도의 문화제국주의 주장은 현실적으로 설득력이 떨어진다. 그가 이 책을 쓴 시점(2011년) 이후에 나타난 한국 팝의 세계적인 인기현상과, 특히 싸이의 미국 전체를 뒤흔든 폭발적인 대중적 반향은 이를 잘 보여준다. 기본적으로 문화제국주의 이론은, 미국을 대표하는 서구 국가가 문화를 필두로 해서 자신들의 정치, 경제적 입지를 강화하려는 음모가 내재해 있다는 전제에 서 있다. 말하자면, 19세기의 제국주의적인 야심을 문화라는 가면을 쓰고 그대로 행하고 있다는 논리이다. 이는 앞서 살펴본 문화산업 비판론과 맥도널드를 비판적으로 보는 킨첼로의 주장과도 일맥상통한다. 그러나 이제까지의 우리의 논의에서 본 바와 같이, 문화는 근본적으로 정치적인 성향을 띠고 권력 지향적이기는 하나, 결코 항상 일방적인 방향으로만 이루어지지는 않는다. 즉, 문화권력은 상호적이고, 아무리 어느 한쪽의 힘이 크다고 하더라도 상대편 내지는 받아들이는 쪽의 권력(내지 동의)과의 상호관계 속에서만 의미가 있다. 이는 문화제국주의 이론가들이 보는 바와 같이, 문화가 서구에서 비서구로만 일방적으로 흐르지 않기 때문이다. 그 반대의 경우도 언제든지 가능하며, 우리는 그 실례 또한 자주 목격하고 있다. 또한 서구문화가 아무리 급속도로 유입된다 하더라도 여기에 쉽게 동화되지 않는 경우도 많이 볼 수 있다. 어느 문화권이든지 문화를 적절한 충돌과 조정과정을 거

업의 급성장은 미국 등 서구 게임 기업들에게는 그냥 지나칠 수 없는 중요한 시장으로 등장했기 때문이다."(같은 책, 141)

쳐 걸러진 상태로 받아들이지, 그대로 무비판적으로 받아들이는 것은 일부 강압적인 경우를 제외하고는 극히 드물다. 우리나라가 대표적이다. 그렇게 우려했던 할리우드 영화가 물밀듯이 들어왔다고 하더라도, 한국 영화는 오히려 더 성장하는 모습을 보이고 있다. 그 만치 모든 문화는 자체 방어적이고 정화하는 체계를 갖추고 있다는 것이고, 이는 다른 비서구 문화권에도 그대로 적용할 수 있을 것이다. 문화는 이처럼 견고한 틀을 지니고 있는 것이다.

진달용의 주장을 통해 본 문화제국주의 이론의 가장 큰 오류는 경제적 불평등이 곧 문화적 불평등으로 이어진다는 것이다. 그러나 반드시 그렇게 된다는 근거는 어디에도 없다. 문화의 핵심은 **인간의 욕망과 의지**인데, 이것이 언제나 경제적인 논리에 따라서만 움직이는 것은 아니기 때문이다. 문화제국주의는 거대 자본이 뒷받침된 문화산업이 곧 문화권력을 조정하고 획득할 수 있다고 보았지만, 실제 현실은 그렇지 않다. 문화권력은, 앞서 본 바와 같이, 개개인의 의지와 선택에 의해 결정되고, 이 개개인을 움직이는 것이 반드시 경제적인 요소만이 아니기 때문이다. 개인의 선택은 곧 개인의 자유를 전제로 하고, 그런 점에서 **자유**는 문화권력의 밑바탕이다. 그러나 문화제국주의 이론은 이러한 개인의 자유를 간과한 채 모든 비서구 국가의 개인이 집단적으로 물질적인 힘 앞에 쉽게 굴복하는 것처럼 전제하고 있다. 물론 과거의 문화제국주의처럼 무력에 의해 타국가를 정복하고 자신의 문화를 강압적으로 강요한다면, 가능할 수도 있다. 그러나 이는 이미 문화권력이라기보다는, 앞서 지적한 바와 같이, '폭력'이며, 폭력의 방식으로 진행된 문화의 유포는 제대로 그 뿌리를 내릴 수 없다.

문화제국주의 이론가들은 어쩌면 문화제국주의적인 양상이 은연중 폭력적이라는 것을 고발하려고 하는지도 모른다. 폭력은 개인의 자유를 부정하고 타자를 인정하지 않음으로써 그 속에서는 개인의 다양성뿐만 아니라 문화의 다양성도 극도로 억압받게 된다. 오직 획일적인 하나의 틀만이 강요될 뿐이기 때문이다. 역사적으로 이러한 폭력적인 지배집단은 분명 존재해왔다. 그러나 문화의 뿌리는 견고하기에, 아무리 폭력이 존재한다 하더라도 문화의 명맥은 계속 이어지고, 아무리 강압적으로 특정 문화가 강요된다고 하더라도 기존 문화가 완전히 말소되고 이것으로 완전히 대체되는 식의 문화전이는 이루어지지 않는다. 그 이유는, 바로 누누이 밝힌 바와 같이, 문화가 개인의 선택과 동의에 의해 유지되고, 이러한 개인들의 모임 자체가 또 하나의 문화권력을 형성하기 때문이다. 이러한 다양한 문화권력은 무형의 형태로 언제 어디서나 존재하고 또 사라질 수 있다. 그러나 분명한 것은, 이러한 잠재적인 개인들의 문화권력은 아무리 거대한 집단적인 문화권력이 등장한다고 해도 항상 비판적으로 대응할 자세가 되어 있다는 점이다. 받아들이느냐 마느냐 하는 결정은 이러한 개인들의 의지에 달려 있는 것이지, 문화를 전달해주는 쪽에 있지 않다. 이런 점에서 문화제국주의 이론은 문화전달자의 힘을 지나치게 과대평가하고 상대적으로 문화수용자의 역량을 과소평가하고 있다.

5장

공동체와 상호문화성

1 문화와 공동체성

1.1 문화의 공동체적 응집력: 공동체적 습관

상호문화성과 관련해 빼놓을 수 없는 주제가 바로 '공동체'이다. 상호문화성은 기본적으로 공동체적인 성격을 지닌다. 한 문화공동체와 또 다른 문화공동체 간의 공동의 만남과 결합을 통해 이루어진 것이 바로 상호문화성이기 때문이다. 상호문화성의 이러한 공동체적 성격은 기본적으로 문화가 지닌 공동체성에 근거한다. 앞서 우리는 정치권력과 관련해, 부분적으로 문화가 지니는 공동체적 성격에 대해 언급했지만, 근본적으로 문화가 왜 공동체적 성격을 지니는지 그 원리에 대해서는 제대로 고려하지 못했다. 따라서 여기서는 문화의 공동체성에 대해 상세히 고찰해보면서, 궁극적으로 상호문화성과 공동체의 관계에 대해 살펴보기로 하자.

모든 인간은 문화 속에 살면서 이를 바탕으로 공동체를 이루며 산다. 문화가 이렇게 공동체성을 이루는 것은, 정치철학적인 시각에서 보면, 물론 권력에 기반한 문화영역의 확장으로 해석할 수도 있지만, 한편으로 문화의 응집력에 기인하기 때문이기도 하다. 이 응집력은 **결합적인 성격을** 지닌다는 의미로, 문화는 여기에 속해 있거나 이것의 영향권 아래에 있는 사람들을 하나로 결합해 끌어들이는 경향을 지닌다. 그럼으로써 한 문화권에 있는 사람들은 동일한 문화권에 있다는 의식을 갖게 되고, 일종의 공동체 의식을 지니게 되는 것이다. 그렇다면, 이러한 문화가 지니는 응집력은 어디에서 오는 것일까?

문화가 지니는 이러한 공동체적 응집력은 물론 문화자체의 자율적 속성이라기보다는 문화를 움직이는, 혹은 문화로부터 영향을 받는 인간과 문화 간의 상호작용에서 나온다. 여기서 이러한 인간과 문화 간의 상호작용을 가능케 하는 대표적인 것이 인간의 **'의미부여'**와 **'습관화'** 작용이다. 모든 문화는 인간에 의해 창출되고, 이 창출된 문화는 또한 다른 사람들에게 유포, 전파하는 과정에서 이를 받아들이는 사람들의 의미부여하는 과정을 반드시 거치게 된다. 이 의미부여는 어떤 문화를 알고 이해하게 됨으로써 수용하거나 거부하는 일종의 입장표명을 가리키며, 이 의미부여를 통해 한 문화를 받아들이게 되면, 비로소 인간은 이 문화에 편입된다. 이를 바탕으로 문화를 습득하고 문화를 체화하게 되면서, 문화에 점차 익숙해지고 자신도 모르게 문화적 삶이 **습관화**된다. 곧 문화적 삶이 우리에게 어색함이 없이 친숙감 속에서 이루어지고 이에 대해 신뢰성을 갖게 되는 것은 습관 때문이다. 이런 의미에서 개인과 문화적 공동체를 매개하는 이 습관에 대해 후설의 현상학에 근거해 좀 더 자세히 살펴보자.

습관은, 앞서 현상학적 세계 개념을 해명하면서 지적한 바와 같이, 개인적인 것이기도 하지만, 한편으로는 사회적, 공동체적 성격을 지니기도 한다.[1] 후설의 해석에 따를 때, 어떠한 개별적인 습관도 고립되어 독자적으로 형성되지 않고 반드시 공동체를 배경으로 한다. 즉, 아무리 내가 개인적으로 어떤 특정한 습관을 취하고 또 이를 폐기한다고 하더라도 이는 공동체의 어떤 전반적인 기조와 분위기에 의해 영향을 받기 마련이고, 공동체가 요구하는 바를 은연중 따르게 된다. "모든 사회적으로 습관적인 것에는 해야 함(Sollen), 곧 관례적이고, 정상적이며, 마땅한 것을 해야 한다는 것이 속해 있다."[2] 이런 의미에서 후설은 "결부된 인격체들의 습관은 한편으로 개별적으로 인격체 각자에게 속하는 습관"[3]이라고 하면서, "모든 개개의 인격적 자아만이 자신의 고유한 습관을 지니는 것이 아니라, 다수가 결부된 습관을 지니고 있다. 이 결부된 습관을 통해 각자의 모든 습관은 다른 사람의 습관내부로 침투해 들어간다."[4]고 말한다. 여기에서 후설은 이제 "상호주관적 습관" 혹은 "공동체적 습관"[5]에 대해 명시적으로 언급하게 된다.

1.2 공동체적 습관으로서의 정상성

후설은 공동체적 습관이 무엇인지에 대해서 체계적으로 설명하고 있지

---

1 이 책의 제1부 2장 4절 참조. 아울러 졸고, 「현상학의 학문성과 지평성 −후설 후기철학을 중심으로−」, 『철학연구』 제53집, 철학연구회, 2001, 243-244 참조.
2 『상호주관성 II』, 230.
3 『상호주관성 III』, 479.
4 같은 곳.
5 『상호주관성 II』, 230.

는 않다. 그러나 여러 맥락상, 이것이 지니는 함의가 무엇인지에 대해서
는 비교적 분명히 밝히고 있다. '공동체적 습관'이라는 개념을 통해 후설
이 현상학적으로 지칭하고자 하는 것은 바로 '정상성(Normalität)'이다.[6] 정
상성은 사실 정의하기가 쉽지 않은 개념이다. 우선 정상과 비정상을 나누
는 기준이 모호하기 때문에, 하나의 엄밀한 철학적 개념으로 정립하기가
어렵다. 그러나 우리는 일상에서 정상과 비정상이라는 표현을 자주 쓰며,
맥락에 따라 그 쓰임새 또한 잘 알고 있다. '정상적'이라는 표현은 대체로
어떤 문화권에서 권장되고 용인되는 일상적이고 '평균적'인 삶의 모습을
특징짓는 것으로서, 한마디로 이 문화권에 속한 대다수 사람들이 당연하
게 받아들이는 것을 가리킨다.[7] 그런데 한 공동체 안에서 정상성이 갖는
의미는 매우 크다. 사실상 공동체의 핵심을 지지하고 있는 밑바탕은 바로
이 정상성이다. 이 정상성에 대한 이해나 전제 없이 공동체를 규정하는
것은 사실상 불가능하다. 이렇게 정상성이 공동체성의 지지대 역할을 하
는 이유는, 바로 우리가 이 정상성을 바탕으로 우리가 살고 있는 이 세계
에 대한 이해와 의미부여를 하게 되기 때문이다. 이를 후설의 지평으로서
의 '생활세계' 개념을 근거로 해서 좀 더 자세히 살펴보자.

후설의 생활세계 개념이 지니는 다의성에 대해서는 잘 알려져 있다. 그
러나 생활세계 개념은 하나의 전문적인 철학적인 개념이라기보다는 일상
적인 개념에 가까우며, 쉽게 말해 그 속에서 **우리가 살고 있는 세계**라는
것이다. 그러므로 후설의 생활세계 개념의 근본적 특징은 **'가까움'**과 **'친근**

---

6 후설의 정상성 개념에 대한 보다 상세한 논의는 졸고, 「현상학의 학문성과 지평성 – 후설
   후기철학을 중심으로–」, 『철학연구』 제53집, 철학연구회, 2001, 244 이하 참조.
7 『상호주관성 III』, 231, 629 참조.

감'이다. 생활세계는 우리가 그 속에 살고 있기에 친근감을 느끼고, 사실상 크게 의식함이 없이 편안함으로 받아들이는 세계이다. 그런데 이 생활세계의 친숙함을 규정하는 핵심적인 요소가 지평성이다. 이 지평성에 대해서는 이미 앞에서(1부 2장 4절) 상세히 다루었지만, 지평성과 정상성의 연관을 밝히기 위해 여기서 다시 간략히 설명하도록 한다.

후설에 따르면, 우리의 모든 개별적 대상 경험은 고립되게 오직 이것만을 경험하는 것이 아니라 이를 둘러싼 배경까지 더불어 경험한다. 이 더불어 경험되고 — 그러나 직접적으로 주어지지는 않고 — 의식되는 세계가 바로 지평이다. 이렇게 지평이 의식되는 것은 우연적이지 않다. 우리의 일상적인 경험은 임의로 무질서하게 이루어지는 것이 아니라, 나름의 **규칙성** 속에서 이루어진다. 이는 이 세계가 나에 의해 오랜 기간에 걸쳐 의미부여되고, 나름대로 나에게 적합한 세계로 모든 것들이 연관을 맺은 채 조화롭게 질서를 이루고 있기 때문이다. 그리고 이를 가능케 하는 것이 습관임을 우리는 이미 앞에서 살펴보았다. 지평은, 이미 앞에서 강조한 바와 같이, 습관, 보다 정확히는 공동체적이고 문화적으로 형성된 습관에 의해 지지되어 있다.[8] 이러한 습관의 상관자로서 지평으로서의 세계가 주어지기 때문에, 우리의 일상 세계는 친숙감과 안정감을 준다.

그런데 지평으로서의 세계가 이렇게 친숙감과 안정감을 주는 데에는 지평의 상관자인 습관이 '**정상적**'이라는 것이 결정적인 기여를 한다. 정상성은, 이미 본 바와 같이, 공동체적 습관과 같은 맥락에서 이해된다. 정상

---

8 이 책의 제1부 2장 4절 참조. 아울러 K. Held, "Horizont und Gewohnheit. Husserls Wissenschaft von der Lebenswelt", *Krise der Wissenschaften -Wissenschaft der Krisis?*, Frankfurt a. M., 1998, 14 이하 참조.

성은 그 문화 내지 사회 구성원의 평균적이고 이상적인 틀을 가리키므로, 이는 한 문화공동체의 지도적, 핵심적 구심력으로 작용한다. 지평으로서의 세계는 사실상 이러한 정상성을 토대로 형성된 것이다. 그러나 정상성이 있으면, 비정상성이 존재하고, 어느 사회에서든지 정상성과 더불어 비정상성의 계기가 있기 마련이다. "동일한 국가 영역 안에서도 감성적 경험과 모든 능력에서 차이들, 정상이하 (일시적이거나 지속적인, 따라서 우선적인 것으로서 모든 사람에게 해당될 수 있는 병에서) 또는 초정상적(Übernor-male)인 자들이 있다."[9] 대개 이 비정상적인 존재는 소수 내지 예외자의 형태로 한 사회 내에서 소외되어 있다. 그러나 후설은 비정상성은 정상적인 것의 변양으로서 궁극적으로 정상적인 것, 정확히는 '보다 높은 차원의 정상성'으로 포괄된다고 본다.[10] 모든 비정상성은, 말하자면 **잠재적 정상성**'으로서 이것으로 전환될 여지가 있다는 것이다. 바로 그렇기 때문에 정상적인 것으로 구성된 지평으로서의 세계는 그곳에 비정상성을 반드시 함축하며, 양자는 조화로운 공존관계를 유지한다. "정상성 속에서 구성된 세계는 동시에 비정상성을 그 자체에 포함하는 세계로 구성된다."[11]

바로 이러한 양자 간의 조화로운 공존관계는 그만치 지평으로서의 세계를 견고하고도 탄력성 있게 만든다. 정상적인 지평으로서의 세계는 비

---

9 『상호주관성 II』, 230-231.
10 『상호주관성 III』, 438 참조. 한편으로 헬트는 이를 가리켜 "정상성은 비정상적인 것에 자신의 유형체계(Typik)를 주장함으로써 이에 대한 자신의 지위를 유지한다."(K. Held, "Heimwelt, Fremdwelt, die eine Welt", *Phänomenologische Forschungen*, Bd. 24/25, 1991, 310)고 표현하면서, "정상적인 유형체계는 전반적으로 흔들림이 없이 그 자체 내에 교정 등의 가능성을 내포하고 있다. 이는 후설이 말하듯이 하나의 유동적인 유형체계이다."(같은 논문, 311)라고 주장한다.
11 『상호주관성 III』, 155.

정상성의 요소를 필수적인 계기로서 포함하고 있음으로써, 일시적인 장애와 저항에 부딪힐 수 있지만, 포용을 통해 부단한 확장과 연관을 꾀한다. 지평으로서의 세계의 특징은 곧 견고성과 더불어 **포용성**에 있다.[12] 그리고 바로 이 점이 지평으로서의 세계 속에서 사람들이 항상 불안감 없이 신뢰와 질서 속에서 살고 있는 이유이기도 하다. 이러한 정상적인 (비정상성을 포괄하는) 지평으로서의 세계라는 특성으로 인해, 문화공동체는 강한 응집력을 가진다. 따라서 이제까지의 논의를 요약해 말한다면, 문화공동체가 지니는 응집력의 주된 근거는, 첫째, 이것이 습관의 상관자로서 하나의 지평이기 때문이고, 둘째, 이 지평성을 뒷받침하는 정상성이 강한 포용력을 지니고 있기 때문이다. 정상성은 그만치 사회 구성원을 하나로 끌어모으면서 강한 응집력을 발휘한다.[13]

---

12 이러한 지평으로서의 세계의 포용성을 후설은 그의 생활세계이론에서 유입(Einströmen)이라는 개념으로 표현한다. 후설은 본래 생활세계를 자연과학의 토대를 이루는 선과학적인 세계로 규정하면서 이와 구별하지만, 한편으로 자연과학의 이론적 성과를 자체 내에 포괄하는 보편적인 세계라고도 말한다. 자연과학의 이론을 포함한 모든 인간의 산물은 그것이 인간의 실천적 산물인 한 생활세계 속으로 '유입'된다는 것이다.(『위기』, 115, 466 참조) "모든 인간적으로 (개별적이건 공동체적이건) 형성되고 있고 또 된 것은 생활세계의 한 부분"(『위기』, 462)이라는 것이다. 그런 점에서 후설에서 지평으로서의 생활세계는 모든 인간적 산물을 자체 내에 포괄하려는 경향을 보임으로써 배타적이기보다는 강한 포용성과 조화를 그 특징으로 한다. 이 포용성은 한편으로 생활세계가 그만큼 탄력이 있고 견고함을 나타내는 것이기도 하다. 이와 관련해서는 졸고, 「기술시대와 현상학, -생활세계와 기술과의 관계를 중심으로-」, 『철학』 제75집, 한국철학회, 2003, 136-138 참조.

13 정상성은 비정상성을 배척하기보다는 강한 영향력과 확장의 경향으로 인해, 비정상성을 끌어안고 이를 정상화하려고 한다는 점에서, 그 응집적인 성격을 보다 선명히 드러낸다. 이에 대해서는 졸고, 「포용과 책임: 사랑의 공동체에 대한 현상학적 고찰」, 『철학과 현상학 연구』 제18집, 한국 현상학회, 2002, 90-91. 「현상학적 사회이론 -개인과 사회의 관계에 대한 후설의 논의를 중심으로-」, 『철학연구』, 제59집, 철학연구회, 2002, 184-185 참조.

1.3 정상성과 상호문화성

앞서의 논의를 통해 정상성이 한 문화공동체의 구심점 역할을 함이 밝혀졌다. 그렇다면, 이제 우리의 본 주제로 되돌아와, 이 정상성이 상호문화성에는 어떤 의미가 있는지를 살펴보도록 하자.

정상성은 문화적인 맥락에서는 대개 한 문화권에서만 타당성을 지닌다. 그러므로 한 문화권에서 정상적으로 간주된 것이 다른 문화권에서는 비정상적으로 간주되는 경우가 많다. 가령, 어떤 문화권에서는 손으로 음식을 먹거나, 일부다처제가 정상적인 관습인 데 반해, 대다수 다른 문화권에서는 이를 '정상적'이고 바람직한 것으로 바라보지 않는다. 이처럼 정상성은 한 문화권의 정체성을 나타내는 하나의 표지 역할을 하는 관계로, 타 문화권과 충돌이나 갈등이 발생했을 때, 첨예하게 드러나게 된다. 곧 한 문화권의 정상성과 다른 문화권의 정상성은 서로 대립적이고 상충하는 모습을 지니는 것이 일반적이다.[14] 그러나 문화적인 차원에서의 정상성은 절대적이고 고정적인 것이 아니라 상대적이고 유동적이다. 그리고 그 자체에 비정상성을 함유하는 포괄적인 의미의 정상성이 바로 문화공동체로서의 세계에서 통용된다. 정상성이 지니는 이러한 가변성과 역동성은 대립적으로 보이는 비정상성을 포용하고 이를 최대한 자기화함으로써 정상화시키도록 한다. 곧 서로 다른 문화권과의 만남에서 문화적 결합 내지 수용의 첨병 역할을 하는 것은 바로 이 정상성이다.

우리는 이질적인 타 문화를 접할 때, 우선 두드러지게 나타나는 타 문

---

14 이와 관련해서는 졸고, 「현상학과 평화: 평화의 현상학적 철학적 정초」, 『철학』 제95집, 한국철학회, 2008, 232 참조.

화의 비정상성을 우리 자신의 문화의 정상성과 견주어 비교하고, 여기서 우리 문화와 타 문화의 차이를 깨달음으로써 각 문화의 정체성을 선명하게 인지한다. 그러나 여기에서만 머무는 것이 아니라, 타 문화의 비정상성을 가능한 우리 문화의 정상성 속으로 포괄시켜서, 이를—후설과 같이—하나의 '잠재적 정상성'으로 해석하거나, 나아가 우리 문화의 정상성 또한 타 문화의 그것과 견주어봄으로써 상대화시켜서 보게 된다. 이를 통해 **정상성의 확장**이 이루어지게 된다. 이 확장은 자기문화의 정상성을 타 문화권에 일방적으로 강요하거나, 타 문화권의 비정상적인 요소들을 자신 문화의 정상적인 틀에 맞추어 바꾸도록 하려는 어떤 물리적인 변화를 의도하지 않는다. 이는 단지 **'시각의 확대'**를 의미할 뿐이다. 즉, 이전까지는 제한된 좁은 범위에서 정상성을 바라보았다면, 타 문화권과의 접촉을 통해 보다 확장된, 개방적인 정상성의 틀을 갖게 되는 것이다. 여기서 물론 타 문화의 비정상적인 성격은 완전히 해소되지는 않는다. 다만 이를 최대한 관용적으로, 있는 그대로 받아들일 뿐이다.

　그러나 정상성이 이처럼 항상 타 문화권의 비정상성과 조화로운 공존 관계를 유지하는 것은 아니다. 문화권과의 극명한 갈등과 대립이 첨예화된 곳에서 이러한 정상성의 개방적 확장을 기대하기는 어려울 수 있다. 그러나 아무리 타 문화권에 대해 적대적인 감정을 가지고 있다 하더라도 이제껏 자신의 문화를 정상성의 유일한 기준으로 생각해온 것이 이질적인 타 문화를 접하면서 충격과 더불어 깨지게 됨은 매우 긍정적인 현상이다. 그리고 비록 타 문화권과의 정치적 갈등이 심화되어 있다 하더라도 이는 이미 타 문화권의 정상성이 우리의 것과는 다르다는 인식을 가진 다음의 일이다. 일단 이 단계에 이르렀다면, 나의 문화만이 절대적으로 옳고 정상적이라는 생각은 넘어선 것이고, 여기서 타 문화에 대한 수용과 양 문화 간의 융합이 이루어질 가능성은 여전히 열려 있다.[15] 고립된 상태로 나의 것만을 정상성의 유일한 기준으로 삼는 것보다는 진일보한 것이다. 문화와 문화 간의 접촉, 그리고 여기서 불가피하게 나타나는 정상성 개념의 변화, 바로 이는 정상성 개념이 상호문화성에 대한 토대임을 잘 보여주고 있다. 한편으로, 이는 정상성에 의해 지지되는 개별 문화의 공동체성이 어떻게 상호문화적인 공동체성으로 전이하는가를 보여주는 것이기도 하다. 이러한 논의를 토대로 이제 상호문화적 공동체가 구체적으로 어떻게 가능한지, 그 구성 원리는 무엇인지 다음에서 보다 상세히 살펴보도록 하자.

2 문화공동체와 정서

2.1 공동체의 분류와 기준

상호문화성이 공동체적이라면, 당연히 '상호문화적 공동체'라는 표현도 가능하다. 상호문화성이 서로 다른 문화권과의 공동결합의 가능성에 있다면, 그 핵심은 한 문화공동체가 다른 문화공동체와 결합해, 어떻게 또 다른 차원의 문화공동체로서 상호문화적인 공동체를 이루느냐 하는 데에 있다. 바로 앞에서 우리는 이러한 상호문화적 공동체가 성립할 가능성과 관련, 그 형식적 틀과 배경에 대해서는 살펴보았다. 곧 습관, 지평성 그리고 무엇보다도 정상성이 문화공동체의 내적 요소로서, 이러한 상호문

---

15 이와 관련해서 앞의 2부 2장 4절 참조.

화적 공동체가 성립할 수 있는 근원적 밑바탕이 됨을 보았다. 그러나 앞서의 논의는 대체로 문화일반이 공동체적인 성격을 지니는 형식적 근거에 집중되어 있었기 때문에, 구체적으로 상호문화적인 공동체가 어떻게 가능한가 하는 데 대한 실질적인 논의는 이루어져 있지 않았다. 그러므로 여기서는 상호문화적인 공동체가 가능한 근거와 그 성격에 대해 그 실질적 내용의 측면에서 보다 자세히 살펴보기로 하자.

상호문화적 공동체의 가능근거를 보다 상세히 살펴보기 위해서 우리는 먼저 문화공동체 자체가 어떠한 유형인지를 고려할 필요가 있다. 상호문화적 공동체는 이차적이고 복합적인 성격으로, 일반적인 문화공동체와는 다소 성격을 달리하지만, 문화공동체가 지니는 기본적인 속성은 공유하고 있기 때문이다. 물론 우리는 이제까지 문화공동체의 내적인 성격은 다루었지만, 이 문화공동체가 다른 공동체와 비교해 어떤 두드러진 본질적인 특성이 있는지는 아직 제대로 살펴보지 못했다. 문화공동체도 여러 다양한 유형의 공동체의 하나이다. 따라서 문화공동체만의 고유한 특징을 우리는 개인과 공동체의 관계를 중심으로 현상학적인 시각에서 밝혀보도록 한다.

공동체의 논의에서 핵심은 공동체와 그 공동체를 이루는 개인과의 관계이다. 어떠한 공동체이건 그것의 성격을 규정하는 것은 이 공동체를 지지하는 개인들이다. 물론 개인들의 모든 개개 성향이 이 공동체의 정체성을 규정한다기보다는 공동체의 이념 내지 목적과 개인들의 성향이 상응하고 일치하는 부분이 이 공동체의 성격을 특징짓게 된다. 개인과 공동체의 상응관계를 제대로 고려하지 못하면, 공동체는 사실상 개인 없는 공허한 형식적인 형태가 되기 싶다. 이런 맥락에서 우선으로 고려해야 할 것이 바로 퇴니스의 공동사회(Gemeinschaft)와 이익사회(Gesellschaft)의 구분이다.

퇴니스의 분류에 따를 때, 공동사회는 흔히 좁은 의미의 공동체로 번역되는데, 가족이나 친족집단처럼 어떤 특정한 이익이나 이해관계에 따라 모인 집단이 아니라 "자연적 의지(natural will)"[16]에 근거한 자연스러운 공동체이다. 반면, 이익사회는 말 그대로 어떤 특정한 의도와 이익을 위해 인위적으로 결성된, 이른바 "합리적 의지(rational will)"[17]에 의해 결성된 공동체이다. 이는 "하나의 특정한 공동 목적 또는 일련의 공동 목적을 추구하기 위해 조직된 사람들의 집단"[18]이다. 이 구분에 따르면, 대표적으로 가족은 공동사회에, 회사나 정당 등은 이익사회에 속한다. 이러한 분류는 공동체를 개인의 의지를 근거로 구분하고 있다는 점에서 우리의 입장과 일맥상통하는 부분이 있다.

그러나 이 구분에 따를 때, 모든 공동체를 선명하게 분류할 수 있는 것은 아니다. 가령, 종교공동체의 경우이다. 종교가 일상화되어, 이를 믿는 구성원들 모두가 공동체를 하나의 삶의 양식처럼 자연스럽게 받아들인다면, 이는 이익사회의 형태를 띠기보다는 사실상 가족과 같은 자연적인 공동체의 성격을 지닌다. 특히 이 공동체를 최초로 결성한 집단의 후손으로서 이 공동체 속에서 태어나고 자란 후속세대는 더욱 그렇게 느낀다. 그러나 엄밀히 보면, 이 공동체는 표방하는 이념상, 특정한 목적과 이익을 추구하고 또 개인이 의지적으로 선택한다는 점에서, 이익사회에 속한다. 즉, 외적인 형식의 측면에서 보면, 이익사회의 모습을 띠지만, 내적

---

16 D. D. Raphael, *Problems of Political Philosophy*, 김용환 역, 『정치철학의 문제들』, 서광사, 1986, 48.

17 같은 곳.

18 같은 책, 49.

인 내용으로 볼 때, 공동사회의 성격을 지닐 수도 있는 것이 바로 이러한 종교공동체이다. 현대사회가 점점 복잡하고 다양해지면서, 이처럼 퇴니스의 구분에 따라 명확히 분류할 수 없는 공동체는 더 증가할 수 있다. 가령, 대표적인 공동사회인 가족도 현대에 와서는 계약적인 성격과 어떤 목적을 추구하는 경향이 강해지기에, 단순한 무목적적 공동체로만 여기기에는 한계가 있다. 물론 가족을 어떻게 이해하느냐에 달려 있지만, 가족을 단순한 자연의 섭리에 따른 것이 아니라 환경에 보다 잘 적응하기 위한 인간의 의지적 노력의 산물이라고 해석한다면, 가족 또한 근본적으로 이익사회에 속해야 할 것이다.

이런 맥락에서 지적하고 싶은 것은 공동체 구성원 간의 내적인 **정서적 친밀감**에 대한 고려이다. 퇴니스의 공동체 분류를 있는 그대로 받아들이면, 정서적 친밀감은 오직 공동사회에만 존재하는 것으로 이해되고 있다. 그러나 이익사회에도 친밀감이 존재할 수 있다. 그러므로 필자는 여기서 비록 다소 모호하기는 하지만, 이 정서적 친밀감을 기준으로 공동체를 분류할 것을 제안한다.

여기서 다시 가족의 문제로 돌아가보자. 가족을 구성하는 데는 여러 요소가 필요하지만, 가족을 하나의 가족공동체로 결집시키는 데 가장 중요한 요소는, 혈연적인 부분을 제외하고는, 한 가족이라는 '**일체감**'이다. 즉, 구성원들이 자신이 속한 가족공동체를 바라보는 정서적 태도가 공동체의 구성에서 매우 중요한 역할을 한다. 이 일체감이라는 공동의 의식이 깨지는 순간, 가족도 사실상 해체의 길을 걷는다. 그런데 이 공동의 의식이 존재하는 한, 가족공동체는 어떤 특정한 목적을 추구해도 좋을, 그러한 공동체로의 전이도 가능하다. 공동사회에서 이익사회로의 전이가 가족공동체 안에서도 가능한 것이다. 역으로 어떤 특정한 목적과 의도를 가지고 모인 이차적 공동체도 이러한 일체감이 존재한다면, 어떤 면에서는 가족 이상의 친밀한 공동체적인 기능을 수행할 수 있다. 실제로 우리 주변에서 이러한 친밀성을 도모하는 공동체를 많이 볼 수 있는데, 이러한 공동체는 이익사회이면서 동시에 공동사회이기도 하다. 이렇게 볼 때, 그 구성원들이 어떠한 정서적 의식과 태도를 가지고 이 공동체와 이 속의 동료 구성원들을 대하느냐에 따라 공동체의 질적인 성격이 규정된다고 할 수 있다. 물론 일차집단인 가족공동체와 기업과 같은 이차집단은 분명 다르다. 그러나 이 다름은 형식적으로 외적으로만 보았을 때의 차이이고, 실제 내용상에서 그 구성원들이 공동체에 의미부여하는 정서적 태도를 고려했을 때는, 어떤 면에서 같을 수도 있다. 그러므로 공동체의 성격을 규정하고 나름대로 분류한다고 할 때, 우선으로 고려해야 할 것은, 공동체 내부 구성원들의 공동체에 대한 **내적인 정서와 태도**라고 본다.

내적인 친밀도를 분류의 기준으로 삼는다고 했을 때, 공동체의 성격을 구분하는 또 다른 대안으로 제시될 수 있는 것이 바로 아렌트가 사용한 '사적 영역(private realm)'과 '공적 영역(public realm)' 간의 구분이다. 아렌트는 고대 그리스 사회형태를 모델로, 이 두 영역 간의 차이를 토대로 정치공동체와 비정치공동체를 구분했다. 즉, 가족은 사적 영역을 전형적으로 대표하는 것으로서 비정치공동체이고, 이를 초월해서 열린 당대의 민주적인 정치 집회는 공적 영역을 가리키는 것으로서 대표적인 정치공동체의 하나라는 것이다. 김홍우 또한 후설의 생활세계를 분석하면서, 이를 크게 자연적 세계(자연)와 사회적 세계(사회)로 구분하고, 후자는 다시 사적 영역과 공적 영역으로 나누고 있다.[19] 이러한 사적 영역과 공적 영역의

---

19 김홍우, 『현상학과 정치철학』, 문학과 지성사, 1999, 332 참조.

구분을 통한 공동체의 분류를, 퇴니스의 분류에 비해 우리의 관점에서는 더 선호할 수 있다. 비록 아렌트나 김홍우는 사적 영역의 특징을 공동체 구성원 간의 내적인 친밀성에 두고 있지는 않지만, 최소한 이를 암시적으로 표현하고 있다. 우선 사적이라는 것 자체가 개인적 관심과 감정을 반영하는 데다가, '사적 영역'이라는 표현에는 개인의 공동체에 대한 각별한 정서가 이미 함축되어 있기 때문이다.[20] 그리고 공적 영역에서는, 개인적, 사적 친밀성을 배제할 것을 암묵적으로 요구하고 있다는 점에서, 이러한 차이가 분명히 드러난다. 그러나 이러한 구분도 공동체의 성격을 그 형식적 틀에서 획일적으로 규정하려 하면 한계를 드러낸다.

아렌트는, 가족은 전적으로 사적 영역에 속하고, 이를 넘어서는 (도시)국가는 공적 영역으로서 전혀 다른 차원으로 이해하고 있다. 즉, 양자 간에는 질적인 차이가 있다고 본 것이다. 여기에는 가족에는 오로지 경제적 관심이, 정치공동체로서의 국가에는 말과 대화를 통한 정치적 관심만이 지배한다고 보는 이분법적 시각이 그 바탕에 깔려 있다. 그러나 이러한 구분은 마찬가지로 공동체 내부의 구성원들의 의지나 정서를 고려하지 못한다는 점에서 한계를 보인다. 중요한 것은, 어떤 형식적 구조가 아니라 공동체를 구성하는 사람들의 의식을 고려한 내적인 실질적 내용이며, 이에 따라 가족이나 국가는, 경우에 따라, 사적 영역에 속할 수도 또 공적 영역에 속할 수도 있다고 본다. 이런 맥락에서 김홍우의 후설 국가 개념에 대한 해석은 주목할 만하다.

---

20 아렌트의 경우, 가족과 같은 사적 영역의 핵심적 특징을 경제적, 실용적인 관심에서 찾고 있다. H. Arendt, *The Human Condition*, 이진우, 태정호 역, 『인간의 조건』, 한길사, 2003, 112–127 참조.

김홍우는 우선 후설이 국가를 하나의 '열린 공동체'로 규정하고 있다는 점을 주시한다. 국가는 공적인 상호주관성의 영역이면서 동시에 태생적으로는 가족적인, 역설적이고 이중적인 성격을 지닌다는 것이다. 즉, 후설에서 "국가는 사적으로 태어난 구성원들을 통해서 공적 영역을 활성화시켜야 하는 역설적 존재라 할 수 있다. 이것은 한편으로는 국가에 내재하는 모순이면서 다른 한편으로는 국가의 무한한 과제임을 암시한다."[21] 김홍우는 이런 맥락에서 후설의 다음과 같은 구절을 인용하고 있다. "국가는 열린 공동체이고 동시에 혈연공동체이다. 시민의 자녀들은 국가공동체에 소속되지만, 성년이 되어서야 비로소 완전한 시민의 권리를 갖는다."[22] 이러한 김홍우의 후설 이해는 어떤 공동체를 획일적으로 사적 영역과 공적 영역으로 절대적으로 양분하는 태도를 경계하는 것으로서, 본 글의 취지와 원칙적으로 부합한다. 김홍우는 이런 의미에서 슈츠나 거비치가 상호주관성을 근거로 생활세계를 전적으로 공적인 세계로 규정하는 데 반대한다.[23] 그는 다음과 같이 말한다. "여기서 필자가 제기하는 논점은 상호주관성이 반드시 공적인 것과 일치하지는 않는다는 점이다. 오히려 상호주관성은 다시 공적인 영역과 사적인 영역으로 구분되어야 하며, 각 영역의 특성은 동일한 상호주관성의 '유형화(modalization)'의 관점에서 또는 그것에 고유한 맥락과 연관성 속에서 밝혀져야 한다는 점이다."[24]

김홍우의 해석 또한 공동체 내부를 지배하는 어떤 정서적 분위기까지 고려한 것은 아니지만, 공동체를 최소한 현상학적으로 맥락과 사태에 부

---

21 김홍우, 앞의 책, 336.
22 『상호주관성 I』, 109-110. 김홍우, 같은 책 336 재인용.
23 김홍우, 같은 책, 331 참조.
24 같은 책, 331-332.

합하게 규정하려고 한 점에서 의미가 있다 하겠다. 이러한 논의를 바탕으로 기존의 공동체 구분방식을 넘어서서 필자가 결론적으로 제안하고자 하는 것은, 개개인의 의지와 정서적 태도 그리고 공동체 구성원 간의 유대감이 강하게 반영된 공동체를 '**정서적 공동체**'로, 정서는 도외시한 채 합리적 이해관계나 의도, 정책 그리고 체계나 이념성이 주되게 반영되거나 이를 추구하는 공동체를 '**이념적 공동체**'로 구분하는 것이다. 전자가 인간관계를 중심으로 인간적인 현실적 삶에 보다 밀착되어 있다면, 후자는 인간적 관계보다는 이상적이고 추상적인 이념이나 구조에 초점을 맞춘다. 물론 전자가 퇴니스의 공동사회, 후자가 이익사회의 개념에 대체로 근접하고 있는 것은 사실이다. 그러나 필자의 구분은 양자 간의 엄격한 경계와 분리를 전제로 하는 것이 아니라 상호 넘나듦과 가변성을 허용하는 것이며, 그런 한에서 폐쇄적이 아닌 개방적인 구분이다. 이 구분은 공동체의 외적인 틀이 아니라 내적인 관계를 중심으로 분류하는 것이어서, 언제라도 내적인 관계가 변하면, 외적인 형태와는 관계없이 규정이 달라질 수 있다. 이 구분의 초점은 외적인 객관적 형식이 아니라 구성원들의 주관적 태도에 놓여 있기 때문이다.

2.2 정서적 공동체로서의 문화공동체

이러한 논의를 바탕으로 이제 다시 문화공동체에 대한 문제로 되돌아가보자. 그러면 문화공동체는 우리의 구분에 따를 때, 어디에 속할까? 이제까지의 논의를 토대로 할 때, 문화공동체는 당연히 이념적 공동체라기보다는 정서적 공동체에 가깝다.[25] 여기서 주목해야 할 점은 이념적 공동체라고 해서 항상 여기에 머물고 있는 것은 아니라는 것이다. 가령, 이론적인 학문적인 공동체를 보자. 아무리 합리성에 바탕을 둔 학문적인 모임이라 할지라도 그 구성원들이 이 공동체에 대해 정서적 애착과 친밀감을 가지고 있다면, 정서적인 성격을 지닌다고 볼 수 있으며, 따라서 정서적 공동체로 분류될 수 있다. 그러나 반면, 이 학문적 공동체에 대해 구성원들이 아무런 일체감 내지 소속감 없이, 단지 학문적인 견해의 토론의 장으로만 여기고, 그 이상도 이하도 아니라면, 이 학문공동체는 이념적 공동체라고 볼 수 있다. 내적 상황에 따라 언제라도 그 성격이 달라질 수 있는 것이다.

그러나 문화라는 개념이 매우 포괄적이고 인간의 삶 전체를 아우르는 것이라고 할 때, 이념적 공동체도 최대한 느슨하게 이해하면, 문화공동체의 범주에 포함된다고 볼 수도 있다. 그러나 문화공동체라고 불린다면, 최소한 이 속에 사는 사람들 간에는 보이지 않는 일체감과 친밀감이 그 저변에 존재하고 있어야 한다는 것이 필자의 생각이다. 이런 점에서 이념적 공동체가 문화공동체의 일부로 포함되려면, 이러한 정서적 공동체가

---

25 여기서 필자가 말하는 이념적 공동체는 인간 간의 정서적 관계나 친밀한 유대관계가 배제됨으로써 지극히 이념화된 구조만이 남아 있는, 그러한 건조한 (비인간적인) 공동체를 말한다. 사이버 공간에서의 공동체도 유사한 형태라고 본다. 그런데 필자가 여기서 문화공동체라는 개념으로 의미하는 것은 '인간 간의 정서적 유대를 바탕으로 한 생동적인 인간적 공동체'를 의미한다. 그런 의미에서 이념적 공동체와 문화공동체는 구분될 수 있다. 물론 이념적 공동체로 규정되어도 인간의 정서적 유대가 가미되면, 언제라도 정서적 공동체로 전환될 수 있다. 그런 점에서 양자 간의 경계는 그렇게 확고한 것이 아니다. 사실 넓은 의미에서 보면, 이념적 공동체도 이것이 인간적인 공동체인 한, 문화공동체의 하나로 볼 수 있다. 다만 문화공동체의 본질적 특성상, 이념적이기보다는 정서적이라는 것이 여기서의 주장의 초점이다.

어떤 식으로든 그 밑바탕에 놓여 있거나 이와 연관이 있어야 한다. 그렇지 않은 독립적인 형태의 이념적 공동체는 엄밀한 의미에서 인간적 공동체로서의 문화공동체라는 성격을 지닐 수 없다고 본다.

문화공동체가 정서적이어야 하는 실질적 이유는 정서적 친밀감이 바탕이 되어야만, 그 공동체가 지속하고 발전해갈 수 있기 때문이다. 그렇지 않다면, 금방 해체되어 사라져버리기 때문에, 엄격한 의미에서 '문화공동체'로서의 의미를 지닐 수 없다. 문화공동체는, 아주 특별한 예외를 제외하고는, 기본적으로 개인과 공동체 간 그리고 구성원 간의 긴밀성과 이에 바탕을 둔 지속성을 특징으로 한다. 따라서 문화공동체라는 이름이 부여되는 한, 이는 정서적 공동체로 보아도 무방하다는 것이 필자의 생각이다. 이러한 정서적 공동체로서의 문화공동체의 의미를 바로 하이데거의 '세계 내 존재(In-der-Welt-sein)'라는 용어가 잘 표현하고 있다.

하이데거는 현존재(Dasein)가 일상적 삶 속에서 세계와 불가분리의 관계를 맺고 있음을 '세계 내 존재'라는 개념을 통해 표현한다. '세계 내'라고 했을 때, 이를 공간적인 규정으로 이해해서는 안 된다는 것이 하이데거의 주장이다. 즉, 물이 컵 안에 있고, 옷이 옷장 안에 있는 식으로 어떤 공간적 의미로 '내 존재(In-Sein)'를 이해해서는 안 된다는 것이다. 이런 식으로 이해할 경우, 현존재와 세계는 근본적으로 서로 다르고 분리된 존재로 간주되어, 양자 간의 유기적 연관성을 고려할 수 없다. 하이데거에 따르면, "내 존재는 현존재의 존재 구성틀(Seinsverfassung)이자 하나의 실존적 요소(ein Existenzial)이다."[26] "내 존재는 현전하는 것의 공간적인 뒤섞임을 의미하지 않으며, 마찬가지로 '안(in)'이라는 표현은 근원적으로 전혀, 언

---

26 M. Heidegger, *Sein und Zeit*, Tübingen, 1993, 54.

급된 유형의 공간적인 관계를 뜻하지 않는다."[27]

하이데거는 여기서 내 존재를 공간적인 의미에서가 아니라 그 어원에 따라 '익숙하다', '친숙하다', '거주하다', '체류하다' 등의 일상적인 의미에 근거해 규정하고자 한다. 말하자면, 현존재가 일상성 속에서 '세계 속에 빠져 있음(Aufgehen in der Welt)'이라는 의미에서, 양자가 불가분리로 얽혀 있음을 강조하고자 한다. 이런 맥락에서 하이데거는 양자 간의 형식적인 분리와 거리감을 암시하는 'in'보다는 양자가 친밀감 속에서 자연스럽게 연관되어 있음을 가리키는 'bei'라는 표현이 더 적절할 수 있다고 보고, '세계 옆에 있음(Sein bei der Welt)'이라는 표현을 쓴다. 이는 현존재가 세계와 나란히 병렬적으로 옆에 있다는 의미가 아니라, 말 그대로 양자가 하나로 결합된 듯이 가까이 있음을 뜻한다. 가령, 내가 집에서 편안함과 안락함을 느끼고 있을 때, 나는 이 집을 정서적인 일체감 속에서 경험한다. 양자 사이의 공간적인 거리는 있어도 정서적인 거리감은 없는 것이다. 이를 좀 더 구체적으로 가리키기 위해 하이데거는 접촉하다(berühren)라는 표현을 사용한다.[28]

하이데거는, 이 '접촉하다'라는 표현은 단순히 물리적 접촉의 의미에서만 사용할 수는 없다고 본다. 가령 '의자가 벽을 접촉하다'라는 표현은 '의자가 벽에 닿아 있다'라는 물리적인 의미로는 이해할 수 있지만, 엄격한 이 단어의 의미를 담아내기에는 적절한 표현이 아니라고 본다. 하이데거는 '접촉하다'라는 단어가 올바르게 쓰이기 위해서는 양자 사이의 만남(zusammentreffen)을 함축해야 하는데, 이 만남은 단순히 우연적인 물

---

27 같은 곳.
28 같은 책, 55 이하 참조.

리적인 만남이 아니라, 양자가 유의미한 연관 속에 있음이 전제되어야 한다고 본다. 그러므로 하이데거는 접촉하는 존재자가 기본적으로 내 존재의 존재방식을 지닐 경우에만, 즉 어떤 의미연관이 있음을 의식할 경우에만, '한 존재자가 다른 존재자를 접촉한다'라는 것이 의미가 있다고 본다. 그러나 이 의미연관은 세계 전체가 지평과 같은 통일적인 의미의 연관체로서 의식될 경우에만 가능한 것으로서, 이때 세계는 "이로부터 존재자가 접촉 속에서 드러날 수 있는"[29] 그러한 바탕으로서 이해된다. 그러므로 이러한 의미연관으로서의 세계의식이 없는 존재자에게는 원칙적으로 '접촉하다'라는 단어를 쓸 수 없다. 그런데 이러한 지평으로서의 세계는, 앞서 밝힌 바와 같이, **친숙감과 친밀감** 속에서 주어지는 세계이므로, 여기서 접촉이라는 단어는 바로 이러한 세계 내지 세계와의 친밀감을 특징짓는 것으로 이해될 수 있다. 사실 '접촉하다(berühren)'라는 본래의 동사가 함축하듯이, 하이데거는 이를 통해 나와 세계 간의 관계가 단순한 물리적, 인과적 관계가 아닌, 친밀한 정서적인 내적 관계임을 표현하고자 했다. 독일어 berühren이 단순한 물리적 접촉이라는 의미보다 정신적인 의미에서 '마음을 움직여 감동시키다'라는 의미를 또한 지니고 있다는 점은 이를 잘 보여준다. 하이데거가 굳이 이 단어를 써서 세계 내 존재의 의미를 밝히고자 한 것도 바로 여기에 주된 이유가 있다고 보인다.

이런 맥락에서 하이데거는 현존재가 세계를 바라보는 방식이 단순히 인식과 관찰의 대상으로서 거리를 두고 바라보는 것이 아니라 친밀감이 바탕이 된 정서적인 '신경 씀(Besorgen)' 혹은 '염려(Sorge)'의 방식이라고 본다. "내 존재의 이러한 방식들은 아직 상세히 특징지어져야 할 '신경 씀

---

29 같은 책, 55.

(Besorgen)'의 존재양식을 지닌다."[30] 따라서 하이데거는 인간과 세계의 각별한 연관성을 특징짓기 위해 후설이 자주 사용한 '주위세계(Umwelt)'라는 표현을 쓰면서, "인간은 자신의 주위세계를 갖는다(der Mensch hat seine Umwelt)."[31]라는 일상적 표현에 주목한다. 우리가 이렇게 '자신의 세계를 갖는다'라고 스스럼없이 말할 수 있는 것은, 철학적으로 보았을 때, 우리가 이미 이 세계에 대해 친숙하고 또 이 세계에 대한 선이해를 갖고 있기 때문이다. 이는 한편으로, 그만큼 우리가 이 세계와 불가분리로 결부되어 있음을 가리키는 것이기도 하다. 곧 '갖는다'는 표현은 우리와 세계 간의 정서적 친밀감과 일체감을 상징적으로 표현하는 것이다. "가짐(das Haben)은 자신의 가능성에 따를 때, 내 존재의 실존적인 구성 틀에 근거해 있다."[32]

하이데거적 관점에서 인간과 세계의 긴밀성은, 우리가 이 세계를 하나의 인식적 대상으로 보는 것이 아니라 실천적인 일상적 삶의 세계로 받아들임으로써 친숙감과 친밀감을 가지고 정서적으로 느끼는 세계라는 데 그 핵심이 있다. 바로 그렇기에 우리는 일상적 삶 속에서는 이 세계를 주제화하거나 깊이 의식하지 않는다. 일상적 세계는 두드러져 우리에게 나타나지 않는다. 단지 느낌 속에서 그림자처럼 주어져 있을 뿐이다. 그렇다고 이 일상적 세계가 원초적이고 본능적인 세계라는 것은 아니다. 일상적 세계는 문화적 세계이고, 이것이 고차원적이건 저차원적이건, 모든 인간은 이 속에 젖어들어 자연스럽게 살고 있는 것이다. 곧 "일상성 속에서

---

30 같은 책, 57.
31 같은 곳.
32 같은 책, 57–58.

의 현존재에 대한 해석은 그러나 이에 대한 인식이 경험적으로 인류학을 통해 매개될 수 있는 어떤 원초적인 현존재의 단계에 대한 기술과 동일한 것은 아니다. 일상성은 원초성과 일치하지 않는다. 일상성은 또한 오히려 현존재가 고도로 발달되고 분화된 문화에서 움직일 때, 그리고 바로 그럴 때의 현존재의 존재양식이다."[33]

이러한 현존재와 세계와의 관계는 우리가 살펴보고자 하는 문화공동체의 성격이 어떠한지를 잘 보여주고 있다. 우리는 이 문화공동체 속에 살면서 이 공동체를 대상화해서 바라보기보다는 일종의 정서적 느낌 속에서 받아들인다. 이는 다른 한편으로 이 공동체와 내가 혼연일체가 되고 있다는 것으로도 해석할 수 있다. 곧 여기서 나와 공동체의 관계는 주체와 객체의 관계가 아니라, 주객이 미분리된, **대상화되기 이전의 감성적인 관계**이다. 문화공동체가 하나의 정서적 공동체라고 규정될 때의 핵심적 의미는 바로 여기에 있다. 이런 의미에서 하이데거는 다음과 같이 정서적으로 주어지는 세계에 대해 말한다.

기분에 젖어 있음(Befindlichkeit)[34]에 실존론적으로 세계에 대한 열려지는 의존성이 있다. 바로 이러한 세계에 근거해 우리가 관계하는 것들을 만날 수 있다. 우리는 사실상 존재론적으로, 원칙적으로 이 '단순한 기분(der

---

33 같은 책, 50–51.
34 일반적으로 Befindlichkeit는 '심정성', '상황성' 등으로 번역되나, 문맥의 의미에 맞게 필자는 어떠한 기분에 빠져 있다는 것을 강조해 '기분에 젖어 있음'으로 번역한다. 참고로 소광희 교수는 이를 '심정성'으로 번역하고 있다. M. Heidegger, *Sein und Zeit*, 소광희 역, 『존재와 시간』, 경문사, 1998, 196 참조.

bloßen Stimmung)'을 통해 세계를 우선적으로 발견할 수밖에 없다.[35]

문화공동체가 지니는 이러한 정서적인 성격은 이미 우리가 앞에서 살펴본 후설의 '고향세계(Heimwelt)' 개념에서도 잘 나타난다.[36] 앞서도 지적한바와 같이, 후설에서 고향세계는 친근함이라는 감정적인 분위기에 의해 감싸여 있다. 우리는 앞에서 이 고향세계의 친근감을 규정하는 주된 요소로서 고향세계를 구성하는 같은 **고향사람들**을 지목했다. 고향세계는 친밀감을 느끼는 유사한 주위사람들이 있기에, 편안함과 친숙감을 줄 수 있다. 그러나 한편으로 고향세계의 친숙성을 가능케 하는 또 다른 근본적인 바탕은, 바로 우리가 이 장의 1절에서 살펴본 공동체적 습관으로서의 정상성이다. 후설에 따르면, 고향세계는 오직 **정상성** 속에서 주어진다.

소박한 방식으로 경험의 세계는 오로지 정상성의 세계로 받아들여진다. 오로지 무게는 '고향세계' 등에 놓여진다. 따라서 단지 정상적인 생활세계, 정상적인, 우리에게 친숙한, 우리가 항상 여기에 의존할 수 있는 방식에서의 세계만이 고려된다.[37]

고향세계가 정상성 속에서 주어진다는 것은, 다른 말로 하면, 어색하거나 낯설지 않고 친숙성 속에서 주어진다는 것이다. 사실 '정상적'이라는 표현은 일상적으로는 이성적이라기보다는 정서적으로 '좋음', '맞음', '거

---

35 M. Heidegger, *Sein und Zeit*, Tübingen, 1993, 137-138.
36 이 책의 제1부 3장 5절 참조.
37 『상호주관성 III』, 210.

부감이 없음', '편함' 등으로 받아들여진다. 이는 그 반대의 경우인 비정상성에 대한 경험을 통해 보면, 분명히 알 수 있다. 일상적 삶에서 정상적이지 않은 것은 낯설고 당혹스럽고 불편하며, 심지어 공포의 감정을 불러일으킨다. 바로 고향세계와 대비되는 이방세계는 우리에게 일단은 비정상적인 것으로서 그렇게 낯설고 어색하게 나타난다. 정상성의 반대는 이처럼 심정적으로는 **'불안감'** 내지 **'이질감'**을 나타낸다. 그러므로 후설은 고향세계를 심정적으로 가까운 세계로, 반면 이방세계는 내게 "공허한 먼 세계"[38]로 표현하기도 한다.

3 상호문화적 공동체의 형성

3.1 상호문화적 공동체와 정서적 의지

문화공동체를 이처럼 정서적 공동체로 볼 때, 우리는 문화공동체가 왜 그렇게 견고하고 지속적이며 동시에 어떤 면에서는 비합리적인지 비로소 이해할 수 있다. 공동체에 대한 정서적 믿음과 신뢰 그리고 친밀감이 바로 이 공동체를 유지하게 하는 원동력이다. 그러나 이러한 문화공동체에 대한 정서적 공감은 이 공동체가 규모가 작으면, 쉽게 자각할 수 있으나, 그렇지 않고 규모가 크면, 대개는 이러한 느낌조차 제대로 의식하지 못하는 경우가 많다. 가령, 범위를 민족이나 국가 수준의 공동체로 넓히면, 이에 대해서 우리는 특별한 경우를 제외하고는, 보통의 일상적인 상

---

38 같은 책, 214.

황에서는 의식하지 못한다. 그만치 우리가 이 공동체 속에서 적응해 편안하게 지낸다는 의미이다. 이러한 문화공동체에 대한 우리 자신의 태도는 이질적인 타 문화공동체를 접할 때 자각하게 된다. 타 문화공동체를 접하면서, 우리는 어쩔 수 없이 우리 자신의 문화 속에서는 알지 못한 이질감과 당혹감을 느끼게 되고, 이때 비로소 우리 자신의 문화에 대해 가졌던 정서를 실감하게 된다. 외국에 가서 혹은 자국과 외국의 스포츠 경기를 보면서, 평소에는 알지 못했던 모국에 대한 애국심을 느끼는 경우가 대표적이다. 이는 한편으로 우리 자신의 문화공동체를 상대화시켜 볼 수 있는 계기이기도 하다.

그런데 우리 자신의 공동체에 대한 친밀감은 한편으로 타 문화공동체에 대해서는 배타적이고 적대적인 감정으로 나타날 수 있다는 것이 문제이다. 자신의 공동체에 대해서 친밀감과 애착이 강하면 강할수록, 타 공동체에는 그만치 거리를 둘 가능성이 높아진다. 그렇다면, 여기서 우리의 중심적 주제인 상호문화적 공동체는 어떻게 가능할 것인가가 문제로 부각된다. 자신의 공동체에 대한 배타적 감정을 넘어서서, 어떻게 타 문화공동체에 대한 열린 마음을 가질 수 있는가 하는 것이다.

이미 우리는 앞에서 감정과 상호문화성의 관계를 논하면서 타 문화에 대한 이질감이 친숙감으로 변할 수 있는 가능성에 대해 살펴보았다. 타 문화의 이질성과 낯설음에 대한 충격이 부정적인 거리감으로만 남는 것이 아니라, 오히려 가까움의 감정으로 전환된다는 것이 그 요지였다. 이렇게 본다면, 우리 자신의 문화공동체에 대한 친밀한 태도가 반드시 타 문화공동체에 대한 적대적, 폐쇄적인 태도로 이어지지는 않을 수 있다. 물론 초기에는 일시적으로 그러한 경향이 있을 수도 있지만, 지속적으로 그런 경향을 보인다고 할 수는 없다. 역사적으로 타 문화의 유입과정이 초창기의 갈등과 반목을 거쳐 결국은 대부분 수용되는 것을 보면, 이는 타당한 주장이다. 이를 바탕으로 상호문화적인 공동체가 어떻게 가능한지를 이제 본격적으로 살펴보자.

여기서 우리 논의의 출발점은 다시금 앞서 논의한 바와 같이 문화공동체가 그 핵심에서 **정서적**이라는 것이다. 인간 감정의 특징은 가변적이고 일시적이라는 단점이 있지만, 한편으로 매우 신속하고 급속하게 전파된다는 장점이 있다. 말하자면, 예상치 못한 잠재력과 폭발력이 있다는 것이다. 특히 감정이 타인에게 전달되는 것은 이성적인 언어를 통해 전달되는 것보다 훨씬 강력하다. 문화공동체가 사실 합리적인 예측을 넘어서서 형성되고, 급속하게 그 세력을 확장하게 되는 것은 문화에 내재한 이러한 감정적인 요인 때문이기도 하다. 문화공동체의 바탕을 이루는 이러한 정서적 분위기는 합리적으로 통제할 수도, 또 정치적으로 제어할 수 있는 성질의 것이 아니다. 가령, 팝송이나 록 음악 등이 국경을 넘어 전 세계로 퍼져나가고, 이 세계의 많은 사람들이 여기에 열광하는 이유는, 이것이 인간의 감정을 건드리고 또 여기에 호소하기 때문이다. 이러한 음악에 열광하는 사람들의 집단은 곧 일종의 보이지 않는 문화공동체를 형성하게 되고, 그 경계도 불분명할 정도로 엄청난 속도로 그 세력을 넓혀나가게 된다. 최근의 한국 팝 열풍과 싸이의 노래 등이 그 대표적인 예이다.[39]

상호문화적 공동체는 이러한 무형의 정서적인 문화공동체가 확장되면

---

39 물론 이러한 특정 부류의 음악이나 예술에 대한 지지자들의 모임은 지속적이지도 않고, 그 범위도 불분명하기에, 하나의 공동체로서의 의미를 부여할 수 있는가에 대해서 회의적인 시선이 있을 수도 있다. 그러나 현대의 확고하게 존재하는 종교공동체 혹은 학문공동체 또한 그 범위와 경계도 불분명하고, 또 영원히 지속한다는 보장도 없다. 어떠한 종류의 문화공동체이건 간에, 이것이 정서적인 한, 기본적으로 가변성과 상대성을 띨 수밖에 없다.

서, 타 문화공동체와 중첩되고 뒤섞인 것 이외에 다름 아니다. 물론 상호문화적 공동체는 기존과는 다른 새로운 차원의 공동체라고 볼 수 있다. 가령, 전혀 다른 문화적 영역에서 교류 없이 지내던 사람들이 비틀스나 퀸의 음악을 매개로 하나가 되는 체험을 했다면, 이는 바로 새로운 문화공동체의 탄생을 의미하는 것이다. 물론 이 공동체의 형성을 주도한 어떤 특정한 주체도 리더도 없다. 다만, 이 공동체를 매개한 음악과 음악가들이 있고, 이를 중심으로 사람들이 모인 것이다. 여기서 음악가들도 주체라고 볼 수 없다. 이들은 다만 그 계기를 제공했을 뿐이다. 주체는 이 음악에 공감해 공동체에 참여한 다수의 사람들이며, 이들의 **정서적 일체감**이 이 공동체의 핵심이자 생명이다. 여기서 중요한 요소는, 바로 서로 다른 문화적 배경을 가진 사람들이 비록 직접적이지는 않더라도 **감정적인 일치**를 느끼고 공유했다는 사실이다. 특정한 이념이나 어떤 외적인 문화적 요인이 분명 이 사람들을 끌어들일 수는 있다. 그러나 이것 자체가 이 공동체의 핵심적 요소는 아니다. 핵심은 이 안에 모인 사람들의 **정서적 유대감**이고, 이를 통해 기존의 문화적 틀을 배경으로, 혹은 이를 넘어서서 또 따른 **문화적인 공감대**를 구성했다는 것이다. 곧 이성적 사유나 판단과 같은 합리적 태도가 아니라 비합리적인 정서적 의지가 문화적, 민족적, 국가적 장벽을 넘어서서 하나임을 느끼게 하는 상호문화적 공동체의 결정적인 바탕으로 작용하는 것이다.

3.2 상호문화적 공동체의 정서적 해석에 대한 반론

그러나 이러한 우리의 해석에 대해 다음과 같은 반론이 제기될 수 있다. 첫째, 상호문화적 공동체의 가능근거를 정서적 의지에 둔다면, 이러한 정서적 의지가 표출되지 않는 상황에서는 상호문화성이 형성되지 않는다는 것을 의미한다. 그러나 정서적 의지 없이도 상호문화성이 가능할 수 있지 않은가? 가령, 과거 식민지를 둔 강대국의 역사적 경험을 통해서 보듯이, 무력에 의해 강제적으로 특정 문화를 이식함으로써 피지배국의 국민들의 정서적 의지에 반해, 일종의 상호문화성이 형성되기도 했다. 이처럼 일부 지배집단의 이익을 위해 상호문화성이 형성된 경우는 다수의 정서적 의지와는 무관하다.

둘째, 정서적 의지는 지극히 개인적인 것이다. 따라서 이것이 개인적인 차원에서 하나의 문화적 기호의 표출이라는 의미만을 지닌다면 몰라도, 타인과 더불어 하나의 공동체를 형성하는 데 기여할 수 있는지는 의문스럽다. 이 의지가 공동체적인 차원으로까지 승화할 수 있는 어떤 원리를 해명하지 않으면, 정서적 의지가 상호문화적 공동체의 바탕이 된다는 주장은 설득력이 없다.

셋째, 정서적 의지 없이는 상호문화적 공동체는 전혀 존재할 수 없는 것인가? 이것이 없이도 상호문화적 공동체는 잘 존립하고 있지 않은가? 일단 상호문화적 공동체가 형성된 이후에는, 이에 대해 사람들은 어떤 의지를 갖고 있지 않아 보이기 때문이다.

이러한 반론들은 일단 외견상 설득력이 있어 보인다. 그러나 좀 더 깊이 들여다보면, 상호문화성과 정서적 의지의 관계에 대해 다소 잘못 이해하고 있음이 드러난다. 우선 첫 번째 반론부터 살펴보자.

첫 번째 반론은, 강제적인 문화이식을 통해서 일종의 문화융합이 일어날 경우, 이는 피수용자의 정서적 의지에 반해서 일어난 것이므로, 상호문화성과 정서적 의지는 무관하다는 것이다. 이 주장은 물론 일면적으로는 타당하다. 우선 문화의 전달 자체가 강제적인 방식으로 이루어졌으므로, 정상적인 형성 과정과는 다르다. 그러나 초기의 전달과정에 문제가 있음에도 불구하고, 이후 이것이 어떤 식으로든 피수용자가 받아들여 하나의 새로운 문화적 양식을 창출하게 된다면, 이는 분명 상호문화성의 한 양태로 간주할 수 있다. 위의 반론은, 최초로 문화를 전달하게 된 동기를 문화의 수용까지 연결시켜 연속적으로 이해하고 있다는 점에서 문제점을 드러낸다. 문화가 전달되는 계기와 수용되는 과정은 별개의 차원이다. 그리고 상호문화성에서 중요한 것은 바로 후자이다. 앞서 우리가 상호문화성과 정치의 관계에서도 살펴보았듯이, 문화가 하나의 정치적 힘을 얻고 세력을 지닐 수 있는 것은 이를 전달하려고 하는 자가 아니라, 이를 받아들이는 자들의 선택과 의지에 달려 있다. 설령, 전달방식이 잘못되었고, 또 아무리 문화의 유입과 사용을 강제한다 하더라도 결국 이 문화가 통용될 수 있는가의 여부는 받아들이는 쪽의 최종적 의지에 달려 있다. 그리고 이 의지는 근본적으로 합리적이라기보다는 정서적이다. 가령, 강제적인 방식이기 때문에 이 문화를 받아들이지 않아야 한다고 판단해서 이를 거부하는 것도, 또 설령 이러한 마음을 먹었다 하더라도 자기도 모르게 여기에 물들게 되는 것도, 정도의 차이는 있지만, 모두 정서적인 계기가 그 밑바탕에 깔려 있다. 특히 후자는 더욱 그러하다. 말하자면, 머리로는 이를 거부해도 어쩔 수 없이 받아들이는 것은 넓은 의미의 정서적 의지가 작용하고 있기 때문이다.

두 번째 반론은, 타 문화에 대한 정서적 의지라는 것이 근본적으로 개인적인 것이기에, 개인의 차원에서 문화의 유입이나 향유는 가능할지 몰라도 이것이 공동체적인 차원에서 상호문화성의 형성에 기여할 수 있는가 하는 것이다. 그러므로 상호문화적 공동체의 구성 원리로서 정서적 의지를 내세우는 것은 설득력이 없다는 것이다. 이 반론은, 물론 논리적으로 본다면, 그 자체로는 옳다. 그러나 개인의 차원에서 문화의 유입이라는 것은 현실적으로 이미 공동체적 차원에서 다수의 타인들과의 공동작용을 전제로 하고 있다. 현상학적으로 볼 때, 각 개인은 공동체와 불가분리의 관계를 맺고 있음을 이미 보았다. 개인의 사고방식을 지배하는 것은 바로 공동체적 의지와 정서이다. 개인이 정서와 의지를 지니고 있는 것처럼, 공동체 또한 이를 지니고 있다. 앞서 개인의 습관이 사회적, 공동체적으로 형성되고 또 공동체적 습관으로부터 영향을 받는다고 한 것처럼, 개인의 의지와 공동체의 의지는 보이지 않는 밀접한 관계를 맺고 있다. 바로 그렇기 때문에, 아무리 한 개인이 독자적으로 특정 문화의 양식을 받아들인다 하더라도 이는 이미 공동체적 함의를 지닌다. '유행'과 '시대정신' 등의 표현이 일상적으로 쓰이는 것도 바로 이런 맥락에서이다. 내가 어떤 문화적인 것을 나의 기호에 따라 선택한다는 것은 이미 일종의 공동체적 행위이다. 바로 이런 이유에서 '외래문화가 물밀듯이 밀려온다'는 표현이 가능한 것이다.

세 번째 반론은, 엄격히 보면, 우리의 주장에 대한 반론이라기보다는 오히려 우리의 주장에 근거해 상호문화적 공동체와 정서적 의지의 관계를 어느 범위까지 적용할 것인가 하는 새로운 질문을 제기하는 것으로 이해될 수 있다. 필자는 원칙적으로 정서적 의지 없이는 상호문화성이 형성될 수 없다는 입장이다. 그러나 이는 타 문화를 처음으로 수용하는 시점에서 나온 이야기이고, 일단 수용된 이후에는, 대부분 습관적이고 무의식적으로 이 문화를 향유한다. 말하자면, 상호문화적 융합은 그 출발점에서는 의지적이지만, 일단 융합이 이루어진 이후에는, 우리의 의지와는 무관하게 자연스럽게 진행된다. 또한 이 문화적 융합이 구체적으로 어떤 방향으로 나아갈지는 우리의 자발적 의지에 크게 의존하지 않는다. 더구나 타 문화를 받아들여 이미 문화적 융합이 이루어진 이후에, 이를 사용하는 후속세대는 더욱 이 융합된 문화에 별 다른 거부감이나 어떤 느낌을 가지지 않을 수 있다. 그러므로 정서적 의지는 타 문화의 유입과 수용이라는 초기의 상호문화적인 단계에서만 결정적으로 적용되는 것이고, 그 이후에는 크게 영향을 미치지 않는다고 볼 수 있다. 그러나 이 정서적 의지는 잠재되어 있을 뿐, 새로운 상호문화적 계기를 창출할 때는 언제나 다시금 나타나 작용을 한다. 아무리 새롭게 형성된 상호문화적 공동체라고 하더라도 여기에 또 다른 새로운 문화가 유입되면, 다시금 정서적 의지가 발동하여 새로운 상호문화적 공동체가 형성될 수도 있다. 곧 상호문화적 공동체라는 것은 절대적으로 그 범위가 정해져 있는 것이 아니라 부단히 소멸과 쇄신을 거듭하며, 여기에는 문화의 주체로서의 인간의 정서적 의지가 끊임없이 작용한다.

이러한 반론에 대한 재반박을 통해 우리는 상호문화적 공동체를 구성함에 있어서 인간의 정서적 의지가 갖는 역할과 의미를 보다 구체적으로 이해할 수 있게 되었다. 우리의 기본적 입장은, 상호문화적 공동체는 인간의 의지와는 무관하게 스스로 형성되는 것이 아니라 인간의 정서적 의지가 그 출발부터 개입되어 있다는 것이다. 그런데 이러한 정서적 의지에 바탕을 둔 공동체의 전형을 바로 후설은 '사랑의 공동체'라는 개념으로 구체화하고 있다. 그렇다면, 이러한 후설의 사랑의 공동체는 과연 상호문화적 공동체로서의 의미를 지닐 수 있는지 다음에서 살펴보면서, 이를 바탕으로 상호문화적 공동체는 근본적으로 어떤 성격을 지녀야 하는지를 다시 한 번 생각해보기로 한다.

4 사랑의 공동체와 상호문화적 공동체

4.1 이상적 공동체로서의 사랑의 공동체

'사랑의 공동체(Liebesgemeinschaft)'라는 개념은 후설 자신에 의한 것이나, 이는 사실 기독교적 사고에 바탕을 둔 것으로서 독창적인 개념은 아니다. 그러나 그의 생활세계 개념이 우리의 일상적 세계 개념을 특징지은 것이기는 하지만, 철학적으로 큰 의미를 지닌 것처럼, 사랑의 공동체 개념 또한 철학적인 맥락에서, 특히 그의 철학체계 내에서 중요한 의미를 지닌다. 여기서 우리는 후설의 사랑의 공동체 개념에 대해 상세히 논구할 생각은 없다.[40] 다만 상호문화적 공동체의 하나의 가능한 대안이자 전형으로서 고려해보고자 하는 것이다. 그러므로 후설의 사랑의 공동체 개념이 우리가 생각하는 상호문화적 공동체의 이념에 적합한지를 검토해보는 것이 우리의 일차적 과제이다.

사랑의 공동체는 말 그대로 사랑에 의해 동기부여된 공동체이다. 사랑은 물론 매우 광범위한 개념이기는 하지만, 한편으로 우리 모두가 잘 알고 있는 개념이기도 하다. 우리가 직접 체험하기 때문이다. 그러나 후설은 사랑의 공동체와 관련해서는 모든 유형의 사랑을 말하려고 하지는 않고 정신적이고 의지적인 사랑에 초점을 둔다.[41] 그리고 이러한 사랑의 표본으로서 기독교적인 사랑, 즉 아가페적인 사랑을 제시한다. 이러한 사랑

---

40 후설의 사랑의 공동체 개념에 대한 상세한 설명은 졸고, 「포용과 책임: 사랑의 공동체에 대한 현상학적 고찰」, 『철학과 현상학 연구』 제18집, 한국 현상학회, 2002 참조.
41 같은 논문, 70-74 참조.

의 특징은 타인에 대해 개방적인 태도를 취하면서 지금 현재의 모습보다는 되어야 할 **이상적인 모습으로서의 타인**을 염두에 두면서 사랑을 하는 것이다. 곧 타인의 잠재적인 '**참된 자기**'가 사랑의 대상이다.[42] 그렇기 때문에, 현재의 모습에 연연해 하는 조건적, 감각적 사랑은 후설의 사랑관에 비추어보면, 참된 사랑이라고 할 수 없다. 참된 사랑은 타인이 참된 자신으로 성장할 수 있도록 일깨워주고, 배려하고, 돕고, 이를 통해 스스로도 참된 자신에 이르도록 하는 것이다. 이런 맥락에서 후설의 사랑은, 후설 스스로도 말하듯, **무한한 이상적인 사랑**이다.[43] 왜냐하면 모든 인간은 유한하고 불완전하기에, 완전한 의미의 '참된, 이상적인 자기'에 이르러 사랑을 완성시키는 것은 현실적으로 불가능하기 때문이다. 그러므로 후설은 개인적인 사랑보다는 공동체적 사랑을 선호하며, 바로 이런 맥락에서 '사랑의 공동체'를 제안한다.[44] 개인적 사랑은 유한하지만, 공동체적인 차원의 사랑은 영원하고 지속할 수 있기 때문이다. 후설의 사랑의 공동체는 이런 점에서 하나의 이상이자 목표로서 현실에 존재하는 사실로서의 공동체라기보다는 도달해야 할 당위적 **이념적 공동체**이다.

이제 이러한 사랑의 공동체와 상호문화적 공동체의 연관성에 대해 살펴보도록 하자. 사랑의 공동체는 상호문화적 공동체와 마찬가지로 경계와 범위가 분명치 않은 무형의 공동체이다. 양자 모두 원칙적으로 무한히 확장가능하며, 또 이러한 확장가능성에 양자의 핵심적인 생명력이 있기도 하다. 무엇보다도 양자 간의 공통성으로 주목할 점은 '**정서적**'이라는

---

42 『상호주관성 II』, 174 참조.
43 『제일철학 II』, 14 참조.
44 졸고, 「포용과 책임: 사랑의 공동체에 대한 현상학적 고찰」, 『철학과 현상학 연구』 제18집, 한국 현상학회, 2002, 73 참조.

점이다. 비록 후설이 정신적 사랑에 좀 더 높은 가치를 두고 있기는 하지만, 사랑은 본질에 있어서 감정이며, 사랑의 대상을 포용하고 가까이하고자 하는 정서적 느낌을 바탕으로 한다. 또한 사랑은 정서적이면서 동시에 의지적이다. 후설이 특히 사랑에서 강조하고자 하는 것은 사랑의 의지적 측면이다. 사랑은 타자를 향한 의지로서 근본적으로 타자와 하나가 되고자 하는 의지를 지닌다.[45] 이런 의미에서 사랑은 일종의 '**정서적 의지**'이다. 앞에서 우리는 상호문화적 공동체의 가능근거를 정서적 의지에서 찾았는데, 이 점에서 사랑의 공동체와 상호문화적 공동체는 일맥상통한다. 그렇다면, 사랑의 공동체를 상호문화적 공동체의 하나의 전형으로 간주할 수 있을까? 이제 이 문제를 다음에서 좀 더 깊이 살펴보도록 하자.

4.2 사랑의 공동체와 상호문화성의 불일치

어떤 면에서 사랑은 분명 상호문화성을 위한 하나의 동기로서 작용한다. 사랑이 타자에 대해 열린 마음을 갖고, 타자를 무한히 포용하는 것이라고 한다면, 사랑은 상호문화성을 위한 적절한 토대임은 자명하다. 타문화를 사랑의 태도로 포용하고 긍정적으로 수용한다면, 문화적 갈등이 없이도 문화적 융합과 조화로운 공존이 가능할 것이기 때문이다. 실제로 이러한 사랑의 계기가 없이는 상호문화성이 불가능할지도 모른다. 그러나 이러한 사랑이 사랑의 공동체라는 이상적 공동체의 이념 속으로 흘러들어가는 순간, 상호문화성과는 불일치가 발생한다. 이는 후설이 사랑의 공동체를 구상하면서 지나치게 이를 이상화하고, 이에 맞추어 사랑에도

---

45 같은 논문, 77-78 참조. 아울러 앞의 제1부 3장 4절 참조.

과도한 의미부여를 했기 때문이다.

우리는 흔히 사랑의 감정은 맹목적이라고 말한다. 흔히 사랑에는 이유가 없고, 따라서 어떤 목적도 없다고 주장한다. 연인간의 사랑은 말할 것도 없고, 부모의 자식에 대한 사랑은 무엇보다도 어떤 이유나 목적이 없는, 사랑하는 대상 그 자체를 위한 조건 없는 사랑이라고 여긴다. 그렇기에 사랑은 숭고하다고도 이야기된다. 그러나 사랑의 감정은 근본적으로 맹목적이기보다는 **목적 지향적**이며, 상대방과 하나가 되고자 하는 열망을 그 자체 안에 지니고 있다. 곧 인간에게 사랑의 목적은, 비록 정도의 차이는 있지만, **상대방과의 합일**이다. 그런데 사랑을 통한 타자와의 결합은 사실 한계가 분명하다. 완전하게 타자와 하나가 되는 것은 유한한 인간으로서는 가능한 것이 아니다. 그러나 후설은 사랑의 공동체를 추구하면서 사랑을 통한 타자와의 **완전한 합일**을 염두에 둔 인상을 준다. 이는 후설이 사랑의 공동체에 이르는 과정으로서, "다른 때에는 분리되어 있는 인격체들을 하나의 공동체적 인격성으로 이끄는, 사랑을 통한 (인격체 영혼을 파고드는: 필자의 삽입) 꿰뚫음(Durchdringung)"[46]에 대해 언급하면서, 사랑을 통한 서로 다른 "인격체들의 이원적 합일(Zweieinigkeit)(외적인 합일뿐만 아니라 내적이고 영적인 합일까지 포함하는: 필자의 주)"[47]을 사랑의 목적으로 간주하는 데에서 엿볼 수 있다. 또한 후설이 사랑의 공동체를 구성하기 위해 타자에게 마음을 향할 때, 그 대상이 있는 그대로의 현실적인 타자 자체라기보다는 타자에 내재한 잠재적인 "참된 자기", 즉 타자의 "무한한 과제로서의 이상적인 자기"[48]라고 한 점이나, 사랑에 '무한성'을 요구하는 것

---

46 『상호주관성 II』, 175.
47 『상호주관성 III』, 599.

도 이러한 사랑의 이상화와 연관되어 있다. 사실 '이상적인 자기'는 유한한 삶 속에서 찾을 수 있는 것은 아니다. 이처럼 후설은 이상적인 사랑의 공동체를 추구하면서 사랑에 어떤 **완전함과 무한함**을 기대하고 있다.

그러나 사랑은 인간적인 현상이고, 사랑의 공동체를 인간이 추구한다면, 이는 근본적으로 **유한성**을 지닐 수밖에 없다. 또 유한하기 때문에, 사랑에 가치가 있을 수 있다. 그러나 후설은 사랑의 공동체와 관련해서는 이러한 유한성의 계기는 간과한 채, 오직 **무한성의 계기**만을 강조한다.[49] 그러므로 사랑이 지니는 모든 특징이 사랑의 공동체와 결부되어서는 극단적으로 이상화되고, ― 타자와의 완전한 합일이라는 ― 긍정적인 취지에도 불구하고 사랑의 잠재된 목적성만이 첨예화되는 경향이 있다. 이렇게 볼 때, 후설의 사랑의 공동체는 그 윤리적 함의에도 불구하고 현실과 강한 괴리감을 드러낼 수밖에 없다.[50]

---

48 『상호주관성 II』, 174.

49 슈만은 이러한 맥락에서 후설의 사랑의 공동체가 무한성 속에서 타자의 이상적인 자기에 대한 사랑과 결합성을 강조하는 한, "플라톤적인 무한히 향해가는 사랑과 명백히 유한한, 어쩌면 심지어 이중적인 사랑의 공동체의 본성 사이의 긴장과 또한 아마도 모순된 양면성은 해명되어 있다기보다는 오히려 은폐되어 있다."(K. Schuhmann, *Husserls Stattsphilosophie*, Freiburg/München, 1988, 85)고 비판하면서, 후설에서 "참된 자기의 실현이라는 과제는 단지 유한성 속에서 제기되고, 단지 유한성의 수단을 통해 해결될 수 있는 것이기는 하다. 그러나 이 해결은 모든 자아는 스스로를 인식하고 실현한다는 절박한 윤리적인 성격을 지닌, 무한성을 향한 완결되지 않는 과제로서 나타난다."(같은 곳)고 지적하고 있다. 아울러 이와 관련해서는 졸고, 「포용과 책임: 사랑의 공동체에 대한 현상학적 고찰」, 『철학과 현상학 연구』 제18집, 한국 현상학회, 2002, 93–95 참조.

50 반성택은 후설의 사랑의 공동체를 다양성과 통일성의 긴장관계를 상실한 이상적 공동체로서, 차이와 통일성의 계기가 공존해야 할 공동체의 본래적 의미가 결여되어 있다고 본다(반성택, 「후설 현상학에서 공동체 논의의 출발점」, 『철학과 현상학 연구』 제23집, 한국 현상학회, 2004, 42–43 각주 참조). 그런데 반성택이 말하는 참된 공동체는 사실상 여기서 말하는 '상호문화적 공동체'에 가깝다. 그러나 한편으로 후설의 사랑의 공동체를 동질

이에 반해 상호문화적 공동체는 동일한 정서적 의지를 바탕으로 하고 있음에도 불구하고 후설적인 의미에서의 사랑의 의지와는 차원이 다르다.[51] 상호문화성을 향한 의지는 타 문화에 대한 인정과 수용을 통해 하나의 보편적인 세계로 향하려는 의지이다. 이 의지는 물론 나의 문화와 타 문화 간의 결합을 전제로 하기는 하지만, 전적으로 완전한 합일을 뜻하는 것도 아니고, 사랑의 공동체로의 의지처럼 현재 없는, 잠재적인 이상적인 것을 우선시 하는 것도 아니다. 어떤 점에서는 우리가 흔히 사랑에 대

적인 공동체가 아니라 타자성과 차이가 내재한 공동체로 해석하는 글로는 J. Donohoe, *Husserl on Ethics and Intersubjectivity*, New York, 2004, 142-145 참조.

51 물론 이는 사랑의 의지가 전적으로 상호문화성과 양립할 수 없다는 것은 아니다. 앞서 감정이입과 사랑이 결부됨으로써 상호문화성의 토대가 되는 것으로 파악한 것처럼, 사랑은 이것이 단지 사랑의 공동체와 같은 목적지향적인 이상적 공동체를 향한 하나의 수단으로 매몰되지 않는 한, 개별적 작용으로서는 나름의 상호문화적인 가치를 지닌다. 즉, 사랑이 지나치게 정신적이거나 이념적인 것을 지향하지 않고, 감정적인 부분에 충실해 타자 자체의 내면을 향한 편견 없는 열린 마음을 보일 때, 오히려 상호문화성을 위한 긍정적인 역할을 할 수 있는 것이다. 타자와의 합일을 추구하는 것 자체도 그 자체로는 부정적이지 않으며, 오히려 이는 상호문화성을 위해 긍정적인 계기를 이룰 수 있다. 다만 이것이 어떤 공동체를 미리 전제하고, 이에 맞추어 타자와의 이상적 합일을 지향한다고 할 때, 개방적인 상호문화성의 정신과 부합하지 않는다는 것 뿐이다. 곧 사랑과 사랑의 공동체를 분리시켜 보면, 후설의 사랑 개념 자체는 상호문화성과 연관해 큰 문제가 없을 수 있다. 그러나 오해해서는 안 될 것은, 후설의 사랑의 공동체 개념이 상호문화적 공동체와 그대로 일치하지 않는다고 해서 이것이 전적으로 무의미하거나 문제가 있다는 것은 아니라는 점이다. 사랑의 공동체 개념은 그 자체로 후설 현상학의 전체 체계 속에서 중요한 역할을 하며, 또 의미도 있다. 다만 이것이 상호문화성과 연관해 현실적으로 적용될 때, 그 이상성으로 인해 한계를 지니고, 그런 점에서 상호문화적 공동체와 차이를 보일 뿐이다. 여기서는 강조하지 않았지만, 후설의 사랑의 공동체가 지니는 긍정적인 가치는 나름대로 인정을 해줄 필요가 있다. 즉, 하나의 규제적, 실천적, 나아가 정치적 이념으로서 사랑의 공동체는 후설에서 큰 의미가 있다. 사실 필자는 과거의 글에서는 후설의 사랑의 공동체에 대해 대체로 긍정적이고 우호적인 관점을 나타냈으며, 이 저서에서 처음으로 후설의 사랑의 공동체 개념에 대해 일관되게 비판적인 입장을 표명했음을 밝혀둔다.

해 요구하는, 타자 자체를 있는 그대로 받아들임으로써 자연스럽게 하나의 융합으로 흐르는 것을 지향한다고 보아야 한다. 따라서 상호문화적 공동체로의 의지는 주어진 유한한 현실에 바탕을 두고, 이 현실을 출발점으로 한다. 사랑의 공동체로의 의지와 같이 무한성 속에 놓여 있는 어떤 완전한 지향점을 목적으로 현실을 넘어서려 하지 않는다. 후자가 합일을 통해 현재 존재하지 않는 어떤 완성 내지 완전함을 지향한다면, 전자는 현실 속에 있는 기존의 것을 재확인하고 재발견해 이를 토대로 점진적으로 나아가려는 데에서 결정적인 차이가 있다. 곧 상호문화적 공동체를 향한 의지는 후설이 사랑의 공동체를 위해 요구하는 사랑의 의지에 비해 **개방적이고 현실적**이다.

이렇게 볼 때, 어떤 뚜렷한 이념과 완전성을 지향하는 후설의 사랑의 공동체와는 달리, 상호문화적 공동체는 열린 공동체로서 최소한 그 출발점에서는 어느 방향으로 갈지에 대해서 열려진 가능성을 지니고 있다. 그렇기 때문에, 상호문화적 공동체는 부단한 쇄신과 소멸, 그리고 융합과 발전의 과정을 거치면서, 모든 가능성을 열어놓고 자신의 존재성격을 규정하지 않은 채로 남아 있다. 다만, 기본적으로 서로 다른 문화 간의 발전적 융합을 그 이념으로 한다면, 기존의 문화공동체보다는 보다 포괄적이고 진전된 것임에는 분명하다. 이 속에서는 기존의 공동체의 요소들이 소멸되는 것이라기보다는 발전적으로 결합되는 것이기에, 기존의 것들이 포괄되어 있으면서 동시에 부단히 자기 확장을 꾀하면서 나아간다. 그렇다고 헤겔이 말하는 변증법적 발전의 과정처럼 목적론적으로 진행될지의 여부는 미리 알 수 없다. 이를 결정하는 것은 문화공동체를 이루는 구성원들의 기호와 의지이기 때문이다. 바로 이 점이 상호문화적 공동체를 그야말로 하나의 '열린 공동체'로서 규정하는 결정적인 이유가 되기도 한다.

5 보편적 윤리공동체로서의 상호문화적 공동체

5.1 상호문화적 공동체의 한 전형으로서 유럽

앞서의 논의에 따를 때, 상호문화적 공동체는 열린 공동체로서 자신의 목적과 이념을 미리부터 제시하지 않는다. 그러나 그렇다고 전혀 무질서하고 무규정적인 것은 아니다. 상호문화적 공동체는 이미 그 바탕에 인간의 정서적 의지가 놓여 있다고 한만치 나름의 **보편적인** 성격을 지니며, 그런 점에서 어떠한 대략적인 경향성을 지닌다.

우선, 상호문화적 공동체는 문화와 문화의 만남이라는 상징적이고 추상적인 의미만을 지니는 것이 아니라, 서로 다른 문화권의 사람들 간의 교류와 유대를 가능케 한다는 점에서 **인간주의적인 면**을 지닌다. 공동체가 근본적으로 인간들 간의 만남과 모임을 전제로 하고 있기는 하지만, 특히 상호문화적 공동체는 서로 이질적인 문화를 배경으로 한 사람들 간의 만남이라는 점에서 각별한 의미를 지닌다. 여기서 각별하다는 것은 이러한 문화적인 교류가 없었으면, 서로 간에 단절된 삶을 살았을 수도 있는 사람들이 상호문화성을 통해 만났다는 점이다. 상호문화성에 대해 논의할 때 간과하기 쉬운 점은, 이것을 오직 문화와 문화의 교류 내지 결합의 의미에서 이해함으로써 이것이 갖는 인간주의적인 가치를 제대로 고려하지 않는다는 것이다. 상호문화성은, 엄격히 말해, 문화 간의 만남이라기보다는 각 문화권 내의 사람들 간의 만남이다. 이는 문화가 기본적으로 인간의 삶의 양식이자 인간에 의해 형성된 것이기 때문이다. 이런 점에서 상호문화적 공동체는, 너무나 당연한 이야기 같지만, 근본적으로 '**인간공동체**'이자 곧 '**인류공동체**'이다. 그렇다면, 하나의 인류공동체로서 상호문화적 공동체는 현실적으로 어느 정도까지 확장가능한가? 온 인류를 포괄하는 그러한 보편적인 상호문화적 공동체는 불가능한 것인가?

우리는 앞에서 상호문화적 공동체가 어떤 특정한 목적론적인 방향성을 지니고 있는지는 최소한 외적으로 드러나 있지 않다고 보았다. 그러므로 그 궁극적 결말이 무엇인지는 확실히 알 수는 없다. 또 사실 이에 대해 그 누구도 확실하게 이야기해줄 수 있는 위치에 있지 않다. 다만 이제까지의 인류역사의 진행과정을 통해 미루어 짐작할 수 있을 뿐이다. 여기서 이러한 상호문화적 공동체의 전형적인 사례로 언급될 수 있는 것이 바로 유럽이다. 유럽은 지리적으로 아시아나 아프리카 대륙과 구분되기는 하지만, 오히려 문화적인 측면에서 다른 대륙과 구분되는 독특한 특성을 지닌다. 유럽문화의 공통성은 기독교적 전통과 더불어 그리스적 전통, 즉 철학적 전통에 뿌리를 둔다는 데에 있다. 같은 신을 모신다는 종교적 일체감과 더불어 그리스, 로마의 학문적 정신을 공유한다는 점은 유럽인을 문화적으로 하나로 모이게 하는 중요한 근거였다. 유럽공동체(EU)가 단순한 경제적 의미를 넘어서 문화적, 정신적 통일체라는 의미를 함축하는 것도 바로 여기에 근거를 둔다.

이러한 유럽정신을 바탕으로 하나의 상호문화적 공동체를 진지하게 고려하고, 또 이를 바탕으로 모든 인류를 포괄하는 총체적 인류공동체를 구상한 대표적인 철학자가 바로 후설이다. 후설은 기독교적 전통보다는 그리스의 철학적 전통을 유럽문화의 바탕이라고 여기고, 여기에서 현재 유럽문화의 시원을 찾는다.[52] 곧 그리스철학이 지닌 합리주의적, 이성주의적 전통이 유럽문화 내지 유럽정신을 특징짓는다고 본 것이다. 말하자면,

---

52 『위기』, 319-320 참조.

이성적 정신에 입각한 공동체가 현재의 유럽적 공동체를 낳게 하고, 나아가—비록 유럽중심적이라는 비판을 받고 있기는 하지만—전 인류공동체가 나아갈 방향성을 제시하고 있다고 본다. 이런 의미에서 후설은 "유럽의 국가들은 여전히 매우 적대적일 수도 있다. 그러나 그들은 그들 모두를 관통하면서 국가적인 차이를 포괄하는, 정신적으로 하나의 특별한 친화성을 지닌다."[53]고 말한다. 김홍우는 이러한 후설의 생각을 다음과 같이 해석한다.

후설에 의하면, 유럽에는 개별국가의 구분을 넘어 각 개인의 의식 속에 면면히 흐르는 하나의 정신이 있다. 이 정신이야말로 유럽을 하나의 결합체로 특징짓는 바탕이 된다. 이러한 정신은 각 개개인, 각 국가 내의 사회집단, 그리고 국가 간의 국제조직 등의 내부에 흐르는 의식 생활의 모습으로 존재하며, 이것은 필연적인 발전과정으로 전개된다. 비록 몇몇 유럽국가들 상호 간에는 적대감이 상존한다 하더라도 모든 유럽인에게는 하나의 공통된 마음의 요람지 또는 의식의 고향이 있다. 이것은 그들에게 지향할 목표를 부여해주고, 새로운 존재 양식을 일깨워주며, 보다 높은 단계로의 발전을 도모해주는 철학의 정신이다. 다시 말해서, 후설에 의하면 유럽인에게는 하나의 정신적 목표가 있다는 것이다. 그는 이것을 '이성' 또는 '철학 정신'이라고 부른다. 후설은 정신적 유럽의 본질을 이성 또는 철학 정신에서 구한다. 그리고 그는 이러한 철학 정신의 관점에서 정신적 유럽의 문제점을 구한다. 유럽은 철학 정신에서 하나로 규합되고, 이를 지향하려는

---

53 같은 책, 320.

의지로 통합된 정신적 결합체이다.[54]

이처럼 후설의 유럽공동체에 대한 구상을 따를 때, 나라 간에 겉으로 드러나는 적대감에도 불구하고 유럽인들 사이에는 하나의 (마음의) 고향을 지니고 있다는 '**친밀감**'이 존재한다. 곧 어떤 정서적 일체감이 유럽인을 하나로 묶을 수 있는 결정적인 계기가 된다. 이렇게 보면, 유럽적인 공동체는 우리가 이제까지 규정해온 '상호문화적 공동체' 이외에 다름 아니다. 바로 어떤 문화적 틀을 매개로 구성원들의 정서적 의지에 의해 공통되게 추구되는 공동체이기 때문이다. 물론 후설은 철학적 정신이라는 지극히 합리적인 동기가 유럽인의 공동정신의 바탕이라고 강조하고 있다. 그러나 철학정신으로 무장된 일부 전문적인 유럽 지식인들만이 이 공동체를 구성하는 것이 아니라, 철학 내지 과학적 정신에 의해 지배되어 온 유럽적인 전통을 스스럼없이 받아들이면서, 여기에 물든 대다수 평범한 유럽인들이 이 공동체를 이루고 있는 것이다. 유럽인들에게는 자신이 합리적이라는 사실보다는 유럽의 전통이 그리스의 철학전통에 뿌리를 두고 있다는 사실이 더 중요하다. 그래서 유럽인은 바로 그리스를 정신적 고향의 의미로 받아들인다. 다시 말해, 어떤 **역사적 전통에 대한 공통된 의식 내지 일체감**과 같은 정서가 여기서 더 큰 역할을 하는 것이다.

유럽을 하나의 상호문화적인 공동체로 본다면, 유럽은 역사적으로 상호문화성을 설명하기에 매우 좋은 본보기임에 분명하다. 유럽은 개개 국가나 민족의 개별적 문화영역을 넘어서서 유럽 전체를 아우르는 공동의 문화적 전통이 있으며, 동시에 문화적 다양성 또한 존중받고 있다. 말하

---

54 김홍우, 앞의 책, 277.

자면, 유럽은 문화적 다양성과 통일성이 공존하는 전형적인 상호문화성의 양상을 보여준다. 유럽은, 후설이 주목하고 있듯이, 공동의 역사 속에서 문화적인 중첩과 상호작용을 통해 나름의 발전을 이룩해왔다.[55] 이는 어떤 점에서는 상호문화적 영역의 확장과정이라고도 볼 수 있다. 그리스의 철학과 문화가 로마를 거쳐 점차 유럽 전역으로 퍼져나가면서, 유럽만의 고유한 문화적 전통을 이룩한 것이 사실이기 때문이다. 여기에는 기독교적 전통도 물론 결정적인 기여를 했다. 물론 유럽의 문화사를, 쉽게 단정짓기는 어렵지만, 문화가 점점 개별화하고 다양해지기보다는 **통합적인 경향**을 보이는 것이 사실이다.[56] 후설이 그 근거를 그리스의 철학적 전통에서 찾은 것은 결코 우연이 아니다. 유럽을 이런 점에서 상호문화적 공동체의 지속적인 확장으로 보아도 무방할 것이다. 그런데 여기서 문제는, 이러한 경향이 계속 지속될 것인가 하는 것이다. 만약 그렇다면, 상호문화적 공동체가 어떤 특정한 방향으로 나아갈 수도 있다는 가능성을 보여주게 된다.

유럽이 전 세계 문화에 지대한 영향을 끼치고 현대 인류문명의 선도적 역할을 했다는 것은 부인하기 어렵다. 현재 이루어지고 있는 세계화의 경향도 그 기원을 따지고 보면, 결국 유럽적인 전통에서 찾을 수 있다. 그렇다면, 전 세계문화가 궁극적으로 유럽화의 길을 걷고 있는 것인가? 후설은 유럽의 이성적 정신이 사실상 전 인류문화의 모범으로서, 세계사 자체도 이러한 길을 밟아야 하거나 밟아야 할 것이라고 내다본다. 이성주의

---

55 이와 관련해서는 K. Held, "Husserls These von der Europäisierung der Menschheit", *Phänomenologie im Widerstreit*, Frankfurt a. M., 1989, 13–28 참조.

56 졸고, 「상호문화성과 윤리 −후설 현상학을 중심으로−」, 『철학』 제103집, 한국철학회, 2010, 150 참조.

적, 합리주의적 정신이 점차 확대되고 완성에 이르는 것을 인류문화의 정상적인 방향이라고 보는 것이다. 어떻게 보면, 근대의 계몽주의적 사고의 아류라고 볼 수도 있는 이러한 생각은, 그러나 인류역사의 전반적인 흐름에 비추어볼 때, 전혀 근거가 없는 것은 아니다. 그렇다 하더라도 이것이 미래까지 규정지을 만큼의 타당성과 설득력이 있다고 보기는 어렵다. 과거가 이러했으니, 미래 또한 그럴 것이라는 주장은 현상학적으로 매우 소박한 발상이다.

그러나 후설은 유럽정신에 내재한 **이성의 목적론적 경향**을 강조하면서, 역사의 향방은 이 길로 가고 있고, 또 가야 함을 강하게 강조한다. 인류문화는 인간의 이성이 점차 일깨워지고 발전해가는 방향으로 '목적론적'으로 나아가고 있다는 것이다. 그러나 이러한 목적론적 발전에 대한 근거는 사실 모호하다. 즉, 이를 형이상학적으로 해석해야 할지, 윤리적으로 해석해야 할지에 대해서 후설에서는 양 방향에서 해석의 가능성이 모두 열려 있다. 우리는 여기서 이제까지의 흐름에 따라, 우선 윤리적 관점에서 이를 해석해보면서, 상호문화적 공동체의 방향성에 대해 생각해보기로 한다. 다른 해석의 가능성에 대해서는 뒤에서 역사와 상호문화성의 문제를 고찰하면서 다시 언급하기로 한다.[57]

5.2 윤리공동체와 이성

상호문화성은 기본적으로 **보다 나은 삶을 향한 인간의 의지**의 산물이

---

[57] 다른 가능성은 초월자와 완전자를 향한 인간의 형이상학적, 자연적 본성에 근거한 해석이다. 이에 대해서는 뒤의 6장 3절 참조.

다. 상호문화적 공동체는, 따라서 나름대로 이상적이라고 여겨지는 방향은 당연히 있을 수 있는데, 이는 가능한 한 많은 구성원들이 이 공동체를 지지하고 이 속에서 조화롭게 공존하는 것이다. 말하자면, 라이프니츠가 말하는 모나드 공동체처럼 구성원이 많으면 많을수록 좋은 것이다. 곧 보다 많은 구성원들을 포괄하고 포용할 수 있는 쪽으로 나아가는 것이 바람직한 상호문화적 공동체의 방향이다. 이것이 가능하기 위해서는, 당연히 갈등이나 투쟁보다는 타협과 공존이 필요하고, 이른바 평화로운 공동체를 지향하는 것이 순리이다. 상호문화적 공동체라는 표현 속에는 이미 이러한 의미로서의 평화공동체라는 것이 함축되어 있다. 즉, 상호문화적 공동체가 성립하려면, 타자(타 문화)에 대한 배려와 인정 그리고 소통을 지향하는 어떤 윤리적 태도가 기본적으로 전제가 되어야 한다. 그런 점에서 이미 우리가 앞서 윤리와 상호문화성의 장에서 상세히 고찰한바와 같이, 상호문화적 공동체는 ― 다시 반복되는 이야기이지만 ― 기본적으로 윤리성을 함축할 수밖에 없다.

이렇게 보면, 상호문화적 공동체가 현실적으로 어떻게 나아가는지는 구체적으로 정해져 있지 않다 하더라도, 어떤 식으로 나아가는 것이 바람직한가 하는 것은 이미 정해져 있다고 할 수 있다. 바로 이러한 **윤리적 공동체**의 방향이다. 후설에서 이성의 목적론이 이러한 맥락에서 인간의 이성, 즉 도덕적 이성을 강조하는 것이라면, 충분히 설득력이 있다. 그리고 실제로 후설은 하나의 이상적인 공동체를 가리켜 "누구도 다른 사람을 교란시키지 않는 하나의 **이성적 사회**(진한 글씨는 필자의 강조)"[58]라고 부르면

---

58 Ms. A V 21, 16, 졸고, 「상호문화성과 윤리 ― 후설 현상학을 중심으로―」, 『철학』 제103집, 한국철학회, 2010, 앞의 논문, 150 재인용.

서, 아래와 같이 도덕적 이성에 의해 뒷받침된 공동체를 하나의 이상적인 공동체로 구상한다.

"어떠한 경우에서라도 삶은 이미 윤리적인 것으로서 삶의 가치가 있다. …… 이상(das Ideal)은 그러나 다음과 같다. 이 세계가 근본적으로 다음과 같은 최상의 세계파악의 의미에서 세계로 생각될 수 있는 바와 같이, 사실상 하나의 완전한 세계였으면 하는 것이다. 즉, 인간과 세계가 서로 조화를 이루고, 자신의 고유한 윤리적 자유에 근거해 이 세계가 인류에게 윤리적 문화의 무한함을 가능케 하는 구조를 지니며, 그리고 여기에 함축되어 있는 것으로서 윤리적 성향이 퍼져나가, 이것이 모범이나 가르침을 통해 인간에서 인간으로 효과적으로 작용하고, 무엇보다도 인류의 윤리화라는 무한한 과제가 설정되고 지속적인 발전을 통해 실현될 수 있다는 그러한 세계파악에서의 의미에서의 세계 말이다."[59]

후설의 유럽공동체에 대한 구상, 말하자면, 상호문화적 공동체에 대한 구상은 바로 이러한 후설의 윤리적 공동체의 상에 따라 이해할 경우, 현실적인 타당성을 지닌다고 볼 수 있다.

상호문화적 공동체가 윤리적이어야 한다는 것은 하나의 당위적 이념이기도 하지만, 또 이미 윤리적이기에 이러한 공동체성을 유지하는 것이기도 하다. 그러므로 상호문화적 공동체가 윤리적이면 윤리적일수록, 이 공

---

59 Ms. F I 24, 154, A. Roth, *Edmund Husserls ethische Untersuchungen*, Den Haag, 1960, 162-163 재인용.

동체의 발전과 확장 가능성은 커진다.[60] 이러한 윤리성이 바탕이 된 상호문화적 공동체가 지속적으로 확장될 경우, 위 인용문에서 제시된 바와 같은 온 인류를 포괄하는 하나의 건전한 인류공동체가 이론적으로는 불가능하지도 않을 것이다. 후설이 나의 생활세계뿐만 아니라 "다른 인류와 그들의 생활세계를 포함하는 세계지평"[61]으로서, "하나의 무한히 완전한 상호주관적인 총체적 공동체"[62]를 말할 때, 바로 이는 하나의 이상이지만, 온 인류가 하나가 될 수 있는 **보편적인 '상호문화적 공동체'**를 뜻하는 것으로 이해될 수 있다. 그리고 상호문화적 공동체가 윤리적이라면, 그 가능성은 여전히 유효하다.

6 상호문화적 공동체와 소속감

6.1 상호문화적 공동체의 판단기준과 세분화

'상호문화적 공동체'는 사실 뚜렷한 실체가 있는 것이 아니라 가변적이고 그 범위가 모호한 개념이다. 가령, 한국 문화권(혹은 한국 문화공동체)이나 일본 문화권 등의 개념은 비록 이 또한 경계가 명확하지는 않다 하더라도 그 실체가 분명하고 국가라는 구심점이 있어서 가시적으로 파악하기가 쉽다. 특히 여기에는 언어라는 주요한 구별의 기준이 있다. 그러

---

60 이때의 윤리성의 기준은, 이미 확인된 바와 같이, 타자에 대한 인정과 존중 그리고 열린 마음이다. 그러므로 특히 여기서 요구되는 것은 개방적, 소통적 태도이다.

61 『상호주관성 III』, 141.

62 같은 책, 379.

나 가령, 한국문화와 일본문화가 융합된 새로운 상호문화적 공동체가 있다고 할 때, 이는 무엇을 가리키는지, 또 어느 정도에 이르러야 이러한 명칭을 붙일 수 있는지가 모호하다. 한류문화가 일본사람들 다수에게 영향을 주어서 여기에 매료된 사람들이 일종의 그룹을 형성해 한국을 방문하고, 또 한국적인 것에 관심을 갖고 한국문화를 본받아 생활한다고 할 때, 이 또한 상호문화적 공동체라고 할 수 있는가? 여기서 문제는 비록 일군의 사람들이 동일한 관심을 갖고 한류문화에 매혹되었기는 하지만, 결국이는 개인적인 취향의 문제로 귀착될 수도 있기 때문에, 이것이 어떤 공동체적 성격을 지니는지도 애매하다는 것이다. 또한 한류문화가 대체로 우리나라 사람보다는 일본이나 외국 사람들이 더 열광하고 자기 나름의 방식으로 받아들였기 때문에, 우리나라 사람들이 한류문화를 받아들이는 것과는 다를 수가 있다. 말하자면, 관심의 정도나 시각에서 차이를 보일수도 있기 때문에, 어떤 상호문화적이라고 할 만큼의 한국인과 일본인 간의 상호공감대를 형성할 수 있는지는 미지수이다.

매우 애매한 문제이기는 하지만, 필자 나름의 관점에서 볼 때, 이러한 경우에도 상호문화적 공동체는 형성되었다고 보는 것이 타당하다. 한국인이 보는 것과 외국인이 보는 한류문화는 분명 다르다. 말하자면, 받아들이는 방식이 다른 것은 당연하다. 중요한 것은, 동일한 사태를 매개로 양자가 공감하고 이해할 수 있다는 것이다. 우리는 외국인이 한류스타에 열광하는 것을 다소 이상스러운 현상이라고 보면서도 — 외국인이 우리 것에 열광하는 것을 신기해하면서 — 이해하고 공감할 수 있다. 정도의 차이는 있지만, 우리 한국인 또한 상당수는 이러한 연예인들에게 관심을 갖고 열광한다. 즉, 외국인이 바라보는 방식과 관점, 또 그들이 열광하는 이유가 우리와는 다를 수 있다 하더라도 최소한의 이해할 수 있는 공감대가 있다. 이는 현상학적으로 볼 때, 하나의 동일한 사태를 여러 관점에서 달리 받아들이는 것과 같은 것이다. 현상학은 이러한 사태의 주어짐의 **다양성과 통일성과의 연관관계**를 그 핵심 주제로 삼는다. 즉, 주어지는 방식을 매개로 해서 사태의 의미를 탐구하는 것이 현상학적 방법론의 특징이다. 그러므로 받아들이는 방식의 다양성은 현상학적으로는 오히려 당연하고 사태의 의미를 이해하는 데 필수불가결한 요소이다. 중요한 것은, 주어짐의 다양성과 통일성 사이에서 연관성을 파악하는 것이다. 바로 이 연관성만 포착할 수 있다면, 사태의 본질을 충분히 파악할 수 있다는 것이 현상학의 기본입장이다. 여기서 언급되는 이러한 한류현상도 현상학적 방식으로 접근할 때, 즉 한류문화에 대해 반응하는 다양한 외국인들의 방식을 우리의 것과 비교해가면서 일종의 통일적인 연관성을 찾아간다면, 충분히 상호문화적 구조를 확인할 수 있을 것이다.

이런 관점에서 볼 때, 이러한 한류현상이 하나의 개인적인 취향의 문제일 뿐, 어떤 공동체적 요소를 지니고 있지는 않다고 보는 의혹도 일정 부분 해소된다. 여기서 이것이 개인적인 취향인 것은 분명하다. 한류현상은 모든 사람이 가져야 할, 혹은 갖도록 강제된 그러한 필수적인 것이 아니라, 다만 개인의 기호와 관심에 따라 선택되고 나타난 것이다. 그러나 이러한 개인적인 기호는 한류문화라는 사태를 받아들이는 다양한 방식의 하나이고, 이러한 다양성은 어떤 **통일적인 연관성**을 지시하고 있다. 그렇기 때문에, 이러한 다양성 속에서도 유사한 방식을 지닌 사람들끼리 현실적으로 일종의 공동체적인 모임을 가질 수도 있는 것이다. 즉, 모든 개개인의 취향으로 환원되는 것처럼 보이는 이러한 다양한 개인적 반응들은 암묵적으로 보이지 않는 어떤 **통일적이고 공동체적인 틀과 연관**을 맺고 있는 것이다. 그러므로 본인은 지극히 개인적이라고 생각하더라도, 현상학적인 시각에서 보면, 이는 어떤 의미에서는 이미 공동체적이다.

 이렇게 보면, 상호문화적 공동체는 체계적으로 조직화된 어떤 거창한 공동체가 아니라 우리 주변에서 흔히 볼 수 있는 매우 유연한 공동체이다. 누가 이 공동체의 구성원인지는 쉽게 규정할 수 없다. 공동체의 성원이 되고 안 되는 것에 대한 확고한 기준이나 엄격한 가입 내지 탈퇴의 절차는 없기 때문이다. 바로 이 점이 상호문화적 공동체를 하나의 열린 공동체로 부를 수 있는 주된 이유이기도 하다. 국가나 민족 공동체와는 달리, —물론 국가나 민족도 넓은 의미의 상호문화적 공동체에 포괄될 수 있지만— 상호문화적 공동체는 그 구성원을 구속할 수 있는 제약이나 조건이 없다. 또 그 범위와 영역도 매우 불분명하다. 이를 앞서 우리가 예로 든 한류문화를 통해서 살펴보자.

 얼마 전, 어떤 특정한 한국 드라마가 일본에서 특정층, 중년 여성들에게 인기를 끌었다. 그래서 이 드라마에 주인공으로 나오는 특정 연예인이 대단한 관심을 끌었다. 주인공 연예인은 일본으로 가서 팬 사인회를 갖기도 하고 공연도 했다. 이런 행사 때마다 어마어마한 인원의 팬들이 모여들었고, 이들은 이 주인공이 나오는 모든 드라마를 외우다시피 해서 본 덕분에 한국어까지 알게 되는 경우도 있었다. 이러한 열광적인 팬들은 이에 만족하지 않고, 한국까지 원정을 와서 드라마에 나온 촬영장까지 방문하면서 자신들의 관심을 표출했다. 덕분에 이 촬영장소는 관광명소가 되었고, 수많은 일본 관광객들이 방문하는 단골 코스가 되었다. 한국 연예인들의 사진이나 음악 등이 일본에서 흔치 않게 볼 수 있게 된 것도 모두 이러한 열풍 덕분이다.

 이러한 한류현상이 상호문화적이라고 볼 수 있는 중요한 근거는 한국 드라마를 통해 일종의 **문화적 충격**과 더불어 한국문화에 대한 **관심**이 생겨났다는 것이다.[63] 그리고 이를 근거로 보이지 않는 양자 간의 문화적 교류가 활발해졌다는 것이다. 이것은 바로 상호 간에 서로의 문화에 대한

---

63 한류열풍은 일시적인 과거의 일이 아니라 현재 진행형으로서, 어느 특정 지역에서만 일어나는 특이한 현상이 아니라 매우 광범위하게 이루어지고 있다는 특징을 지닌다. 여기서 우리가 주목하는 것은 한류열풍의 경제적, 외교적 가치가 아니라 상호문화적 의미이다. 우리나라의 입장에서는, 초기에 전혀 기대하지 않았던 한류열풍이 일본에서 불면서, 오히려 그 원인이 무엇인지 의아해했고, 그래서 직접 일본인들을 상대로 인터뷰도 하면서 심층적으로 분석하기까지 했다. 그때 나오는 이야기의 하나가, 자국에는 없지만, 있었으면 하는 요소를 한국의 드라마, 특히 주인공의 모습에서 확인하면서 이 주인공에 푹 빠져들었다는 것이다. 얼핏, 단순히 허구적인 드라마의 스토리에 매료되어 이것이 주인공에 대한 관심으로 이어진 것처럼 보인다. 그리고 이는 인기 있는 외국 드라마나 영화가 우리나라에서 인기를 끌 때도 동일한 양상을 보인다. 여기서 혹자는, 드라마는 드라마일 뿐, 현실은 아닌데 이 비현실적인 세계를 드라마가 잘 묘사했기에 열광했다면, 결국 이는 참된 우리의 문화 자체에 대한 열광이 아니라 특정 드라마 자체에 대한 관심이 아니냐고 반문할 수도 있다. 그럴 경우, 한류현상은 어떤 상호문화적인 현상이라기보다는 한국의 드라마에 대한 일부의 일방적인 편애 정도로 격하할 수도 있을 것이다. 그러나 초기 일본에서 불었던 한류열풍의 핵심은, 피상적으로는 드라마나 주인공에 대한 관심처럼 보이지만, 자세히 보면, 드라마가 아니라 여기에 스며있는 한국적인 정서와 문화를 그리워하고 갈구하는 것이다. 앞서 언급한 것처럼, 자기 문화에는 현재 부족한 어떤 것에 대한 갈증을 한국의 드라마를 통해 해소시키려는 것이라고 볼 수 있다. 이는 엄격히 보면, 드라마에 제한된 것이 아니라 한국문화 자체에 대한 관심이다. 실제로 이러한 한류열풍을 통해 일본에서 비로소 한국이라는 나라와 문화에 눈을 떴다는 사람이 많았다는 기사를 접한 적이 있다. 그리고 한국 드라마 자체에 관심이 없는 사람들조차 이러한 한류열풍을 통해 한국에 대한 편견과 부정적인 이미지를 자연스럽게 벗어던지게 되었다는 사람들도 있는 것으로 알고 있다. 이는 우리도 마찬가지이다. 우리도 일본 영화를 보면서, 일본사람들의 사고방식과 생활양식을 깊이 있게 간접적으로 체험하면서 일본문화에 대한 이해도를 높이고, 동시에 어떤 편견을 버리게 될 수도 있다. 물론 모든 사람이 이러한 타 문화에 대한 개방적인 체험을 할 수 있는 것은 아니지만, 최소한 한류열풍은 이의 전형적인 사례임은 분명하다. 이로써 한류열풍의 핵심은 드라마 자체에 한정된 제한적인 관심이 아닌, 한국문화 자체에 대한 관심으로서, 일종의 상호문화적인 현상임이 확인된다. 사실 아무리 그것이 허구적이라 하더라도 소설, 드라마, 영화, 음악 등은 그것이 만들어진 곳의 문화와 삶의 방식을 반영한다는 것은 당연한 이야기이다.

편견을 벗어버리고, 보다 개방적인 태도와 함께 문화적 공감대를 지니게 되었음을 의미한다. 여기서 형성되는 상호문화적 공동체는, 좁게 보면, 한류문화에 의해 영향을 받은 일본의 특정집단만을 가리킨다고 볼 수 있지만, 넓게 보면, 이 일본인들에 대해 공감하는 다수의 한국의 사람들까지 포함된다. 잠재적으로는 한류현상의 원인이 된, 한국문화에 관심을 갖고 있는 모든 사람들이 여기에 속한다고 볼 수 있다.

우선 좁은 의미의 공동체를 편의상 '일차적 상호문화적 공동체'라고 하자. 이 일차적 공동체에 속하는 구성원들은 공통된 관심사와 지향을 갖고 있음으로써 문화에 대한 정서적 일체감을 지닌다. 그리고 이 문화가 기존의 자신의 문화가 아닌 이방(한국)문화임으로 인해 일종의 상호문화성을 함축하면서 상호문화적 공동체의 요건을 갖추게 된다. 그러나 이 공동체에 속하는 것은 어떤 특정한 자격요건이 있어서 가입을 허락받는 것이 아니라, 스스로가 여기에 속함을 느끼는 것으로 족하다. 타인에 의한 인정 여부는 그다지 중요하지 않다. 그렇기 때문에, 보기에 따라 이 일차적 공동체는 계속 확장할 수도, 또 위축될 수도 있다. 그러나 구성원을 일일이 확인할 수는 없다. 분명한 것은 다수의 잠재적 구성원이 항상 존재하고 있다는 것이다. 또 반대로 한국문화에 대한 관심이 적어지거나 열정이 식으면, 이 공동체에서 벗어나게 된다. 그러나 그렇다고 한 번 생긴 이러한 공동체가 쉽게 소멸되지는 않는다. 일단 생성된 상호문화적 공동체는 그 파급력으로 인해, 무수한 또 다른, 혹은 파생적인 상호문화적 공동체를 산출하거나, 이것으로 전이 내지 변환되기 때문이다.

이러한 일차적 상호문화적 공동체는 이제 이것의 원인을 제공한 본래의 문화 원류집단과 마주치면서, 또 다른 차원의, 보다 넓은 의미의 상호문화적 공동체를 산출하게 된다. 가령, 한류문화에 매료된 일군의 일본사람들에 대해 일군의 한국사람들이 공감하고, 또 양자가 상호작용 및 교류를 통해 나름의 새로운 공동체를 형성하는 경우이다. 굳이 여기에 이름을 붙이자면, '이차적 상호문화적 공동체'라고 볼 수 있다. 그러나 이야말로 참된 의미의 상호문화적 공동체라고 할 수 있다. 서로 다른 문화권의 사람들 간의 상호 만남이 그 토대를 이루고 있기 때문이다. 물론 여기서의 만남이 꼭 직접적인 만남일 필요는 없다. 좀 전에 말했듯이, 문화를 매개로 이에 대한 상호 간의 동질적 공감대를 확인하고 나름의 일체감을 느낄 수 있으면 된다. 말하자면, 일차적 상호문화적 공동체의 사람들과 하나가 될 수 있다는 공동의 의식만 있으면, 이러한 공동체에 속할 수 있다. 이렇게 형성된 이차적 공동체는 어떤 의미에서는 일차적 공동체의 확장이라고 볼 수 있다. 물론 이러한 이차적 공동체는 일차적 공동체와 달리 가시적으로 확인할 수 없어서, 과연 실체가 있는 것인지 의문을 가질 수도 있다. 그러나 상호문화적 공동체 자체가 무형의 관념적인 성격을 지니고 있기 때문에, 평상시에는 제대로 드러나지 않지만, 어떤 이질적인 또 다른 문화공동체 자체와 마주칠 경우, 그 윤곽을 드러낸다. 가령, 미국 문화에 매료된 일차적 공동체와 한국문화에 관심을 지닌 일차적 공동체 양자가 일본에서 동시에 나타난다고 할 때, 내가 은연중 후자에 확실히 더 끌리고 깊은 공감을 느낀다면, 이는 곧 이차적인 상호문화적 공동체의 존재성을 입증하는 것이라고 하겠다.

6.2 상호문화적 공동체와 고향세계에 대한 복합적 소속감

이처럼 상호문화적 공동체는 무형의 유연한 공동체이므로, 평상시에는 그 실체가 제대로 드러나지 않는다. 그렇다고 단지 관념 속에만 있는 것도 아니다. 이 공동체의 구성원은 분명 존재하기 때문이다. 그러나 이 공동체의 구성원에 대한 결속력은 어떤 점에서는 상호문화적인 공동체로 발전하기 이전의 본래의 문화공동체보다는 약할 수 있다. 일단 새로 구성된 것이고, 적응도에 있어서 어린 시절부터 익숙한 본래의 문화공동체, 곧 자신의 고향세계와는 비교가 되지 않는다. 이렇게 보면, 각 개인은 사실상 여러 개의 무형의 공동체들 속에 있는 셈이 된다. 크게 보면, 우선 자신이 성장하고 자란, 따라서 자신의 인격적 정체성을 확립시켜준 근원적인 고향세계로서의 문화공동체가 있다. 우리는 이를 편의상 '원 문화공동체'라고 부르자. 그 다음에 상호문화적인 관계를 통해 형성된 '일차적 상호문화적 공동체'가 있고, 이를 바탕으로 한 '이차적 상호문화적 공동체'가 있다. 이렇게 대략 상호문화성과 관련해서는 세 층의 공동체가 존재한다. 물론 한 인간이 살면서 무수한 공동체와 연관을 맺고 여기에 속해 있다. 그러나 여기서는 논의의 편의를 위해 세 차원의 공동체만을 고려하기로 한다. 우리가 관심을 갖는 것은 각 개인이 어떻게 이 세 차원의 공동체와 관계를 맺고 있느냐 하는 것이다.

우선 고향세계로서 원 문화공동체에 대한 각 개인의 소속감과 원초적 관계는 어떠한 상황에서도 상실되지 않을 만큼 뿌리가 깊다. 설령, 외국으로 이주해 장기간 그곳 문화에 적응해 살더라도 원 문화공동체에 대한 관계의식과 소속감은 아주 기억을 못할 정도로 어린 시절에 이주를 하지 않는 한, 마음속 깊이 남아 있다. 하물며 계속 고향세계에서 살고 있는 사람의 경우에는 이 긴밀도는 더 이상 말할 필요도 없을 것이다. 그런데 일차적 상호문화적 공동체에 대한 소속감은 물론 모든 사람에게 생기는 것은 아니다. 타 문화에 대한 접촉으로, 이로부터 마음이 움직여 이를 받아들인 사람들에 한해, 이 상호문화적 공동체에 대한 소속감이 생겨난다.

이차적 상호문화적 공동체도 마찬가지이다. 일차적 상호문화적 공동체에 대해 공감하는 사람들만이 이차적 공동체에 대한 연관성을 의식할 수 있다. 그러나 중요한 것은, 일차적, 이차적 상호문화적 공동체에 대해 소속감을 지니고 있다고 해서 원 문화공동체에 대한 소속감이 사라지는 것이 아니라는 점이다. 오히려 원 문화공동체에 대한 소속감을 계속 지니고 있기 때문에, 일종의 상호문화적 공동체가 형성된다고 볼 수 있다. 그렇지 않다면, 상호문화적 공동체로의 전이가 아닌 단지 원 문화공동체에서 또 다른 원 문화공동체로의 전환에 불과할 것이다. 상호문화적 공동체는 반드시 원 문화공동체와의 결합 내지 연관성을 전제로 해야만 가능하다.

이렇게 볼 때, 어떠한 종류의 상호문화적 공동체이건, 반드시 원 문화공동체를 그 바탕으로 하며, 일차적, 이차적 상호문화적 공동체로 진입한 각 개인들은 원 문화공동체에 대한 원초적 의식을 갖고 있어야 한다. 물론 개인에 따라 상호문화적 공동체로 진입하면서 원 문화공동체에 대한 의식이 약해지거나 의식적으로 거부하는 경우가 있을 수 있다. 그렇다고 하더라도 원 문화공동체에 대한 뿌리 깊은 의식은 사라진다고 볼 수 없다. 그러나 여기서 문제는 소속감이다. 잠재적으로 항상 원 문화공동체에 의식은 지니고 있어도 상호문화적인 공동체를 경험한 후에는, 소속감에 관한 한 다른 문화를 선택할 수 있다. 우리가 방금 예로 들은 한류문화의 경우에는 다소 약하지만, 종교적 개종과 같은 경우는, (필자는 이 또한 일종의 상호문화성이라고 본다.) 소속감과 관련해서는 개종한 쪽의 종교를 당연히 선택할 것이고, 여기에 자신이 속해 있다고 확신할 것이다. 이 경우, 기존에 가졌던 종교에 대한 믿음과 소속감은 폐기되었다고 보는 것이 상식이다. 만약 기존의 종교에 대한 믿음이 어린 시절부터 지녔던 것이고, 자신의 사회가 전반적으로 그렇게 (개종하도록) 권장한다면, 이는 원 문화공동체에 대한 의식에까지도 영향을 미칠 수 있다.

　그러나 이러한 극단적인 경우를 제외하고는, 대부분 상당한 문화적인 정체성 혼란을 불러일으키면서, 원 문화공동체에 대한 소속감과 일차적 혹은 이차적 상호문화적 공동체에 대한 소속감을 중첩되게 동시에 지니는 경우가 대다수이다. 가령, 내가 한국인으로서 한국의 문화에 익숙해 있으면서, 동시에 외국의 문화에 심취해 여기에 동화되는 경우는 얼마든지 있을 수 있다. 이 경우는, 양 문화가 내 안에서 공존하고 있는 것이다. 또한 다소 다른 맥락이기는 하지만, 해외로 입양된 사람들에서, 자신의 혈연적 뿌리에 대한 강한 애착으로 자신이 자라고 성장한 원 문화공동체에 대한 소속감을 넘어서서, 친부모님의 혈연적 문화를 의식적으로 받아들이려는 경향이 나타나기도 한다. 또 반대로 부모님이 1세대 이민자이고, 자식은 이주한 곳에서 태어나 자랐다면, 부모님은 본래의 원 문화공동체에 대한 결부의식과 소속감을 강하게 지니고 있는 데 비해, 이민 2세대 자식들은 그렇지 않을 것이다. 따라서 그러한 문화적 차이로 인한 갈등이 종종 일어나기도 한다. 그러나 이 경우에도, 가정에서 부모님으로부터 교육을 받았기에, 은연중 부모님의 고향문화에 대한 소속감을 미약하지만 부분적으로나마 나누어 갖게 된다. 이처럼 두 가지 경우 모두, 두 문화 사이에서 정체성 혼란을 겪을 수밖에 없지만, 이는 전형적인 상호문화적인 현상으로서 이중적이고 **복합적인 문화적 소속감**을 지니는 것으로 이해될 수도 있다.

　이렇게 볼 때, 상호문화적 공동체에 대한 소속감이 매우 강하게 나타나는 일부의 선명한 경우를 제외하고는, 대부분 원 문화공동체와 상호문화적 공동체 사이에서 중첩된 복합적인 소속감을 지닌다고 볼 수 있다. 그러나 엄밀하게 보면, 전자도 그 밑바탕에는 원 문화공동체에 대한 소속감이 잠재적으로나마 영향을 미치고 있다고 보아야 할 것이다. 가령, 앞서 예로 들은 종교개종과 같은 경우도, 기존의 종교적 문화적 습관 및 전통에서 완전히 자유롭다고 볼 수는 없기 때문이다. 이는 모든 종교가 외국으로 전파되면서, 토착종교 내지 문화에 맞게 변형된 경우를 보면 잘 알 수 있다. 그러므로 여기서의 결론은, 모든 개인은 문화적 공동체와 관련해 복합적이고 다중적인 소속감을 지닐 수 있다는 것이다. 즉, 이 다수의 공동체적 소속감들은 원칙적으로 양립가능하다. 이는 내가 아버지이면서 동시에 한국인이라는 것과 유사한 관계로 이해될 수 있다.

상호문화적 공동체에 대한 소속감은 이처럼 중첩적이고 다중적으로 나타나기에, 사실 외견상으로는, 소속감에 대한 결속도도 그렇고 공동체 또한 취약한 것처럼 보인다. 급속도로 구성원이 늘다가도 갑자기 줄어서 사라질 수도 있는 것처럼 보이는 것이 바로 이 상호문화적 공동체이다. 그러나 이러한 유연성과 가변성이 상호문화적 공동체를 특징짓는 것이며, 또 그렇기 때문에 '**열린 공동체**'라고 부르는 것이다. 상호문화적 공동체는 그것이 형성되었다는 사실이 중요하며, 이것이 얼마나 지속하고 또 어느 정도로 확장할 것인가는 부차적인 문제이다. 일단 형성되었다는 점 자체가 상당한 잠재성을 암시하는 것이며, 비록 일시적으로는 사라진 것처럼 보인다 하더라도 이러한 상호문화적인 잠재적 역량은 계속 남아 있는 것이기에, 언제 다시금 드러나 세력을 형성할 가능성은 항상 존재한다. 상호문화적 공동체를 가능케 하는 각 개인의 기호와 의지는 시시각각 변하면서도 동시에 보편적인 경향을 보이기 때문이다. 상호문화적 공동체가 형성되었다는 것은, 기본적으로 이것이 어느 정도의 **보편성을 담지**하고 있음을 암시하며, 그런 한, 이와 유사한 형태의 상호문화적 형태가 나타날 가능성은 항상 잔존해 있다. 곧 상호문화적 공동체는 잠재적인 면과

2부 상호문화성의 현상학적 정립

현실적인 면의 양면성을 지니며, 여기서 현실적인 것은 잠재적인 것이 드러남으로써 구체화되고 현실화된 형태로 이해될 수 있다. 상호문화적 공동체는 이러한 잠재성과 현실성의 복합적 관계에서 지속적으로 자기성장을 이룩해가는 것이다.

6장
역사와 상호문화성

1 역사의식과 상호문화성

1.1 현상학에서 의식의 역사성

앞 장에서 우리는 공동체와 상호문화성의 관계에 대해 살펴보았다. 공동체와 상호문화성을 매개할 수 있는 기본적인 토대는 문화적 전통이다. 그런데 문화가 하나의 전통이라는 형태로 존립할 수 있는 근거는 이것이 역사적이라는 것이다. 즉, 문화가 과거에서 현재에 이르기까지 하나의 전승된 형태로 공동체를 지배하고 나아가 미래에까지 영향을 미치는 것이다. 이러한 역사적 형태로 문화가 연속성을 띠고 이어내려오기에, 문화공동체도 역사성을 지닐 수밖에 없다. 앞서 살펴본 문화공동체의 내적 요소로서 습관, 지평, 정상성 등이 모두 역사성을 함축하는 것은 바로 이러한 의미에서이다.

그런데 우리는 여기서 객관적인 과거의 사실의 총체로서의 역사와 상호문화성의 연관성을 문제 삼고자 하는 것이 아니라, 이 역사 속에서 살고 있는 개개 인간의 역사의식과 상호문화성의 관계를 살펴보고자 하는 데 초점이 있다. 인류의 역사를 총체적으로 볼 때, 인류역사를 상호문화성을 향한 역사로 볼 수 있는 근거는 많다. 문화가 고립되기보다는 여러 다양한 문화들이 중첩되고 서로 영향을 미치면서 인류가 발전해왔기 때문이다. 따라서 우리는 상호문화성의 역사적 근거를 실제의 역사 속에서 쉽게 찾을 수 있다. 그러나 이러한 작업은 철학자들보다는 역사학자 혹은 인류학자들이 해야 할 일이고, 철학자들의 임무는 상호문화성이 역사성을 지닌다면, 그 가능근거는 무엇이고, 또 그 의미는 무엇인지를 밝히는 것이다. 철학에서도 이에 대한 탐구방법은 여러 가지가 가능하다. 가령, 헤겔처럼 어떤 사변적인 형이상학적인 전제를 갖고 역사 문제를 다룰 수도 있고, 또 현상학적인 시각에서 주어진 역사적 사실을 주관과의 의미연관 속에서 탐구할 수도 있다. 이 장에서 추구하는 것은 본 책의 취지에 맞도록, 역사와 상호문화성과의 관계를 바로 후자의 측면에서 고찰해보는 것이다. 이는 곧 주관의 역사의식이 상호문화성에 대해 갖는 현상학적 의미가 무엇인가 하는 것이다.

현상학은 주지하다시피 의식주관과 세계와의 연관성을 탐구의 출발점으로 삼는다. 이 연관성을 물론 형식적인 관점에서 몰역사적으로 탐구할 수도 있다. 후설의 초기 정적 현상학은 바로 이처럼 의식을 어떤 역사적인 계기를 끌어들이지 않고, 다만 그 보편적인 형식적 구조의 측면에서만 탐구한다. 그러나 기본적으로 의식을 하나의 체험류로 파악하는 후설의 현상학은 시간성의 계기를 도외시할 수는 없으며, 따라서 불가피하게 역사의 문제를 끌어들이게 된다. 후설의 후기 현상학을 특징짓는 발생적 현상학은 바로 이러한 역사적 통찰이 그 밑바탕이 되고 있다. 후설이 문제 삼는 역사는, 일차적으로 의식의 내적인 역사이다. 의식을 역사성 속에서 파악한다는 것은 과거에서 현재에까지 이르는 의식의 발전 과정을 단지 시간의 흐름 속에서 살펴보기보다는, 의식이 그 속에서 하나의 통일성을 이루고 있음에 주목한다는 점에 있다.[1] 말하자면, 의식주관을 하나의 역사적 존재이자 동시에 자기동일성을 지닐 수 있는 개별적 통일체로서 규정할 수 있는 근거는 무엇인가 하는 점이다.

제1부에서 후설의 타자경험이론을 설명하면서 본 바와 같이, 후설은 의식을 모나드로 규정함으로써 이러한 의식의 역사성과 통일성을 분명하게 표현하고 있다. 모나드는 자신에 의해 형성된 모든 관념과 형성체들을 자신 안에 포괄함으로써 역사성 속에서 하나의 자기 동일적인 통일체로서 존립한다. 여기서 모나드의 역사성을 이루는 무수한 개별적 계기들은 서로 무의미하게 개별적으로 존재하는 것이 아니라 의미의 연관을 이루면서 통일성을 형성한다. 이러한 의미의 통일적 연관성은 물론 자기 동일적인 자아가 선행적으로 있기에 가능하다고 볼 수도 있지만, 한편으로 이러한 통일적 연관성이 오히려 자아의 동일성과 정체성을 형성하고 견고하게 만든다고 볼 수도 있다. 하나의 인격체는 이러한 역사성 속에서 통일성을 지녀야만 비로소 가능하다고 볼 수 있기 때문이다. 곧 현상학적으

---

[1] 라우어에 따를 때, 후설에서 "역사가 있다는 것은 동일하게 지속하는 동시에 항상적으로 변화해야만 하는 것"(Q. Lauer, *Phenomenology: It's Genesis and Prospect*, 최경호 역, 『현상학, 그 발생과 전망』, 경문사, 1987, 179)을 의미한다. 그러나 라우어의 해석에 따를 때, 후설의 역사에 대한 생각은 체계적이거나 구체적이지 않다. "궁극적으로 전반적인 시간의 연속성 혹은 '흐름'은 역사일 것이다. 후설의 분석이 실패한 것은 바로 여기서이다. 그도 의식이 그 노에시스-노에마적 구조 속에서 역사적임을 확신하고 있었다. 그러나 그는 역사의 의미를 규정하는 어떠한 수단도 제시하지 못했다."(같은 책, 146)

로 볼 때, 역사성이 인격성을 가능하게 하고, 또 어떤 인격적 통일성을 부여한다고 볼 수 있다.

그러나 이러한 역사성 속에서의 통일은, 엄밀히 보면, 능동적 의지의 소산이라기보다는 어떤 수동적인 침전의 결과이다. 물론 최초의 앎은 어떤 능동적인 의지를 필요로 할 수 있으나, 일단 나의 것으로 확립된 이러한 지식은 점차 의식의 잠재적 영역으로 내려가 나의 지속적인 획득물, 말하자면, 습관의 일부로 된다.[2] 이 지식이 습관화되는 과정 자체는 자신의 의지와는 무관하게 전적으로 수동적인 과정이라고 할 수 있다.[3] 이런 의미에서 후설은 "자아 속에서 설립된 확신들은 자아 자신으로부터 창출된 것이 아니며, 자아는 이 자체를 형성하지는 않는다."[4]고 말한다. 이렇게 수동적인 습관화의 과정을 거쳐서 형성되고 누적된 습관들은 바로 나를 하나의 인격체로서, 말하자면 하나의 역사성 속에서 지속하는 통일체로서 존립하게 한다. 습관화 자체가 의식의 입장에서 보면, 바로 역사화임에 다름 아니다. 인격은, 사실 발생적, 경험적으로만 본다면, 이렇게 역사적으로 형성된 **습관들의 총체적 통일체**를 상징적으로 지칭한다고도 볼 수 있다.[5]

2　『성찰』, 111-113, 141 참조.
3　졸고, 「현상학의 학문성과 지평성 – 후설 후기철학을 중심으로–」, 『철학연구』 제53집, 철학연구회, 2001, 242 참조.
4　『심리학』, 212, 졸고, 「후설의 의사소통이론 – 역사적 제약과 선험적 보편성–」, 『철학과 현상학 연구』 제17집, 한국현상학회, 2001, 182 재인용.
5　물론 후설 스스로는 적극적으로 이런 식으로 표현하고 있지는 않으나, 후기의 발생적 현상학의 체계 속에서 자아를 이렇게 해석할 수 있는 여지는 마련해주고 있다. 후설은 정적 현상학에서 다만 '공허한 동일성의 극'으로서의 자아만을 이야기했다면, 발생적 현상학에서는 '습관(성)의 기체로서의 자아' 또는 모나드로서 '완전한 구체성 속에서 받아들여진 자아'를 말함으로써 이렇게 습관의 담지자로서의 역사적인 자아의 특성을 가리키고 있다.

이렇게 보면, 인격체가 하나의 역사적 존재로서 자기통일성을 유지할 수 있는 궁극적 근거는 바로 이러한 습관화와 습관에 있다고 할 수 있다. 습관은 역사적임과 동시에 지속적 타당성을 지닌 채 주관의 고유한 특성과 성격을 규정하기 때문이다. 라우어는 이런 의미에서 후설에서 습관과 주관성과의 연관을 다음과 같이 해명한다. "구성되어진 대상성들의 침전이 이루어지고, 그리고 이 속에서 습관이 구성되어지며, 이 습관에 의해 주관이 바로 이 주관으로서 규정되어지고, 바로 이 가능성을 지닌 주관으로 규정되는 것이다. 그때 자기구성은 그것이 연속적이기에 영속성과 동일성을 내포하고 있다."[6] 그러므로 개별적인 인격적 주관의 자기의식은 곧 이러한 자신의 습관적인 역사성에 대한 의식에 바탕을 두고 있으며, 그런 점에서 역사의식을 전제로 한다. 다소 과격하게 표현한다면, 모든 인격체는 습관에 의존하고 있는 한, 역사의식을 지니며, 개개 주관의 역사의식은 곧 자신의 습관에 대한 반성적 의식이라고 할 수 있다. 그러나 이 습관이라는 것이, 이미 우리가 앞 장에서도 언급한 바와 같이, 개별적인 내적인 사건이라기보다는 공동체적인 성격을 지니고 또 여기에서 영향을 받기 때문에, 습관에 근거한 역사의식은 개인의 역사에 대한 의식일 뿐만 아니라 다른 한편으로 공동체에 대한 역사의식이기도 하다. 그런 점에서 습관을 매개로 한 주관의 역사의식은 상호주관적이고 공동체적이다. 개인적 습관과 공동체적 습관은 서로 불가분리의 관계에 있기 때문이다.

우리가 세상을 습관적으로 살아간다는 것은 이렇게 역사의식을 전제로 해서만 가능한 것이므로, 어떤 의미에서는 모든 인간이 역사의식을 지니고 살아간다고 할 수 있다. 이 역사의식은 흔히들 이야기하는 시대와 현

---

6 Q. Lauer, 최경호 역, 앞의 책, 180.

실에 대한 비판적인 역사적 통찰을 의미하는 것은 아닐지라도 최소한 자신이 역사적 존재이고, 또 그러한 역사적 세계에 살고 있음을 자각하고 있음을 뜻한다. 그렇다면 이러한 역사의식이 상호문화성과는 어떠한 연관이 있을까?

1.2 공동체적 기억으로서의 신화

역사의식이 습관에 대한 반성적 자각이라는 우리의 주장은 습관이 역사적으로 형성되었다는 것에 근거한다. 그런데 이 습관을 하나의 자아의 통일성 속에서 역사적으로 존립하게 하는 결정적인 계기는 바로 우리의 기억이다. 기억은 과거의 흘러간 사실을 현재에 되살림으로써 마치 현재에 이루어지고 있는 것처럼 활성화시키는 역할을 한다. 우리의 습관이 단지 지나간 과거의 것이 아니라 현재에도 유의미하게 작용할 수 있는 것은 이 기억 덕분이다. 기억은 곧 과거와 현재를 매개로 역사성의 통일을 가능케 한다. 이런 점에서 개인적이건 공동체적이건, 이 기억을 도외시한 역사의식은 사실상 불가능하다. 그러나 역사학 자체가 과거의 사실에 대한 현재적 재구성이라고 볼 수도 있듯이,[7] 기억 또한 과거의 사실을 있는 그대로 저장해 그대로 재생하는 것이 아니라 나름의 선별 과정을 거쳐 선택적으로 이루어진다. 모든 것이 기억 속에 남는 것이 아니고 또 재생될 수 있는 것이 아니다. 이런 맥락에서 마치 진화론에서 말하는 적자생존의 과정처럼 자기보존을 위해 필요한 부분만이 남거나 두드러지게 나타나

---

7 최성철, 『과거의 파괴: 19세기 유럽의 반역사적 사상』, 서강대학교 출판부, 2012, 340–341 참조.

고, 그렇지 않은 부분은 잊혀지거나 드러나지 않은 채 잠들어 있다고 할 수 있다.

그런데 문화적인 맥락에서 이러한 기억에서 사라지지 않고 항상 남아서 다른 기억의 토대가 될 근원적인 기억이라는 것이 있을까? 개인사적인 관점에서 이러한 기억을 찾기는 쉽지 않지만, 공동체적 차원에서 이러한 근원적인 기억을 찾을 수 있다고 본다. 물론 이는 하나의 실제적인 역사적 사실에 대한 기억이라기보다는 그 공동체의 뿌리를 이루는, 공동체의 자기정체성의 바탕이 되는 어떤 것에 대한 상징적 기억이어야 한다. 그리고 이는 결국 공동체 구성원 모두가 공유할 수 있는 것이기에, 개인적인 차원의 기억으로도 전이될 수 있다. 필자는 이러한 근원적인 기억에 해당되는 대표적인 것이 바로 '**신화'에 대한 기억**이라고 본다.

신화는 물론 실제의 역사적 사실에 기반한 것은 아니다. 그럼에도 이것이 개개 문화권의 고유성과 정체성의 바탕을 이루는 것은 신화가 그 문화권을 둘러싸고 있는 자연환경과 그 구성원들의 특성과 **정서적 분위기**를 잘 반영하고 있기 때문이다. 그래서 신화는 문화에 따라 다양한 모습을 보인다. "신화는 가시적인 세계의 배후를 설명하는 메타포이다. 그러나 이 신화의 전통이라고 하는 것은 각 문화권에 따라 다르다. 다른 까닭은 각 문화권에 따라 마땅히 자각하여야 할 삶 자체의 양상이 서로 다르기 때문이다."[8] 그럼에도 한편으로 모든 신화는 나름대로 공통된 면을 보이기도 한다. 인간 초월적인 신과 자연적 현상이 주된 소재가 된다는 점, 그리고 인간과 신, 여기에 영웅 간의 상호관계를 중심으로 이야기가 이루

---

8 J. Cambell, B. Moyers, *The Power of Myth*, 이윤기 역, 『신화의 힘』, 21세기 북스, 2014, 18 (빌 모이어스의 서문).

어진다는 점 등이 대체적으로 일치하는 내용들이다. 신화종교학자 캠벨은 이러한 보편성의 관점에서, 주로 인간의 본성적인 심리에 초점을 맞추어 신화를 해석한다. 그에 따르면, 신화는 인간의 무의식 내지 꿈과 연관이 깊으며, 한 사회 전체가 공유하는 집단적인 꿈과 같다.

꿈은 우리 의식적인 삶을 지탱시키는 깊고 어두운 심층에 대한 개인적인 체험입니다. 그러니까 신화는 공적인 꿈이요, 꿈은 사적인 신화라고 할 수 있겠지요. 어떤 개인이 꾸미는 사적인 신화인 꿈이 그 사회의 꿈인 신화와 일치한다면, 그 사람은 그 사회와 무난하게 조화를 이루고 있다고 보아야겠지요.[9]

캠벨의 해석에 따를 때, 신화는 한 사회 내지 문화가 공유하는, 인간의 잠재된 보편적인 갈망과 같은 것으로 이해된다. 여기서 인간의 갈망은 보다 완전해지고 강해지고자 하는, 따라서 이를 위해 초월적인 존재와 하나가 되거나 이와 같이 되고자 하는 유한한 인간의 추구로 해석될 수 있다. 따라서 캠벨은 "신화에는 개인이 지닌 완전성과 무한한 힘의 가능성을 깨닫게 하고 그 세계를 날빛 아래로 드러내는 힘이 있어요."[10]라고 말한다. 거의 모든 신화에서 예외 없이 강한 인간으로서 영웅이 등장하든가, 아니면 초월적인 강력한 신적인 존재와 인간의 합일이 묘사되는 것은 이러한 이유에서이다. 곧 인간과 자연 혹은 초자연적인 신과의 합일에 대한 염원을 모든 신화를 지배하는 동기로 간주할 수 있다. 단지 이러한 동기들이

---

9   같은 책, 89.
10 같은 책, 272.

다양한 자연 및 문화 환경에 따라 달리 표현되는 것이 신화의 특징이다.

이러한 문화의 다양성과 보편성의 긴장관계에서 드러나는 것이 신화이기 때문에, 양자 간의 관계가 주된 주제인 현상학의 관점에서 신화는 매우 중요한 관심사가 아닐 수 없다. 그래서 후설이 고향세계로서 우리의 일차적인 문화세계를 가리켜 신화적이라고 표현하는 것은 결코 우연이 아니다. "나에게, 또 우리에게 (그리스인, 독일인 등) '그 자체 최초의', 민족적 — 원초적인 주위세계, 우선 우리에게는 단적인 세계인바로서의 이 세계는 세대에 걸쳐 존재하는(generativen) 현존재의 생동적 — 근원적인 역사성 속에서 성장하고 발전해가는 '신화적인(mythische)' 주위세계이다."[11] 여기서 주목할 것은, 후설이 신화를 특별히 역사성과 연관시켜 고찰하고 있다는 점이다.[12]

이미 본 바와 같이, 신화는 한 사회가 오랜 기간 지속해 지니는 '공동의 꿈'과 같은 것이다. 따라서 이는 일회적인 것으로 단기간에 잊혀지는 것이 아니라, 여러 세대에 걸쳐 전승되고 이어진다. 그럼으로써 주지하다시피 신화는 일종의 민족정신과 같은 것으로 고착화되어, 여러 세대에 걸쳐 한 문화권의 모든 구성원에게 마음속 깊이 뿌리박게 된다. 이런 점에서 신화는 역사적일 수밖에 없다. 그런데 신화가 오랜 세월을 통해서 문화 공동체 구성원들의 마음에 뿌리 깊게 자리 잡을 수 있는 데에는, 신화적 전승이 공식적인 역사서와 같이 문자가 아닌, 직접 말에서 말로 이어지는 '**구전**'의 형태로 이루어진다는 점이 큰 기여를 한다. 사실 신화의 전승과 역

---

11 『상호문화성 III』, 436.

12 이와 관련해서는 K. Held, "Heimwelt, Fremdwelt, die eine Welt", *Phänomenologische Forschungen*, Bd. 24/25, 1991, 321 참조.

사성을 가능케 하는 것은 문자보다는 말이다. 신화가 대체로 비합리적이고 허무맹랑하지만, 그럼에도 그 구성원들에게 하나의 문화적 전통으로, 그것도 가슴에 와 닿게 받아들여지는 것은 말을 통해 사람에서 사람으로 직접적이고 생생하게 전달되기 때문이다.

여기서 결정적인 점은 이것이 단순한 기술이라기보다는 **'이야기'**의 형태로 전승된다는 것이다. 신화는 곧 "역사이자, 나이 많은 사람들, 혹은 최고 연장자들이 그들보다 나이 많은 사람들이 그들에게 이야기해준 바로서 이를 이야기해주는 것과 같은 역사이야기"[13], "그러나 단지 때때로, 그것도 개별적으로, 정해진 규칙 없이 직접적, 간접적으로 일깨워지는, 즉, (연장자들의) 이야기들 속에서 주어지는 역사"[14]이다. 이야기의 특징은 생동적이고 재미있으며 의미가 있다는 점이다. 더구나 인물들 간의 관계나 사건의 인과적 연관이 비교적 분명한 편이다. 그래서 인과적 관계가 불분명한 단순한 사건들의 기술이나 서술보다 이야기는 훨씬 강한 인상을 남겨준다. 특히 신화의 이야기는 대부분 어릴 때부터 친근한 가까운 어른들에게 직접 이야기로 들어온 것이므로, 마치 우리가 직접 경험한 것처럼 기억에 생생하게 남아 있게 된다.

이와 같이 신화는 역사성을 지닌, 한 문화공동체의 사람들이 공유하는 뿌리 깊은 공동의 기억이라는 특징이 있다. 그리고 이 신화에 대한 공동체의 기억을 한 문화권의 역사성과 전통의 뿌리로 간주한다면, 이는 한 개인 내지 공동체의 근원적인 역사의식의 토대가 된다고 볼 수 있다. 실질적으로 바로 앞 장에서 언급한 '공동체적 습관'은 바로 이러한 신화에

---

13 같은 책, 145.
14 같은 곳.

대한 기억을 근원적인 밑바탕으로 하고 있다. 습관이 하나의 문화적, 공동체적 습관으로서 자리 잡고, 또 이에 대한 역사적 의식이 가능하기 위해서는 문화공동체의 역사적 정체성을 먼저 확립해야 하는데, 신화가 바로 이 역할을 하기 때문이다.

신화에 대한 역사적 기억이 자신의 문화공동체에 대한 역사의식을 가능케 한다고 볼 때, 이는 자신이 속한 문화공동체에 대한 애착심과 자긍심을 높이는 데 긍정적인 역할을 한다. 그러나 한편으로 이는 타 문화권의 신화와의 차별성을 부각시키는 것이 되므로, 타 문화권과의 차이를 더 강하게 느끼게 되는 요인이 되기도 한다. 앞서 언급한 것처럼, 후설은 이 방인의 입장에서는 타 문화권의 신화를 완벽하게 이해하기는 사실상 불가능하다고 보고, 이것이 타 문화권에 대한 깊이 있는 접근을 가로막는 가장 큰 장애요인이라고 본다. 신화가 형성되고 이것이 전해 내려오는 과정을 볼 때, 이는 충분히 타당성이 있는 주장이다. 구전을 통해 전해오는 개별 신화의 내밀한 역사성과 그 고유한 분위기는 사실 타 문화권의 사람들이 이해하기에는 한계가 있다. 후설은 바로 그렇기 때문에, 타 문화권의 신화에 대한 이해는 오직 감정이입, 즉 나 자신을 타자로 전이해 유추하는 간접적 방식의 형태로만 가능하다고 주장한다.[15] 즉, 나의 문화와의 유사성을 근거로 타 문화의 신화적 역사성을 간접적으로 이해해 받아들일 수밖에 없다는 것이다.

타 문화의 신화를 존중하고 받아들인다는 것은 타 문화의 역사를 이해하고 받아들인다는 것으로 그 문화의 정서적 뿌리를 이해한다는 것과 같은 의미이다. 사실 한 문화권의 신화에 대한 역사적 의식은 그 문화권에

15 제2부 3장 2절 참조

서 태어나고 자라면서 구전과 같은 형태로 반복해서 듣고 체화하지 않으면, 외부인의 시선으로는 제대로 이해하기 어렵다. 설령, 머리로는 어느 정도 이해한다 하더라도 가슴으로 느끼는 데는 한계가 있다. 이는 타 문화의 역사성에 대한 접근이 그만큼 힘들다는 것을 의미한다. 그런데 상호문화성이 참된 의미에서 성립하려면, 궁극적으로 이 신화적 역사성에 대한 상호이해와 수용이 가능해야 할 것이다. 이런 점에서 상호문화적인 역사의식은 상호문화성의 단계에서 가장 궁극적이고 최종적인 단계에서나 가능한 매우 어려운 과정이라고 볼 수 있다. 다른 한편으로 이는 타 문화의 역사성과 역사의식을 관통해 하나의 상호문화성을 형성하는 것 — 이 것이 가능하다면 — 이 가장 이상적인 상호문화성의 형태임을 의미한다. 그러나 앞서 지적한 바처럼, 신화가 다양성을 띠지만, 한편으로는 보편성을 지닌다는 점은 이것이 전혀 불가능하지 않음을 암시한다.

2 역사의 유한성과 상호문화적 보편성

앞서의 고찰에서 우리는 역사의식이라는 것이 문화적 결합과 공감적 이해를 촉진시키기보다는 저해하는 요인임을 보았다. 역사의식은 문화적 개별성과 다양성을 부각시킴으로써 문화적 차이의 벽을 견고하게 하기 때문이다. 그러나 이는 역사 내지 역사의식이 지닌 근본적인 특징이기도 하다. 역사는 기본적으로 시간성에 바탕을 두고 있으며, 그런 한에서 유한하다는 특징을 지닌다. 즉, 모든 시간 속에 있는 존재는 시작과 끝이 있고, 이를 바탕으로 모든 역사적 사건이 이루어진다. 바로 이 유한함이 한편으로 개별적 존재자의 차이를 밝히는 근원이 된다. 물론 역사가 무한히 반복되거나 지속된다는 가정을 할 수는 있지만, 이는 어디까지나 인간이나 자연의 실제적 역사가 아닌, 초월자의 관점에서 바라본 형이상학적 역사관이다. 모든 인간의 역사는 인간에 의해 이루어지고, 그런 한에서 최초의 행위가 있고, 또 그 종말 또한 있을 수밖에 없다. 하이데거는 이러한 역사와 역사의식의 유한성을 현상학적으로 잘 표현하고 있다.

하이데거는 역사의 주체를 현존재(Dasein)로서 역사적인 시간 속에 존재하는 구체적인 인간이라고 본다. 그러므로 그에게서 "역사는 시간 속에서 나타나는, 실존하는 현존재의 특유의 사건(Geschehen)이다."[16] 역사는 현존재와의 관련 속에서 현존재의 의미부여를 통해 그 존재성을 지닌다. 과거의 유물이 역사적인 의미를 지니는 것은, 이것이 과거의 현존재에 의해 창출되었고, 또한 현재의 현존재에게 역사의식을 통해 의미를 지니기 때문이다. 과거와 현재를 매개하는 것은 바로 현존재이다. "아직 현존하는(vorhandenen) 고대의 유물은 과거에 현존해 존재했던(da-gewesenen) 현존재의 과거의 세계에 도구적으로 속하고, 또 여기로부터 유래했다는 것에 근거해 과거와 역사의 성격을 지닌다."[17] 그러므로 하이데거에 따를 때, "근본적으로 현존재가 — 우리는 그렇게 주장한다 — 역사적이다."[18]

그런데 현존재의 역사성의 궁극적 뿌리는 근본적으로 현존재가 탄생과 죽음이라는 두 시간적인 사건 사이에 존재한다는 데 있다. 탄생과 죽음은 현존재의 유한함과 시간적 존재성을 선명하게 나타내는 표지로서, 이 두 가지 계기로 현존재는 어떤 한계성을 지니고, 또 필연적으로 역사적일 수

---

16 M. Heidegger, *Sein und Zeit*, Tübingen, 1993, 379.
17 같은 책, 380.
18 같은 책, 381.

밖에 없다. "오로지 죽음은 단지 현존재의 끝이고, 형식적으로 보면, 현존재의 전체성을 포괄하는 하나의 끝이다. 다른 끝은 시작으로서 탄생이다. 탄생과 죽음 사이의 존재자가 비로소 추구되는 전체를 나타낸다."[19] 현존재는 이 탄생과 죽음의 시간적 계기를 단지 과거의 것 혹은 미래에 도래할 것으로 현재의 나와 무관한 것으로서 스쳐 보내는 것이 아니라, 끊임없이 두 계기를 의식하면서 여기에 얽매여 있다. 그리고 바로 이 점이 현존재의 역사의식의 토대가 된다.

현존재의 존재에는 이미 탄생과 죽음과 관련한 '중간(Zwischen)'이 있다. 이에 반해 현존재는 결코 어떤 한 시점에 현실적으로 있는 것이 아니고, 나아가 자신의 탄생과 죽음의 비현실적인 것에 의해 '둘러싸여' 있는 것이 아니다. 실존론적으로 본다면, 탄생은 더 이상 현존하지 않는다는 의미에서 과거가 아니고, 마찬가지로 죽음은 아직 현존하지 않지만 도래할 어떤 미회수 채권(Ausstand)과 같은 존재양식으로서의 특징을 지니는 것도 아니다. 사실적 현존재는 탄생적으로(gebürtig) 실존하고, 또한 이미 죽음에의 존재의 의미에서 탄생적으로 죽는다. 현존재가 사실적으로 실존하는 한에서, 양 끝과 둘 간의 중간영역은 존재한다.[20]

탄생과 죽음은 인간의 근본적인 존재양식을 이루면서, 인간에게 피할 수 없는 운명으로서 다가온다. 이를 피할 수 없기 때문에, 인간은 유한하다. 그러나 현존재로서의 인간은 이러한 유한성을 의식하고 이를 받아들

---

19 같은 책, 373.
20 같은 책, 374.

임으로써 오히려 자신의 본래적인 모습을 자각한다. 바로 여기에 현존재의 역사성의 핵심이 있다. 현존재는 자신의 유한성을 스스로 자각함으로써 자신이 역사적 존재임을 인정하는 것이다. 하이데거는 이런 의미에서 현존재가 죽음으로 향한 존재임을 강조한다. 죽음에의 존재임을 스스로 받아들일 때, 곧 자신의 유한성을 깨달을 때, 자신뿐만 아니라 자신이 속한 공동체의 운명적인 역사성에 대해서도 의식하게 되는 것이다. 이러한 맥락에서 하이데거는 "죽음에의 본래적 존재, 즉 시간성의 유한성이 현존재의 역사성의 숨겨진 근거이다."[21]라고 결론적으로 말하고 있다.

단지 죽음에 대해 자유로움이 현존재에게 단적으로 목적을 부여하고 실존을 유한성에 직면하게 한다.[22] 현존재가 미리 앞서서 죽음을 그 자신 속에서 강력한 것으로 만들 때, 이 죽음에 대해 자유롭게, 자신의 유한한 자유의 고유한 강력함 속에서 스스로를 이해한다. 이 유한한 자유는 그때그때 선택을 선택했음이라는 의미 속에서 현존재 자신에게 내맡겨져 있다는 무력함을 받아들이고, 열려진 상황의 우연성을 분명하게 깨닫게 하는 역할을 한다. 그러나 세계−내−존재로서 운명적인 현존재는 본질적으로 타인과 더불어 존재하므로, 그에게 일어나는 것은 (타인에게도: 필자의 삽입) 더불어 일어나는 것이고, 역운(Geschick)으로 규정되는 것이다. 이 역운이라는 표현을 통해 우리는 공동체, 민족에게 일어나는 바(Geschen)를 나타내는 것이다.[23]

21 같은 책, 386.
22 같은 책, 384.
23 같은 곳.

역사성은 이처럼 근본적으로 **유한성을 함축**하기 때문에, 문화를 제약하고 한계 짓는 역할을 한다. 물론 문화는 세대적인 전승을 통해 연속성을 지니고, 이것이 문화의 역사성이 지닌 주된 특징이기도 하다. 그러나 넓게 볼 때, 문화적 전승은 분명 그 시초와 끝이 있을 수밖에 없고, 또 다른 차원의 한계지어진 공동체내에서의 전승이라는 점에서 본질적으로 유한하다. 이는 앞서 살펴본 바와 같이, 궁극적으로 인간이 지닌 숙명적인 유한성에 근거를 둔다. 그런데 유한함이 기본적으로 다른 어떤 것에 의해 경계지어지고 구분된다는 의미를 지니고 있다고 볼 때, 문화가 다양하다는 것은 근본적으로 문화가 역사적이라는 것에 근거를 두고 있다고 할 수 있다. 이런 점에서 문화의 **역사성과 다양성**은 불가분리의 관계를 맺는다. 어떤 문화가 역사적이라는 것은 곧 이 문화가 다른 문화와 차별화된다는 의미를 함축한다.

이러한 문화의 역사성이 지닌 유한함은 상호문화성을 위해 시사하는 바가 크다. 상호문화성은 태생적으로 문화적 다양성과 차이를 전제로 해서만 성립되는 개념이다. 문화적 차이가 없다면, 굳이 상호문화성이라는 표현을 쓸 이유도 없다. 이럴 경우, 단순히 문화의 보편성 혹은 보편적 문화라는 말로 족할 것이다. 그러나 한편으로 상호문화성은 단지 문화적 차이의 보존과 유지만으로 이루어지는 것이 아니다. 여기에는 차이를 넘어서 보편성과 합일을 향한 공감적인 노력 또한 가미되어야 한다. 한마디로, 상호문화성은 문화적 차이와 보편성의 중간지점에 놓여 있다. 어느한쪽만 강조된다면, 참된 의미의 상호문화성이라고 볼 수가 없다. 그렇다면, 역사성과 역사의식은 문화적 특수성과 차이를 규정한다는 점에서, 상호문화성의 한 축을 위해 중요한 역할을 하지만, 이것만으로는 상호문화성을 온전하게 완성하는 데는 부족하다고 볼 수 있다. 역사성을 전제하면서, 말하자면, 역사의식을 지니면서 동시에 이를 넘어서는 어떤 보편성을 향한 움직임이 필요하다. 그러면 역사적 제약을 넘어서서 상호문화적 **보편성을 향한 이러한 움직임**은 어떻게 현상학적으로 정당화될 수 있을까?

3 이성의 목적론과 상호문화성

3.1 완전자로의 열망과 이성

역사의 유한성은, 하이데거의 해석에 따를 때, 삶과 죽음의 경계에 놓여 있는 인간의 유한함에 근거한다. 이 유한함 자체는 물론 인간의 본성으로서 인간의 보편적 속성이기도 하다. 그러나 인간은 이러한 유한함을 자신의 본질로서 지니고 있기도 하지만, 한편으로는 이 유한성을 넘어서려는 경향도 함께 지니고 있다.[24] 앞서 몸과 상호문화성의 관계를 고찰하면서, 우리는 이러한 초월 지향적 경향이 인간의 근원적 자연적 본성임을

---

24 인간은 기본적으로 완전하지 않으며, 바로 이 점이 인간의 유한성을 상징적으로 가리키는 것이기도 하다. 그러나 인간은 부족한 자신을 메워가면서 부단히 완전함으로 나아가려는 경향을 보인다. 바로 이것이 전형적으로 나타난 것이 철학이다. 철학은 진리를 추구한다. 그런데 인간이 추구하는 진리는 절대적, 보편적인 것으로서 어떤 의미에서는 완전성을 내포한다. 곧 불완전한 인간이 이 완전한 진리를 파악하고자 하는 지적 노력이 바로 철학적인 탐구라고 볼 수 있다. 그러므로 플라톤은 철학적 탐구를 유한함을 넘어서서 무한자인 초월자로 상승하려는 모습을 띤다는 점에서, 이를 에로스적인 열정에 비유하기도 한다. 에로스는 부족함을 채워 완전함에 이르고자 하는 아래로부터 위로의 상승욕구를 나타내는 것으로서, 초월자의 관점에서 위에서 아래를 내려다보는 아가페와는 구분된다. 그러므로 에로스적인 지적인 동기에 의해 이끌어지는 철학은 자신의 유한성을 극복하려는 인간본성의 대표적인 발로이다. 이에 대해서는 뒤에서 다시 언급된다.

보았다.[25] 그런데 전통적으로 서구 철학에서 인간이 자신의 자연적인 유한성을 넘어서서 초월적이고 절대적인 완전함에 이를 수 있는 유일한 계기로 간주된 것이 이성(혹은 정신)이다. 완전자로서의 신 또한 순수이성으로 간주되고, 인간은 이 신과 이성적인 부분을 공유하는 것으로 간주되었다. 중세의 서양의 신비주의도 바로 이러한 지성주의적 측면에서 인간과 신과의 일치를 강조하려는 경향이 강하다.[26] 곧 인간의 이성을 최대한 계발하고 그 잠재성을 극대화한다면, 신과 같은 완전함의 이상에 접근할 수 있으리라는 것이 대체적인 전통 서양 합리주의의 공통된 생각이다. 그러므로 인류역사를 절대이성의 자기외화과정으로 이해하려는 헤겔의 생각도 이러한 맥락에서 이해될 수 있다.

그런데 현상학자인 후설 또한 이러한 이성지향적인 경향에서 인간성을 규정하려고 한다.[27] 후설에 따를 때, 인간은 감각적, 본능적 단계에서 정신적, 이성적 단계로 상승해 발전해가는 목적론적 존재이다.[28] 그는 이러한 이성적 존재로의 추구와 발전과정에서 인간의 인격은 완성되고 성숙되어간다고 생각한다. 그런데 이성적 존재자로 부단히 쇄신되어야 한다는 것은, 한편으로는 추구되어야 할 실천적, 윤리적 당위이기도 하지만, 다른 한편으로는 인간에 내재한 본능적 경향이기도 하다. 바로 앞서 언급한 인간의 완전함을 향한 (곧 신처럼 되고자 하는) 본성적 열망이 그것이다. 후설에서는 두 가지 해석이 모두 가능하다.[29] 우리는 이미 앞 장에서 이에

---

25 제2부 1장 4절 참조.
26 길희성, 『마이스터 엑카르트의 영성 사상』, 분도출판사, 2008, 117-169 참조.
27 『위기』, 275-276 참조.
28 『상호주관성 III』, 595 참조.
29 후자의 측면에서 후설 현상학을 신비주의적 관점에서 해석한 글로는 졸고, 「현상학과 신

대한 윤리적 관점을 살펴보았다. 그러나 후설은 이성 개념과 관련해 양 측면을 서로 대립된 것으로 보기보다는 상호 연관 속에서 보려고 한다. 이는 다음과 같은 후설의 언명에서 확인할 수 있다.

여기서 이념적 한계, 수학적으로 말하면, '극한'에 이른다고 한다면, 상대적인 완전성의 이상으로부터 절대적 완전성의 이상이 두드러져 나온다. 이는 절대적인 인격적인 완전함의 이상, 즉 절대적인 이론적, 윤리적 그리고 모든 의미에 있어서 실천적 이성의 이상임에 다름 아니다. 곧 이는 모든 절대적 이성의 의미에서 고양된 인격적인 능력의 주체로서 한 인격체, 우리가 이를 동시에 모든 것을 할 수 있고 또는 모든 능력을 지닌 것으로서 생각할 때, 모든 신적인 속성을 지닌 것 같은 그러한 인격체의 이상이기도 하다. 어쨌든 우리는 이러한 (합리성을 넘어서는) 차이에 이르기까지 말할 수 있다: 모든 유한성을 넘어서 놓여 있는 극, 여기에 모든 참된 인간적 추구가 향해 있는 바로서의 절대적 극은 신의 이념(Gottesidee)이다. 이 자체는 …… 모든 윤리적 인간을 그 자체 안에 함유하는 '참되고 진정한 자아'이다.[30]

이러한 이성에 대한 유연한 해석이 가능하기 위해서는, 우선 이성 개념 자체가 포괄성을 지녀야 한다. 따라서 인간성의 목적이자 정점으로 간주되는 이성은 후설에서는 다분히 사변적이고 논리적인 이성의 의미만을 지니지 않는다. 후설은 이성과 감성적 본능을 하나의 연속성 속에서 바라보면서 좀 더 넓은 의미의 이성 개념을 취한다. 칸트에 따를 때, 인간의

비주의: 후설 현상학을 중심으로」, 『철학연구』 제103집, 철학연구회, 2013 참조.
30 『강연 II』, 33-34.

이성은 인식된 것에 어떤 체계적인 통일성을 부여하려는 기능을 한다. 그리고 이는 하나의 자연적 본성(소질)과 같은 것으로 이해했다. 말하자면, 이성을 통해 주어진 경험을 넘어서서 신이나 영혼 같은 초월적인 형이상학적 대상을 파악하려고 하는 것은 인간의 인식적인 본능이다. 칸트는 이러한 이성의 경향을 일종의 인식론적인 월권행위로 보고, 여기에 어떤 인식론적인 정당성을 부여하지 않는다. 후설은 칸트와 달리, 이성에 나름대로의 인식능력을 부여하고 신뢰한다. 그러나 인간의 이성적 작용 내지 이성에 대한 추구를 인간에 내재한 어떤 자연적, 본능적 경향으로 본다는 점에서는 칸트와 유사성을 보인다. 말하자면, 본능(충동)과 이성을 엄격히 구분해서 보기보다는 하나의 연속적인 틀 속에서 바라본다.[31] 이런 의미에서 후설은 "합리적 본능"[32]이라는 표현을 쓴다.

3.2 이성의 보편성과 역사적 유한성 사이에서의 상호문화성

후설에서 본능과 이성이 하나의 연속선상에서 이해될 수 있는 근거는, 인간의 이러한 이성화의 경향이 앞서 우리가 살펴본 자기보존(Selbsterhaltung)의 본능에 토대를 둔다는 점이다.[33] 후설은 기본적으로 인간과 세계를 유기체적으로 바라본다.[34] 유기체의 특성은 부분과 전체가 조화를 이루

---

31 한정선, 『생명에서 종교로』, 철학과 현실사, 2003, 118-119 참조.
32 『상호주관성 III』, 611. 본능이 지닌 합리적, 상호주관적 성격에 대한 상세한 현상학적 논의는 이남인, 「본능적 지향성과 상호 주관적 생활세계의 구성」, 『철학과 현상학 연구』 제7집, 한국현상학회, 1993 참조.
33 이 책의 제2부 4장 3절 참조.
34 이에 대해서는 졸고, 「현상학적 사회이론 —개인과 사회와의 관계에 대한 후설의 논의를 중심으로—」, 『철학연구』 제59집, 철학연구회, 2002, 173 참조. 아울러 이 책의 제2부 4장

면서 모든 개개의 부분이 전체와의 관련 속에서 의미를 지닌다는 점에 있다. 그리고 유기체는 성숙을 향해 부단한 발전과 생성, 변화 속에 놓여 있다. 무엇보다도 중요한 점은, 모든 유기체는 본성적으로 자기보존의 욕구에 따라 움직인다는 점이다. 후설 또한 이 자기보존이라는 측면을 중요하게 여긴다. 그러나 후설은 자기보존을 단지 생물학적인 본능적 차원에만 한정하지 않고, 인간의 모든 삶에 걸쳐 이 자기보존의 욕구가 지배하고 있다고 본다.[35] 그러므로 이론적, 학문적 나아가 고차적 이성적 삶 또한 넓은 의미에서 자기보존적인 본능의 발로이다. 바로 이런 점에서 후설에서 이성적 삶과 본능적 삶은 엄격히 구분되는 것이 아니라 상호연관성을 지닌다.

이러한 유기체적 세계관에 따라 후설은 인간의 이성으로의 본능적인 경향을 **목적론적으로 이해**한다. 인간은 본능적 단계에서 부단히 이성적인 단계로 발전해가면서 성숙해가는 존재로서, 참된 **이성이 인간됨의 목적**이자 최종적인 종착지이다. 이런 의미에서 후설은 "이성을 향한 삶과 추구의 무한성"[36]이라는 표현을 쓰면서, 이성은 "인간이 인간으로서 그 자신의 가장 깊은 내면에서 지향하고자 (will) 하는 것"[37]이라고 말한다. 후설에 따르면, "인간은 (이성을 향해: 필자의 삽입) 목적론적이고 그렇게 존재해야 한다."[38] 그러나 이성화로의 목적론적 과정에서, 감성적, 본능적 단계는 비

3절 참조.

35 Nam-In Lee, *Edmund Husserls Phänomenologie der Instinkte*, Dordrecht, 1993, 192-193 참조.

36 『위기』, 275.

37 같은 곳.

38 같은 곳.

이성적이라는 이유로 무시되기보다는 오히려 이성적 단계를 위한 하나의 유의미한 과정이자 발판이다. 바로 이 점이 전통철학과 구분되는 후설 현상학의 특징이기도 하다. 따라서 넓은 의미의 이성 개념 속에 감성적이고 본능적인 것은 포괄된다. 이를 바탕으로 후설은 총체적인 이성, 곧 감성적, 실천적, 미학적 영역까지 포괄하는 광범위한 이성 개념을 취하면서, 서구의 일면적인 '객관주의적' 이성주의 내지 합리주의의 경향을 교정하려고 한다. 후설에 따르면, "이성은 이론적, 실천적, 미학적 이성 그리고 그밖의 무엇이든 간에 구별을 허용하지 않는다."[39] 후설의 이성의 목적론은 바로 이러한 배경에서 나온 것임을 이해해야 한다.

그러나 후설에서도 여전히 문제가 되는 점은, 목적론의 최종 종착지인 '순수이성'은 현실적으로 인간이 도달할 수 있는 것이 아니라는 점이다. 그럼에도 이는 인간에게 하나의 규제적, 당위적 이념으로서 존재하고, 인간을 여기로 이끄는 하나의 동인이 된다. 이런 의미에서 후설은 이성의 목적론의 최정점에, 완전한 이성적 존재자이자 하나의 이념으로서의 **신**이 존재한다고 본다.[40] "신은 모나드 총체 자체가 아니라 이 속에 내재한

---

39 같은 곳.

40 후설의 신개념에 대해서는 여기서 상세히 논하지 않기로 한다. 후설의 신개념에 대한 논의는 S. Strasser, "Das Gottesproblem in der Spätphilosophie *Edmund Husserls*", *Philosophisches Jahrbuch*, Bd. 67, 1958. "Der Gott des Monadenalls", *Perspektiven der Philosophie 4*, 1978. K. Held, *Lebendige Gegenwart*, Den Haag, 1966, 178-184. Nam-In Lee, *Edmund Husserls Phänomenologie der Instinkte*, Dordrecht, 1993, 231-232. F, J, Wetz, *Edmund Husserl*, Frankfurt/New York, 1995, 138-146. 한정선, 『생명에서 종교로』, 철학과 현실사, 2003, 128-134, 졸고, 「현상학적 사회이론 −개인과 사회와의 관계에 대한 후설의 논의를 중심으로−」, 『철학연구』 제59집, 철학연구회, 2002, 188-191, 「현상학과 신비주의: 후설 현상학을 중심으로」, 『철학연구』 제103집, 철학연구회, 2013, 99-106 참조.

엔텔레키이다. 이는 무한한 발전의 목적의 이념이자 절대적 이성에 근거한 인간성의 이념이요, 자신의 자유로운 결정에 근거해 필연적으로 모나드적 존재에 질서를 부여한다."[41]

이러한 신개념의 등장으로 후설의 이성의 목적론은 형이상학적 영역으로 진입한다. 구체성을 중시하는 현상학에서 과연 이러한 형이상학적 사고가 얼마나 정당화될 수 있는지는 별도의 논의가 필요할 것이다.[42] 그러나 분명한 것은, 앞서 고찰한 바와 같이, 후설의 이성의 목적론은 인간의 유한함을 넘어서서 초월자(절대자)를 향하고자 하는 인간의 본성적 경향이 그 출발점이자 핵심적 바탕을 이루고 있다는 점이다. 이 목적론을 형이상학적, 윤리적으로 해석하건 또는 생물학적으로 해석하건, 이성을 통해 자신의 **유한함을 극복하려는 인간의 의지적 노력**은 하나의 '사실'임에는 분명하다. 이성화는 본질적으로 인간의 **완전함**─ 순수이성 혹은 절대자로 특징지어지는─ 내지 **보편성으로 향한 본성적 경향의 반영**이다. 그런 점에서 현상학적으로 이를 정당화하려고 하는 후설의 시도는 나름 의미가 있다고 할 수 있다. 그러나 후설은 이러한 인간의 유한함과 이를 넘어서려는 이성적 노력과의 갈등관계에 대해서는 그렇게 세밀하게 주목하지 못한 점에서 한계를 드러낸다. 후설은 특히 인간의 유한성에 대해서는 크게 관심을 기울이지 않고, 순수이성으로 향한 인간의 보편지향적인 경향에 대해서만 주시한다.[43] 바로 여기서 우리는 역사성에 다시 주목하게 된다.

---

41 『상호주관성 III』, 610, 졸고, 「현상학과 신비주의: 후설 현상학을 중심으로」, 『철학연구』 제103집, 철학연구회, 2013, 110-111 재인용.

42 이에 대해서는 졸고, 앞의 논문, 90-114, 「현상학적 사회이론 ─ 개인과 사회와의 관계에 대한 후설의 논의를 중심으로─」, 『철학연구』 제59집, 철학연구회, 2002, 191-193 참조.

43 이와 관련해서는 제2부 3장 3절, 5장 4절. K. Held, "Die Endlichkeit der Welt", *Philoso-*

인간의 유한성을 근거짓는 것은 바로 역사성이다. 역사에 대한 의식이 인간의 유한성을 자각하고 유한한 존재로서의 자신의 의미를 성찰하게 한다. 후설의 인간의 유한성에 대한 간과는 근본적으로 이러한 역사성에 대한 통찰이 부족하기 때문이라고 본다. 물론 후설은 그의 후기에 이르러 역사에 많은 관심을 보인다. 즉, 서구 철학의 전 역사에 대한 성찰을 기반으로, 당대의 문명과 시대를 비판적으로 진단하면서 나름의 역사적 고찰을 수행하고 있다. 그러나 후설은 역사의 진행방향을 목적론적으로 바라보면서, 역사가 함축하는 **우연성과 개별성** 부분에 대해서는 소홀히 한다. 후설이 문제 삼고 있는 역사가 주로 서구 철학과 과학의 역사로서, 이성적인 합리주의적 관점에서만 역사를 바라보는 것도 문제로 지적된다. 그러므로 후설이 바라보는 역사는 다소 낙관적이고, 전체적인 조화와 연속선상에서 무한히 발전해가는 과정으로 파악된다. 여기서 인간과 세계의 유한함은 설자리가 거의 사라지게 된다. 후설에서 이성적 인간은 부단히 주어진 한계를 넘어서서 보편적인 하나의 세계로 나아가려는 의지를 보인다. 이는 곧 역사적 제약을 넘어서려는 의지이기도 하다. 이런 맥락에서 후설은 "고향세계적, 민족적, 그리고 그 밖의 상대적으로 폐쇄된 인류의 일치는 아직은 보편적 일치가 아니다."[44]라고 말한다.

역사가 시간적인 계기를 바탕으로 하는 한, 역사는 끊임없이 인간을 유한성의 틀에 묶어 놓으려는 경향을 지닌다. 그러나 인간은 한편으로 이 유한성을 넘어서서 초월적인 보편성의 영역으로 진입하고자 하는 욕구를

---

phie der Lebenswelt, Würzburg, 1992. 졸고, 「포용과 책임: 사랑의 공동체에 대한 현상학적 고찰」, 『철학과 현상학 연구』 제18집, 한국 현상학회, 2002, 93-95 참조.
44 『상호주관성 III』, 234. 졸고, 「후설의 의사소통이론 – 역사적 제약과 선험적 보편성–」, 『철학과 현상학 연구』 제17집, 한국현상학회, 2001, 187 참조.

지닌다. 이른바 이성화의 경향이다. 하이데거가 전자의 측면을 강조하고 있다면, 후설은 후자의 측면에 강조점을 둔다. 그러나 현상학적으로 균형 잡힌 시각에서 본다면, 양 측면을 모두 포괄하면서 역사와 이성의 문제를 바라보아야 할 것이다. 특히 상호문화성을 해명하기 위해서는 그러하다. 역사적 제약과 이성의 보편성은 서로 대립적이고 상충하는 경향을 보이지만, 다른 한편으로는 인간의 복합적이고 이중적인 삶 자체의 특성을 여실히 잘 표현하고 있는 것으로서, 사실상 양자는 다소의 긴장관계 속에서도 조화롭게 공존하고 있다.[45] 그리고 이러한 이질적인 두 경향이 조화롭게 표출되는 지점이 바로 상호문화성이다.

개개 문화의 특수성과 고유성을 견고히 하는 것이 바로 역사성이다. 역사의식은 자신이 속한 문화공동체에 대한 소속감과 정체성을 확인시키면서, 자신의 문화에 대한 애착심과 자긍심을 높인다. 이는 자신의 문화를 지키고 보존하려는 경향을 낳으며, 동시에 타 문화에 대해서는 배타적인 태도를 지니게끔 한다. 역사의식은 기본적으로 유한성의 의식이므로, 자신의 문화의 경계와 한계에 대한 의식을 아울러 함축하고 있다. 그러나 역사의식은 자신의 문화적 한계를 넘어서서 확장하려는 생각보다는 자신의 문화적 틀을 고수하려는 보수적인 경향을 띠기 쉽다. 역사의식은 과거에서 현재로 이어지는 특수한 전통과 관습, 즉 습관에 대한 성찰이 그 바탕을 이루고 있기 때문이다. 그러므로 역사의식에 매몰될 경우에는, 자신의 문화적 틀을 넘어서서 어떤 확장된, 보편적 문화로 나아가려는 의지가 생겨나기 힘들다. 따라서 문화 간의 결합을 지향하는 상호문화적인 의지

---

45 후설에서 이러한 역사적 제약과 선험적 보편성과의 관계에 대한 좀 더 상세한 논의는 졸고, 앞의 논문 참조.

는 역사의식을 초월하는, 또 다른 인간적 경향에 의해 동기지워질 수밖에 없다. 이것은 바로 우리가 이제까지 논의한, 유한성을 넘어서서 완전함에 이르고자 하는 인간의 본성적 열망, 즉 **이성화로의 의지** 이외에 다름 아니다. 이 의지는, 상호문화적 맥락에서는, 자신의 문화를 넘어서서 타 문화와의 결합과 공존을 지향하려는 모습으로 나타난다. 타 문화와의 결합을 통해 자신의 문화가 발전되건 혹은 타 문화를 받아들임으로써 자신의 문화를 대체하건, 이는 근본적으로 보다 높은 차원의, 확장된 공동의 문화를 지향하는 것으로서, 자신의 고유한 문화를 넘어서서 **좀 더 완전하고, 보다 보편적인 문화**를 추구하는 것으로 볼 수 있다. 그런데 바로 이러한 과정이 우리가 추구해온 상호문화성을 특징지음은 이제까지의 서술을 통해 분명하다.

이러한 보편문화적인 지향의 대표적인 예가 서구에서는 바로 철학과 과학이다. 후설에 따르면, 철학은 "객관적으로 발전되는 문화시스템"[46]으로서 "철학자들은 이성의 정신의 소명을 지닌 대표자들이다."[47] 곧 상호문화성은 자신의 문화로 침잠하게 하는 역사적 제약을 초월해, 타 문화와의 교섭과 상호작용을 통해 좀 더 완전한, 혹은 좀 더 좋은 공동의 문화로 나아가려는 데서 성립한다. 물론 이 과정은 이론상 무한히 진행될 수 있다. 이런 점에서 모든 인류에게 타당한 하나의 보편적인 문화는, 이러한 무한한 과정에서 단지 하나의 이념으로서 전제가 된다고 할 수 있다.

그러나 그렇다고 보편문화가 오직 이념적인 완성된 형태로서만 가치를 지니는 것은 결코 아니다. 중요한 것은 보편문화 자체가 아니라 이를

---

46 『강연 II』, 54.
47 같은 책, 54.

향한 인간의 태도와 의지이다. 앞서 상호문화적 공동체와 사랑의 공동체를 비교하면서, 우리는 전자는 유한성에 뿌리를 두고 그 틀 속에서 어떤 가치를 지향한다고 본데 반해, 후자는 처음부터 유한성을 넘어서서 무한성 속에서 어떤 이상적인 가치를 지향한다고 보았다. 그러한 이유로 사랑의 공동체가 상호문화적 공동체와는 다를 수밖에 없음을 강조했다. 곧 상호문화적인 의지는 **유한한 현실에 뿌리를 두고, 오직 그 바탕 위에서 이념적인 보편문화를 지향**한다. 그렇기 때문에, 상호문화적 의지는 '완전한' 문화, '완전한' 상호문화적 결합을 추구한다고 하지 않는다. 다만 지금의 문화보다 '조금 더' 좋은, '**조금 더**' 완전한 문화를 추구하면서, 점진적으로 이념적인 보편문화에 다가가는 것이다. 결국 상호문화적 의지는 무한한 이념을 향하더라도 그 핵심은 유한성의 틀 속에 머물러 있다. 그런데 이러한 상호문화적 의지의 유한함을 지속적으로 가능케 하는 것이 바로 역사의식이다. 역사의식은 기본적으로 유한성을 바탕으로 하기 때문이다. 즉, 보편문화를 향한 상호문화적 의지는 역사적 개별성과 특수성을 전제로 할 때에만 의미가 있는 것으로서, 역사의식은 역설적으로 상호문화적 의지를 촉발케 하는 하나의 동인이다. 주어진 한계에 대한 의식 없이 이를 넘어서겠다는 의지는 불가능하기 때문이다. 역사의식과 보편성에의 추구는 이런 점에서 상호 보완적이라고 할 수 있다. 따라서 상호문화성에는 양자 간의 상호연관이 반드시 그 토대로 놓여 있다.

4 보편문화와 상호문화성 그리고 세계화

4.1 개별성과 보편성의 상관관계 속에서의 보편문화

앞서의 고찰에 따를 때, 상호문화성은 **유한성과 이를 넘어서려는 의지 간의 긴장과 갈등관계**에서 성립한다. 상호문화성을 위해서는 두 계기가 모두 필요하다. 그러나 그 가시적인 결과만을 놓고 본다면, 문화적인 결합을 통한 공동의 문화만이 성과물로서 두드러지게 나타난다. 이 공동의 문화는 어떤 뚜렷한 방향성을 지닌 것은 아니지만, 앞서의 논의에 따를 때, **보편성**을 향해 가는 것은 분명하다. 후설은 모든 인류에게 타당한 하나의 보편문화와 그 세계를 이상으로 보고, 여기에 끊임없이 접근하는 것이 인류의 역사적 과정이라고 생각한다. 여기에는 앞서 본 바와 같은 이성의 목적론이 주된 철학적 근거가 된다. 이를 윤리적인 맥락에서 보건 형이상학적으로 이해하건, 또 정신분석학적, 심리학적으로 해석하건 간에, 모든 인류를 포괄하는 하나의 보편문화는 현실적으로 실재하는 것은 아닐지라도 상호문화적인 모든 노력이 지향하는 궁극적인 목표일 수 있다. 여기서의 논의에 따를 때, 보편문화는 인간의 유한함을 극복해 완전함에 이르고자 하는 **인간의 원초적인 본성적인 의지**에 뿌리를 둔 것으로서, 이 의지 자체가 무의식적인 것이기에, 자각하기가 쉽지 않다. 그러므로 인간이 보편문화의 존재를 명확히 의식하고 있다고 보기는 어렵다. 다만, 비록 뚜렷이 의식되지는 못하더라도 이 원초적 의지가 잠재적으로 지향하는 것이 궁극적으로 하나의 보편적 문화임은 분명하다. 이런 점에서 보편문화는 현실 속에 그 실체가 있는 것이라기보다는 하나의 추구되어야 할 이념으로 그 존재가치가 있다.

그러나 모든 인류에게 타당한 절대적인 보편문화는 하나의 도달될 수 없는 이상일 수 있지만, 상대적인 의미에서 보편문화는 그때그때 역사적으로 존재할 수 있다. 상호문화적인 공동의 문화는 그 이전의 각자의 개별적인 문화보다는 발전한 것으로서, 이에 비해서는 보편적인 문화라고 볼 수 있다. 여기서 이것이 보다 보편적일 수 있는 주된 근거는, 상호문화적인 결합을 통해 형성된 새로운 문화는 그 이전의 문화에 내재한 역사성을 완전히 폐기하지 않고, 이를 포함하면서 **새로운 공동의 역사를 창출**해 나아간다는 점이다. 즉, 상호문화적인 세계는 상대적인 관점에서 "하나의 새로운 공동의 역사를 지닌 보다 높은 단계의 고향세계"[48]이다. 역사성은 개개 문화에 특수성과 유한성을 부여하는 것이지만, 한편으로 그 문화에 속한 구성원들에게는 모두 타당하다는 점에서 보편적이다. 이 제한적인 보편성은 다른 문화와의 융합을 통해 새로운 공동의 문화가 창출되었을 때, 그 영역이 확장될 수 있다. 곧 **보다 확장된 보편성**을 지니는 것이다. 그리고 이 과정은 상호문화적 의지가 존속하는 한 계속되며, 보다 보편적인 문화를 향한 인간의 노력은 원칙적으로 멈추지 않는다. 그런 한, 기존의 보편문화를 대체하는 보다 발전적인 보편문화가 계속 창출되고, 이는 하나의 이상으로서 간주된, 절대적인 보편문화로 근접해가는 과정이라고 할 수 있다. 이러한 보편문화가 그 자체로 좋고, 이전의 문화보다 절대적인 의미에서 발전이라고 할 수 있는지에 대해서는 이론의 여지가 있을 수 있다. 그러나 보편문화를 향한 인간의 노력은 보다 나은 문화를 향한, 인간의 결코 억누를 수 없는 본능적 경향이자 자기보존을 위한 불가피한 선

---

48 K. Held, "Heimwelt, Fremdwelt, die eine Welt", *Phänomenologische Forschungen*, Bd. 24, 1991, 23.

택이다. 이런 점에서 상호문화성은 역사 속에 살고 있는 인간에게 **보다 나은 삶을 위한 하나의 이정표이자 희망**으로서 그 가치가 있다고 볼 수 있도.

4.2 상호문화성으로서의 보편문화와 세계화의 차이

그러나 여기서 문제가 되는 것은 현재 가속화되고 있는 세계화 경향과 이 보편문화로의 지향과의 연관성이다. 주지하다시피 세계화(globalization)에 대해서는 많은 비판과 우려의 목소리가 높다. 그런데 혹자는 보편문화라는 것이 결국은 이러한 세계화의 한 흐름이 아니냐는 의문을 제기할 수 있다. 세계화 또한 어떤 보편문화를 지향하는 것이기 때문이다. 이것이 옳다면, 보편문화를 지향하는 상호문화성의 경향도 세계화라는 틀속에 놓여 있는 것으로 간주되기에, 비판받을 여지가 있다. 그러나 현재 비판의 대상이 되는 세계화와 상호문화적인 보편문화의 추구는 근본적으로 그 맥락이 다르다는 것이 필자의 생각이다.

세계화는, 그 어의에 충실하면, 현재 논의되는 상호문화성과 유사성을 지니지만, 현재의 세계화 경향은 **특정문화의 일방적 유포**라는 측면이 강하다. 특히 이 세계화의 중심에 미국문화와 자본이 있기 때문에, 세계화는 흔히 미국화라는 의미로 이해된다. 물론 문화의 속성상, 이를 정치 권력적으로 이해하면, 모든 문화가 (혹은 문화공동체의 구성원들이) 자신의 문화를 확대하려는 경향을 지니는 것은 당연하다. 그러나 현재의 세계화가 일방적인 힘의 논리에 의해 수용하는 쪽의 의지와는 무관하게 진행되고 있다면, 이는 엄밀한 의미에서 상호문화성이 아니라 다만 힘의 행사에 불과하다. 이럴 경우, 세계화는 그 지지기반이 없기 때문에, 쉽게 영향력을 상실하기 마련이다. 유럽의 국가들이 미국적 세계화 경향에 반대해, 맥도널드와 같은 미국적 문화의 유입을 경계하고 자신의 문화를 지키려고 하는 모습은 이를 잘 반영하고 있다. 그러나 앞에서도 지적했듯이, 문화를 받아들이는 쪽이 이를 의지적으로 수용하고 자기화한다면, 이는 하나의 상호문화적인 양상을 띠게 된다. 만약 세계화가 이런 식으로 진행된다면, 이는 인간의 자연적 경향과 순리에 따른 것이므로, 굳이 비난받을 이유는 없다. 그러나 현재의 세계화가 비판을 받는 이유는, 압도적인 자본과 힘의 논리에 따라 기존의 문화를 밀쳐버림으로써 일종의 **문화적 획일화**를 조장할 우려가 있기 때문이다. 말하자면, 문화적 차이와 다양성을 유지할 수 없다는 것이 주된 이유이다. 현재 이루어지는 세계화의 경향은 분명 이러한 문화적 획일화의 조짐이 있는 것이 사실이다.

그러나 우리가 언급한 보편문화의 추구는 이러한 일방적이고 획일적인 세계화와는 달리, 역사의식을 전제로 하고 기존 문화의 역사성을 바탕으로 시작한다는 점에서, 근본적인 차이가 있다. 보편문화의 추구는 문화가 지니는 역사제약성을 넘어서려고 한다는 데에서 출발하지만, 그렇다고 이러한 역사제약성 자체를 부정하는 것은 아니다. 앞에서 언급한 바처럼, 부단히 주어진 역사의 유한함을 넘어서되, 이를 기반으로 보다 확장된, 보다 보편적인 역사성으로 진입하려는 것이 이러한 추구의 본질이라고 볼 수 있다. 인간에게 유한함을 완전히 초월한다는 것은 불가능하다. 그러나 니체의 '위버멘쉬'처럼 부단히 주어진 한계를 넘어서서 나아감 자체가 인간에게 의미가 있는 것이다. 곧 역사성 자체를 완전히 넘어설 수 없지만, 이 제약을 그때그때 넘어서고자 하는 의지적 활동 자체 속에서 보편문화에 대한 추구가 이루어지는 것이다. 이는 사실상 역사 안에서 이루어지는 것이지, 이를 초월해 이루어지는 것은 아니다. 말하자면, 역사의식에 바탕을 둔 문화적 다양성을 전제로 문화적 보편성을 지향하는 것이다.

그러나 문제가 되는 세계화의 경향은, 이러한 역사의식 없이 이루어지는 것이기 때문에, 문화적 다양성에 대한 고려나 배려가 없다. 오직 지향하는 것은 경제적 효율성과 체계의 신속함을 극대화하는 것이다. 여기에서는 문화의 주체이자 수용자로서의 인간의 존재의미는 찾아보기 어렵다. 이렇게 보면, 세계화의 경향은 개개 인간의 의지에 바탕을 두기보다는 인간을 초월한 어떤 비인간적인 체계에 의해 움직이고 있다는 인상이 짙다. 그러나 보편문화의 추구로서의 상호문화성은 이것이 **인간의 본성적 의지에 바탕**을 두고 이 의지에 추동되는 한, **인간적**이다. 바로 이 점이 상호문화성이 세계화와 결정적으로 구분되는 지점일 것이다.

5 자유의 표출로서의 상호문화성

역사는 인간에게 과거에서 미래로 이어지는 교두보 역할을 한다는 점에서 미래로 향하는 인간의 자유를 상징하는 것으로 보일 수도 있지만, 근본적으로 과거의 삶에 의해 제약받고 있다는 점에서 자유보다는 구속성을 특징짓는다고 볼 수 있다. 반면, 이러한 역사적 제약을 초월하고자 하는 상호문화성은 자유의 특성을 강하게 드러낸다. 이런 점에서 역사와 상호문화성은 **구속과 자유**라는 두 표제로 대비시켜 표현할 수도 있다. 물론 역사와 상호문화성이 상호보완적이고 불가분리적인 면이 있는 만큼, 여기서의 구속과 자유는 마찬가지로 긴밀한 연관성이 있다. 즉, 어떤 구속이 존재해야 이를 벗어나려는 자유가 그 존재의미를 지닐 수 있는 것처럼, 자유를 행사하기 위해서는, 이에 선행하는 제약이 필요하다. 이미 앞서의 논의에서 상호문화성은 역사가 지닌 유한성을 넘어서려는 인간의 보편 지향적 경향의 표출로 이해했다. 이러한 맥락에서 보면, 이는 한편으로 역사적 구속을 벗어나고자 하는 인간의 **자유의 표출**로 이해할 수도 있다. 물론 여기서의 역사적 구속은 상호문화성을 위한 필연적인 조건으로서, 제거되어야 할 부정적인 것이 아니라 한 단계 더 높은 발전을 위한 발판의 의미가 있다.

상호문화성을 향한 의지를 이렇게 자유의 의미에서 이해할 경우, 상호문화성의 의미는 보다 구체화된다. 자유의 표출로서의 상호문화성은 단지 어떤 구속으로부터의 자유라는 소극적 의미가 아니라 보다 나은 문화를 위한 하나의 추구라는 점에서 적극적인 의미를 지닌다. 즉, 기존의 문화가 싫고 나빠서가 아니라 타 문화와의 융합을 통해 좀 더 가치 있다고 여기는 문화를 향해간다는 점에서, 상호문화적인 자유는 **가치지향적인 자유**이다. 또한 이러한 자유의 행사는 기본적으로 역사적 구속이라는 제한을 벗어나 열린 지평으로 나아가려고 한다는 점에서, 자기 문화만을 고집하는 독단적이고 패쇄적인 태도를 버리고 타 문화를 열린 시선으로 바라보는 개방적인 태도를 지니게 한다. 그런 점에서 상호문화적 의지는 근원적으로 인간의 유한성을 벗어나 완전함에 이르고자 하는 인간의 본성적 열망의 발현이기도 하지만, 한편으로 기존의 제약을 넘어서서 자유로운 삶 자체를 추구하고 즐기고자 하는 인간의 자발적 노력이기도 하다. 곧 상호문화성을 향한 자유는 어떤 목적을 지향하기보다는 자유의 행사 자체가 더 큰 의미가 있다고 볼 수 있다. 기존의 제약된 삶에서 벗어나 열린 세계로 나아가려고 노력한다는 사실 자체가 우리 인간에게는 가치가 있다. 상호문화성은 이런 점에서 **인간적 자유의 실현이자 확인**으로서 인간됨의 참된 의미를 일깨워주는 철학적인 성격을 지닌다. 그리고 역사 내지 역사의식은 바로 이러한 인간의 자유의식을 자극하는 필수적인 계기로서도 그 가치가 있다.

3

**보편문화로서의
상호문화성의 가능성과
현상학**

1장

다문화성과 상호문화성

이제까지의 논의를 통해 우리는 상호문화성이 단순히 문화적 차이와 다양성을 보존하고 여러 다양한 문화들의 공존에만 그 의미가 있는 것이 아니라, 이 차이와 다양성을 포괄하면서 동시에 보편성을 지향하는 과정에 그 참된 의미가 있음을 확인했다. 문화적 차이와 다양성을 인정하고 타문화를 존중하는 것은 상호문화성의 필수적 조건이다. 그러나 여기에만 머물 경우, 문화와 문화 간의 상호적 결합이라는 본래적인 의미의 상호문화성에는 이르지 못한다. 이제까지 논의는 바로 이러한 문화적 융합으로서의 상호문화성의 의미를 현상학적으로 밝히는 데 초점을 두어왔다.

그러나 한편으로, 최근에 학계 전반에 널리 유포된 포스트모더니즘의 영향으로 보편성보다는 특수성, 동질성보다는 차이를 강조하려는 경향이 나타나면서, 문화적 차이와 다양성 자체에 의미를 부여하려는 움직임이 설득력을 얻고 있다. 물론 이러한 입장 자체가 잘못되었다고 볼 수는 없다. 그 이전의 근대적 사고가 보편성을 지나치게 강조하고, 특수성과 구체성을 제대로 고려하지 못한 데 대한 반발과 반성으로 이러한 입장이 등장했기 때문이다. 그러나 문화적 차이를 지나치게 강조하고 이를 오히려 신성시하고 절대시할 경우, 문화적 다양성의 존재 자체가 곧 상호문화성의 핵심적 의미로 간주될 우려가 있다.

문화적 다양성을 있는 그대로 받아들이고, 이를 그 자체로서 무조건 존중해야 한다는 주장을 흔히 '다문화주의(multiculturalism)' 혹은 '다문화성(multiculturality)'이라고 부른다. 다문화주의는 문화적 차이를 절대화함으로써 개개 문화 간의 위계질서를 인정하지 않고 개개문화에 고유한 권리를 부여한다. 즉, 이에 따르면, 모든 문화는 나름의 가치와 권리를 지니며, 어떤 경우에라도 그 문화적 의미가 폄하되어서는 안 된다. 다문화주의는 어떤 점에서 모든 문화에 절대적 권리를 부여하는 문화상대주의의 입장을 취한다. 다문화주의의 관점에 설 경우, 문화적 보편성과 동질성 부분은 간과되거나 무시된다. 그런데 문제는 다문화성과 상호문화성을 종종 동일하게 여긴다는 점이다. 다문화주의적 다양성의 인정이 곧 상호문화성의 핵심적 본질로 간주되는 것이다.

다문화성과 상호문화성은 사실 그 어의 자체부터 다르다. 그럼에도 동일시하게 되는 것은, 상호문화성(interculturality)이라는 표현자체가 차이와 다양성을 중시하는 현대적인 문화적 경향을 배경으로 본격적으로 조명되기 시작했기 때문이다. 이는 전통적인 서구의 지성사가 동질성과 보편성을 향한 움직임이었다면, 20세기 이후, 이에 대한 반성으로 점차 개별성과 특수성을 중시하는 경향이 대두된 것과 그 맥을 같이한다. 그러므로 20세기 이전에는 상호문화성이라는 표현보다는 문화적 차이를 초월하는 보편적 문화, 문화적 동질성과 공통성이라는 표현이 주로 사용된 데 비해, 20세기 중반 이후, 각별히 상호문화성이라는 표현을 씀으로써 문화적 차이를 부각시키려는 의도가 강하게 표출되기 시작한다. 물론 상호문화성이라는 말을 단지 문화적 차이의 강조라는 의미에서만 쓴 것은 아니라 할지라도 초점이 여기에 있었다는 것은 부인할 수 없다.[1] 바로 이러한 맥락에서 문화적 차이와 다양성을 더 선명하게 표현하는 다문화주의와 다문화성을 상호문화성과 동일시하거나 같은 맥락에서 이해하는 것은 어쩌면 당연한 상황이었다.

그러나 다문화주의는 기본적으로 문화적 차이와 다양성을 존중한다는 외관상의 긍정적인 의미지에도 불구하고 결정적인 한계가 있다. 바로 이 점이 다문화주의와 상호문화성을 구분하는 근거가 된다. 다문화주의는 타 문화를 존중해야 한다는 강박관념으로, 이방문화를 사실상 방관하고, 그것이 어떻게 받아들여지건, 간섭하지 않으려는 경향이 있다. 다문화주의는, 엄밀하게 보면, 타 문화에 대한 존중의 태도라기보다는 타 문화에 대한 무관심에 가깝다. 그러나 원칙적으로 타 문화를 접하면서 어떠한 감정과 의지를 지니지 않는다는 것은 불가능하다. 좋건 싫건, 어떤 식으로든 타 문화에 대한 특정한 입장을 취하는 것이 우리 인간의 기본적 정서이다. 그래서 타 문화가 정서에 맞고 이에 대해 호감을 갖게 됨으로써, 이를 수용해 하나의 문화적 융합이 이루어진다면, 우리는 이를 하나의 상호문화적 현상이라고 볼 수 있다. 그러나 다문화주의는 애써 이러한 정서적 의지의 측면을 배제한 채, 단지 타 문화는 타 문화이니, 여기에서 어떤 평가를 내리거나 간섭하지 않는다는 **불간섭주의의 태도**를 취한다. 이론적으로 이렇게 되면, 상호문화적 융합의 가능성은 근본적으로 배제된다.

더 큰 문제는 정치적 문제이다. 우리는 이미 앞에서 상호문화성이 정

---

1 대표적으로 앞서 언급한 발덴휄스와 장루룬이 이러한 입장을 취한다.

치적 함의를 지닌다고 보고, 정치적 권력에 대한 의지가 이러한 상호문화성의 형성에 일정부분 기여한다고 보았다. 그러나 다문화주의는 이러한 문화적 상호작용에서의 정치적 역학관계를 도외시함으로써 문화가 지니는 정치성을 아예 인정치 않는다. 그러므로 타 문화에 대해 엄정한 중립적 태도를 취한다는 원칙을 고수함으로써 오히려 소수문화가 정치적으로 고립되고 부당하게 침해받는 것을 방관하는 결과를 낳는다.[2] 곧 다문화주의의 문제점은, "타 문화에 대한 불간섭주의로 오히려 소수문화나 하위문화가 다수문화 또는 지배문화로 흡수되고, 소수문화권의 소수자들이 소외되는 문화, 정치적 상황을 방관할 수밖에 없다는 점이다."[3] 다문화주의는 문화적 다양성과 차이를 존중하고 보존한다는 본래의 원칙을 지키려 하다가 오히려 이를 부정하게 되는 역설적 결과를 낳게 된다. 이는 다문화주의가 문화가 지니는 역동성과 상호작용의 측면을 간과함으로써 근본적으로 상호문화성의 핵심적 기반인 **문화적 융합**의 계기를 놓치는 데에 기인한다. 우리는 기본적으로 모든 문화는 상호문화적인 경향을 지니며, 이는 인간의 본능적 정서에 근거함을 앞에서의 통찰을 통해 확인했다. 이런 맥락에서 다문화주의는 근본적으로 문화적 결합을 전제로 하는 상호문화성과 동일한 개념이 아니며, 또한 인간의 보편적인 자연적인 정서와도 부합하지 않는다. 따라서 슈텡어는 "다문화적인 관심사는 문화적이고 인류학적으로 본질적인 인간의 차원을 진지하게 고려하지 못하는 것 같

---

2   F-O., Radtke, "Politiker und kulturelle Plurlismus. Zur politischen Soziologie der 'multikulturellen Gesellschaft'", *Multikulturalitä und Interkulturalität*, Baden-Baden, 1993, 89. 졸고, 「상호문화성과 윤리 -후설 현상학을 중심으로-」, 『철학』 제103집, 한국철학회, 2010, 153 참조.
3   졸고, 앞의 논문, 152-153.

다."[4]고 말하고 있다.

물론 다문화주의적 태도는 상호문화성의 바탕이 되므로, 둘은 동일하지는 않더라도 최소한 양립 가능한 것이 아니냐고 반문할 수도 있다. 즉, 다문화주의는 넓은 의미의 상호문화성 속에 포괄되는 것이 아닌가 하는 것이다. 그러나 필자가 보기에, 현재 거론되는 다문화주의는 상호문화성의 바탕이 되기에는 근본적으로 한계가 있다. 상호문화성의 바탕이 되는 문화적 차이와 다양성의 존중은, 물론 그 형식상으로만 보면, 다문화주의적 태도와 일치한다. 그러나 그 실질적 내용의 측면에서 볼 때, 다문화주의가 추구하는 문화적 차이와 다양성의 존중은, 앞서 언급한 바처럼, 타문화에 대한 적극적인 포용적인 태도가 아니라 냉소적인 무관심적 방관에 가깝다. 극단적으로 말하면, 다문화주의는 여전히 나의 문화가 옳다는 전제하에 타 문화를 바라보는 것으로서, 타 문화에 대해 열린 마음이 아니라 **닫힌 시선**으로 바라보는 것이다. 곧 나의 문화도 옳고, 너의 문화도 옳지만, 여전히 나는 나의 문화가 더 의미가 있고, 나의 문화를 따르겠다는 식이다. 단지 이방인이 자신의 문화를 따르고 그렇게 사는 것에 대해서 상관하지 않겠다는 의도가 함축되어 있다. 그러나 여기에는 기본적으로 타 문화를 나의 것으로 받아들일 수도 있다는 개방성이 결여되어 있다.

이미 우리는 앞에서 문화적 차이를 인정하는 것이 문화적인 동질성을 찾고 추구하는 것보다 더 어렵다고 보았다. 왜냐하면 후자가 인간의 자연적인 경향이자 본성인 데 반해, 전자는 인간의 의지적 노력, 곧 윤리적인 태도를 필요로 하기 때문이다. 다문화주의는 이런 점에서, 어떤 측면에서는 의지적인, 윤리적인 태도를 전제로 하고 있다고도 해석할 수 있다. 그

---

4   G. Stenger, 앞의 책, 109, 졸고, 같은 논문, 153 재인용.

러나 다문화주의는 타 문화에 대한 인정과 존중이라는 참된 의미의 윤리적 태도라기보다는 타 문화의 존재를 하나의 사실로 긍정하는 차원에 그치고 만다는 점에서, 엄밀히는 윤리적이라고 보기 어렵다. 단순한 사실의 긍정과 이 사실에 대한 존중을 통한 가치부여는 엄연히 차원이 다르다. 다문화주의가 전자에 근거한다면, 윤리적인 태도는 후자에서 시작한다. 상호문화성은 바로 이 후자에 근거를 두고 있음은 이제까지의 고찰을 통해서 충분히 확인되었다.

이와 연관해 다문화주의가 상호문화성과 연계될 수 없는 결정적인 이유로 제시될 수 있는 것이, 다문화주의는 사실의 차원에 머물기 때문에, 당위와 연관된 어떤 미래적 가능성을 고려할 수 없다는 것이다. 곧 개개 문화가 포괄되고 중첩된 하나의 보편문화의 가능성이 여기에서는 존재할 수 없다. 이 보편문화는 부단한 추구 속에서 하나의 가능성으로서 지향되는 것이다. 이러한 지향을 우리는 앞에서 구속과 제약을 넘어서는 인간적 자유의 표출로 이해했다. 다문화주의는 이러한 보편을 향한 인간의 자유의 능력을 결정적으로 간과하고 있다. 그렇기 때문에, 다문화주의는 상호문화성의 길목에 아예 접어들기도 전에 좌초하고 마는 것이다.

상호문화성은 단순한 다양한 문화의 병렬과 공존만으로 가능한 것이 아니다. 상호문화성은 문화적 다양성을 바탕으로 하면서도 이를 넘어서서 어떤 문화적 보편성, 곧 하나의 **보편문화를 향한 인간의 자유의 추구**를 전제로 해야 한다. 이러한 보편문화는, 바로 앞 장에서도 확인한 바와 같이, 현실적으로 실재하는 하나의 사실로서의 문화라기보다는 가능성 속에서 부단히 추구해야 하는 하나의 이념일 수도 있다. 그러나 현상학적으로 보면, 하나의 동일한 보편적인 세계가 여러 다양한 개별적인 문화세계 속에서 현출하는 것처럼, 모든 개별적인 문화는 이 보편문화를 전제하

3부 보편문화로서의 상호문화성의 가능성과 현상학

고 오직 이것을 배경으로 나타난다고 볼 수 있다. 곧 지평으로서의 세계가 오직 개별적 대상 속에서만 나타나고, 또 이 대상은 항상 지평적 세계를 자신의 배경으로서 지니는 것과 같은 관계이다.[5] 상호문화성은 바로 이러한 개별문화의 특수성과 보편문화의 보편성과의 상관성을 가리키는 것이외에 다름 아니다.

5   『위기』, 146 참조.

2장
갈등과 상호문화성

상호문화성이라는 개념이 기본적으로 윤리적 함축을 지니고 있음은 이제까지의 고찰을 통해 분명히 드러났다. 상호문화성은 하나의 사실적인 현상이기도 하지만 지향해야 할 당위이기도 하다. 상호문화성은 곧 좋고 올바르다는 가치를 담지하고 있다. 그러하기에, 상호문화성의 확산은 인류를 위해 긍정적이고 발전적이라는 의미가 있다. 상호문화성이 인류역사를 위해 크게 기여할 수 있는 부분은, 인류의 평화를 가능케 한다는 점이다. 인류의 역사는 사실상 투쟁과 전쟁의 역사라고 해도 과언이 아닐 정도로 민족과 국가 간에 끊임없는 갈등과 반목으로 얼룩졌다. 또한 이러한 현상은 현재 진행형이기도 하다. 이러한 갈등은 상당수가 문화적 차이로 인한 갈등이기도 하다. 대표적인 것이 종교적 차이에 기인한 분쟁이다. 어쩌면 이와 같은 인간들 간의 갈등과 투쟁은 인간의 피할 수 없는 숙명인지도 모른다. 여기서 상호문화성은 기본적으로 서로 다른 문화와 문화 간의 공감영역을 추구한다는 점에서, 갈등과 투쟁을 넘어선다. 곧 상호문화성은 본질적으로 평화를 지향하고, 또 조장한다. 상호문화성 속에서는 인간과 인간, 공동체와 공동체, 문화와 문화 간의 평화롭고 조화로운 관계와 공존이 이루어질 뿐, 분리와 갈등은 피하게 된다. 바로 이런 맥락에서 상호문화성은 평화공동체의 가능근거로서 그 의미를 지닌다.

그러나 상호문화성이 평화를 지향한다고 해서, 상호문화성이 전혀 갈등이 없는, 갈등의 무균지대에서만 가능하다는 것이 아니다. 상호문화성이 근본적으로 문화적 차이에서 출발하는 것인만큼, 문화적 차이로 인한 갈등은 이미 하나의 전제이다. 여기서 우리가 이 갈등의 의미를 포괄적으로 해석하다면, 문화적 갈등과 대립은 사실 반드시 부정적인 의미만 있는 것도 아니다. 문화적 갈등은 문화가 다름으로 해서 서로 다른 문화권 사이에서 자연스럽게 나타날 수 있는 것으로서, 매우 흔한 현상이다. 이 갈등이 극심한 다툼으로까지 이어지지 않을 뿐이지, 서로 다른 문화권 간에는 이러한 잠재적 갈등의 소지는 어디에나 내재해 있다고 할 수 있다. 이 갈등은 타 문화권에 대한 무지나 편견, 적대감, 우월감 등이 복합적으로 작용해서 나타나는 것으로서, 사실 낯선 타 문화를 접할 때 발생하는 문화적 충격이나 이질감 또한 넓은 의미의 문화적 갈등에 포함된다. 이렇게 보면, 문화적 갈등은 그 정도의 문제일 뿐, 서로 이질적인 문화끼리 만날 때 불가피하게 나타나는 현상으로 볼 수 있다.

그런데 문화적 갈등을 그대로 내버려두고 여기에 머무르다면, 상호문화성의 전 단계에는 진입했다고 할 수 있지만, 아직 진정한 의미의 상호문화성에는 이르지 못했다고 할 수 있다.[1] 상호문화성은 이질적이고 갈등

---

1 앞서 논의한 다문화주의는 바로 이러한 문화적 갈등의 차원에 머물고, 이를 그대로 정당화하는 대표적인 경우라고 하겠다.

을 일으키는 타 문화를 인정하고 적극적으로 수용함으로써 이루어지기 때문이다. 처음부터 이질적인 타 문화에 대해 최소한의 갈등 없이 그대로 수용하는 경우는 거의 없다고 볼 수 있다. 꼭 적대적인 감정은 아니라 하더라도 낯설고 다르다는 느낌과 같은 당혹감은 반드시 있기 마련이다. 이러한 태도가 어떠한 계기를 통해서 우호적이고 포용적인 태도로 전이되는가에 대해서는 이미 앞에서 여러 측면에서 논의가 이루어졌다. 이것이 감정적이건 윤리적이건, 또 정치적 매개를 통해서건, 상호문화성은 갈등을 최소화하고 조화로운 상태로 이끎으로써 성립한다. 중요한 것은, 이 갈등이 없이는 어쨌든 상호문화성에 이르는 과정 자체가 진행되지 않는다는 점이다. 갈등은 곧 상호문화성을 위한 하나의 발판이다. 그런 점에서 이는 상호문화성의 한 요소라고 볼 수 있다. 그렇다면, 상호문화성은 갈등의 완전한 해소가 아니라 헤겔의 변증법적 과정처럼 갈등과 대립의 요소를 그 안에 함유하면서 동시에 이를 새롭게 발전적으로 종합하는 역동적인 과정이라고 볼 수 있다. 문제는 이 갈등이 상호문화성의 단계로 발전적으로 승화되지 않고, 더 심화된 채 극심한 분열과 반목으로 치닫는 경우가 적지 않다는 것이다. 우리는 상호문화성이 단순히 하나의 현상이라기보다는 의지적 당위의 측면이 강함을 지적했다. 갈등의 심화로 인한 대립의 첨예화는 이러한 의지를 결여한 채 무언가 적합하지 않은 다른 길로 빠졌다는 의미이다. 그렇다면, 상호문화성을 향한 이러한 의지의 결여는 도대체 무슨 의미이고, 또 그것을 극복하기 위한 대안은 무엇인가? 이 문제에 대해 다음 장에서 현상학적인 시각에서 다각도로 살펴보기로 하자.

3장

문화적 갈등과 이에 대한 현상학적 대안들

문화적 갈등의 원인과 그 양상은 다양하다. 그러나 그 핵심은 문화가 다르다는 것이다. 이 다름을 보는 시각이 각자 다르기에 문제가 되는 것이다. 어떤 측면은 그 갈등의 정도가 가벼울 수도 있고, 또 어떤 측면은 매우 심각할 수도 있다. 여기서 심각하다는 것은 문화적 갈등의 골이 깊어서, 양자 간에 소통이 없거나 관계가 단절된 경우를 말한다. 이때는, 아예 상대방 문화에 대해 마음을 닫아버리게 된다. 이러한 소통의 부재는 상대방 문화에 대한 편견과 오해만 더 증폭시키고, 아예 교류자체가 없기 때문에, 상호문화성을 위해서는 가장 좋지 않은 경우라고 할 수 있다. 비록 가벼운 갈등이라고 하더라도 상대방 문화에 대해 닫힌 마음을 지니고 있다면, 상호문화성의 영역으로 진입할 수가 없다. 상호문화성을 위한 최소한이자 가장 핵심적인 요건은 타 문화에 대한 **열린 마음**이다. 이제까지 우리는 이 문화적 개방성에 대해 자주 언급했지만, 단지 원칙적이고 당위적인 차원에서만 다루었을 뿐, 구체적으로 이것이 어떤 계기와 동기를 통해서 가능한지에 대해 상세히 고찰하지는 못했다. 특히 실제적인 현실적, 역사적 맥락에서 이를 제대로 고려하지 못했다. 그러나 문화적 갈등을 해소하기 위해 결정적으로 필요한 것은 바로 이 문화에 대한 열린 마음이므로, 우리는 이것이 구체적으로 어떻게 가능한지에 대해서 좀 더 현실적으로 접근해야 한다.

여기서 필자는 현상학적인 관점에서 이 문제를 다루어볼 생각이다. 현상학은 주어지는 사태에 충실하되, 이를 고립된 것이 아닌 가능한 관계적이고 총체적인 시야에서, 이른바 열린 시각에서 바라보려고 하기 때문에, 현상학적인 태도는 열린 마음의 회복에 기여할 수 있다. 실제로 문화적 갈등의 주된 요인은, 세계가 의미연관의 총체로서 서로 연결되어 있다는 것을 간과하기 때문에 생긴다고 할 수 있다. 이런 방법론적 시각에서 본 장에서는 문화적 갈등과 이에 대한 현상학적 대안에 대해 살펴보도록 하자. 이를 위해 우선 문화적 갈등의 요인으로 지목되는 문화적 차이의 다양한 양상과 그 원인을 다각도로 고찰해보도록 한다.

1 자연환경의 차이

자연환경은 인위적으로 조절하기에는 한계가 있고, 여기에 인간이 적응하는 것이 순리이다. 사실 문화의 기원은 인간의 자연에 대한 적응과정의 산물이라고 해도 과언이 아닐 정도로 자연과 문화는 밀접한 연관을 맺고 있다. 그러므로 자연환경의 차이로 문화가 다양한 모습으로 나타나는 것은 당연하다. 사막지대의 문화와 알래스카 지방의 문화 차이는 결정적으로 자연환경에 기인한다. 그러나 이러한 문화의 차이가 자연환경에 기인한다는 사실은 종종 간과된다. 오랜 역사를 통해서 자연적인 면과 (좁은 의미의) 문화적인 면이 뒤엉켜서 발전해오면서, 자연적인 요소는 크게 부각되지 않기 때문이다. 현대로 오면서, 기술문명의 발달에 따라 자연적 한계가 상당부분 극복되면서, 자연적 요소에 근거한 문화적 차이가 그 본래적 의미를 상실해가는 것도 주된 이유의 하나이다. 그러나 아무리 기술문명이 발달하고 세계화가 급속히 진전된다 하더라도 과거의 전통적인 습관이나 문화까지 희석되고 획일화되는 것은 아니다. 자연환경에 대한 현대 인간의 놀라운 제압능력에도 불구하고 자연환경 때문에 생겨난 문화적 특성은 그 핵심에서는 여전히 그 효력을 발휘하기 때문이다. 가령, 이슬람 문화권에서 돼지고기를 먹는 것을 금기시하는 것은, 본래 사막지대의 유목문화의 특성상, 돼지를 키우거나 먹기에 적합하지 않은 자연환경 때문인데, 이것이 마치 하나의 종교적 계율처럼 굳어져버렸다.

그러나 자연환경의 차이로 생긴 문화적 차이는 그 갈등의 정도가 깊지는 않다. 문화적 차이가 왜 생겨났는지에 대한 이유를 그 배경이 되는 자연환경을 통해서 쉽게 이해하고 확인할 수 있기 때문이다. 자연환경이 그러하기 때문에 이러한 문화가 형성되었다고 인정한다면, 그 문화가 아무리 이질적이고 현격한 거리가 느껴진다 하더라도 관대하게 이해하고 받아줄 수 있기 때문이다. 이렇게 관대함은 바로 자신의 문화도 이러한 자연환경을 토대로 형성되었다는 것을 알기 때문이다. 우리는 추운 지방의 사람들이 난방과 방한에 좀 더 신경을 쓰고, 더운 지방 사람들은 반대로 더위를 피하는 거주문화를 갖게 된 것을 우리 자신의 체험으로 미루어 쉽게 공감하고 이해할 수 있다. 곧 자연의 보편성에 기반해 타 문화의 이질성도 긍정적으로 받아들일 수 있다. 여기에는 기본적으로 자연의 보편성 때문에 인류가 공통적으로 지니는 문화적인 요소가 있다는 점이 크게 작용한다. 가령, 모든 인류가 탄생과, 죽음, 결혼 등과 연관된 유사한 원초적 문화를 가지고 있다.[1] 바로 이러한 공통적 틀이 존재함으로써, 이와 연관되는 세부적인 차이를 오히려 관대하게 받아들이는 경향이 있다.

이처럼 자연환경의 차이로 생긴 문화적 차이는 자연의 보편성으로 쉽게 극복되고 공감할 수 있는 가능성이 높다. 물론 이 자연환경을 고려하지 않고 문화적 현상 자체만을 보면, 차이가 좁아질 가능성이 상대적으로 적다. 또한 보다 고차적인 문화일수록, 자연과의 연관성은 찾기 힘들다. 그러므로 여기서는 갈등의 정도가 매우 커질 수 있다. 그러나 사실 그 근원을 따지면, 모든 문화는 자연에 뿌리를 두고 있으며, 자연과의 연관을 찾을 수 있다. 그러므로 문화적 갈등의 해결을 위한 한 가지 대안은 바로 문화의 뿌리로서의 **자연에 대한 자각**이다. 우리는 이미 이러한 주장을 앞에서 자연과 문화의 관계를 논하면서 제기한 바 있다. 문화가 지닌 자연 연관성이 드러나고 또 이를 받아들이면, 상호문화성의 가능성은 높아진다. 이 점은 한편으로 상호문화성이 관계 속에서 형성되고, 특히 특수와 보편과의 상관성 속에서 그 의미를 드러낸다는 점을 보다 분명하게 보여준다. 그리고 현상학이 바로 이러한 발생적, 관계적 통찰을 가능케 함은 이제까지의 고찰을 통해 누누이 강조되었다.

2 종교적 차이

대표적인 문화적 갈등과 분쟁으로 자주 거론되는 것이 종교적 차이이

---

1   이런 의미에서 후설이 "욕구문화"(『위기』, 379)라고 표현하는 것은 의미심장하다.

다. 종교는 자연환경과의 연관성을 찾기가 쉽지 않을 정도로 고차원적인 문화적 형태이며, 구성원들의 강한 믿음을 기반으로 하기에, 종교로 인한 갈등은 그만큼 극렬한 대립양상을 보이는 것은 두루 알려진 사실이다. 이슬람교도와 기독교도 (내지 유대교) 간의 케케묵은 갈등은 차치하더라도 같은 종교권 안에서도 무수한 분파가 있고, 이 분파끼리의 갈등 또한 상당히 심각한 양상을 띤다. 그래서 종교적인 갈등은 어떤 뾰족한 해법이 없다는 비관적인 시각이 일반적이다.

물론 종교적 갈등은 순수한 종교적 이념 간의 대립이라기보다는 여기에 민족, 경제, 정치 등의 복합적 요인이 덧붙여져, 더욱 첨예한 대립구도를 보이는 경우가 많다. 역사적으로 종교는 사회, 정치, 경제의 모든 요인이 집약된 총체적인 형태를 지닌 채, 다수를 하나의 단일한 체계로 지배함으로써 엄청난 내적 결속과 대중적 지배력을 지녀왔다. 이는 그만큼 종교가 인간의 삶에 끼치는 영향력이 크다는 것을 의미한다. 그렇기 때문에, 외부 종교에 대한 경계심과 배타적인 태도는 어쩌면 당연한 것일 수도 있다.

그렇다면, 종교적 차이로 생긴 갈등을 극복하기 위한 실마리를 어디에서 찾아야 할까? 모든 종교는 근본적으로 유한성을 넘어서는 초월자를 지향하거나 이를 전제함으로써 성립한다. 초월자를 무엇으로 정립하느냐에 따라 그 교리체계가 달라지고, 바로 여기서 종교적 차이가 유래한다. 그런데 핵심은, 이 **초월자와 인간의 관계**이다. 종교는 대부분 초월자를 인격체로서, 인간과 유사한 존재로 묘사한다. 다만 이 초월자는 인간의 유한성을 넘어서는 절대적인 권능을 지닌 존재라는 점에서 인간과 차이를 지닌다. 그리스신화는 신과 인간의 차이와 불화를 강조했다면, 기독교의 신은 인간과의 화해와 조화를 모색한다. 그러나 그 어느 쪽이건, 초월자로서의 신은 인간이 지향하고 추구하는 하나의 이상적, 이념적 존재로서, 유한한 인간의 부족함을 메워줄 수 있는 완전한 존재라는 것이 대부분의 종교에서 보이는 전통적인 신 내지 초월자 개념이다. 쉽게 말해, 유한하고 불완전한 인간의 완전함을 향한 욕구를 잘 반영하고 있는 것이 이 초월자 개념이다. 그러므로 어떤 면에서 종교는 인간의 **완전함으로의 욕구를 충족**시켜주는 것이라고 볼 수 있다. 그런데 이 완전함을 향한 인간의 추구는 사실 인간의 **자연적 본성**으로서 우리는 이미 앞에서 인간의 이성화 경향도 바로 이러한 본성에 기인한 것으로 이해했다. 이렇게 볼 때, 비록 철학적, 현상학적으로 재해석한 것이기는 하지만, 종교가 아무리 고차원적 형태를 띤다 하더라도 이 또한 인간의 자연적 원초적 본성과 긴밀한 연관을 맺고 있다. 결국 종교적 차이와 다양성도 인간의 **보편적인 자연적 본성**으로 환원할 수 있는 여지가 있다.

종교적 차이로 생긴 갈등은, 이처럼 초월자에 대한 해석을 통해서가 아니라 이 초월자를 향하는 인간의 보편적 태도와 성향에 대한 철학적 성찰을 통해 극복할 수 있는 길이 열린다. 이는 일종의 현상학적 태도이기도 하다. 현상학적으로 주어진 현상의 뿌리를 발생적으로 추적해, 그 보편적 근원을 드러냄으로써 개별적인 것과 보편적인 것의 연관성을 해명하는 것이다. 이렇게 종교의 근원을 인간의 의식의 측면에서 바라봄으로써 그 보편성과 동질성을 이해하게 될 경우, 종교적 차이로 인한 갈등의 소지는 상당 부분 해소된다. 초월자관에서는 차이를 보이지만, 이를 향한 인간의 태도에서는 공통된다는 생각은, 차이로 생기는 갈등은 결국 해소되고 조화를 이룰 수 있다는 하나의 가능성을 보여준다. 현대에 이르러, 서로 다른 종교계 간의 화해와 관용의 움직임이 활발해진 것을 보면, 이러한 가능성이 단지 가능성으로만 그치는 것만은 아님을 잘 보여주고 있다.

3 민족적 차이

대체적으로 문화는 특정 민족과 그 외연이 겹치는 경우가 많다. 민족의 범위가 다소 모호하기는 하지만, 민족이 대개 같은 언어를 사용하고 인종적으로 동질적이면서 지역적으로 동일 영역에서 성장한 사람들을 가리킨다고 볼 때, 민족이 특정 문화의 단위가 되는 경우가 일반적이다. 물론 같은 민족 안에서도 다수의 문화가 존재하고, 이 내부 문화들 간에도 갈등과 대립이 존재하지만, 민족 간에는 대개 공감 가능한 동질적인 문화의 핵이 존재하기 마련이다. 특히 언어가 같다는 것은 매우 중요한 요소이다. 그러므로 민족 간의 갈등이 표출될 때, 여기에는 문화적인 요소의 차이도 일정부분 역할을 할 수 있다.

그러나 문화가 민족을 넘어서서 초민족적인 경향을 띠는 경우도 많고, 민족의 범위와 경계 또한 애매하기에, 민족 간의 차이로 문화적 갈등이 불거지는 경우는 그다지 두드러지게 나타나지는 않는다. 단지 민족 간의 갈등과 대립이라는 점만이 크게 부각될 뿐이다. 가령, 유럽문화와 동아시아문화 간의 차이와 갈등은 종종 부각되지만, 유럽인은 유럽문화라는 큰 틀 속에 공존하고 있음으로써, 가령, 독일(게르만) 민족과 슬라브족 혹은 라틴족 간의 차이는 부각되더라도 독일문화와 이탈리아문화 간의 차이와 갈등은 그렇게 강조되지 않는다. 유럽의 개개 민족문화는 유럽문화의 보편적, 동질적 요소를 모두 포함하고 있기 때문이다. 그러므로 우리 민족과 일본민족 간의 갈등이 있다는 것은 역사적으로 인정받고 있다 하더라도 이로 인한 문화적인 갈등은 두드러지지 않는다. 오히려 서로 간의 문화적 교류의 전통과 양상이 더 강조될 뿐이다.

이처럼 민족과 문화는 일치되는 부분이 많음에도 불구하고 민족을 초월한 보다 상위의 문화그룹이 존재하기에, 민족 간의 차이가 곧바로 문화적 갈등으로 이어지지는 않는다. 오히려 민족 간의 갈등이 문화적인 교류로 인해, 화해의 실마리를 찾거나 조화의 국면으로 접어드는 경우가 종종 발생하기도 한다. 가령, 현대사회에서 민족은 국가와 겹치는 경우가 많은데, 한국과 일본, 중국 간에는 여러 민감한 정치적인 사안으로 민족적인 적대 감정이 있다 하더라도 한류와 같은 문화적인 열풍으로 인해, 문화가 오히려 내적으로는 이를 완화시키는 역할을 하는 것이 그 대표적인 예이다. 최근에 대만에서 반한감정이 생겨나 한국 상품 불매운동이 일어나기도 했지만, 한편으로 한류문화가 여전히 파급력이 있고 대중 속에 스며들어가 있는 점은 이를 특히 잘 보여준다.

결국 민족과 같은 문화 외적인 요소에 근거해 갈등이 첨예화된다 하더라도 이것이 오히려 문화에 의해 상쇄될 수 있다는 것은 그만큼 문화 간의 융합과 상호결합이 민족이나 인종, 나아가 국가 간의 경계를 넘어서 활발하게 이루어진다는 반증이다. 이렇게 보면, 상호문화성을 위해서는 원칙적으로 민족적인 한계는 그렇게 큰 장애물이 아닌 것 같다. 물론 민족적인 편견이나 감정이 앞서서, 무조건 타 민족 내지 적대적인 민족의 문화를 배척할 때, 상호문화성은 성립될 수 없다. 상호문화성을 위한 기본적인 요건이 충족되지 않기 때문이다. 그러므로 설령 민족적인 편견이나 적대감정이 존재한다 하더라도 문화 자체에 대해서는 관대한 마음을 지닌다면, 언제라도 상호문화성이 형성될 수 있다. 문화는 그만큼 **초민족적이고 보편적이고자 하는 경향**을 내재하고 있기 때문이다. 이런 점에서 민족 간의 차이에 따른 문화적 갈등은—그것이 존재한다면—기본적으로 민족적인 편견을 넘어서서 **보편적인 문화에 대한 열린 마음**을 지닌다면, 쉽게 극복할 수 있다.

4 정치적, 이데올로기적 차이

문화가 기본적으로 정치적 속성을 지니고 있음은 이미 앞에서 밝힌바 있다. 그러나 어떤 특정한 정치적 견해를 배경으로 형성된 문화는 의외로 견고한 모습을 보이는 것이 사실이다. 20세기에 들어와, 세계 인류는 사회주의와 자본주의의 두 거대한 정치적 이데올로기 사이에서 심한 홍역을 앓았고, 그 양상만 다소 다를 뿐, 대부분의 사회에서 사람들은 진보와 보수라는 두 정치적 틀을 가지고 나뉘어 있다. 진보와 보수는 물론 상대적인 개념이기는 하지만, 보수주의자는 기존의 문화와 관습을 그대로 유지하려는 성향을 지니고, 진보주의자는 이를 개혁하려는 모습을 보인다. 그에 따라 이들이 각각 지향하고 소속감을 느끼는 문화공동체도 다른 모습을 띠게 된다. 문제는 이러한 정치적 지향에 따라 문화지형도가 형성된다고 할 때, 각각의 문화는 서로 화합하기 어려울 정도로 대립적인 양상을 띤다는 점이다. 보수적인 문화가 다소 배타적이고 동질적인 집단과의 결속력을 높이는 데 치중하는 경향이 있다면, 진보적 문화는 대체로 타 문화에 대해 개방적이고 기존문화를 넘어서는 혁신성을 추구하는 경향이 있다. 이렇게 보면, 진보주의적 문화가 상호문화성을 형성하기에 좀 더 유리한 위치에 있는 것이 사실이다.

그러나 진보이건 보수이건, 이것이 특정한 정치적 집단의 견해를 표출하는 한, 이것과 결부된 문화 또한 상호 갈등관계에 있는 것은 분명하다. 진보주의적 문화는 보수주의적 문화를 공유하려는 의지가 결여되어 있으며, 또 그 반대 역시 마찬가지이다. 정치적 견해의 차이를 문화에까지 전이시키려는 것이 이러한 정치적 차이로 인한 문화적 갈등의 원인이다. 앞서 본 종교적 차이에 기인한 문화갈등과 유사하게, 정치적, 이념적 차이로 생기는 문화갈등은 그 대립의 양상이 자못 심각하다. 이는 최근 대선을 둘러싸고 세대갈등과 보수, 진보 진영의 각이 첨예하게 드러난 우리나라에서 분명하게 나타난다. 특정 정치적 입장에 따라 향유하는 문화에 대한 호불호도 서로 명료하게 표현되고, 어떤 문화를 누린다는 이유만으로 상대방에게 배척당할 수도 있다. 인간의 보편적 정서와 연관해 문화를 이해하지 않고, 특정한 정치적 성향과만 관련해 이 문화를 바라보려고 하기 때문이다.

본래 정치는, 아렌트가 강조하듯이, 대화와 말을 통해 합의에 이르는 것이 목적이나, 여기에 이르기까지 상당한 갈등과 다툼을 동반하는 것이 일반적이다. 따라서 정치적 입장을 바꾸지 않는 한, 계속 평행선을 그리는 경우가 태반이다. 그렇기에 상대방에 대한 관용의 태도가 매우 인색한 곳이 바로 이 영역이다. 그렇다면, 어떻게 이 정치적 노선의 차이에 의해 영향을 받는 문화적 차이와 갈등이 봉합될 수 있을까?

특정한 정치적 입장과 문화 간의 일관된 규칙적인 연관성은 물론 찾을 수는 없다. 다만, 특정 정치적 성향을 띠는 사람들이 어떤 문화를 선호하게 되면, 다른 정치적 성향을 지니는 사람들은 이 문화를 거부하려고 한다. 문화 자체가 싫어서라기보다는 이 문화를 향유하는 사람들에 대한 거부감 때문이다. 물론 어떤 정치적 성향에 따라 대체로 이에 걸맞은 문화 유형을 선호하기는 한다. 따라서 자신의 정치적 노선에 따라 그에 상응하는 문화도 다소 달라질 수 있다. 그러나 이 도식이 그대로 일반적으로 적용되는 것은 아니다. 문화의 선택은 필연적이고 합리적이라기보다는 우연적이고 감정적인 요소에 많이 영향을 받게 되고, 이미 언급한 것처럼, 자신과 입장이 다른 사람들이 많이 선호하는 문화는 감정적으로 피하려는 경향을 지니게 된다. 정치적 입장이 다소 비합리적인 면이 있는 것처럼, 이와 결부된 문화 또한 비합리적인 선택으로 받아들여지는 경우가 많은 것이다. 그러므로 정치적 차이로 생기는 문화적 갈등은 근본적으로 문화 자체의 속성에 기인한다기보다는 이 문화를 향유하는 집단 간의 **감정적 갈등**에 그 원인이 있다고 할 수 있다.

이렇게 볼 때, 정치적 차이로 인한 문화적 갈등은 구조적 문제라기보다는 감정적이고 비합리적인 요인에 의해 촉발되는 것이므로, 결국 이 문제의 해결 또한 **정서적인 차원**에서 그 실마리를 찾을 수밖에 없다. 정치적인 견해의 차이를 좁히고 서로의 접점을 찾는다면, 물론 해결의 실마리는 쉽게 찾을 수 있다. 그러나 현실적으로 이러한 가능성은 높지 않다. 합리적인 입장 차이도 문제이지만, 그 밑바탕에 놓인 감정적 요인, 즉 편견과 불신 등의 비합리적인 벽이 의외로 두껍기 때문이다. 이 벽을 허물기 위해서는, 합리적인 대화도 필요하겠지만, 그것보다는 역시 정서적인 차원에서의 감정적인 교류와 화해가 먼저 이루어져야 한다. 곧 상대방에 대한 마음의 문을 여는 것이 필요하다.

여기서 이를 위한 현실적인 대안은, 앞서 민족적 차이에서와 마찬가지로 문화에 의존하는 것이다. 정치적 차이로 인한 문화적 갈등은 결국 다시금 문화적으로 푸는 것이 가장 효과적이다. 문화는 정서적인 요인이 강하게 그 밑바탕을 이루고 있기 때문이다. 스포츠를 통해 정치적 입장이 다른 적대국끼리 서로 교류를 하며 친목을 부분적으로나마 도모하는 것을 보더라도 문화적인 요인은 정치적 갈등을 완화시키는 효과적인 대안이다. 아무리 정치적인 갈등이 첨예화되었다 하더라도 문화는 그 밑바탕에서 중립적인 역할을 수행할 수 있기 때문이다.

그러나 문화를 통한 정치적 갈등은 정치적 입장을 유보하고 문화를 순수하게 바라볼 때에만 완화 내지 해소할 수 있다. 이는 곧 정치적 태도에 대한 '**판단중지**'를 통해 이의 밑바탕에 놓인 문화로 되돌아간다는 의미에서, 후설의 자연적 태도에 대한 판단중지로서의 현상학적 방법을 연상케 한다. 중요한 것은, 문화는 정치적 입장을 강하게 고수할 경우, 이의 면모가 제대로 드러나지 않는다는 점이다. 현상학은 바로 정치적 입장에 대한 에포케(판단중지)를 통해 개개의 정치적 입장을 방법적으로 무력화함으로써 이의 근저에 놓인 문화의 순수하면서도 본래적인 의미를 드러낼 수 있다.

5 경제적, 계층적 차이

5.1 경제적 차이로 인한 문화적 향유의 제한

문화적 갈등의 주된 원인이라고 볼 수는 없지만, 만약 이에 근거해 문화적 갈등이 일어난다면, 치유하기가 매우 힘든 것이 바로 경제적, 계층적 차이이다. 인류역사가 시작된 후부터, 모든 분쟁의 근본 원인은 경제적인 문제였고, 빈부격차가 사회의 모든 갈등의 근원적인 뿌리라는 데에는 큰 이견이 없을 것이다. 역사적으로 볼 때, 대부분의 사회에서 경제적 부는 권력과 결탁되면서 새로운 지배층을 형성하게 되고, 불가피하게 지배와 비피지배층이라는 계급이 나타나게 된다. 비록 이러한 과거 역사상의 일반적인 사실을 환기시키지 않더라도 민주화된 현재에도 경제적 차이로 계층이 형성되어 있다는 것은 의문의 여지가 없다. 경제가 우선인 자본주의적 체제가 아니라 하더라도 공산주의나 왕정과 같은 권위주의적 체제에서도, 여전히 권력을 쥐고 있는 자들에게 경제적 부가 편중되고 있다.

결국 과거에도 그러했지만, 현대의 거의 모든 사회에서 경제는 사회를 지배하는 가장 핵심 요인이다. 여기서 문제는, 이러한 경제적 차이가 어느 정도로 문화적 갈등을 일으키는가 하는 것이다.

흔히 말하는 이른바 '문화생활'을 영위하기 위해서는, 어느 정도 경제적 여유가 있어야 한다는 것은 상식이다. 생존을 위해 순간순간 절박하게 살아가는 사람에게 어떤 문화적 향유는 사치일 수 있다. 물론 우리가 앞서 규정한 바와 같은 넓은 의미의 문화 개념을 취할 때, 인간의 삶과 행위 자체를 문화라고 볼 수는 있다. 그러나 문화에도 여러 층이 있고, 문화적 삶은 인간의 기본적 욕구와 관련된 원초적 문화에서부터 예술, 종교, 학문 등의 고차적 문화에 이르기까지 매우 광범위하게 퍼져 있다. 먹는 것도 하나의 문화이지만, 살기 위해 오직 이 먹는 것에만 급급해 사는 것과, 영화관이나 음악회에 가고 여행을 즐기면서 사는 것은 분명 다르다. 소비 지출비에서 식료품비가 차지하는 비율을 나타내는 엥겔지수가 높을수록, 삶의 질이 떨어지고 경제적으로 빈곤하다고 경제학적으로 말하듯이, 이른바 고차적인 문화적 삶의 향유는 분명 경제적인 여유가 뒷받침되어야만 가능하다. 이런 맥락에서 경제적 차이에 따라 향유하는 문화의 종류와 수준이 달라질 수 있다. 과거에 우리나라에서 골프는 일부 부유층의 전유물이었지만, 경제적 수준이 향상된 지금은 상당히 대중화된 스포츠문화의 하나가 되었다. 그 외에도 경제적 수준의 향상에 따라 향유하는 문화의 폭이 넓어지는 경우는 굳이 일일이 예를 들지 않더라도 많다. 그러나 여전히 경제적 격차는 어느 사회에나 존재하기에, 부유층만이 누릴 수 있는 한정된 문화는 어떤 식으로든 존재한다. 우리나라에서 골프가 대중화되었더라도 여전히 승마나 요트 등은 중산층이 누리기에는 아직은 버겁다. 그러나 이것도 경제적 수준이 향상되면, 그 저변이 확대될 것이다. 그러나 그때 가면, 또 다른 이른바 차별화된 '고급문화'가 생겨날 것이다.

이처럼 경제적으로 빈곤한 계층의 사람들이 누릴 수 있는 문화는 극히 제한되어 있고, 경제적으로 윤택한 계층의 사람들의 향유문화와 차별화된다. 양 계층은 예술이나 취미 등의 여가활동에서뿐만 아니라 기본적으로 의, 식, 주, 모든 면에서 문화적 차이를 드러낸다. 이 문화적 차이는 단순한 경제적 차이를 느낄 때보다도 훨씬 깊게, 경제적 빈곤층에게는 좌절과 박탈감을 느끼게 하고, 경제적 부유층에게는 우월감을 심어줌으로써 양 계층 간의 위화감을 조성하게 된다. 이 문화적 차이는 어떤 개인적, 자발적인 선택에 의해서가 아니라 사회, 구조적인 요인에 의해 생겨난 것인 만큼 극복하기는 매우 어렵다. 가령, 종교적, 정치적 차이는 개종을 한다든지, 자신의 정치적 신념을 바꾸든지 하는 식으로 자신의 의지에 의해 변화시키거나 조절할 수 있지만, 경제적 차이는 자신이 노력한다고 해서 단기간에 쉽게 좁힐 수 있는 것은 아니기 때문이다. 그러므로 앞서의 문화적 차이와는 달리, 여기서는 문화를 공유하고 싶은 욕망은 있되, 이를 공유하지 못하므로 생긴 **상실감과 분노심** 등이 내재해 있다는 점에서, 그 양상을 달리한다. 경제적 빈곤층은 자신이 누리지 못하는 문화를 누리고 싶어 하고, 그러지 못한다는 사실에 좌절한다. 그리고 자신의 선택에 따라 원하는 문화를 누리지 못한다는 사실은 언제라도 원하면 그럴 수 있는 집단 내지 계층에 대한 **적개심**으로 표출된다. 그런 점에서 경제적 차이로 인한 문화적 갈등은 엄밀히는 문화와 문화 간의 갈등이라기보다는 경제적 계층 간의 갈등으로 환원된다. 바로 이 점이 경제적 차이로 인한 문화적 갈등의 해법을 찾기 어려운 주된 이유이기도 하다.

만약 경제적 격차를 해소한다면, 이 문제가 해결될까? 경제적 격차의 해소는 사회 구조적인 차원의 문제이므로, 매우 어려운 과제이다. 근본적으로 경제적인 격차를 해소하기 위해, 아예 사회주의적으로 모든 사회 시스템을 바꾼다 하더라도 여전히 빈부의 격차는 존재하기 마련이다. 다만 부의 편중 비율이 다소 달라질 수 있을 뿐이다. 또한 설령, 사회주의적인 체제 속에서 경제적인 부의 소유와 무관하게, 원칙적으로 모든 사람이 동등한 권리를 가지고 원하는 문화에 접근할 수 있다고 하더라도, 여기서는 문화가 특정이념에 따라 조정되거나 통제된 채 대중에게 유포되는 경향이 있기 때문에, 실질적으로 원하는 모든 문화를 자유롭게 향유할 수 없다. 역사적으로 확인되듯이, 오히려 여기서도 음성적으로 일부 특권층만이 그 체제와는 어울리지 않는 비정상적인 사치스러운 문화를 누릴 가능성이 많다. 이런 점에서 어떤 식으로든 경제적 시스템의 인위적 개혁을 통해 완벽한 문화적 자유를 보장하는 것을 기대하기는 어렵다.

특히 여기서 문제를 더 어렵게 하는 것은, 경제적 차이가 단순히 객관적인 지표상의 차이에 그치는 것이 아니라, 앞에서 지적되었듯이, 감정적인 대립과 적대감으로 이어지고 있다는 점이다. 경제적인 소외계층은 부유층에 대한 적대감을 갖기 마련이고, 자신들이 부당하게 부의 분배에서 소외되고 있으며 사회가 정의롭지 않다고 여길 수 있다. 반면, 부유층은 그들대로 빈곤층의 이러한 적대감을 잘 알기에, 불안감을 지니게 된다. 결국 서로를 믿지 못하게 되는 것이다. 여기서 양자 간의 갈등의 골은 점점 더 깊어진다. 물론 부의 분배와 복지시스템이 잘 이루어져 있는 일부 선진국에서는 이들 간의 대립감정이 비교적 적다고 볼 수는 있지만, 대부분의 국가에서는 이러한 현상은 일반적이라고 할 수 있다.

5.2 폐쇄적인 동질집단과 문화적 배타성

이렇게 계층 간의 불화와 불신이 깊어질수록, 한편으로는 동질적인 집단끼리는 더욱더 단결하려는 경향을 보인다. 바우만은 현대사회의 전형적인 인간유형을 '경제적 인간(homo oeconomicus)'으로 규정하면서, 이 경제적 인간은 경제적 이익에 따라 움직이면서 "외롭고, 병적으로 자기에게만 관심을 가지며, 자기중심적인 경제적 행위자로 '합리적 선택'에 의지해 최고의 거래를 추구하며, 금전적 이익으로 옮길 수 없는 종류의 감정의 먹이가 되지 않도록 조심하고, 그러한 덕성들을 공유하는 그리고 그 밖의 다른 것은 아무것도 공유하지 않는 사람들로 가득 찬 생활세계 속에서 살아간다."[2]고 주장한다. 이러한 경제적 인간형이 지배하는 현대사회에서는 인간 간의 유대와 사랑 또한 그 빛이 바랜다. 이해타산적으로 상대방을 바라보고, 서로에 대한 불신으로 인간관계의 깊이와 폭이 지극히 제한받을 수밖에 없다는 것이다. 곧 이러한 인간유형이 바라보는 사회는 치열한 생존게임의 장으로서 여기서 얻을 수 있는 교훈이자 삶의 원칙은, "생존게임에서 신뢰, 동정, 자비(……)는 자멸을 초래한다는 것이다. 다른 모든 사람보다 더 거칠지도 또 드세지도 못하다면 그것 때문에 후회하든 말든 당신은 그것으로 끝이다. 우리는 다원주의적 세계의 냉정한 진실로 돌아온다. 즉 변함없이 적자만 생존하는 것이다. 오히려 생존이란 적응의 궁극적 증명이다."[3] 이러한 서로에 대한 불신이 지배하고 인간적 유

---

2   Z. Bauman, *Liquid Love*, 권태우, 조형준 역, 『리퀴드 러브: 사랑하지 않을 권리』, 새물결, 2013, 169.

3   같은 책, 206.

대가 취약한 사회에서는 자신과 이질적인 집단과 유대를 맺는 것에 대해 더욱더 경계를 표하게 된다. 바우만의 표현을 빌리자면, 이질적인 집단에 대한 공포인 '혼재공포증'[4]이 두드러지게 나타나는 것이다. 그러므로 자신과 경제적으로 유사한 수준의 집단과 ─ 계산적인 ─ 유대관계를 맺는 것이 그나마 최선의 방책이다. 앞서 지적한 바와 같이, 경제적인 차이로 생긴 대립감정은 한편으로 자신의 생존에 대한 위협과 불안으로 다가올 수 있기 때문이다. 물론 이러한 선택이 완벽한 유대관계이자 안전장치는 아니라 하더라도 최소한의 위안을 준다.

'끼리끼리의 공동체'를 향한 욕구는 외부의 타자성뿐만 아니라 활기차지만 소용돌이에 휩말린 듯한, 활력을 북돋우지만 동시에 번거로운 내부의 상호작용으로부터도 몸을 빼려는 신호이다. '동일성의 공동체'는 다양한 목소리를 가진 세상의 일상생활에서 감당해야 하는 온갖 위험에 대비한 보험정책과 같은 매력을 갖고 있다. 물론 그것이 위험을 면해주거나 줄여주는 것도 아니지만 말이다. 모든 임시처방과 마찬가지로 가장 직접적이고 두려운 결과의 일부로부터의 피난처만 약속할 뿐이다.[5]

이러한 동질적인 집단과의 보이지 않는 연대로 주거지역과 이와 연관된 문화환경 또한 분리주의적으로 나뉘어 있음은 어느 사회를 보더라도 보편적인 현상이다.

경제적 차이로 인한 문화적 갈등 내지 차이는 이처럼 그 뿌리가 깊다.

---

4   같은 책, 248 이하.
5   같은 책, 249-250.

그렇다면, 이제 우리의 본 주제로 되돌아와서, 과연 그 해법이 존재하기는 한 것인지 진지하게 검토해 볼 필요가 있다. 필자는 여기서 어떤 경제적인 차원에서 이 문제의 해결방안을 논할 생각도, 또 그럴 능력도 없다. 결국 문제의 초점이 문화적 갈등이라면, 문화적인 차원에서 접근하는 것이 순리이다. 앞서 다른 차원의 문화적 갈등을 다루면서, 우리는 '**공동의 보편적 문화**'라는 것을 내세워 이를 해소하는 방안을 모색했다. 그러나 여기서는 양상이 다소 다른 것이, 공동의 문화를 향유하고 싶어도 그럴 수 없다는 것이 문제이다. 경제적인 뒷받침이 이루어지지 않은 상태에서 무턱대고 특정문화가 개방된다고 문제가 해결되지는 않는다. 생존의 문제를 해결해야 문화적인 향유 또한 가능해진다.

물론 어떤 경제적인 부담이 없이 같이 누릴 수 있는 문화는 있다. 종교가 대표적이다. 그래서 대부분의 종교가 경제적인 차이를 배제한 채 모든 사람을 평등하게 대하려는 교리체계를 지니고 있다. 중요한 것은, 이는 다만 정신적인 일치라는 것이다. 그러므로 공통된 종교를 지니고 있다는 것만으로 경제적 차이로 인한 문화적 갈등이 해소되지는 않는다. 종교의 영역과 현실의 영역은 엄연히 차이가 있기 때문이다. 종교적인 신앙은 여전히 관념적일 수 있기에, 현실적인 삶의 벽을 넘는 데는 한계가 있다. 그외에도 경제적인 격차를 넘어서서 공동으로 누릴 수 있는 문화적 유형은 물론 많다. 스포츠나 예술분야, 영화와 같은 대중예술의 경우, 이러한 공공적 요소를 지니고 있음은 잘 알려진 사실이다. 그러나 종교와 마찬가지로 이러한 부분적인 문화적 공유가 근본적인 감정적인 대립 내지 적대감을 해소시키지는 못한다. 문제는, 경제적 빈곤층이 일부의 최소한의 문화적 공유가 아니라 가능한 최대한의 문화적 공유를 원할 수 있다는 점이다. 핵심은, 모든 인간은 근본적으로 인간적인 차원에서 **동등한 삶의 질과**

권리를 갖고 싶어 하는 것이다. 여기서 좀 더 근본적인 차원의 전향적인 대안이 필요하다.

5.3 공동의 세계에 대한 의식과 문화적 갈등의 해소

경제적 차이로 인한 문화적 갈등의 궁극적인 요인은, 앞에서 살펴본 바에 따를 때, **심리적인 면**에 많이 의존해 있다. 서로가 적대감을 갖는 이유는 합리적이라기보다는 비합리적이며, 상당 부분, 경제적 약자의 입장에서는 억울함과 상대적 박탈감이, 경제적 강자의 입장에서는 재산을 빼앗길 것에 대한 불안감이 많이 작용한다. 결정적으로 서로에 대한 불신으로 상대방에게 마음이 닫혀 있다는 것이 문제이다. 이는 근본적으로 아렌트가 강조하는 바와 같은 같이 **공유할 수 있는 '세계'**가 부재하다는 것을 의미한다. 물론 부분적으로 공유할 수 있는 문화가 있음에도 불구하고, 현실적으로 이를 통해 인간관계가 맺어지고 참된 의미의 문화적 공유가 이루어지는 것이 어려운 것은 사실이다. 여기서 가장 시급한 것은 신뢰의 회복이고, 이를 위해서는 **공동의 세계에 대한 의식**을 모두 지녀야 한다. 각자가 자신만의 단절된 세계에서 살면서, 스스로 만든 외부의 이방인(적)에 대해 분리주의적으로 벽을 만드는 한, 이러한 공동의 세계에 대한 의식은 결코 가능하지 않다.

이 공동의 세계에 대한 의식은 내가 살고 있는 이 세계가 사실은 나만의, 혹은 나와 같은 집단만의 세계가 아니라, 모든 사람에게 보편적으로 주어진, 공동의 세계라는 것에 대한 자각이다. 어찌 보면 매우 상식적이고 또 공허한 말처럼 들리지만, 실제로 우리는 이러한 생각을 좀처럼 하지 못한 채 살아간다. 특히 현대사회로 오면서, 점점 더 개인화되고 이기적인 삶을 추구하는 한, 이러한 공동의 세계에 대한 생각은 더욱 힘들어진다. 그러나 최근에 일기 시작한 전 세계적인 환경문제에 대한 관심은 이러한 공동의 세계에 대한 자각이 일어나고 있음을 보여주는 좋은 징조이다. 한 나라의 환경이 다른 나라에도 영향을 미칠 수 있다는 생각은 온 인류가 하나의 지구, 곧 하나의 세계로서 공동의 인류공동체에 살고 있다는 사실을 드러내는 것이다.

사실 경제적인 문제는 인간의 삶에 기본적이고 매우 중요한 사안이다. 그러나 경제적인 인간으로서만 살아간다고 할 때, 자신의 이익을 위해서만 세계를 바라보므로, 이렇게 모든 인간에게 타당한 '하나의 세계'라는 생각에는 이르지 못한다. 오직 눈에 들어오는 것은 나의 생존을 위해 유의미한 세계이다. 이를 넘어서는 보편적인 세계에 대한 관심은 사실 일상적이고 실용적인 태도를 넘어서서나 가능한 철학적 관심이기는 하다. 역사적으로 고대 그리스철학은 바로 이러한 세계에 대해 일상적, 실용적 관계에 대한 관심에서 '이론적 관심'으로의 전향에서 시작했다.[6] 그러나 이러한 철학적 관심으로서의 세계에 대한 진지한 이론적 태도가 아니라 하더라도 하나의 보편적인 공동의 세계에 대한 자각만으로도 충분히 우리는 자신의 제한된 삶의 지평을 넘어서서 열린 세계로 나아갈 수 있다. 그러면 어떻게 이러한 공동의 세계에 대한 인식을 가질 수 있는가?

여기서 우리는 다시금 현상학적 방법에 의존할 필요가 있다. 후설이 현상학적 태도로 진입하기 위해 제안하는 자연적 태도에 대한 판단중지(에포케)는 소박한 자연적 태도에서의 세계에 대한 믿음을 무력화함으로써 밖으로 향한 시선을 주관성으로 되돌리는 것이다. 이 방법의 궁극적 의도

6 『위기』, 330-332 참조.

는, 소박하게 그 자체로 존재하는 것으로 여겨지는 세계가 사실은 '**주관성의 상관자**'임을 밝히는 것이다. 곧 나와 세계 간의 보편적 상관관계를 해명하려는 것이 이 방법의 목적이다. 그러나 이 주관과 연관된 세계는, 오직 나에게만 타당한 고립된 세계로서가 아니라 보편적인 의미연관의 총체로서, 이른바 **열려진 지평으로서의 세계**임이 드러난다. 이미 우리는 이 지평으로서의 세계가 지니는 개방성과 보편성에 대해서는 자세히 살펴보았다. 이 세계가 의미연관으로서 총체적으로 연관되어 있고, 그런 점에서 궁극적으로 모든 것을 포괄하는 하나의 보편적 세계이지만, 그것은 일상적 태도에 대한 에포케를 통해서만 비로소 깨닫게 된다. 일상적 태도에서는 대개 우리는 밖으로만 시선이 쏠려 있다. 정확히는 세계 자체라기보다는 이 세계 속의 특정 대상에만 시선이 집중되어 있다. 곧 일상적 태도의 실용적 관심은 **어떤 대상을 향한 관심**이다. 세계에 대한 관심도 보편적 세계에 대해서라기보다는 사실상 대상으로서의 세계에 대한 관심이다. 그러므로 이러한 일상적 태도에 대한 판단중지는 대상적 관심으로부터 자유로워지는 것이라고 할 수 있다. 어떤 눈앞의 대상에 대한 관심에서 벗어난다면, 비로소 이를 둘러싼 전체 혹은 그 배후가 드러날 수 있다. 말하자면 평소에는 대상적 관심으로 인해 은폐되어 있던 보편적 세계가 비로소 판단중지를 통해 드러나게 되는 것이다.[7] 이런 의미에서 후설은, 현상학자는 모름지기 고대 그리스의 최초의 철학자들이 철학을 처음 시작하면서 취한 "세계에 대한 무관심적 방관자(unbeteiligter Zuschauer) 내지 조망자"[8]와 같은 태도를 취해야 한다고 본다.

---

7 이에 대해서는 이 책의 제1부 2장 2, 3절 참조.
8 『위기』, 331.

그런데 후설은 이를 가능케 하는 판단중지가 우리의 **의지적 결단**에 의해 이루어져야 한다고 주장한다. 그러나 의지도 엄밀히 보면, 어떤 대상적 관심을 동반한다고 할 수 있기에, 현상학적으로 철저하기 위해서는 우리의 의지 자체에 앞서는 혹은 이 의지 자체를 무력화하는 강한 외적인 계기가 필요하다.[9] 후설 자신은 이러한 우리의 대상적 관심을 무력화시키는 외적인 충격에 대해서는 구체적으로 언급하지 않지만, 현상학적으로 볼 때, 이러한 계기가 필요함은 하이데거 등의 후계자에 의해서는 명확히 인지되고 있다. 우리가 앞에서 살펴본 숭고의 체험이나 이질적인 문화에 대한 문화적 충격 등은 사실 이러한 무관심적인 외적 충격의 대표적인 예이다. 또한 칸트가 주장하듯이, 미적 대상에 대한 체험도 이러한 범주에 포함될 수 있다. 칸트에 따를 때, 우리는 미적 대상을 접하면서, 개념을 매개로 한 인식적, 대상적 관심이 아니라 이른바 무관심적 체험으로서 단순한 즐거움의 감정만을 지닌다. 말하자면, 대상에 대한 관심에 앞서서 자신도 모르게 아름다움의 감정을 느끼는 것이다.

이 무의지적인 무관심적 태도의 특징은 순간적으로나마 대상에 대한 집착과 의지를 벗어남으로써 **나 자신에 대한 집착** 또한 벗어난다는 것이다. 정확하게 말하면, 나를 넘어서서 보편적인 열린 세계로 나아가는 것이다. 흔히 우리가 '무아'의 경지라고 말하는 것은 바로 이를 가리킨다고도 볼 수 있다. 그러나 이 상태는 나를 제거하거나 부정하는 것이라기보다는 나와 보편적 세계 간의 상관성 내지 합일을 새로이 깨닫는 것이라고 볼 수 있다. 바로 이러한 **주객 미분리 상태**가 현상학적으로 지향하는 바이

---

9 이와 관련해서는 K. Held, "Die Endlichkeit der Welt", *Philosophie der Lebenswelt*, Würzburg, 1992, 138 이하. 이 책 제1부 2장 2절 참조.

다.[10] 그리고 바로 여기서 **나를 넘어선 하나의 보편적인 공동의 세계**가 모습을 드러낼 수 있다.

현상학적으로 이러한 보편적인 세계에 대한 서술이 이론적으로는 타당하고 또 자명하다고 할지라도 이것이 우리의 일상적 삶에서 현실적으로 타당하게 적용될 수 있는지는 사실 별개의 문제이다. 지금 우리가 문제 삼고 있는 바와 같은 지극히 현실적인 경제적 문제 상황에서, 이러한 무관심적인 태도를 통한 보편적 세계로의 시선 전향이 과연 가능한지, 그리고 가능하다 하더라도 이것이 어떤 의미가 있는지 반문할 수 있다. 그러나 이미 언급한 바와 같이, 무관심적 태도는 우리의 일상적 삶 속에서도 흔히 생겨날 수 있다. 숭고와 같은 강한 외적 충격은 이질적이고 낯선 것에 대한 일상적 경험으로도 쉽게 이루어지며, 칸트가 말하는 미적 체험도 우리가 흔하게 경험하는 것이다.

물론 모든 사람이 이러한 체험을 통해서 이 공동의 세계에 대한 자각을 갖게 되는 것은 아닐 것이다. 대부분은 이 체험들이 설령 있다 하더라도 일시적으로 스쳐 지나가는 순간적인 효과만을 가질 것이다. 그러나 이러한 가능성을 갖는다는 것이 중요하다. 그리고 이 가능성의 정도를 높이기 위해서는 **스스로 이 세계를 받아들일 열린 마음가짐**이 필요하다. 하이데거가 이 보편적 세계가 드러나기 위해서는 전적으로 무의지적으로 기다리는 수밖에 없다고 말하는 것도 이러한 맥락에서 이해될 수 있다. 아무리 경제적인 상황으로 인해 경제적인 문제에 매몰되어 있다 하더라도 기본적으로 마음을 비워둔 채 세계로 향한 열린 마음을 지니고 있다면, 충분히 그러한 기회를 가질 수 있다. 결국 중요한 것은, 자신을 상대화해서 보

---

10 이와 관련해서는 이 책의 제2부 1장 3절 참조.

면서 타자에 대한 포용의 태도를 항상 갖도록 노력하는 것이다. 이 태도를 가짐이 하나의 전제조건이든 아니면 어떤 계기로 인해 이러한 마음이 생기든 간에, 이러한 열린 태도가 없이는 사실상 이질적이라고 여겨지는 타자와의 결합은 묘원하다.

이로써 우리는 다시금 윤리적인 문제로 되돌아왔다. 우리가 궁극적으로 희망을 걸고 의존하게 되는 것은 결국 인간의 본성에 기반한 **참된 인간됨**이다. 그런 점에서 경제적인 문제로 인한 갈등 또한 **개인의 윤리적 결단**의 문제로 귀착됨을 본다. 단, 윤리성이 자신의 자발적 의지에 의해서인지, 아니면 다른 외적인 계기에 의해서인지는 별도의 논의가 필요하다. 여기서 중요한 것은, 우리의 윤리적인 마음가짐을 통해 타자와의 단절된 벽을 허물고 하나의 공동의 세계를 가꾸어나가는 것이 원칙적으로 가능하다는 점이다. 경제적인 차이로 인한 문화적 갈등은 이처럼 우리의 열려진 마음에 근거한 하나의 공동의 세계에 대한 인식을 기반으로 그 해결의 실마리를 찾을 수 있다. 또한 상호문화성은 이러한 공동의 세계에 대한 인식을 토대로 가능할 뿐더러, 또한 그 자체가 이러한 세계를 부단히 지향하고 있다.

4장
차이를 넘어서 보편문화로

우리의 논의는 문화적 차이와 보편성 간의 상관성을 중심으로 상호문화성이 어떻게 성립하는지에 초점이 있다. 이제까지의 고찰에 따를 때, 문화적 보편성은 차이를 전제로 하며, 상호문화성은 문화적 차이를 제거하는 것이 아니라 이를 포괄하면서 보편성을 추구하는 과정에서 성립한다. 상호문화성은 헤겔이 말하는 바와 같이, 이른바 개별자와 유한자를 포괄하는 **'구체적 보편성'**의 의미에서 이해되어야 한다. 사실 이미 상호문화성이란 말 자체가 문화의 다양성과 차이들 간의 관계라는 의미이기도 하다. 그러므로 바로 앞에서 우리는 문화적 차이가 지니는 갈등의 양상을 살펴보면서, 비록 문화적 차이를 다소 부정적인 입장에서 바라보기는 했지만, 그럼에도 이는 상호문화성을 위한 필수적인 요소라는 점을 확인했다. 그러나 문화적 차이의 중요성에도 불구하고 상호문화성에서 핵심은

---

1   후설 또한 생활세계와 관련해 "구체적 보편성"(『위기』, 136)이라는 표현을 쓰고 있다.

차이보다는 보편성과 동질성에서 찾아야 한다는 것이 필자의 기본 입장이다. 정확히는, **차이에서 보편성으로 나아가는 과정**이 그 초점이어야 한다. 곧 앞서 언급한 보편문화의 추구 내지 이를 위한 체험이 상호문화성의 핵심이라는 것이 필자의 일관된 주장이다.

보편문화는 절대적인 완성태로서의 어떤 특정한 문화형태를 가리키는 것이 아니라 다만 가능성으로 지향되고 추구되는 것이다. 우리는 앞에서 모든 문화를 포괄하는 하나의 공통된 문화라는 의미의 보편문화는 현실적으로 실재하지 않을 수 있지만, 모든 개개의 문화는 잠재적으로 이 보편문화를 하나의 이념으로서 지향하고 있다고 보았다. 그리고 이 보편문화와의 연관성을 통해 비로소 모든 문화는 상호문화적인 단계로 진입한다는 것이 우리의 생각이다.[2] 곧 상호문화성은 이러한 **잠재된 보편문화가 그때그때 구체화하는 하나의 방식**으로서 우리는 상호문화적인 체험을 통해 이러한 보편문화의 존재를 느낄 수 있다. 이는 마치 하나의 공통된 세계라는 착상을 여러 다양한 문화세계를 관통하는 보편성과 동질성을 통해 느끼는 것과 같다. 그런 점에서 보편문화는, 앞서 말한 바와 같이, 문화적 차이와 다양성을 전제해야만, 비로소 우리가 그 실재성을 감지할 수 있는 것이기도 하다.

그러나 더 중요한 것은, 이러한 보편문화를 바라보는 우리의 태도이다. 이 보편문화를 단지 모든 문화를 추상화해 추출한 일종의 일반적 개념과

---

2 보편문화는 곧 모든 문화를 보다 높은 단계의 발전적인 문화로 나아가도록 하는 하나의 동력과도 같은 역할을 한다. 그러나 보편문화는 어떤 독립된 실체성을 지닌 것이 아니라, 인간에 의해 추구되고 지향되는 것이다. 그렇다고 단지 인간의 주관적 관념 내지 믿음으로서만 존재하는 허구라고 볼 수는 없다. 그런 점에서 이는 하나의 현상학적 개념으로서 주관과 객관의 상호 관계 속에서 성립되는 중간자적인 것으로 보아야 한다.

같은 것으로 이해한다면, 이는 우리가 말하는 구체적 보편성의 의미에서의 보편문화가 될 수 없다. 이는 보편문화가 아니라 후설이 비판하는 하나의 이념적 대상일 뿐이다. 보편문화는 나의 문화를 상대화해 보면서 타 문화를 열린 태도로 바라볼 때, 비로소 나의 문화와 타 문화를 관통하고 양자를 포괄하는 바로서 그 숨은 모습을 드러낸다. 그러나 이때 보편문화는 하나의 사변적인 개념으로서 사유하는 것이 아니라, **체험**하는 것이다. 말하자면, 대상화할 수 있는 것이 아니다. 그렇기 때문에, 상호문화성과 보편문화는 주제적인 대상으로서가 아니라 체험을 통해 주어질 수 있는 것으로서 **간접적으로 주제화**되어야 한다. 곧 우리에게 주어지는(나타나는) 방식을 매개로 그 의미를 파악하는 것이다. 바로 이러한 주어짐의 체험을 통해서 사태를 파악하고자 하는 것이 현상학의 고유한 방법이다. 현상학을 통해 상호문화성을 탐구하고자 하는 우리의 시도는 이렇게 보편문화의 현상학적 주제화라는 과제를 통해 그 정점에 이른다. 그러나 이 보편문화의 주제화는 아직 매우 애매하고 학문적으로 다루기가 예민한 주제이다. 다만 분명한 것은, 우리 인간에게는 이러한 보편문화에 대한 추구와 지향이 본성적으로 내재해 있으며, 어떤 식으로든 순간적으로나마 이를 체험한다는 것이다. 상호문화적 경험과 상호문화성을 가리키는 무수한 역사적 사실들은 바로 이러한 보편문화의 존재를 생생하게 가리키고 있다.

5장
상호문화성의 과제와 미래 그리고 현상학

이제까지의 고찰에 따를 때, 상호문화성은 현실적으로 현존하는 부단한 진행형이자 이루어져야 할 이상이다. 문화가 가변적이고 유동적인만큼 상호문화성은 그 이상으로 실체가 불분명한 하나의 문화적 결집체라고 할 수 있다. 그러나 상호문화성이 아무리 불분명한 모습을 지닌다 하더라도 이것의 본질적 특성이 **문화적**이라는 것은 변함없다.

문화가 기본적으로 인간의 삶의 표현양식인 한, 지극히 당연한 말이지만, 문화는 **인간적**일 수밖에 없다. 그래서 우리는 문화의 세 가지 특성으로 인간만이 지닌 고유한 속성인 **상호주관성, 역사성, 윤리성**을 들었다.[1] 그런데 이러한 상식적인 문화의 특성을 종종 간과하는 경우가 있다. 아니 어떠한 이유에서건, 문화가 인간적이지 못하고 오히려 인간을 억압하고 고통에 빠뜨리기도 한다. 경직된 종교나 이념이 한 문화를 지배할 때,

---

1 이 책 제1부 1장 1절 참조.

종종 이런 일이 나타난다. 중세에 서구에서 자행된 마녀사냥과 같은 것은 이러한 경직된 문화의 대표적인 경우이다.

상호문화성은 이처럼 개별문화가 지닌 경직성과 비인간성을 극복하고 문화가 본래 지녀야 할 휴머니즘적 사고로 회귀하도록 하는 역할을 할 수 있고, 또 해야 한다.[2] 위에서와 같은 경직된 문화는 필연적으로 변화가 필요하며, 문화공동체의 다수 구성원들에 의해 외면당하고 폐기될 가능성이 높다. 물론 시간이 걸릴 수는 있다. 그런데 문화의 본래 정신에 맞는 방향으로 인도해줄 수 있는 이정표가 되는 것은 자신의 문화와는 다른 **타 문화**이며, 타 문화를 통해 자신의 문화를 반성함으로써 가능하다. 타 문화를 단순히 경이의 눈으로 바라보는 것만이 아니라 적극적으로 그 장점을 수용해 새로운 문화를 창출할 때, 비로소 기존 문화가 지닌 폐쇄성과 문제점은 극복될 수 있다. 이제까지 우리가 살펴본 상호문화성의 핵심적 의미는 바로 여기에 있다. 타 문화와의 접촉을 통해 **자신의 문화를 반성**하고 좀 더 이상적인 새로운 문화로 나아가고자 하는 것이 상호문화성의 정신이자 초점이다. 그런데 이때 형성된 새로운 상호문화적 문화는 아주 새로운 혁신적인 성격의 것이라기보다는 이전보다 '조금 더 좋은 것'으로서, 사실 그 의미는 본래 문화가 지녀야 할 기본적인 것, 곧 인간다움을 지키고 이를 유지하고자 하는 것 이상도 이하도 아니다. 따라서 상호문화성은 어떤 거창한 이념을 지닌 것이 아니라, 문화가 처음 생겨날 때 지닌 문화의 소박한 인간주의적인 정신을 일깨우고 환기시키는 데 가장 큰 의미가 있다.

2　이런 의미에서 슈텡어는 상호문화성을 "인간의 상징"(G. Stenger, 앞의 책, 29)으로 이해한다.

이에 비추어 우리는 고도로 기술화된 현대의 문화를 한 번 반성해볼 필요가 있다. 현대 문화의 주된 특징으로, 인터넷 등의 첨단 기술에 힘입어 온라인상에서의 상호소통과 교류가 많다는 점을 들 수 있다. 앞에서도 언급한 바와 같이, 현대에는 이른바 사이버 문화가 상상 이상으로 발달되어 있다. 이러한 사이버 문화의 범람이 과연 긍정적인지 부정적인지 논란의 여지는 있지만,[3] 이 문화가 우리 인간에게 과연 유익한지, 그리고 과연 인간적인지에 대해서는 진지하게 고찰할 필요가 있다. 인간의 유한성을 초월해 무한성을 지향하는 것이 인간의 본성이라면, 사이버 문화는 물론 넓은 의미에서 인간적인 현상이다. 그런 점에서 사이버 문화도 하나의 문화이다. 그러나 인간의 본능과 충동에 부합한다고 해서, 그것이 꼭 인간에게 유익한 것만은 아니다. '인간적'이라는 말에는 인간의 자연스러운 본성의 표출이라는 의미 이외에, 인간을 이롭게 한다는 **윤리적인 의미**도 함축되어 있다. 즉, 인간의 행복과 자기발전을 도모해야 한다는 측면이 내재해 있다. 사이버 문화가 인간에게 이로운 측면과 해로운 측면을 모두 가지고 있다면, 이는 결국 후자를 지양하고 전자의 측면을 극대화하는 방향으로 나가거나 나아가야 한다. 그러나 사이버 문화의 비판적 극복은 사이버 문화 내에서의 부분적 개선이라기보다는 완전히 다른 차원에서 우선 비판과 반성이 이루어져야 한다. 우리는 이미 앞에서 몸(또는 이에 기반한 생활세계)과 같은 인간의 자연적 토대 내지 원초적 문화에 근거해서만, 이러한 사이버 문화의 폐쇄성을 극복할 수 있음을 지적했다. 현대에서도 여

---

3 필자는 이 책에서 사이버 문화에 대해 부정적 입장을 취했다. 이에 대해서는 제2부 1장 5절 참조. 아울러 졸고, 「현상학과 문화 −자연과 문화의 관계를 중심으로−」, 『철학』 제101집, 한국철학회, 2009, 48−52 참조.

전히 요구되는 상호문화성의 방향은 이처럼 전적으로 다른 차원과 성격을 지닌 문화세계와의 접촉이다.

그러나 현대에는 주지하다시피 타 문화세계 간의 접촉과 교류가 그 어느 때보다도 활발하고, 교통과 통신의 발달로 문화적 차이와 격차도 점점 줄어들고 있다. 이러한 현상이 상호문화성을 위해 과연 긍정적인지 부정적인지는 쉽게 말하기 어렵다. 필자가 강조하는 바처럼, 상호문화성이 문화적 다양성에서 보편성과 동질성으로 향해 가고 있다고 할 때, 이와 같은 문화적 조밀함과 유사성은 상호문화성의 형성에 긍정적으로 기여하는 것으로 보인다. 그러나 한편으로 상호문화성이 반드시 문화적 차이와 다양성을 전제로 하고 타 문화에 대한 충격과 경이감에서 출발한다고 할 때, **문화적 차이의 희석화**는 매우 부정적 신호이다. 누차 강조한 바처럼, 문화적 다양성과 보편성 사이에서 균형을 유지하는 것이 상호문화성을 위해서는 가장 바람직한 상황이다. 그러나 현대의 전반적인 추세와 경향을 볼 때, 여러 이유로 문화적 다양성과 차이는 점차 줄고 있는 것은 분명하다. 이는 상호문화성을 위해 결코 바람직하지 않다. 우리는 이제까지 상호문화성을 이루는 주된 요소로 감정과 정서를 강조해왔다. 여기서의 감정은 다른 문화를 보았을 때 느끼는 이질감이나 당혹감이 주된 내용을 이룬다. 그런데 워낙 통신의 발달로 외부 문화에 익숙해져서, 다른 문화를 실제 접하고서도 별다른 감정을 느끼지 못한다면, 이는 상호문화성에는 치명적인 악영향을 미칠 수밖에 없다. 타 문화에 대한 무감정은 한편으로 이에 대해 마음을 닫거나 무관심하다는 것과 같기 때문이다.

이러한 상황에서 상호문화성을 위해 현대 기술문명을 거부하고 이를 되돌릴 수는 없다. 여기서 유일한 대안은, 결국 앞에서와 마찬가지로 우리의 태도를 바꾸거나 새롭게 하는 것이다. 여기서 태도변경의 대상과 목적은 분명하다. **타 문화에 대한 감수성**을 최대한 유지하기 위해[4] 우리는 타 문화에 지속적으로 관심을 갖고, 타 문화를 깊이 이해하기 위해 끊임없이 노력한다. 가령, 앞에서 타 문화가 지닌 고유한 신화나 역사를 이해하기는 매우 어렵다고 했는데, 이것을 이해하기 위해 노력하는 것도 좋은 태도이다. 이는 타 문화를 있는 그대로 그 자체로 보기 위한 시도로서, 이를 토대로 타 문화에 대한 편견 없는 열린 마음을 지니게 될 것이다.

현대에는 타 문화를 우리와 다르다는 이유로 배척하고 비하하는 태도를 찾아보기 힘들다. 오히려 앞서 감정의 문제를 논하면서 지적한 바와 같이, 현대에서는 동질성을 느끼면서 타 문화를 무덤덤하게 받아들이는 경우가 많다.[5] 말하자면, 차이가 희석되고 간과하게 되는 것이다. 바로 이 점이 상호문화성과 관련해서 현대인들이 지니는 맹점이다. 풍부한 경험과 지식이 오히려 상호문화성을 방해하는 것이다. 그러나 문제는, 현대인은 피상적인 이해나 경험을 근거로 타 문화를 일반화하고 쉽게 단정짓는다는 것이다. 바로 그렇기 때문에, 스스로는 타 문화를 이해하고 포용한다고 생각하는 것이 이러한 성급한 일반화로 오히려 타 문화에 대한 참된 이해를 방해할 수 있다. 타 문화에 대한 완전한 이해는, 엄격히 말하면, 불가능할 수 있다. 중요한 것은, 자신의 문화도 정서적인 토대에 기반을 둔 만큼, 타 문화도 **정서적으로 이해**하고 받아들이려는 자세이며, 이때의 정서적 이해는 나의 관점에서가 아니라 타 문화의 구성원들의 관점에서 이루어져야 한다. 즉, 타 문화의 구성원들이 스스로의 문화에 대해 느끼는 것을 본인도 느낄 수 있는 정도로 타 문화에 깊이 있게 접근하려는 자

---

4   이와 연관된 논의는 이 책의 제2부 2장 4절 참조.
5   제2부 2장 4절 참조.

세와 노력이 필요하다. 앞에서 타 문화에 대한 신화나 역사를 이해하려는 노력이 필요하다는 것은 이처럼 타 문화의 심층부로 들어가 생생하게 느낄 수 있기 위해서이다.

이렇게 볼 때, 현대인들이 상호문화성을 위해 필요한 것은, 타 문화를 어떤 이론이나 개념으로 접근해 피상적으로 파악하려 하지 말고, 스스로의 직접적 **체험에 기반해 생생하게 느끼라는 것**이다. 타 문화에 대한 역사나 신화도 개념으로 접근하면, 오히려 제대로 이해가 안 될 수 있다. 가슴으로 받아들이고 심정적으로 접근할 때, 오히려 그 참된 의미가 전달될 수 있다. 바로 이런 태도에서 비로소 타 문화에 대한 감수성과 경외심이 제대로 살아날 수 있는 것이다.

그런데 이러한 타 문화에 대한 감수성과 직접적 체험의 강조는 현상학이 그 출발부터 강조한 현상학의 방법론적 정신과 일맥상통한다. 현상학적 방법은 하이데거가 잘 지적한 바와 같이, '사태 자체로' 귀환해 주어진 사태를 있는 그대로 보자는 데 그 초점이 있다. 여기서 문화가 하나의 사태라고 할 때, 문화를 있는 그대로 받아들이기 위해서는 가장 원초적이고 직접적인 접근방식, 즉 감정과 정서에 호소하는 것이 바람직하다. 문화는 우리가 일관되게 주장한 바와 같이 기본적으로 정서적이기 때문이다. 특히 인간의 본능이 여기에 개입되어 있다는 점에서 그 원초성이 두드러진다. 우리가 문화의 겉면만을 보고 문화가 합리적이고 고차적이라고만 판단한다면, 이는 일면적이고 피상적인 이해이다. 이런 점에서 감수성과 감정이 점점 메말라가는 현대인들에게 상호문화성의 의미에 대한 환기는 현대인들의 정서를 되살리는 좋은 계기이다. 특히 우리가 그 방법론적 대안으로 제시하는 현상학은 이를 위한 적절한 토대로 작용할 수 있음을 이제까지의 논의를 통해 충분히 확인할 수 있다.

결론

　상호문화성을 현상학적으로 규명하고자 한 본 저서의 시도는 사실 어떤 뚜렷한 결론을 지향하고 시작한 것은 아니다. 상호문화성이라는 것이 매우 포괄적이고 복합적인 현상인데다가, 현상학 또한 주어진 사태를 있는 그대로 밝히고 기술하는 데 초점이 있는 만큼, 상호문화성의 전 면모를 어떤 통일적인 원리에 따라 체계적으로 정리할 수 있으리라고는 처음부터 기대하지 않았다. 그리고 이렇게 어떤 전제 없이 상호문화성을 분석하는 것이 이에 대한 올바른 접근방식이라고 여전히 믿고 있다. 그럼에도 불구하고 필자는 논의의 전개 과정에서, 필자 나름의 틀과 방향성을 찾게 된 것을 부인할 수 없으며, 이것이 설령 필자 개인의 주관적 의견과 독단적 편견이라 하더라도 상호문화성의 문제에 대한 하나의 가능한 해석으로 그 의미가 있을 수 있다고 본다. 이런 맥락에서 이제까지의 상호문화성에 대한 논의를 그 핵심적인 면에서 정리해보면, 대략 다음과 같은 명제가 도출될 수 있다고 본다.

　첫째, 상호문화성의 현상은 하나의 문화적 현상이다. 이 말은 상호문화성이 인간의 의지나 노력 없이 자연히 혹은 저절로 이루어지는 것이 아니라, 철저히 인간의 선택과 기호에 의해 인위적으로 규정된다는 의미이다. 물론 상호문화성이 항상 인간의 능동적이고 자발적인 선택과 결정에 따라 규정된다는 것은 아니다. 인간의 수동적이고 잠재적인 요소도 상호문화성의 형성에 기여한다. 그러나 분명한 것은, 어떤 경우에라도 **인간성과 인간적 의지**가 상호문화성의 현상에 개입하고 영향을 미친다는 점이다.

둘째, **상호문화성은 자유를 기반으로 한다.** 상호문화성은 외적인 압박이나 폭력에 의해서는 제대로 형성되기 어렵다. 어느 경우에서라도 참된 의미의 상호문화성은 당사자들의 억압되지 않은 자유의 상태를 전제로 해야 하며, 문화를 수용하고 거부하는 개개 주체의 **선택의 자유**가 존재해야 한다. 물론 이 선택이 비합리적이건 합리적이건, 이는 절대적으로 존중받아야 한다.

셋째, **상호문화성은 규정되지 않은 미래적 가능성을 향한 인간의 기대이자 선택이다.** 상호문화적 세계를 향한 도약은 열려진 **무규정적인 가능성** 속에서 이루어지며, 미리 어떤 예측 결과가 주어지지는 않는다. 상호문화적 세계의 추구는 분명 보다 나은 삶을 향한 인간의 (정치적) 노력의 일환으로 볼 수 있고, 또 대략의 방향성은 짐작할 수 있다. 그러나 어떤 상호문화적 세계가 도래할지 예측하고 이 세계를 선택한 것은 아니다. 이는 마치 진화론에서 말하듯, 적자생존의 상황에서 최선의 선택을 한 것뿐이다. 그러므로 이 선택이 항상 옳지 않을 수도 있다. 그럼에도 인간은 어쩔 수 없이, 혹은 자발적으로 **보다 나은 세계를 향한 기대**를 품고서 상호문화성의 미래로 나아간다.

넷째, **상호문화성은 파편적으로 흩어지기보다는 모으고 결합하는 방향으로 나아간다.** 상호문화적 세계의 생명력은 문화의 융합성에 있다. 서로 다른 문화를 배척하거나 기존의 문화를 해체하고 분해하기보다는 가능한 다른 문화와 현존하는 나의 문화를 결집시키고 통일시키려는 경향 속에서 상호문화성은 성립한다. 그런데 여기서 기존의 문화는 최대한 보존하고 지속시키면서, 보다 고차적인 문화로 나아가려는 것이 상호문화성이 지닌 본래의 정신이다. 기존 문화를 다른 문화로 전적으로 대체하는 것은 단순한 문화의 전이나 폐지일 뿐, 상호문화적 현상으로 볼 수는 없다.

다섯째, **상호문화성은 구체적 보편성을 지향하는 역동적 움직임이다.** 앞서의 명제와 연관되는 것으로서, 상호문화성은 문화의 다양성 속에 머무는 것이 아니라, 부단한 문화들 간의 상호융합과 결집을 통해 점진적으로 문화적 영역이 확대됨으로써, **문화의 보편화**의 방향으로 나아간다. 그러나 이 과정이 기존의 문화적 다양성이 모두 해소되고 등질화된 일원적인 문화로 흐른다는 것은 아니다. 상호문화성은 항상 그 자체 내에 **이질성을 함유하면서 동질화를 추구**하며, 그런 점에서 다양성 속에서 부단히 보편성을 추구하는 역동적이고 구체적인 하나의 운동과정이다.

여섯째, **상호문화성의 지향은 '선'을 지향하는 하나의 윤리적 태도이다.** 상호문화성은 문화의 위계질서를 인정치 않고, 타 문화에 대한 존중감과 포용심을 바탕으로 한다. 그럼으로써 동등한 주체로서 타 문화를 인정하고 **공동의 '좋은' 문화**를 지향해간다. 이러한 기본적인 윤리적 태도를 바탕으로, 상호문화적 추구는 타 문화와의 내적인 결합을 전제로 하는 만치, 여기에는 나의 문화만을 발전시키고자 하는 이기적인 발상이 아닌, 타자와 더불어 좋은 삶을 살고자 하는 이타적인 의지가 내재해 있다. 상호문화성은 이런 점에서 **공동의 행복을 향한 공동의 선의지의 발로**라고 볼 수 있다.

일곱째, 상호문화성은 인간의 본성에 부합하는 역사적인 움직임이다. 상호문화성을 움직이는 근본 원동력은 인간의 **원초적 의지와 욕구**이며, 이는 인간의 자연적 본성에 근거를 둔 것이다. 그러므로 상호문화성은 인간의 본성에 부합하고 이를 충족시키는 방향으로 진행된다. 그러나 이 충족은 인간인 이상 한계를 지닐 수밖에 없는데, 이러한 한계성 자체는 상호문화성의 결함이라기보다는 본질이기도 하다. 이는 상호문화성이 유한한 현실 속에서 시작해 여기에 끝까지 바탕을 두는 한, 불가피하다. 그러나 상호문화성은 미래를 향해 부단히 나아가며, 현재를 지속적으로 넘어서는 과정에서 이루어진다. 곧 과거와 현재, 미래를 관통하지만 특수한 현실에 뿌리를 두고 있는 하나의 역사적인 과정이다.

대략 이상과 같은 7개의 명제로 정리된 상호문화성에 대한 논의는 상호문화성이 지닌 역동성과 개방성, 그리고 결합적인 성격에 주로 강조점을 둔 것이다. 물론 본문에서 다룬 내용들이 모두 이 명제에 포괄되지는 않지만, 앞에서 주장된 상호문화성의 주요 특성들은 대부분 반영 되어 있다.

상호문화성은 위 명제들에서도 잘 알 수 있듯이, 어떤 정형화된 틀과 정적인 규준을 지니고 있지 않다. 부단한 움직임과 역동성 그리고 구체성이 상호문화성을 규정하고 있다. 상호문화성은 고정된 실체로서가 아닌 끊임없는 움직임과 과정 속에 있기 때문에, 이를 추상화해 파악한다면, 그 역동적인 의미를 제대로 포착할 수 없다. 따라서 하나의 부단한 흐름으로서 상호문화성을 바라보면서, 이 흐름을 생생하게 체험하고 느끼는 것이 가장 이상적인 대안이다. 본 저서는 이러한 취지에서 상호문화성의 내적인 파동과 움직임을 느끼기에 가장 적합하다고 여겨진 현상학의 방법을 적용해 이 과제를 해결하고자 노력했다. 이 과제가 성공적으로 수행되었는지의 여부는 아직 판단할 수 없다. 아니 어쩌면 판단 자체가 불가능할지도 모른다. 상호문화성이 부단한 흐름이고, 계속 변화해가는 데 그 본질적 속성이 있다면, 어떤 양상과 특성을 지니고 있다는 해석 자체가 상호문화성의 본질을 침해할 수 있기 때문이다.

그러나 우리는 상호문화성에 대한 관심을 소홀히 할 수는 없다. 상호문화성 자체가 인간의 본성의 발현이고, 인간이 여기로 가고자 하는 것이라면, 상호문화성은 인류에게 주어진 하나의 **과제이자 운명**이기 때문이다. 우리는 상호문화성의 흐름을 막을 수도, 방향을 바꿀 수도 없다. 다만 순리에 맞게 상호문화성이 흘러가도록 관심을 갖고 방해를 하지 말아야 한다. 이 저서가 이러한 목적에 조금이라도 도움이 된다면, 필자는 그것으로 큰 만족을 얻을 수 있을 것이다.

강미라, 『몸, 주체, 권력: 메를로-퐁티와 푸코의 몸개념』, 이학사, 2011.

강영안, 「문화개념의 철학적 배경」, 『문화철학』, 철학과 현실사, 1995.

_____, 『타인의 얼굴. 레비나스의 철학』, 문학과 지성사, 2005.

_____, 『주체는 죽었는가?』, 문예출판사, 1996.

구연상, 「기술시대의 근본기분」, 『기술, 자연, 생명』, 철학과 현실사, 2002.

길희성, 『마이스터 엑카르트의 영성 사상』, 분도출판사, 2008.

김선욱, 『한나 아렌트: 정치판단이론』, 푸른 숲, 2002.

김연숙, 『레비나스. 타자 윤리학』, 인간사랑, 2002.

김형효, 『메를로-뽕띠와 애매성의 철학』, 철학과 현실사, 1996.

김홍우, 『현상학과 정치철학』, 문학과 지성사, 1999.

김희준, 『역사철학의 이해』, 고려원, 1995.

문현병, 「현대문화와 문화산업」, 『문화와 철학』, 동녘, 1999.

박성희, 『공감학. 어제와 오늘』, 학지사, 2004.

박인철, *Die Wissenschaft von der Lebenswelt. Zur Methodik von Husserls später Phänomenologie*, Amsterdam/New York, 2001.

_____, 「현상학의 학문성과 지평성 – 후설 후기철학을 중심으로-」, 『철학연구』 제 53집, 철학연구회, 2001.

_____, 「후설의 의사소통이론 - 역사적 제약과 선험적 보편성-」, 『철학과 현상학 연구』 제17집, 한국현상학회, 2001.

_____, 「포용과 책임: 사랑의 공동체에 대한 현상학적 고찰」, 『철학과 현상학 연구』 제18집, 한국 현상학회, 2002.

_____, 「생활세계적 아프리오리와 문화의 현상학」, 『철학연구』 제57집, 철학연구회, 2002.

_____, 「현상학적 사회이론 - 개인과 사회의 관계에 대한 후설의 논의를 중심으로-」, 『철학연구』 제59집, 철학연구회, 2002.

_____, 「사회생물학과 현상학」, 『철학과 현상학 연구』 제21집, 한국현상학회, 2003.

_____, 「기술시대와 현상학. - 생활세계와 기술과의 관계를 중심으로-」, 『철학』 제75집, 한국철학회, 2003.

_____, 「기술시대와 사랑의 윤리학: 후설, 하이데거, 프롬의 사랑론을 중심으로」, 『철학연구』 제66집, 철학연구회, 2004.

_____, 「정치철학으로서의 현상학의 가능성 - 아렌트의 눈으로 본 후설-」, 『철학과 현상학 연구』 제23집, 한국현상학회, 2004.

_____, 『기술시대와 현상학: 실천철학으로서의 현상학의 가능성』, 경희대출판국, 2005.

_____, 「타자성과 친숙성 - 레비나스와 후설의 타자이론 비교-」, 『철학과 현상학 연구』 제24집, 한국현상학회, 2005.

_____, 「자유의 현상학적 이념: 아렌트와 레비나스의 자유개념 비교를 중심으로」, 『철학연구』 제71집, 철학연구회, 2005.

_____, 「생활세계와 의사소통: 후설과 하버마스의 비교를 중심으로」, 『철학과 현상학 연구』 제31집, 한국현상학회, 2006.

_____, 「현상학과 탈 주체성 - 현상학의 포스트 모더니즘적 성격-」, 『인문학 연구』 제10집, 경희대 인문학 연구원, 2006.

_____, 「현상학에서 낯설음의 문제」, 『철학과 현상학 연구』 제33집, 한국현상학회, 2007.

_____, 「인문학과 생활세계」, 『인문학 연구』 제12집, 경희대 인문학 연구원, 2007.

_____, 「현상학과 평화: 평화의 현상학적 철학적 정초」, 『철학』 제95집, 한국철학회,

2008.

_____, 「숭고의 현상학과 현상학적 예술론: 하이데거와 메를로-퐁티의 비교를 중심으로」, 『철학연구』 제85집, 철학연구회, 2009.

_____, 「현상학과 문화 – 자연과 문화의 관계를 중심으로–」, 『철학』 제101집, 한국철학회, 2009.

_____, 「상호문화성과 윤리 – 후설 현상학을 중심으로–」, 『철학』 제103집, 한국철학회, 2010.

_____, 「이질감과 친근감 – 상호문화성의 양면성에 대한 현상학적 고찰–」, 『철학과 현상학 연구』 제50집, 한국현상학회, 2011.

_____, "Interkulturalität in Husserls Phänomenologie", *Grenzgänge. Studien zur interdisziplinären und interkulturellen Phänomenologie*, Würzburg, 2011.

_____, 「공감의 현상학 – 공감의 윤리적 성격에 대한 후설과 셸러의 논의를 중심으로–」, 『철학연구』 제99집, 2012.

_____, 「현상학과 신비주의: 후설 현상학을 중심으로」, 『철학연구』 제103집, 철학연구회, 2013.

_____, 『에드문트 후설. 엄밀한 학문성에 의한 철학의 개혁』, 살림출판사, 2013.

박찬국, 『들길의 사상가』, 하이데거, 동녘, 2004.

_____, 『하이데거와 윤리학』, 철학과 현실사, 2002.

_____, 「후기 하이데거의 예술관과 언어관」, 『하이데거의 언어사상』 철학과 현실사, 1998.

반성택, 「후설 현상학에서 공동체 논의의 출발점」, 『철학과 현상학 연구』 제23집, 한국현상학회, 2004.

안성찬, 『숭고의 미학』, 유로서적, 2004.

여종현, 『현상학과 휴머니즘』, 철학과 현실사, 2001.

오병남, 『현상학과 예술』, 서광사, 1989.

윤병렬, 「문화의 위기 및 상호문화성과 반-상호문화성–그 위협에 관한 현상학적 고찰–」, 『철학과 현상학 연구』 제13집, 한국현상학회, 1999.

윤평중, 『담론이론의 사회철학』, 문예출판사, 1998.

이길우, 「현상학의 감정윤리학 – 감정작용의 분석을 중심으로–」, 『현상학의 근원과 유역』, 『철학과 현상학 연구』 제8집, 철학과 현실사, 1996.

이남인, 「발생적 현상학과 지향성 개념의 변화」, 『철학과 현상학 연구』 제6집, 한국현상학회, 1992

_____, *Edmund Husserls Phänomenologie der Instinkte*, Dordrecht, 1993.

_____, 「본능적 지향성과 상호 주관적 생활세계의 구성」, 『철학과 현상학 연구』 제7집, 한국현상학회, 1993.

_____, 「실천철학으로서의 현상학」, 『사회철학 대계 5: 현대문화와 사회철학』, 민음사, 1998.

_____, 『현상학과 해석학』, 서울대학교 출판부, 2004.

_____, 『후설의 현상학과 현대철학』, 풀빛미디어, 2006.

_____, "Problems of Intersubjectivity in Husserl and Buber", *Husserl Studies* 22, 2006.

이봉재, 「컴퓨터, 사이버 스페이스, 유아론: 사이버 스페이스의 철학적 의미」, 『매체의 철학』, 나남출판, 1998.

이종관, 『사이버 문화와 예술의 유혹』, 문예출판사, 2003.

이진우, 『이성은 죽었는가』, 문예출판사, 1998.

이한구 편역, 『칸트의 역사철학』, 서광사, 2005.

조관성, 「인격적 자아의 가치평가와 가치 그리고 문화」, 『철학과 현상학 연구』 제13집, 한국현상학회, 1999.

_____, 『현상학과 윤리학』, 교육과학사, 2003.

조광제, 『몸의 세계, 세계의 몸』, 이학사, 2004.

_____, 「충동으로서의 봄에 대한 고찰」, 『철학과 현상학 연구』 제40집, 한국현상학회, 2009.

조정옥, 『감정과 에로스의 철학: 막스 셸러의 철학』, 철학과 현실사, 1999.

진교훈, 「철학적 인간학에서 본 문화이념」, 『문화철학』, 철학과 현실사, 1994.

진달용, 『문화제국주의의 재해석』, 커뮤니케이션북스, 2011.

진중권, 『현대미학강의―숭고와 시뮬라르크의 이중주』, 아트북스, 2003.

최문규, 「다양성과 심미성: 포스트 모더니즘과 문학의 이해」, 『문학이론과 현실인식. 낭만주의에서 해체론까지』, 문학동네, 2000.

최성철, 『과거의 파괴: 19세기 유럽의 반역사적 사상』, 서강대출판부, 2012.

최소인, 「숭고와 부정성」, 『철학논총』 제58집, 새한철학회, 2009.

최진석, 「타자 윤리학의 두 가지 길 – 바흐친과 레비나스」, 『노어노문학』 제21권 3호, 한국노어노문학회, 2009.

최재식, 「상호문화성의 현상학 – 문화중심주의를 넘어 상호문화성으로–」, 『철학과 현상학 연구』 제30집, 한국현상학회, 2006.

한전숙, 『현상학』, 민음사, 1996.

한정선, 「후설의 순수 윤리학에서 감정의 역할」, 『한민족철학자 대회 1991. 대회보 2』, 1991.

_____, 『생명에서 종교로』, 철학과 현실사, 2003.

_____, 「습관과 습관적 앎에 대하여」, 『철학과 현상학 연구』, 제29집, 한국현상학회, 2006.

홍광엽, 『탈중심과 불확정성』, 소화, 1998.

홍성태, 「사이버」, 『현대문화이해의 키워드』, 이학사 2007.

홍성하, 「다문화 상담에서의 감정이입에 대한 현상학적 고찰」, 『철학』 제112집, 한국철학회, 2012.

Allemann, B., *Hölderlin und Heidegger*, Freiburg, 1954.

Arendt, H., *The Life of the Mind*, San Diego/New York/London, 1978.

_____, *Between Past and Future*, New York, 1993.

_____, *The Human Condition*, Chicago, 1998.

_____, *The Human Condition*, 이진우, 태정호 역, 『인간의 조건』, 한길사, 2003.

Bauer, J., *Warum ich fühle, was du fühlst?*, München, 2010.

Bauman, Z., *Liquid Love*, 권태우, 조형준 역, 『리퀴드 러브: 사랑하지 않을 권리』, 새물결, 2013.

Beck, U., *Was ist Globalisierung?*, Frankfurt a. M., 1997.

Bernasconi, R., *Wer ist der Dritte? Überkreuzung von Ethik und Poltitik bei Levinas*, Därmann, 1998.

Bernet, R., "Encounter with the Stranger: Two Interpretations of the Vulnerbaility of the Skin," *Phenomenology of Interculturality and the Life-world*, München, 1998.

Breithaupt, F., *Kulturen der Empathie*, Frankfurt a. M., 2009.

Burke, E., *Philosophical Enquiry into the Origin of our Ideas of the Sublime and Beautiful*, ed. by A. Phillips, Oxford, 1998.

Cambell, J., Moyers, J., *The Power of Myth*, 이윤기 역, 『신화의 힘』, 21세기 북스, 2014.

Costa, V., "Die Erfahrung des Anderen", *Husserl Studies* 24.

Donohoe, J., *Husserl on Ethics and Intersubjectivity*, New York, 2004.

Döring, S. A.(hrsg.), *Philosophie der Gefühle*, Frankfurt a. M., 2009.

Eibl, K., *Kultur als Zwischenwelt. Eine evolutionsbiologische Perspektive*, Frankfurt a. M., 2009.

Elberfeld, R., *Phänomenologie der Zeit im Buddhismus*, Stuttgart, 2004.

_____, "Forschungsperspektive "Interkulturalität'. Transformation der Wissensordnungen in Europa", *Zeitschrift fur Kulturphilosophie*, Bd. 2, Hamburg, 2008.

Figal, G., *Martin Heidegger. Phänomenologie der Freiheit*, Frankfurt a. M., 1988.

Fink-Eitel, H., *Die Philosophie und die Wilden*, Berlin, 1994.

Gander H.-H.(Hg), *Europa und die Philosphie*, Frankfurt a. M., 1993.

Habermas, J., *Theorie des kommunikativen Handelns*, Frankfurt a. M., 1981.

_____, *Die neue Unübersichtlichkeit*, Frankfurt a. M., 1985.

_____, *Die Einbeziehung des Anderen*, Frankfurt a. M., 1996.

Han, Byung-Chul, *Was ist Macht?*, 김남시 역, 『권력이란 무엇인가?』, 문학과 지성사, 2011.

Heidegger, M., *Sein und Zeit*, Tübingen, 1993.

_____, *Sein und Zeit*, 소광희 역, 『존재와 시간』, 경문사, 1998.

_____, *Holzwege*, Frankfurt a. M., 1978.

_____, *Nietzsche I*, Frankfurt a. M., 1996.

_____, *Wegmarken*, Frankfurt a. M., 1976.

_____, *Der Satz vom Grund*, Frankfurt a. M., 1997.

_____, *Untewegs zur Sprache*, Frankfurt a. M., 1985.

_____, *Aus der Erfahrung des Denkens*, Frankfurt a. M., 1983.

_____, *Einleitung in die Philosophie*, Frankfurt a. M., 1996.

_____, *Vom Wesen der menschlichen Freiheit*, Frankfurt a. M., 1982.

_____, *Vom Wesen der Wahrheit*, Frankfurt a. M., 1988.

_____, *Beiträge zur Philosophie*, Frankfurt a. M., 1989.

_____, *Die Technik und die Kehre*, Pfullingen, 1985

_____, *Gelassenheit, Pfullingen*, 1992.

Held, K., *Lebendige Gegenwart*, Den Haag, 1966.

_____, "Husserls Rückgang auf das phaínomenon und die geschichtliche Stellung der Phänomenologie", *Phänomenologische Forschungen*, Bd. 10, 1980.

_____, *Die phänomenologische Methode. Ausgewählte Texte I*, Stuttgart, 1985.

_____, "Heidegger und das Prinzip der Phänomenologie", *Heidegger und praktische Philsophie*, Frankfurt a. M., 1988.

_____, "Husserl und die Griechen", *Phänomenologische Forschungen*, Bd. 22, 1989.

_____, "Heimwelt, Fremdwelt, die eine Welt", *Phänomenologische Forschungen*, Bd. 24/25, 1991.

_____, "Grundstimmung und Zeitkritik bei Heidegger", Zur *philsophischen Aktualität Heideggers* Bd. 1, Frankfurt a. M., 1991.

_____, *Phänomenologie der Lebenswelt. Ausgewählte Texte II*, Stuttgart, 1992,

_____, "Die Endlichkeit der Welt", *Philosophie der Lebenswelt*, Würzburg, 1992.

_____, "Europa und die interkulturelle Verständigung, Ein Entwurf im Anschluß an Heideggers Phänomenologie der Grundstimmungen", *Europa und die Philosophie*, Frankfurt a. M., 1993.

_____, "Sky and Earth as Invariants of the Natural Life-World", *Phänomenolo-*

gische Forschungen, Sonderband, 1998.

_____, "Horizont und Gewohnheit. Husserls Wissenschaft von der Lebenswelt", in: _Krise der Wissenschaften -Wissenschaft der Krisis?_, Frankfurt a. M. 1998.

_____, "Möglichkeiten und Grenzen interkultureller Verständigung," (Eröffnungsvortrag der internationalen Tagung in Prag von OPO, 2002), http://www.o-p-o.net/essays/HeldArticleGerman.pdf, 2002.

Henry, M., _Incarnation une philosophie de la chair_, 박영옥 역, 『육화, 살의 철학』, 자음과 모음, 2012.

Holenstein, E., "Europa und die Menschheit", _Phänomenologie im Widerstreit_, Frankfurt a. M., 1989.

Honneth, A., _Der Kampf um Anerkennung_, Frankfurt a. M., 1992.

Huntington, S. P., _Kampf der Kulturen_, München, 1996.

Husserl, E., _Cartesianische Meditationen und Pariser Vorträge_, Den Haag, 1963. (『성찰』)

_____, _Ideen zu einer reinen Phänomenologie und phänomenologischen Philosophie. Erstes Buch_, Den Haag, 1950. (『이념들 I』)

_____, _Ideen zu einer reinen Phänomenologie und phänomenologischen Philosophie. Zweites Buch_, Den Haag, 1952. (『이념들 II』)

_____, _Analysen zur passiven Synthesis_. Den Haag, 1966. (『수동적 종합』)

_____, _Die Krisis der europäischen Wissenschaften und die transzendetale Phänomenologie_, Den Haag, 1976. (『위기』)

_____, _Phänomenologische Psychologie_, Den Haag, 1962. (『심리학』)

_____, _Zur Phänomenologie der Intersubjektivität. Erster Teil_, Den Haag, 1973. (『상호주관성 I』)

_____, _Zur Phänomenologie der Intersubjektivität. Zweiter Teil_, Den Haag, 1973. (『상호주관성 II』)

_____, _Zur Phänomenologie der Intersubjektivität. Dritter Teil_, Den Haag, 1973. (『상호주관성 III』)

_____, *Aufsätze und Vorträge* (1922—1937), Dordrecht, 1989. (『강연 II』)

_____, *Die Krisis der europäischen Wissenschaften und die transzendentale Phänomenologie. Ergänzungsband*, Dordrecht, 1993. (『위기보충』)

_____, *Einleitung in die Ethik. Vorlesungen Sommersemester 1920 und 1924*, Dordrecht, 2004. (『윤리학』)

_____, *Die Lebenswelt*. Dordrecht, 2008. (『생활세계』)

_____, Ms. A II 1.

_____, Ms. A II 27.

_____, Ms. A V 9.

_____, Ms. A V 21.

Jung, Hwa Yol, *Body Politics, Art and Ecology*, 이동수 외 역, 『몸의 정치와 예술, 그리고 생태학』, 아카넷, 2005.

Kincheloe, J. L., *The Sign of the Burger*, 성기완 역, 『버거의 상징: 맥도널드와 문화권력』, 아침이슬, 2004.

Komel, D., *Tradition und Vermittlung. Der interkulturelle Sinn Europas*, Würzburg, 2005.

Kristeva, J., Fremde sind wir uns selbst, Frankfurt a. M., 1990.

Krusche, D. *Hermeneutik der Fremde*, München, 1990.

Landgrebe, L., *Der Weg der Phänomenologie*, Gütersloh, 1963.

Langan, T., *Merleau-Ponty's Critique of Reason*, New Heavon and London, 1966.

Lau, K., "Para−deconstruction: Perliminary Considerations for a Phenomenology of Interculturality", *Phenomenology of Interculturality and the Life-world*, München, 1998.

Lauer, Q., *Phenomenology: It's Genesis and Prospect*, 최경호 역, 『현상학, 그 발생과 전망』, 경문사, 1987.

Lévinas, E., *Totalité et Infini*, tr. by W. N. Krewani, *Totalität und Unendlichkeit*, Freiburg/München, 2003

_____, *Collected Philosophical Papers*, tr. by A. Lingis, Dordrecht, 1995

_____, *Autrement qu'être ou au-delà de l'essence*, tr. by A. Lingis, *Otherwise than*

Being or beyond Essence, Dordrecht, 1994.

Levy, P., *Cyberculture*, 김동윤, 조준형 역, 『사이버문화』, 문예출판사, 2000.

Lohmar, D., "Zur Überwindung des heimweltlichen Ethos", *Philosophische Grundlagen der Interkulturalität*, Amsterdam/Atlanta, 1993.

Mall, R. A., *Philosophie im Vergleich der Kulturen*, Darmstadt, 1995.

Mazis, G. A., *Emotion and Embodiment*, Basel/Frankfurt, 1994.

Merleau-Ponty, M., *Phenomenologie de la perception*, tr. by R. Boehm, *Phänomenologie der Wahrnehmung*, Berlin. 1966.

_____, *Le visible et l'invisible*, tr. by A. Lingis, *The Visible and the Invisible*, Evanston, 1966.

_____, "Le doute de Cézanne", tr. by H. W. Arndt, "Der Zweifel Cézannes", *Das Auge und der Geist,* Hamburg, 2003.

_____, "L'œil et l'esprit", tr. by H. W. Arndt, "Das Auge und der Geist", *Das Auge und der Geist,* Hamburg, 2003.

Peperzak, A., *To the Other,* West Lafayette, 1993.

van Peursen, C. A., *Culture in stroomversnelling*, 강영안 역, 『급변하는 흐름 속의 문화』, 서광사, 1994.

Pöggler, O., "Sein als Eregnis", *Zeitschrift für Philosophische Forschung*, X, 1959.

_____, "Heideggers Neubestimmung des Phänomenbegriffs", *Phänomenologische Forschungen*, Bd. 9, 1980.

Orth, E. W., "Interkulturalitat und Inter-Interkulturalitat", *Zeitschrift für Philosophische Forschung*, Bd. 47, 1993.

Radtke, F-O., "Politiker und kulturelle Pluralismus. Zur politischen Soziologie der "multikulturellen Gesellschaft", *Multikulturalität und Interkulturalität*, Baden-Baden 1993.

Raphael, D. D., *Problems of Political Philosophy*, 김용환 역, 『정치철학의 문제들』, 서광사, 1986.

Rifkin, J., *The Empathic Civilization*, 이경남 역, 『공감의 시대』, 민음사, 2012.

Rippel, G., "Begegnungen mit dem Fremden -literarisch. Interkulturalitat bei

Maxine Hong Kingston und Jamaica Kincaid, Interkuturalitat.", *Zwischen Inszenierung und Archiv*, Tübingen, 1999.

Roth, A., *Edmund Husserls ethische Untersuchungen*, Den Haag, 1960.

Said, E. W., *Culture and Imperialism*, 김성곤, 정정호 역, 『문화와 제국주의』, 창, 2011.

_____, *Power, Politics & Culture*, 최영식 역, 『권력, 정치, 문화』, 마티, 2012.

Sallis, J., "Beyond the Political: Reclaiming the Community of the Earth," *Phenomenology of Interculturality and the Life-world*, München, 1998.

Scheller, M., *Wesen und Formen der Sympathie*, 조정옥 역, 『동감의 본질과 형태들』, 아카넷, 2006.

Schuhmann, K., *Husserls Staatsphilosophie*, Freiburg/München, 1988.

Stenger, G., *Philosophie der Interkulturalität*, München, 2006.

Strasser, S., "Das Gottesproblem in der Spätphilosophie Edmund Husserls", *Philosophisches Jahrbuch*, Bd. 67, 1958.

_____, "Der Gott des Monadenalls", *Perspektiven der Philosophie*, Bd. 4, 1978.

_____, *Welt im Widerspruch*, Dordrecht/Boston/London, 1991.

Strauss, L., *What is Political Philosophy?*, 양승태 역, 『정치철학이란 무엇인가?』, 아카넷, 2002.

Tani, T., "Heimat und das Fremde", in: *Husserl Studies 9*, 1993.

Taurek, B. H. F., *Emmanuel Lévinas zur Einführung*, Hamburg, 2002.

Theunissen, M., *Der Andere. Studien zur Sozialontologie der Gegenwart*, Berlin/New York, 1977.

Tugendhat, E., *Der Wahrheitsbegriff bei Husserl und Heidegger*, Berlin, 1967.

Villa, D., *Arendt and Heidegger*, 서유경 역, 『아렌트와 하이데거』, 교보문고, 2000.

Waldenfels, B., (hrsg), *Leibhaftige Vernunft*, Freiburg, 1986.

_____, "Erfahrung des Fremden in Husserls Phänomenologie", *Phänomenologische Forschungen*, Bd. 22, 1989.

_____, *In den Netzten der Lebenswelt*, Frankfurt a. M., 1994.

_____, *Topographie des Fremden*, Frankfurt a. M., 1997.

_____, *Studien zur Phanomenologie des Fremden*, Frankfurt a. M. 1997.

_____, "Homeworld and Alienworld", *Phenomenology of Interculturality and the Life-world*, München, 1998.

_____, *Sinnesschwellen*, Frankfurt a. M. 1999.

_____, *Das leibliche Selbst*, Frankfurt a. M. 2000.

_____, "Resposivitat des Leibes. Spuren des Anderen in Merleau−Pontys Leib−Denken", *Merleau-Ponty und die Kulturwissenschaften*, München, 2000.

_____, *Grundmotive einer Phäomenologie des Fremden*, Frankfurt a. M., 2006.

_____, *Grenzen der Normalisierung*, Frankfurt a. M., 2008.

_____, *Sinne und Künste im Wechselspiel*, Frankfurt a. M., 2010.

Wang, J., "The Ethical Implication of the Passion: A Phenomenological Approach", *The Applied Phenomenology (Proceeding for the 3rd PEACE International Conference Phenomenology for East-Asian Circle)*, Seoul, 2009.

Wälde, M., "Unerhörte Monologie? Philosophische Bemerkungen zur Interkulturalität", *Philosophische Grundlagen der Interkulturalität*, Amsterdam/Atlanta, 1993.

Walsh, W. H., *An Introduction to Philosophy of History*, 김정선 역, 『역사철학』, 서광사, 1989.

Wellmer, A., *Zur Dialektik von Moderne und Postmoderne*, Frankfurt a. M., 1985.

_____, *Ethik und Dialog*, Frankfurt a. M., 1986.

Welsch, W., *Unsere postmoderne Moderne*, Weinheim, 1988.

_____, *Vernunft, Die zeitgenössische Vernunftkritik und das Konzept der transversalen Vernunft*, Frankfurt a. M., 1995.

_____, *Ästhetisches Denken*, Stuttgart, 1995.

_____, Grenzgänge der Ästhetik, 1996.

Wetz, F. J., *Edmund Husserl*, Frankfurt/New York, 1995.

White, L., *The Science of Culture*, 이문웅 역, 『문화과학: 인간과 문명의 연구』, 아카

넷, 2002.

Wilks, C., *Emotion, Truth and Meaning*, Dordrecht, 2002.

Wilson, E. O., *On Human Nature*, 이한음 역, 『인간본성에 대하여』, 사이언스 북스, 2000.

Wuketis, F. M., *Gene, Kultur und Moral*, 김영철 역, 『유전자인가 문화인가. 사회생물학 논쟁』, 사이언스 북스, 2002, 124.

Zahavi, D., *Husserl's Phenomenology*, Stanford, 2003.

Zaner, R., *The Problem of Embodiment*, The Hague, 1964.

Zhang, R., "Lifeworld and the Possibility of International Understanding", *Phenomenology of Interculturality and the Life-world*, München, 1998.

지은이 | **박인철**

1963년 강원도 원주에서 출생해 서울대학교 철학과를 졸업했다. 서울대학교 대학원 철학과에서 석사학위를, 독일 부퍼탈(Wuppertal) 대학교에서 박사학위를 받았다. 목포대학교 윤리교육과 전임강사를 거쳐 현재 경희대학교 철학과 교수로 재직 중이다. 저서로는 *Die Wissenschaft von der Lebenswelt*, 『기술시대와 현상학』, 『에드문트 후설』 등이 있고, 주요 논문으로는 「현상학의 학문성과 지평성」, 「포용과 책임」, 「타자성과 친숙성」, 「생활세계와 의사소통」, 「숭고의 현상학과 현상학적 예술론」, 「현상학과 문화」, 「상호문화성과 윤리」, 「현상학과 신비주의」, 「후설의 정치철학」 등이 있다.